JN085684

FAIR TRADE

第2版

フェアトレードビジネスモデルの新たな展開

SDGs時代に向けて

長坂寿久

編著

明石書店

まえがき［改訂版にあたって］

　2018年に初版を出していただき、19年に増刷となった。今回さらに増刷か改訂版かということになり、改訂版とさせていただいた。地球と世界がますます行き詰まる中、フェアトレードはますます重要な意味を持とうとしていると思うからである。

　本書の筆者のほんどの方が、その後の状況変化などを必要に応じて補足の追加をしていただき、新しい原稿に差替えていただいた方もある。とくに第1章はフェアトレードの仕組みの発展・展開の観点から、フェアトレードの仕組みも大きく発展したこともあり、大幅な書き換え・追加となった。今回改訂版の執筆を通して確信した、フェアトレードの未来への役割についての筆者の思いについて、第1章の最後に少し記させていただくことができた。

　地球と世界が行き詰まりとなっている現在、新しい経済・社会システムを構築するにあたり、「フェアネス」の視点をベースとするフェアトレードはますます重要なものとなっていると感じられる。

　フェアトレードとは、「トレード（取引）」を人間の関係性づくりへ取り戻す運動である。新フェアトレード憲章には、「モノを作り取引をする際に、経済的な利益よりも、人と環境を優先するのがフェアトレードである」とあるように、破滅へ向かう地球と私たちの社会を建て直すには、フェアトレード的視点と実践から社会を創り直すしかないのだと感じている。そのフェアトレードの最前線の悪戦苦闘を、フェアトレードの研究者たちが描いてくれている。

　フェアトレードには明確な「基準」があるが、その片足は開発協力にあり、もう片足は市場に置いている。開発協力に重心を置き過ぎると市場対応が弱くなり、市場に重心を置き過ぎると開発協力が弱くなりがちとなる恐れがある。その点で収益だけを追求する通常の企業に比べると経営は大変難しいものとなる。

　フェアトレードはこの両足に対峙する必要があるが故に、絶えず新しい課題の発見、新しい実験、新しい展開が繰り広げられている。

　その展開をみると、それらは同時にフェアトレードの観点から、これからの

SDGs（国連持続可能な開発目標）への具体的な取組みのあり方や課題を提示するものとなっている。フェアトレードはSDGsのいずれの目標とも関わっているが、とくに17目標の内の10目標において直接的に強く関わっている運動であることが分かる。

　本書はフェアトレード活動のフィールドの最前線を7つの方向で紹介する。

　1つ目は、フェアトレードの最前線での課題と取組みをより理解していただけるよう、冒頭（第Ⅰ部第1章）にフェアトレードおよびフェアトレードタウンについて、その取組みと展開についての基礎知識として、最新時点までを紹介している。

　2つ目は、フェアトレードの理念と理論展開の最先端と方向性（第Ⅱ部第2・3・4章）。

　3つ目は、開発途上国のフィールドでの新しい課題の発見と展開について（第Ⅲ部第7・8・9・10章）。

　4つ目は、主に先進国における新しい展開として、エシカルトレード（倫理的貿易）やフェアトレードタウンへの取組みについて（第Ⅱ部第5・6章）。

　5つ目は、企業のフェアトレードへの取組みと認証制度改革の最前線について（第Ⅱ部第7章および第Ⅰ部第1章第6節など）。

　6つ目は、日本におけるフェアトレードの認知率および市場規模について。認知率は2012〜22年までの経年変化を分析、市場規模は2015年（最新時点）の調査結果の報告（第Ⅳ部第11・12・13章）。

　7つ目は、フェアトレード活動の一層の活発化へ向けて、日本政府、自治体、企業、市民団体、市民等に向けた政策提言（第Ⅴ部第14章）を収録している。

　各章の報告者と内容は以下のとおりである。

　第Ⅰ部「日本のフェアトレードの今」は基礎知識編で、第1章「フェアトレードとフェアトレードタウンの今」（長坂寿久）において、フェアトレードとフェアトレードタウン運動の展開について、その経過と現状を多角的にとりあげ解説している。以下の各章をより深く理解していただくための基礎知識として参照いただきたい。本章は本改訂版にあたり、再度本格的に書き直しているが、

目次は初版版に基本的に沿っている。

　第Ⅱ部「フェアトレードの新しい視野と展開」においては、第2章「現代のアンフェアトレードの非継続性について」（小林尚朗）は、フェアトレードの理念を問いつつ、逆に「アンフェアトレード」は持続的でないことを歴史的・理論的に立証することを通して、フェアトレードの新しい展開の必要性を明らかにしている。

　第3章「持続可能な発展・開発動向とフェアトレード」（古沢広祐）は、持続可能な発展・開発への意識転換を歴史的な展開を通して紹介しつつ、グリーン・コンシューマーやエシカル・コンシューマーへの動きと共に、欧米でフェアトレード運動が大きな広がりをみせてきた背景や潮流を、「サステナビリティ（持続可能性）」のある社会の姿を実現していくのが人類の目標となるに至っていることと共に紹介している。改訂版にあたり冒頭に初版以降の変化と新たな問題意識について解説を加えている。

　第4章「SDGs時代のフェアトレードと倫理的貿易」（佐藤寛）は、SDGsへの取組みには、開発協力にビジネスの視点が必要であること、そしてビジネスに社会的責任と倫理性が必要となり、ソーシャルビジネスへの発想が始まり、CSR（企業の社会的責任）、CSV（共有価値の創造）、SRI（社会責任投資）への拡がりや、フェアトレードからエシカルトレードに拡がってきた経過を紹介しつつ、さらに「贈収賄禁止法」や「現代奴隷法」などの新しい仕組みの導入へ至る道筋を紹介している。

　第5章「フェアトレードタウン運動の新しい展開」（長坂寿久）は、途上国と先進国との協働による新しいコミュニティ開発、および国際的なリローカリゼーション（地域回帰）の動きの視点から、また日本においてはボトムアップの新しいまちづくり運動として、逗子市のケースを中心に、最新時点までの動きを含めた改訂をし、フェアトレードタウン運動の新しい展開を紹介している。

　第6章「企業とフェアトレード」（中島佳織）は、フェアトレードの製品認証制度である「国際フェアトレードラベル機構」（Fairtrade International＝FI）の動きを中心に、とくに企業をめぐる最新時点の新たな認証制度の整備とこれへの企業との関わりについて最先端の動きを整理し、改訂版向けに全面的に新たな内容となっている。

第Ⅲ部「フェアトレードのフィールドにおける新しい展開」においては、第7章「メキシコのフェアトレードコーヒー生産者のバリューチェーン展開」（山本純一）は、メキシコのコーヒー生産団体の中には、生豆の輸出だけでなく、国内の認証制度や独自の販路を通じて焙煎豆の国内フェアトレードを推進するとともに、コーヒーショップを経営するという「六次産業化」に成功した新しいフェアトレードビジネスモデルを紹介している。

　第8章「フェアトレードにおける前払いの意義」（箕曲在弘）は、ラオス南部ボーラヴェーン高原におけるコーヒー生産者の事例紹介を通して、前払い制度など、主に小規模農家への支払いのための金融力強化／資金力強化の必要性とその意味について、フェアトレードへのフィールドでの取組みの最前線を報告している。

　第9章「『南』の小規模農民の視点から見たフェアトレード」（牧田りえ）は、フェアトレードの目的は、開発途上国の小規模農民にいかに恩恵を与えうるかにあるはずであり、そうでないなら、フェアトレード運動は途上国の貧困削減に寄与せず、単なるマーケティング手段として使われているだけに留まることになりかねないと、小規模農民にとってのフェアトレードの課題と改善点を指摘する。とくに零細・小規模農民がフェアトレード生産者組合に参加できない背景や、認証制度の恩恵を受けにくい状況を紹介し、認証制度の改革の必要性などを報告している。

　第10章「コミュニティ開発としてのフェアトレードへの取組み」においては、日本のフェアトレード3団体のコミュニティ開発事例の最先端を紹介している。第1節「ネパールにおけるフェアトレード活動と東日本震災復興支援について」（土屋春代）は、ネパリ・バザーロのネパールでの経験とそのフェアトレードビジネスのネットワークを使って、救済支援段階ではニーズの変化に対応してさまざまな物資支援や日帰り温泉招待等々を行い、次いで復興支援段階への移行にともない、北限の椿油プロジェクト（商品開発・生産支援）への取組みへと展開していき、途上国でのフェアトレードへの取組み経験がいかに災害への救援・復興への支援に有効であるかを実証すると共に、まさに新しい「国内フェアトレード」開発の典型事例となっている。

　第2節「東ティモールにおけるフェアトレードのコミュニティ展開」（井上

禮子）は、パルシックの事例として、東ティモールでのフェアトレードのコーヒーやハーブ開発のみならず、主婦グループの組織化による養豚とバイオガス（豚の糞）、有機農業・畜産技術、養蜂、ピーナッツバターなど地域内向け加工食品、縫製品開発・販売等々へと拡げていくコミュニティ開発の取組みの最先端を紹介している。

　第3節「バングラデシュ・ネパールにおけるフェアトレード石けん開発」（平澤志保）は、バングラデシュでさまざまな事情から売春をせざるをえなかった女性たち、夫が出稼ぎに行ったまま帰ってこない、あるいは送金がないなど厳しい状況に置かれた女性たちの自立支援のため、日本の石鹸技術をもつ企業や商品開発コンサルを巻き込んで、品質の高い、安全な、そして女性たちが誇りに思えるようなデザイン、パッケージの石けん開発の成功事例を紹介している。

　第Ⅳ部「日本のフェアトレード市場調査2015」では、第11章「日本のフェアトレードと倫理的消費の10年」（渡辺龍也）は、2012〜2022年の10年間のフェアトレードとエシカル商品の知名度と認知率の変化について行ったアンケート調査の推移を分析している。日本におけるこうした社会的・倫理的消費の拡大の弱さが感じられ示唆に富むものとなっている。本稿は今回の本改訂版が初出である。

　第12章「日本のフェアトレード市場調査2015報告(1)」（増田耕太郎）は、前回2007年調査に続き、第2回の2015年調査結果を、統計分析を中心に報告している。前回調査とは単純に比較できないが、この8年の間に日本のフェアトレード市場にも大きな変革があることを知ることができる。この市場規模調査以降、世界でもフェアトレードの市場規模調査は行われていないため、貴重な資料となっているため継続して収録する。

　第13章「日本のフェアトレード市場調査2015報告(2)」（森田　恵）は、店舗（ショップ）と輸入・卸団体からの記述回答を定性分析している。この中には日本のフェアトレード市場の現場の声が多く寄せられており、貴重な指摘を聞く場でもある。

　本市場規模調査は、（一財）国際貿易投資研究所と日本フェアトレードフォーラムとの共同調査として行った。調査の実施は、長坂（主査）、増田、森田の3名によるチームとして、データ分析は増田が中心的に行った。なお、2007

年調査結果は、長坂寿久編著『世界と日本のフェアトレード市場』（明石書店、2009年）を参照されたい。

　第Ⅴ部第14章「日本のフェアトレードへの取組みのための政策提言」（とりまとめ：長坂寿久）は、研究会での議論を通じ、政府、自治体、企業、市民団体、市民へ向けての政策提言をとりまとめ、報告している。

　フェアトレードにご関心ある方々にとって、本書が、少しでもお役に立つ参考書となることを願って⸺。
　また、本書の中の言葉から何か一つでも気になる、さらに心に刺さるものがあり、そこからフェアトレードを始めとする、社会と関わり活動に参加あるいは持続する契機となることがあったとすれば、望外の幸せである。

　2023年4月

長坂 寿久

目　次

第Ⅰ部　日本のフェアトレードの今

第1章　フェアトレードとフェアトレードタウンの今──基礎知識

長坂寿久

第Ⅲ部　フェアトレードのフィールドにおける新しい展開

第Ⅳ部　日本のフェアトレードの認知率と市場規模

第V部　日本のフェアトレードへの取組みのための政策提言

第14章　日本のフェアトレードへの取組みのための政策提言

長坂寿久

第 I 部

日本の
フェアトレードの今

第1章

フェアトレードとフェアトレードタウンの今
──基礎知識

長坂寿久

....

［Ⅰ］フェアトレード運動の新たな展開について

第1節　フェアトレードの背景
──地球と世界の課題を知る「入口」として

　フェアトレードの理念・目的として、次の3つの視点が大切だと、筆者は考えている。

① 　開発途上国の貧困への取組み──零細な農家や生産者、女性など立場の弱い人々の自立支援

② 　貧困や格差を生み出す世界貿易システムの改革──格差の拡大をもたらしている現在の貿易／経済システムをより公正なものに改革していく

③ 　消費者教育・開発教育──先進国の私たちの自覚なしには南北問題、環境問題、地球温暖化などの解決はありえない

　「フェアトレードは世界の課題への入り口」である。フェアトレード活動に関わることを通じて、私たちは世界の実状を知ることになり、同時にその実状を知ることによって、フェアトレード活動の必要性と重大性を一層知ることになる。

　フェアトレードとは、取引相手（他者）との貿易・取引・関係性においてお互いフェア（公正／公平）であること、を意味する。そうしたフェアな関係を

目指す運動として、戦後から始まり、さらに1980年代に体系化が始まり、90年代に発展し、21世紀になってとくに市場として興隆してきた国際的な市民活動の一つです。

それは私たちの暮らしを取り巻いている「アンフェア」について認識し考えることで、それをいかにフェアなものに変革していくかを考え、具体的に行動していくのがフェアトレード活動（運動）である。

それはこれまでの（そして現在も続いている）アンフェアな経済・貿易システムによって作り上げられている私たちの地球・世界・国家・地域・生活をみつめ直すことである。それはつまり、私たちの現在の経済・貿易システムのアンフェアさをみつけることになるが故に、フェアトレードは世界のすべての課題への入口となっている。

1.「アンフェア」の蓄積がもたらす破滅の時代

［なぜ地球は破滅に向かっているのか──深化する異常気象の時代］

地球が危機に向かっていることは、今や誰もが生活体験の中で認識させられている。地球の平均気温は、現在すでに産業革命以前の1.2℃〜1.3℃に上昇している。これが1.5℃以上に上昇すると、地球は大規模な気候変動リスクに直面することになると世界の気候学者たちは述べている。

2015年のパリ協定（国連気候変動枠組条約締約国会議/通称COP）で私たちは2つのことに合意した。「世界の平均気温上昇を産業革命以前に比べて2℃より十分低く保ち、1.5℃に抑える努力をする」、「そのため、できるかぎり早く世界の温室効果ガス排出量をピークアウトし、21世紀後半には、温室効果ガス排出量と（森林などによる）吸収量のバランス（ネットゼロ）をとる」。

多くの専門家たちは、2050年までに1.5℃以下に止めるには、2030年までに温室効果ガスの排出量を半減しなければならない、今の状況から行くと2050年の1.5℃抑制は不可能、このままでは今世紀中に2.7℃上昇する、と危機感を募らせている。2030年までもう7年もない。地球の各地ではすでに毎年、毎年、過剰な異常気象が連発的に発生し、各地に局地的にかつてない大災害をもたらしている。

森林火災、大干ばつ、熱波、大雨洪水、山崩れ、海面上昇、地域の水没、環境難民の発生、食料危機、エネルギー危機等々が局地的に発生し、世界各地の

コミュニティを破壊し始めている。

〈世界の新しい構造変化〉

　世界は新しい構造変化に向けて加速している。一方では、例えばロスリングが『ファクトフルネス（FACTFULNESS）』[1] で紹介するように、途上国と先進国という分断思考が今やいかに実態から離れていることも確かである。人類の75%が中所得国で暮らしており、これに高所得国を合わせると人類の91%になる。「私たちの世界と生活はどんどん悪くなっている」という前提はなくなっており、世界の多くの人々の生活がここ30年の間に大きく改善してきている、と国際統計データを基に書いている。

　しかし、残念ながらこれは"平均値"あるいはトータル（合計）の数字であり、1つの国の中での格差が拡がっている。また、平均値や合計でみても、依然として8億人の人々が貧困と飢餓の中に暮らしており、世界の9人に1人が栄養失調の状態にあり（国連食糧農業機関、2018）、世界中で貧富の格差が1980年代から急速に拡大していること（世界不平等研究所、2018）も現実である。だからこそ、私たちはSDGsの第1目標にあるように、2030年までにすべての人々を貧困の中から脱出させることを、世界の目標としている。しかも「誰一人として取り残さない」と決意している。

　確かに、開発途上国の経済・社会的開発はとくにこの30年程の間にかなり進展がみられている部分があるが、他方経済的格差の拡大は実に激しいものがある。米国FRB（連邦準備制度理事会）によると、2018年の米国の家計資産状況を見ると、最も裕福な10%が、全体の70%を所有している。これは1989年には60%だった。さらにトップ1%に流れ込む割合は、1989年の23%から、2018年には32%に跳ね上がっており、逆に下層50%は、この30年間で資産の純増がゼロだったことになるという。「貧困状態にある米国の下層50%が、拡大し続ける格差にまさに押しつぶされつつある」と報告されている。

〈格差はますます加速的に拡大している〉

　イギリスの国際ＮＧＯオックスファムは、毎年世界の政財界トップが参加するスイスのダボスで開催される世界経済フォーラム年次総会に合わせ、世界の格差の拡大に関する報告を公表している。2022年の発表も衝撃的であった。新

型コロナのパンデミック中（2020～21年）に、世界の大富豪は資産を「倍増」させた。過去2年間における大富豪の資産総額の増加額は、それ以前の23年間の合計を上回った。

　その一方で貧困状態で暮らす人は1億6,000万人増加し、22年だけでさらに新たに約2億6,300万人が極度の貧困状態に陥る恐れがある、と（世界銀行は1日あたり5.5ドル／約630円を上位中所得国の貧困ラインとしている）。

　世界の最貧困層の収入が減ったことで、毎日2万1,000人の死者が出るようになった。これは医療の受けにくさ、飢え、ジェンダーを背景とした暴力、気候破綻が、4秒ごとに1人の死をもたらしていることを意味する、と指摘している。食料やエネルギーなど生活必需物資の価格高騰が低所得層の生活を特に圧迫する中、貧富の差の拡大は恐ろしいほどに顕著となっている。オックスファムのブシェー事務局長は「この醜悪な不平等は、人類を結びつける絆を壊している」と訴えている（オックスファム報告書は、途上国側については世界銀行のデータ、企業側データは米誌フォーブスやクレディ・スイス社のデータ等から引用して分析）。

　一方、世界トップ10の富豪の総資産は、2020年3月時点と比べて22年3月には2倍以上に膨らんだという。これら10人の資産の合計は、2020年3月の7,000億ドル（約80兆円）から、21年11月には1兆5,000億ドル（約172兆円）へまさに倍増した（データは株価が急落した時点を基点としているため、倍増はいささか誇張かもしれないが70％増程は確実であろうとコメントされている）。

　世界トップ10の富豪とは、以下のとおりである。
・イーロン・マスク（米、テスラCEO）
・ジェフ・ベゾス（米、アマゾン創業者）
・ベルナール・アルノー（仏、LVMHモエ・ヘネシー・ルイ・ヴィトン会長）
　と家族
・ビル・ゲイツ（米、マイクロソフト創業者）
・ラリー・エリソン（米、オラクル創業者）
・ラリー・ペイジ（米、グーグル創業者）
・サーゲイ・ブリン（米、グーグル創業者）
・マーク・ザッカーバーグ（米、メタCEO）
・スティーヴ・バルマー（米、マイクロソフト元CEO）

・ウォーレン・バフェット（米、投資家）。

　米国では保有資産10億ドル（約1280億円）超の人々を「ビリオネア」（億万長者）と呼ぶが、こう呼ばれる大富豪は2022年には2年前に比べて573人増の2668人となった。この保有資産の合計は約12兆7000億ドル（約1625兆円）に上る。このうち上位10人の大富豪だけで、世界全体の下位40％に当たる31億人よりも多くの資産を占有しているという。

2．ピケティ理論──資本主義では格差は拡大し続ける

　資本主義がもたらす格差の拡大の必然性については、決定的な統計的証明がなされるに至った。トマ・ピケティの『21世紀の資本』[2]の研究である。これまで私たちを説得してきた資本主義理論は、クズネッツのトリクルダウン理論であった。「経済発展の初期段階では所得格差は拡大し、その後縮小に転じる。成長すればトリクルダウンが起こって、貧しい人も豊かになっていく」、つまり「資本主義は成熟するに従い格差は減少していく」というものであった。

　しかし、これはピケティらの国際共同研究によって統計的に否定されることになった。何故格差は起きるのかについて、彼は20カ国、300年分のデータを集積・統計的に分析することによって、「資本主義経済下では、資本収益率は経済成長率を常に上回っている」、「資本（資産）をもっている者の資本収益率は、経済成長率（労働所得の成長率）より常に収益率が高いため、格差は広がっていく」ことを立証した。つまり、「資本主義は永遠に貧富の格差を生み出す」という、格差の発生の必然性を立証し、格差の可視化を行ったのだ。

　この研究によって、クズネッツ理論は単に調査対象期間が短かったが故に、すなわち、戦争などの特殊要因によってお金持ちから戦時国債や累進課税などで徴収することによって、富の再配分を行っていた時期を分析対象にしていたことにより導き出された誤謬だったのである。筆者自身も、ノーベル経済学賞を受賞したクズネッツ理論を真に受けてきた一人だったのである。

　経済学は森羅万象をともかく見事に説明できるようにみえる学問とはなっているが、経済学の限界も明確になってきた。経済学は「資本」がもたらす便益を説明するためだけの学問であって、格差を縮小したり、人間を幸せにはしない、人間の経済学ではないかのような学問に陥っているとも指摘されるようになった。そして、行き過ぎた資本主義、行き過ぎた経済のグローバリゼーショ

ン、行き過ぎた二極化・分断化、行き過ぎた格差拡大を背景に、ポスト資本主義が本格的に語られるようになってきた。

　しかし，戦後の経済政策は、とくに80年代以降の新自由主義時代の下では、政府は企業に相談し企業の自由な活動を促進する法律を次々と導入してきた。その結果気がついてみると、今や企業のグローバルな動きを国家すら管理できない状況にまで陥らせている。

〈アンフェアを拡大する装置としての世界経済システム〉

　世界の経済・貿易システムは依然不公正（アンフェア）であり、大企業・グローバル企業有利の仕組みが導入されている。1例を上げれば、製品貿易についてさえ、依然として完成品の自由貿易政策であり、生産プロセスにおいてそれが環境を広範に汚染して作られていようと、児童労働によって作られていようと、そのことは依然問わない。それは各国のそれぞれの問題として処理されている。児童労働は貧困の故に起きているだけでなく、国際競争の激化によって労働力を大人から従順かつ労賃の安い子どもに代替されることによっても起こっているのである。

　現代の過剰な経済のグローバリゼーションの中で、グローバル企業やお金持ちが一方的に恩恵を受けている事例の1つは自由な国際資金移動にある。お金の移動にはあらゆる局面で税金が課されているが、国際的な資金移動だけには未だ課税されていない。この為替取引をめぐる自由な資金移動が国際為替危機をしばしば起こし、他方為替差益や課税逃れのためタックスヘイブンをもたらしている。

　お金持ちや（小金もちも）多国籍企業は、今や国民の義務としての税金すら支払わないですむような仕組みを国際的に構築しつつある。タックスヘイブンの仕組みである。企業に自分の国に投資してもらうために、政府は法人税の引下げ競争をしてきた。そこでやっと、21年に先進国クラブである経済協力開発機構（OECD）は法人税の引下げの下限設定（15％）に合意した。23年からの導入が期待されている。

　もう一つは、多国籍企業によるタックスヘイブンを使った税金逃れを今後どうやって阻止し、しっかりと税金を支払ってもらうシステムを導入していくかが重要な課題になっている。OECD的に言えば、「巨大IT企業を含めた多国籍

企業の超過利益について、当該企業の地域拠点がどこにあるかに関係なく、サービス対象の顧客がいる国に適宜割り当てる仕組み」の導入について、やっとOECDの議論の場に上がってきたが、今や国境を超えた企業の力は政府代表としてのOECDの議論の場を凌ぎつつあり、纏まっていくことがますます難しくなっている。

　国際的なNGO活動であるグローバル・タックスは、国際為替取引に極めて低率な課税を行うことによって、集まった資金を開発途上国の貧困などの対策に回そうとしている。しかし巨大企業はロビー活動に資金を投入してそうした動きを封じている。現在世界の資金移動は各国の中央銀行でデータ化されているので、国際為替取引税は政府が行おうとすれば可能なのであるのだが。

　こうした格差の拡大は民主主義の脅威と危機をもたらしている。資本主義と民主主義が共存できるためには、現代の成長（GNP）主義に横たわる大きな格差創造構造を埋めなければならないが、結局それをしてこず、逆行してきた。つまり、善良なる政府による強烈な富の再分配措置が必要なのだが、政府はその役割を果たせていない。企業のロビー活動によって、企業と政府の癒着が定着してしまったからである。

〈プーチンの戦争と民主主義の脆弱性〉
　現在の成長政策は、地球生態系や、人々の暮らしや社会構造に多くの歪みをもたらし、民主主義を危機に陥らせている。格差縮小へ取り組むべき既存政党の政治も破綻し、いわゆる新しいポピュリズムが世界的に登場するようになった。ポピュリズムの主張は、多くの人々の不満を捉えることに成功するようになっている。

　現在の国際的な環境問題や格差拡大や民主主義の危機を背景に、国家間の緊張状態も増幅している。新しいテロリズムが勃興し、新しい戦争の危機に直面する時代を迎えている。こうした中で、移民・難民、ジェンダー等々、人権の危機が各地で起こっている。「トゥキディデスの罠」（新旧大国間にある構造的ストレスが、ふとした事象をきっかけに破滅的な戦争を起こす力学）が現実化しないために、戦争と平和について熟議が求められている。

　民主主義はなぜうまく機能できないのだろうか。答えは明らかである。民主主義よりより良い統治システムはまだ誕生していないが、残念ながら民主主義

には基本的な欠陥が存在しているからである。民主主義は多数決である。だから少数者の声をより多く聴くべきだと教わった。しかし、民主主義の欠陥は、欲深い人間が使うシステムであるが故に、一旦多数を獲得して「権力」を握ると、人間は少数者を大切にするよりも、多数の基盤の強化に一層、ますます取り組むことになる。一人でも多くを自分（達）を支持するよう努力するようになる。そのために国家予算を投じ、権力を使ってそれを強制したがるようになる。こうして民主主義は、最大の優位性である、一人一票による人間の平等性をベースに一人一人の人権の実現性を求めるシステムの実行よりも、独裁への誘引に抗うことができず、過半数の強化に権力を使い、独裁の道へ邁進していくことになる。独裁になると権力の独占が可能となり、戦争を起こしやすくなる。いつもどこでも独裁性を基盤に起こっているのが戦争である。

　プーチンのウクライナへの侵略戦争は、ロシアとウクライナやＥＵ（欧州連合）との歴史的背景において行われているとしても、あるいはロシアの文化と風土と歴史が独特の独裁政治の必然性をもたらしているとしても、ベースにはこうした民主主義の欠点が、現代の状況の中で顕在化したということであり、その状況とは経済的報復措置の効果と対応には現代の最先端の危機が反映されている。

　これまでの時代は、経済の相互依存の深化が戦争の抑止力の時代を作り上げてきた。独裁的支配の開発途上国も経済開発を通して中産階級が形成され、それが民主化を産み、戦争の抑止力として機能し得てきたこともあった。しかし、経済の相互依存がグローバルに波及したため、経済制裁の抑止力が民主主義国側の強みとしてだけではなく、相互依存による逆波及が起こって、独裁者側の強みへと逆転する現象が起こる時代となるに至っている。

　他方、先進国の民主主義国家では、国民は民主主義馴れして、投票率を今や限界にまで引き下げている。そして立候補者はポピュリズムを駆使して人々の心を読み、当選を図る。こうして民主主義は疲労してしまい、今や賢者ではなく、愚者の遊び道具と化してきているかのようだ。

　現代の世界は、こうしてますます格差が拡がり、地球生態系も限界的な危機に瀕している。この世界をよりフェアなものにするために、私たちは何かに関わり、何かをしなければならない。フェアトレード運動は、世界の貧困への対応を問題意識として始まったものであるが、私たちはフェアトレードと関わる

ことを通して、構造的な「アンフェア」に気づき、世界の課題を知ることになり、それは同時に自分が住んでいる地域（コミュニティ）を知ることにもなる。そうした世界と自分が住む地域をより良いものにしていこうとすることに、フェアトレードを通じて少なくとも関わっている自分を発見することになる。それは小さな買い物の変化から始まり、社会と新しい関わりをもつことにつながり、多くの他者の方々とつながりながら生きる生き方を選択している自分に気付く。

　資本主義の限界と破綻に関する議論は、すでに多く行われている。その理由は、工業化／経済成長志向政策の行き過ぎによって、第1に私たちの経済活動がすでに地球生態系の限界を超えていること、もう1つは経済のグローバル化がもたらしている格差の拡大であり、貧困の放置である。アダム・スミスの「神の手による均衡」は、今や「悪魔の手」に陥ってしまっているかのようだ。

　〈フェアトレード活動の本質〉
　「フェアトレード」とは、より公正な国際貿易の実現をめざす、対話・透明性・敬意の精神に根ざした貿易パートナーシップのことをいう。フェアトレードは、とりわけ南の疎外された生産者や労働者の権利を保障し、彼らにより良い交易条件を提供することによって持続的な発展に寄与するものである。
　「フェアトレード団体」は、消費者の支持のもとに、生産者への支援、人々の意識の向上、そして旧来の国際貿易のルールや慣行を変革するキャンペーンに積極的に関わる団体である。それを支持し、フェアトレード団体の会員になったり、フェアトレードについて人に話したり、フェアトレード商品を購入したり、フェアトレードのイベントに参加したりすることが、フェアトレード活動に参加することである。
　この時、最も重要なフェアトレードへの認識は、後述する「国際フェアトレード憲章」に書いてある通り、「モノを作り取引する際に、経済的利益よりも人と環境を優先するのがフェアトレードである」ということであろう。これがフェアトレードの原点の姿勢である。
　また、フェアトレード運動の基本は、日々買い物などをして消費して生きる自分自身が、単にモノを費やして消してしまうだけの、あるいは企業による宣伝を信じてのみ買い物をするのではなく、買い物をする時に、よりよい社会の

ためには、どっちを買ったらいいのかを考える「選択者」になろうと努力することだけなのである。買い物の「選択」は、民主主義での投票の１票と同じである。私たちは日々投票しているのである。買い物を通した選択は、いつか世界をより公平・公正なものへ変革していくであろう。

　消費者から選択者になること、こがフェアトレードへの本質的一歩である。その後は、私たちは経済・貿易システムのアンフェアに気づいていき、新しい問題意識をもって、社会をよりフェアにしていく一人でありたいと願い、活動するようになる。この点については本章の最後に少しだけ触れるつもりだ。

第２節　フェアトレードの理念と商品——フェアトレードとは

１．フェアトレードの定義

　フェアトレードは、日本では「買物を通した国際協力」など、それぞれの人に応じて、さまざまな説明が可能であるが、明確な定義・原則・基準がある。確かにフェアトレードは資本主義の下における市場を前提に（あるいはそれに対抗するために）取引されている点で、最前線ではさまざまな取組みが行われており、そのため現れ方は多様であることから定義があいまいのように見え、定義がないと誤解する向きもある。

　基本的な定義・基準としては、フェアトレード団体の国際組織であるWFTO（World Fair Trade Organization＝世界フェアトレード機関、旧IFAT）の10項目からなる原則（表1-1）、フェアトレード商品の認証団体であるFI（Fairtrade International＝フェアトレード・インターナショナル、旧FLO）による品目別の基準などがある。

　ここではフェアトレードの定義を明示するものとして、とくに３つの解説（定義・基準・原則）を紹介しておこう。

　（1）［「FINEの定義」——フェアトレード国際４組織による合意定義（2004年）］
　最も簡便なものとしては、フェアトレードの４つの国際組織が、ＥＵ（欧州連合）へのロビー事務所として共同で設置しているフェアトレード・アドボカシー・オフィス（FTAO、旧FINE＝在ベルギー・ブリュッセル）を設置し、2004

年に4団体共通の定義として策定した以下のものが、簡便であるために最も知られている。後述する国際フェアトレードタウン推進委員会も、フェアトレードの定義としてこれを引用している。

「FINEの定義」と通称されるフェアトレード定義を策定した国際4団体とは、①現在のWFTO（当時はIFAT＝国際オルタナティブ貿易連盟）、②現在のFI（Fairtrade International＝フェアトレード・インターナショナル／当時はFLO＝国際フェアトレードラベル機構）、③ＮＥＷＳ（欧州ワールドショップ・ネットワーク）、現在は活動を休止し、WFTOに参画している、④ＥＦＴＡ（欧州フェアトレード協会）で、結成時の4団体の頭文字をとって名付けている。

〈FINEの「フェアトレード」の定義〉

「フェアトレードとは、より公正な国際貿易の実現をめざす、対話・透明性・敬意の精神に根ざした貿易パートナーシップのことをいう。フェアトレードは、とりわけ南の疎外された生産者や労働者の権利を保障し、彼らにより良い交易条件を提供することによって持続的な発展に寄与するものである。フェアトレード団体は、消費者の支持のもとに、生産者への支援、人々の意識の向上、そして旧来の国際貿易のルールや慣行を変革するキャンペーンに積極的に関わる団体である。

そして、フェアトレードの戦略的意図は次の3つである。

① 疎外された生産者・労働者が、脆弱な状態から安全が保障され経済的に自立した状態へと移行できるよう、意識的に彼らと協働すること。

② 生産者と労働者が自らの組織において有意なステークホルダーとなれるようエンパワーすること。

③ より公正な国際貿易を実現するため、国際的な場でより広範な役割を積極的に果たすこと。」（引用以上）

（2）［WFTOフェアトレード10原則］

フェアトレードとは何かについて最も簡潔かつ具体的に明示したものとして、国際的にも最も使われているのが「WFTOのフェアトレード10原則」である。

フェアトレードの定義についてはこの10原則が最も使われている。

　日本のフェアトレードタウン基準でも、「適切と認めるフェアトレード団体」の定義／基準として、この「WFTO10原則」に立って活動している団体としている。

表1-1　ＷＦＴＯのフェアトレード10原則

基準1.　経済的に不利な立場に置かれた生産者への機会の創出
　フェアトレード団体の主要な目的は、貿易を通した貧困削減にある。フェアトレード団体は、疎外された小規模生産者を支援して、貧困状態から自給自足かつ主体性のある状態に移れるようにし、貿易を地域の発展に資するものとするための行動計画を持つ。

基準2.　透明性とアカウンタビリティ
　フェアトレード団体は、その運営と取引関係を透明にし、全利害関係者に対してアカウンタブルであるとともに、情報の取扱いに十分に配慮する。
　スタッフやメンバー、生産者などが意思決定プロセスに関与できるようにし、全ての取引相手に情報を提供する。サプライ・チェーンの全段階で、意思疎通のチャンネルを良好かつ開かれたものにする。

基準3.　取引慣行
　フェアトレード団体は、疎外された小規模生産者の社会・経済・環境面の福祉に配慮して取引する。フェアトレード産品を供給する側は、求められた品質と仕様通りの産品を予定日時までに納品する。購入する側は、確実な支払いをするとともに、要請があれば契約額の50％以上を無利子で前払する。
　購入側が注文をキャンセルする場合は、事前に供給側と話し合い、供給側に過失がないままキャンセルした場合は適切な補償をする。供給側の納品に問題があった場合は、購入側と話し合い、数量や品質が納品書と合致しない場合は補償する。
　フェアトレード団体は、連帯・信頼・相互尊重に基づいた長期的な関係を維持するとともに、生産者の収入が向上するよう取引量を増やし、産品の価値・多様性を向上させる。また、他の団体と協働し、不公正な競争を

行わず、他団体のデザインを許可なく真似たりしない。

基準4. 公正な価格の支払い

公正な価格とは、全当事者が参加と対話を通じて合意した価格であり、生産者への公正な支払いを可能とし、かつ市場でも維持可能な価格である。

公正な支払いとは、生産者が公正と見なす社会的に受け容れ可能な報酬の支払い、および男女同一労働同一賃金の原則に立った支払いを意味する。フェアトレード産品のマーケティングや輸入を行う組織は、生産者が公正な価格を設定できるよう、必要に応じて生産者の能力強化を支援する。

基準5. 児童労働と強制労働

フェアトレード団体は、国連子どもの権利条約や子どもの雇用に関する国内法・地域の法令を遵守する。また、団体のスタッフ、メンバー、在宅労働者が労働を強制されることがないようにする。

フェアトレード産品を購入する団体は、生産にあたって強制労働がないことや、国連子どもの権利条約・関係国内法・地域の法令が守られていることを確保する。生産に児童が関わる場合は、その事実を開示・モニターし、児童の福祉、安全、教育的要請、遊びの必要に悪影響を与えないようにする。

基準6. 非差別、公正な男女関係、および結社の自由

フェアトレード団体は、雇用、報酬、研修機会の提供、昇進、解雇・退職に関していかなる差別も行わない。男女にスキルを磨く機会を提供し、空きポストや組織内の指導的地位への女性の応募を促す。妊娠した女性や母乳で育児をする母親特有の健康・安全面のニーズに配慮し、便益の利用に関する決定に女性が全面的に参加できるようにする。全スタッフの労働組合加盟権、団結権、団体交渉権を尊重し、その代表が職場で差別されないようにする。

生産者と直接関わる団体は、女性が男性と同じ報酬を受けられるようにするとともに、女性がその能力に応じた仕事につけるようにする。

基準7. 労働条件

フェアトレード団体は、安全かつ健康な労働環境を提供し、安全性・健康・労働時間・労働条件に関するILO条約や国内法、地域の法令を遵守する。購入先の生産者組織の健康や安全の状況を把握するとともに、生産者組織内で健康や安全への意識や健康・安全面の慣行が改善されるよう継続的に

努力する。

基準8. 能力強化

　フェアトレード団体は、疎外された小規模生産者の発展への好影響が増すよう務め、スタッフやメンバーの能力とスキルを発展させる。小規模生産者と直接関わる団体は、生産者の管理運営スキルや生産能力、市場へのアクセス力を向上させる特別の支援を行う。フェアトレード仲介組織から購入する団体は、疎外された生産者に対する支援能力を仲介組織が高められるよう協力する。

基準9. フェアトレードの推進

　フェアトレード団体は、フェアトレードへの人々の関心、および世界貿易をより正義に叶ったものにする必要性への人々の関心を高め、フェアトレードの目的や活動を社会に唱導する。顧客に対しては、自らの組織や取り扱い産品、生産者団体とそのメンバーについての情報を提供し、常に誠実な宣伝方法・マーケティング方法を用いる。

基準10. 環境

　生産者団体は、持続的な供給源からの原材料を最大限利用し、可能な限り地元から調達し、エネルギー消費量の少ない生産技術を用い、温室効果ガスの発生を最小限に抑えた再生可能なエネルギー技術を可能な限り用いる。廃棄物が環境に与える影響を最小化するよう務め、可能な限りオーガニックないし低農薬の生産方法を用いることで、環境への影響を最小化する。

　購入ないし輸入側は、持続的な供給源からの原材料を使って生産された、環境への影響が総体として最も少ない産品を優先的に購入する。全フェアトレード団体は、可能な限り再利用可能ないし生物分解性の高い材料を使って包装し、可能な限り海上輸送を使って発送する。

出所：日本フェアトレード・フォーラHPから引用

（3）＜新「国際フェアトレード憲章」について＞

　次いで紹介するのが2018年にWFTOとFIが策定した新しい「国際フェアトレード憲章」である。この憲章の最初の策定は2009年で、その後の時代の変化とフェアトレードの発展を踏まえた新しい憲章の策定作業が2015年のWFTO国際会議で決まり、作業部会が設置され世界に向かって策定を進めていくための意見具申の呼びかけが2016年5月に行われた。そして、2017年11月のインドのデリー会議で素案が提示され、2018年9月に改定版が発表された[3]。

　この改定はフェアトレード運動を、世界の課題である正義、公正、持続可能な開発の観点から、具体的には不平等、ジェンダー、気候変動、SDGs（国連持続可能な開発目標）などへの取組みを踏まえて見直すことに主たる目的が置かれている。

　この改定「国際フェアトレード憲章」の冒頭には、「グローバルなフェアトレード運動は、正義、公正、持続可能性を人々と環境にもたらすべく、世界貿易の変革に取り組んでいます」と掲示している。さらに概要の冒頭に、「モノを作り取り引きする際に、経済的な利益よりも人と環境を優先するのがフェアトレードです」と再度確認し、次のように続けている。

　「フェアトレードはまた、生産者と消費者をより透明性のあるサプライチェーン（供給網）で結ぶものでもあります。フェアトレードは貿易ルールの中心に小規模生産者、労働者、消費者のニーズを位置づけるべく、より公正な国際貿易が実現可能であることを示すことによって、貿易ルールの書き換えに幅広い市民の参加を得ようと努力しています。フェアトレードは貿易を通して変革と発展を実現しようとするパートナーシップ（生産者－消費者間の対等な協働事業）なのです」

　そして、「フェアトレードの定義」として、上述の「FINEの定義」を紹介している。

　本新憲章は、「フェアトレードを実践し、関心をもつ人々が共有すべき価値観や共通のアプローチを理解するため」の文書として位置づけられており、本書を手にとっていただいている読者にはぜひとも一読いただきたい文書である。また、このペーパーの第三章の「フェアトレードならではのユニークな『アプローチ』──包括的アプローチ（取組み方）」において、以下の8点のフェアトレード型ビジネスモデルを掲示している。ここで言う「包括的アプローチ」

として代表的な事例は、多数のステークホルダー（さなざまな形で関係する人／団体）の参加を得るアプローチで、貿易ルールの策定から疎外されてきた人々の声を反映させようとするアプローチである。

　同時に開発がもつ経済的、社会的、環境的、政治的な側面を統合する多面的なアプローチ、さらにさまざまなレベル（地元、全国、地球上の地域、グローバル）を互いに結びつけて協働に導く多層的なアプローチのことで、そうしたアプローチを通じてフェアトレードは、各地の文化的多様性を尊重し、地域共同体内や国内における生産者の主導的な役割を尊重しながら、経済的な関係をより公正なものにしようとしているのである。

　フェアトレードは、公正な対価を支払い、前払いに応じ、生産者の成長に協力するなど、通常の取引が求める以上のことをすることに消費者を含む買い手が同意する「社会的契約」を行うビジネスモデルであるということ。それに応えて生産者は、フェアトレードからの収入を自らの社会、経済、環境面での改善に使う。このようにフェアトレードは、貿易を通して変革と発展を実現するパートナーシップであること。さらに8番目の最後の「公正な世界の実現に市民の参加を得る」において、フェアトレード運動はトップダウンの運動ではなく、多様性を踏まえたグラスルーツ（ボトムアップ）の運動（市民社会活動）であることを強調していることをとくに指摘しておきたい。

　フェアトレードらしいユニークな活動（フェアトレード・ビジネスモデル）8点とは以下のとおりである［以下引用］。

■フェアトレードができる条件を作り出す
　フェアトレード団体は、利益の最大化よりも人間的な関係を事業の中核に置くという価値観に立って契約や取引を行います。

　フェアトレードにおいて買い手側は、生産者や労働者の人たちがより良い経済、社会、環境を実現するために必要な日々のニーズを満たし、状況を徐々に改善して、生計を持続的に維持していけるような取引条件を提供します。

　フェアトレードはまた、取り引きする上で長期間のパートナーシップを約束することで、買い手側と生産者側が情報を共有したり、いっしょに計画立案したりすることを通して、ともに成長することを可能にします。

　総じてフェアトレード運動は、貿易を経済的、社会的、環境的に持続可能な

ものとすることに政府や企業が本格的に協力する環境を作り出そうとしています。それによって、小規模生産者や労働者の人たちが自らの権利と自由を行使し、活力と回復力のある経済活動によって人間らしく暮らせるだけの収入を得て、持続可能な生計を営めるようにすることを目指します。

■誰も置き去りにしない経済成長を実現する

　貿易はモノやサービスを交換する経済活動というだけではありません。それは人々を社会的につなぐ活動です。フェアトレードは、貿易から得られる報酬が可能な限り広く行き届くように、教育、保健衛生などの社会サービスを積極的に地域共同体内に普及させ、すべての人が参加できる民主的な組織とパートナー関係を結ぶことによって、ソーシャルキャピタル（社会関係資本＝社会における人々の信頼関係や結びつき）を強化することを目指します。

　小規模で家族経営的な経済活動をベースにした組合や協会は、その構成員である弱い立場に置かれた生産者や労働者の人たちの製品を市場に出す手助けをしてきたことから、常にフェアトレードの中心的な存在でした。そうした組合や協会が事業をうまく運営したり、生産能力を高めたり、市場に出す力を強化したりする努力をフェアトレード団体は支援します。

■人間らしい仕事を提供し、収入の向上を支援する

　人は誰でも、自ら働いて得た収入によって尊厳ある生活ができるようにあるべきです。フェアトレードは、結社の自由や団体交渉の権利を守り、差別や強制労働をなくし、安全で健康的な労働環境を保障する国際条約や国内法制を尊重するよう働きかけます。

　フェアトレード団体はさらに、サプライチェーン内で働く労働者が生活賃金を得たり、小規模な生産者や職人の人たちが自らの経済活動によって人間らしい生活を営むための収入を得られるよう活動します。

■女性の力を強化する

　女性は往々にして労働力の主要な提供者であるにもかかわらず、土地や資金を使えないことが多いために、経済活動の成果や社会的・経済的な発展の機会を十分に得られていません。言うまでもなく女性は、男性と同等の賃金や待遇、平等な機会を手にする権利を持っています。

　フェアトレード団体はそうした非差別の原則を尊重するだけでなく、自らの活動の中においても女性に意思決定への参加を求めてジェンダー平等を推進し

たり、幅広くジェンダー関係の改善を働きかけたりすることに積極的に取り組みます。フェアトレードによって、何百万人もの女性が初めて一家の収入の使い道を決める機会を得ました。そのことが、保健衛生や教育といった社会的な発展の分野においてより良い結果をもたらすことも証明されています。

■子どもの権利を守り、次の世代に投資する

子どもの搾取は、国際的、国内的な基準の遵守を監視するとともに、搾取を生み出す根本原因に取り組むことによって初めて解決に導くことができます。フェアトレードは、児童労働に頼らずに十分な収入を得ようとする家庭を手助けする団体や、子どもには健全な成長が重要で教育を受けるニーズ（必要性）や遊ぶ権利があるという認識を地域共同体内で広める活動をする団体を支援します。

フェアトレードはまた、次の世代が自分も農家や職人になりたいという気持ちになれるインセンティブ（動機づけ）が欠けているという、多くの村落共同体が直面している深刻な問題にも取り組みます。フェアトレード団体は、将来の仕事に必要なスキルを若い人たちが学べるようにすることによって、彼らが地元に暮らしながら、共同体の一員としてより明るい未来を描けるような機会をつくります。若い人たちにとってフェアトレード団体のリーダー、特に女性は、起業家精神に満ちた心強い模範となっています。

■生物多様性と環境を守り育む

環境を守り、天然資源や生物多様性の長期的な活力を維持することはフェアトレードの主要な柱の一つです。生産から物流、消費までの連鎖に関わるすべての事業者は、土壌や水資源を守ったり、エネルギーの消費や温室効果ガス・廃棄物の発生を減らしたりといった、環境に配慮した行動を取る責任があります。

そうした環境に配慮した行動を取るのに必要なコストが取引条件や取引価格に確実に反映されるよう、バリューチェーン［サプライチェーンの各段階で生まれる価値（利益）＝付加価値の連鎖］全体が管理されるべきです。

小規模な農家や職人は気候変動の影響を最も受けやすい人たちであるだけに、彼らが気候変動に適応したり、その影響を緩和したりする方策を考え、それに必要な投資をするのを支援することも重要です。

■公的政策に働きかける

フェアトレード団体は、自らの活動によって直接上げることのできた成果を活用し、それを広く共有することによって、フェアトレードの価値観が企業の行動や政府の基本方針に採用されることを目指します。そのためにフェアトレード団体は、一般市民への呼びかけやロビー活動、政府や国際機関に対するさまざまなレベルでの提言活動を行います。

　公的政策[4]は、フェアトレードの原則が貿易の規範となるよう、また企業がもっとフェアトレードの原則に立って貿易を行うよう奨励することができます。従来の貿易ルールや貿易慣行を変革することは、フェアトレード活動から切り離すことのできない要素の一つなのです。

■公正な世界の実現に市民の参加を得る

　フェアトレードのサプライチェーンは生産者と消費者の結びつきを強めます。一般の市場でフェアトレード製品が以前より多く見られるようになっていることは、あまたの製品の中から何を買うか選択する消費者の力の強さを示しています。選んで買うことが持つ力を広く市民に知ってもらうことを通して、地球の生態系が許容できる範囲で消費する、持続的かつ責任ある消費をフェアトレードは推進します。

　ただ、フェアトレード製品を買い求めることだけが消費者の責任であってはなりません。フェアトレードがすべての製品にとっての規範となるよう求める権利を消費者は持っています。生産者も消費者も経済主体であると同時に社会的な行動主体であると考えるフェアトレードは、何らかの形でフェアトレードと関わる人々や組織を責任ある市民と見なして働きかけます。すべての人が参加でき、さまざまな力を強めることを重視するフェアトレードは、世界のすべての人にとって貿易が正義に基づき公正であるような、これまでとは違う経済モデルを築くために、草の根で活動する人々とグローバルな運動とを結びつけます。

　アフリカ、アジア、ラテンアメリカ／カリブ海地域の生産者がヨーロッパや北米、太平洋地域で製品を売る手助けをしてきたフェアトレードは、その成功によって、世界各地で貿易をより良いものにしようとする諸活動からますます注目されるようになっています。

［引用以上］

〈生活所得・生活賃金とは——真のサステナビリティへの挑戦〉

　もう1点指摘しておくべきことがある。途上国の人々の「生活所得・生活賃金」（living income／living wage）とは何かということである。これは公正な取引（フェアトレード）において、生産者たちが受け取るべき公正な賃金・所得とは、つまりフェアトレードにおける公正な支払いとは何かということである。

　そのためフェアトレードは、他の通常取引の場合（コスト中心）に比べ、高めの支払いを考える。あるいはプレミアムを支払う。具体的には生活向上用として「コスト＋アルファ」考えるのだが、その際常々プラスアルファとは、適正に生きるために必要な「生活所得・生活賃金」を想定して金額を設定することが望まれてきた。しかし、それをどれだけ厳密に行ってきたかにはいささか疑問もあろう。

　その点、SDGsの「誰も取り残さない」という理念の下で、人権侵害や環境破壊を起こさず、多様性を大切にするといったさまざまな新しいグローバルスタンダードが登場してきているが、もう一つの新たなスタンダードとして、「生活所得・生活賃金」をしっかり設定した上で、「誰も取り残さない」システムへしっかりそろえるべきではないかという指摘である。

　グローバル生活賃金連合（Global Living Wage Coalition／GLWC）という国際NGOがあり、「生活賃金」について次のように明確に定義している。「世帯のすべての人間がまともな生活を送るのに必要な年間収入。まともな生活水準の要素には、食料、水、住居、衣料、教育、健康、医療、交通、その他必要不可欠なあるいは突然の出費も含めた、欠かすことのできないニーズを含む」とされている。農家であれば、通常の農業活動に加えて、農業以外からの収入もあるが、農業にかかる費用は差し引いて残る収入が最低でも適正な生活コストと同額になるべきである。

　企業は、こうしたSDGsが掲げるように、「誰一人取り残すことなく、地球上の皆が人間らしく生活できる世界の実現のため、自社のサプライチェーン上で働く人すべてが生活所得・生活賃金を得ることを目指す」べきである、とGLWCは主張している。

　フェアトレードにとっても中核的課題である「生活賃金」という言葉は、新たにグローバルスタンダードの考え方として登場されつつある。この点もフェアトレードの新たな展開となろうとしている。この考え方から、具体的にFI（フェ

アトレード・インターナショナル）は本格的に生活賃金／生活所得の調査を推進してきている。

　2000年頃から、FIを中心に、フェアトレード活動において、共同研究として「生活賃金」に関する具体的な数字の計算プロジェクトが進められてきている。2020年には7カ国2000以上のコーヒー農家で家計記録簿の記録運動が展開され、コーヒーの「生活所得基準価格」を定義し計算をしてきた。これによって多くの農家の所得向上に役立ったと報告されており、このプロジェクトはさらに各地に拡大されてきている。

　FIの最新の年次報告書（2020/21年度）には、「まともな生活水準を享受するためにどれだけ稼ぐ必要があるかを測定するための新しいツールの開発によって、途上国のフェアトレード農家も大きな一歩を踏み出した」、「生活賃金と収入は国によって、また都市と農村地域の間で異なる。同じ方法論に基づく信頼できる数値がなければ、結果を比較し、進歩しているかどうかを判断することは困難である」、「新しい基準値は、世界中の小規模農家や農業労働者の生活賃金と生活収入を測定および改善するためのフェアトレードの取組みにおける重要な次のステップとなる」などが語られて、同時にそれら調査データに基づき、農家の受取りが大きく向上したことなどが報告されている。

2．フェアトレード商品とは——新しい認証制度の展開

　フェアトレード商品とは、これらフェアトレードの国際的な基準に従って生産・取引・販売されている商品のことである。後述する、国際フェアトレードタウン推進委員会は、フェアトレード商品とは「フェアトレード原則にコミットする生産者・労働者による原産のもの」であることを強調しており、次の2つのサプライチェーンを例示している。

　1つは「上記のようなフェアトレード原則に基づき生産・取引・販売されているもの」、具体的には「WFTO会員やワールドショップ」によるものである。「WFTO会員」とは、前述のWFTOのフェアトレード10原則に基づき運営している団体のことで、WFTO会員はフェアトレードを扱う事業者だが、それは人権や環境を優先した事業を行っている団体であることが求められている。「ワールドショップ」とは、欧州ではフェアトレード専門ショップ（小売店）はこう呼ばれており、定義は国によって少し違うが、フェアトレード商品の

売上が80%以上であり、しかも残りの20%も広報用の絵はがきなどであって、実質的には全面フェアトレード専門店という感じのものである。

　なお、欧州のワールドショップは1994年にNEWS!（Network of EuropeanWorldshop）を設立し、13カ国2500店舗が参画していたが、2008年に閉鎖し、NEWS!会員はそのままWFTOヨーロッパに合流する形となった。

　もう1つは、フェアトレードの「製品認証制度」の仕組みによって取引されているもの、具体的には以下に述べるFI（フェアトレード・インターナショナル）の認証制度が代表的なものである。

　そして第3に、この2つのカテゴリーに加え、日本では「第3カテゴリー」として、事業者自身が生産者から消費者にいたるまでフェアな取引であることを確認（保証はしていない）している「独自ルート商品」のものもフェアトレードとしている。日本のフェアトレード商品にはこの「独自ルート商品」、つまり「第3カテゴリー」がきわめて多く（主流的に）存在しているのが特色であるといえよう。各々についてもう少し説明する。

　（1）＜WFTOの保証制度＞
　上記の「WFTOの加盟団体」（本書ではこれを「第1カテゴリー」と称している）とは、加盟しているのは先進国のフェアトレード団体と途上国の生産者などが中心であり、いわゆる「提携型・連帯型」といわれるもので、先進国のフェアトレード団体が途上国の生産者と提携・連帯しながら協働作業としてフェアトレード商品をつくりあげ販売する活動をしている例が典型的である。また、提携型・連帯型であるので、このラベルを表示している団体は、主に衣料品、アクセサリー、クラフト類（雑貨・手工芸品）などを取扱商品としている。

　WFTOに加盟するためには、まず当該団体は、「自社の事業活動においていかなる時も、人と地球を第一にする」ことを証明することが求められる。これによって仮加盟が認められると、次はフェアトレード基準に従って運営していることの監査（モニタリング）を、2段階で行うことが必要となる。1つは「自己評価」報告書の提出で、次いで取引先（パートナー）など他団体のメンバーを監査員として招聘して行う内部監査である。これによって正式加盟が認められると、いわれる正会員となるが、これは「保証会員（Guaranteed Member）」と呼ばれている。つまり、加盟によってフェアトレード団体であることが「保

証」されるのである。

　これによってこれまでWFTOの認証制度は団体認証として扱われてきた。それによってWFTOに加盟する団体が取り扱う商品はフェアトレードであることが保証されるという形となっていたのである。但しそのため、WFTO会員であっても、団体活動の広報のためにWFTOのロゴを付けることは許されているが、取り扱っている商品自体にWFTOのロゴを付ける（貼る）ことはできなかったのである。

　WFTOは2013年に、消費者や企業に分かりやすいように、製品にもラベルを表示できるように変更することとし、新たに「WFTOフェアトレード保証システム」を導入した。

　加盟団体がそれぞれのサプライチェーンにおいてもWFTOの10基準を守っていることを確認するよう制度化すると共に、フェアトレード保証を受けた加盟団体はその取扱商品に「WFTO保証ラベル」を表示することができるように仕組みを変更した。この新ラベルは、WFTOのロゴの下に「GUARANTEED FAIR TRADE」（フェアトレード保証）と記されている（図1-1）。

図1-1　WFTOのフェア
　　　レード保証ラベル

　このWFTOの「保証システム」は製品にもそのロゴを付けることができることによって、団体認証のみならず、商品認証制度となったのだが、いずれにしろWFTOの会員のみを対象とするものであるため、フェアトレード商品としての信頼度には変わりがないといえる。但し、WFTOは「保証（GUARANTEED）という言葉を使っている。これに対して商品認証のFIは「認証（CERTIFIED）という言葉を使っている。

　日本のフェアトレード団体でWFTOの加盟団体は現在4団体ある。最も古くから加入しているのはピープルツリー（法人名はフェアトレードカンパニー（株））で、衣料品やクラフト類にWFTO保証ラベルの表示を開始したのは2014年からで、チョコレートは2017-18年シーズンのものからこのラベルが付けられている。シサムコウボウ（シサム工房）はフェアトレードショップから始まったが、今や日本でも有力なフェアトレード団体の一つになっている。次

いで、アフリカでのバナナペーパー事業を日本で展開している（バナナペーパーを原材料で輸入して紙への加工は日本国内で行っている）「ワンプラネットカフェ（株）」、そして熊本学園大学内に事務所のあるNPO法人で主として韓国との交流を行っている「東アジア共生文化センター」が数年前に加盟している。

日本国内では、このWFTOのフェアトレード保証を受けた商品は、後述の「日本のフェアトレード市場規模調査」の項で紹介しているとおり（第12章）、2015年には国内市場規模265億円の内の15億円、5.7%であった。2016年以降には、他のフェアトレード団体による海外のWFTO製品認証品の輸入が増えていくので、恐らく倍増しているのではないかと見られる。

（2）〈FI（フェアトレード・インターナショナル）の2つの製品認証制度〉

本書で「第2カテゴリー」と呼んでいる商品認証制度は、フェアトレード認証団体のFIが中心的なものである。FI（Fairtrade International）は「国際フェアトレードラベル機構」と訳されている（以下FIとする）。また、その商品認証システムを「国際フェアトレード認証ラベル」と呼んでいる。

日本ではFIの受け皿（メンバー）は「フェアトレードラベル・ジャパン（FLJ）」であるが、最近組織名を「フェアトレード・ジャパン」（FJ）に変更しつつある。FIという認証機関の仕組みについては、第6章「企業とフェアトレード——国際フェアトレード認証制度より」に具体的に書き込んであるので参照いただきたい。FIの商品認証基準項目を掲示すると表1-2の通りである。FIの場合は、各品目ごとに詳細に認証基準が設定されているが、表1-2はその対象基準項目を表にしたものである。

また、FIの場合は商品認証のみならず、それを取り扱う場合にもライセンシーが必要である。日本企業であれば、FJ（フェアトレード・ジャパン）とライセンス契約を結ぶことになる。

FIは2014年から新しい原料認証制度を導入してきた。「国際フェアトレード原料ラベル」（Fairtrade Sourcing Ingredient Marks／FSI）である。これまでのFIの製品認証制度（国際フェアトレード認証ラベル）は、最終製品をフェアトレード認証商品として認める制度であった。そのためFIのフェアトレード認証原材料が存在するものについては、すべてそれに切り換えないと認証されない仕組みであった。カカオを使ってクッキーを作るとすると、それをつくる

表1-2　ＦＩの国際フェアトレード基準（主な対象項目）

```
●経済的基準：
・フェアトレード最低価格の保証
・フェアトレード・プレミアム（奨励金）の支払い
・長期的な取引の促進
・必要に応じた前払い
●社会的基準：
・安全な労働環境
・民主的な運営
・差別の禁止
・児童労働や強制労働の禁止
●環境的基準：
・農薬や薬品の削減と適正な使用
・有機栽培の奨励
・土壌や水源、生物多様性の保全
・遺伝子組み換え品の禁止
```

（出所）フェアトレード・ジャパンＨＰから

ために使われるカカオのみならず、砂糖もフェアトレードのものを使うことが原則とされてきた。これではフェアトレードの砂糖が調達できないと、カカオだけではフェアトレードクッキーとは認証されないため、クッキー自身の生産をあきらめかねないことになる。

　そこでこの新しい制度では、企業が特定の単一（時には複数）原材料を対象として、製品単位ではなく、むしろ事業全体でフェアトレード調達量を増やしていくことを誓約する、つまりそれに参加する企業は複数年に渡ってフェアトレード認証原材料の調達量を増やしていく目標を設定することによって、製品認証を得られるようにするプログラムを新たに導入したのである。

　このプログラムに参加する場合、企業は調達プログラム専用の「国際フェアトレード原料調達ラベル（FSIラベル）」（図1-3）を使用でき、このマークを使ってフェアトレードへのコミットメントを消費者に発信していくことができ

る。この「原料調達プログラム」は、まずはカ
カオ、砂糖、コットンを対象にスタートし、さ
らに他の品目に広がってきている。企業はこう
した SDGs 的コミットメントを消費者に発信し
ていくことができる。

　このロゴのデザインはこれまで長く使われて
きていて、我々にも馴染みある黒い四角のラベ
ルをベースに水色と黄緑色を抜いているものだ
が（図1-2）、原料調達ラベル（FSI）は黒い部分

図1-2　FI の国際フェアトレード
　　　認証ラベル

が白抜きに逆転させたデザインとなっている（図1-3）。

　そして、この原料のフェアトレード調達率を実質的に規程通り100％を達成
したものを、図1-4のように黒塗りに戻したマークとしている。この「国際フェ
アトレード認証コットンラベル」は、「製品が国際フェアトレード基準を守っ
て生産および取引されたコットンで作られていることを示しており、生産のす
べての段階で物理的なトレースが可能であり、加工中に非フェアトレード認証
コットンと混合されることはない。コットン以外の繊維を含む混合繊維製品の
場合、製品重量の50％以上（但し、ユニフォーム、ワークウェアに限り30％以上）
がコットンからなり、かつ製品に使用されるすべてのコットンが認証コットン
である場合、この認証ラベルを使用することができるのである」（FI の HP か
ら引用）。

図1-3　FI のフェアトレードココアの原
　　　料調達プログラムラベル

図1-4　FI のフェアトレードコットンの
　　　原料調達プログラムラベル

なお、念のために付記しておくと、FI ではフェアトレードを「Fairtrade」
と一語（単語）で記している。つまり Fairtrade は FI の登録商標である。通常
のフェアトレードという言葉は、「fair trade」と 2 語で一般的には表記される。
日本語では両語とも「フェアトレード」と通常表記されている。日本のメディ
アなどでは外来語は「フェア・トレード」の「・」（中黒）を入れないで使用
する慣用があるためである。

　ちなみに、フェアトレードタウンの第 1 号である英ガースタングは、
「Fairtrade Town」と表示している。これはガースタングのフェアトレードタ
ウン運動は FI の認証商品の販売促進を目的に始まったからである。その後の
展開では、近年の新しいフェアトレードタウンは「Fair Trade Town」と表示
される傾向にある。これはフェアトレードを FI と WFTO のみならず、フェ
アトレード全体を包含して捉えていこうとする意図があるからである。

〈その他のフェアトレード認証制度〉

　フェアトレードの製品認証制度としては、WFTO と FI が最も国際的であ
り大きいが、これ以外にも、21世紀に入っていくつかの国際的なフェアトレー
ドの認証団体が登場してきている。今後はこれら新しいフェアトレード認証団
体の影響も、日本も含め大きくなっていくであろう。

　今後さらに影響力が強くなっていくであろう団体の一つは、「Fair for Life」
である。2006年に人権と環境を守るための基準をベースに、スイス・バイオ
財団とマーケットエコロジー研究所である IMO グループによって設立された
が、2014年に欧州（本社フランス）で最大規模の有機認証を扱うエコサート
（ECOCERT）グループに引き継がれ、2016年からフェアトレード基準も導入す
る団体となり、急速に影響力をもち拡大してきているようである。原材料の
80%以上がフェアトレードであれば、Fair for Life のロゴを表示することがで
きる。この認証商品もすでに日本にも輸入されてきており、わかちあいプロジェ
クトで販売していたモロッコ産のアルガンオイルの原料を、2018年から FI 認
証品から Fair for Life認証に変えたとのこと。

　米国のフェアトレードの中核的団体となっている「フェアトレードUSA」
（Fair Trade USA＝FTUSA）があるが、この団体もフェアトレード認証制度を
もっている。FTUSA は 2012年までは FI（当時は FLO／国際フェアトレードラ

ベル機構）の米国のパートナーメンバーの組織であったが、FIから離脱して新たな認証組織となった。離脱した理由は、フェアトレードをさらに普及するため、FIのように認定対象品目を限定せず、さらに広げていくこと、FIのように小規模生産者にできるだけ限定する方向ではなく、大規模生産者も対象としていくなど、フェアトレード基準を満たせば、品目や事業形態に限定せず対象生産者を拡大していく方針としているようだ。また、フェアトレード基準項目は必須項目と必須でない項目とに分かれており、所定の達成率があればよいとしているようである。

　最近、日本にもFTUSA認証を受けた商品が輸入されてきている。全商品をフェアトレードとすることを発表しているパタゴニアは、このフェアトレードUSA認証を取得することにしたようで、今後これら米国の認証制度のものが日本に輸入されてくるケースも増えてくるであろう。

　その他では、英国のBAFTSは英国のフェアトレードショップとサプライヤーのネットワーク組織である。フェアトレードとはWFTOの10原則の定義に従うことをもってフェアトレード認証としており、WFTOの連携団体となっている。フェアトレード認証商品としては欧州内ではかなり受け入れられている。

　また、フェアトレードUSAは、米国ではフェアトレードタウン運動においてフェアトレード商品とは、①フェアトレードUSA、②フェアトレード・アメリカ（Fairtrade America/ FIの米国の受け皿組織）、③「フェア・フォー・ラ

図1-5　フェア・フォー・ラ
イフの認証ロゴ

図1-6　米フェアトレード
USA の認証ロゴ

図1-7　フェアトレード連盟
の認証ロゴ

イフ」（Fair for Life）、④フェアトレード連盟（Fair Trade Federation/FTF、提携型・連帯型のフェアトレード団体で、この会員のほとんどは WFTO の会員であり、実質WFTO を意味する）、この４団体の認証商品をもってフェアトレード商品とするとしている。（「ビッグテント・アプローチ」の項参照）。

（3）＜第３カテゴリーとは＞

　日本では上記の「第３カテゴリー」がフェアトレード商品の主流となっていることは記したが、その背景は日本のフェアトレードの発展の歴史がいささか異なる故かもしれない。日本のフェアトレードの設立と活動は1980年代後半頃から始まり、90年代前半までに設立されたものが老舗として多い。これら団体は当初からまさに真摯にフェアトレード的に取り組んできたことでも知られており、単に国際団体（WFTO）に加盟していないだけであるともいえる。

　因みに、ATJ（オルター・トレード・ジャパン）は「民衆交易」、第３世界ショップは「コミュニティトレード」、ネパリ・バザーロは「パートナーシップトレード」という言葉で表現してきた。もちろんフェアトレードという言葉も使用している。

　国際団体に加盟していない理由は、日本のフェアトレードの市場規模が小さく、国際団体に加盟できるほどの収益（会費や対応コスト）をあげ得ていないためといえよう。但し、これら日本の団体の開発途上国の取引先（輸入先）がWFTO に参加しているケースはきわめて多く、日本のフェアトレード団体は第１カテゴリーにおける「ワールドショップ」的な役割を担っているといっていいのかもしれない。

　現在、これら第３カテゴリーに入る団体については、FTFJ（一般社団法人日本フェアトレード・フォーラム）が、一定の基準を設定して特定しようと調査中である。現時点の「第３カテゴリー」の慣習的な規定としては、FTFJ のフェアトレードタウンの認定基準の中に（基準5）、何が第３カテゴリーのフェアトレード商品であるかは、各地のフェアトレード推進団体が行うとしており、その条件として、①フェアトレード基準に基づいて取引（活動）していることを公表しており、②その達成に向けて努力しており、その取組みについて情報公開している場合、の２点があげられている。

　世界でも販売額が大きいフェアトレード団体の１つとして知られるオル

表1-3　主なフェアトレード商品リスト

●衣料品：女性用/男性用衣料品・子ども /ベビー用衣料品/服飾雑貨
○服飾雑貨：スカーフ・ショール・マフラー・帽子・ベルト・手袋・ソックス バッグ・ポーチ・財布・履き物（靴・サンダル等）・アクセサリー
●雑貨・収納：バスケット・インテリア小物・キッチン用品・バス用品（浴用）・アロマ・キャンドル・化粧品・寝具・玩具・楽器・はがき／カード・レターセット
●食品：カカオ（チョコレート）・コーヒー・紅茶・バナナ・果物（バナナ以外）・ドライフルーツ・果汁・野菜・砂糖・塩・ナッツ・オイルシード（オリーブオイルを含む）・はちみつ・米・その他雑穀・大豆・豆類（とその製品）・ハーブ・スパイス類・アルコール（ワイン、ビール等）・海産物・その他
●その他：花・観葉植物・木製品・スポーツ用ボール（サッカーボール等）・その他

ター・トレード・ジャパン（ATJ）をはじめ、ネパリ・バザーロ、第3世界ショップ、シャプラニール、シサムコウボウ、パルシック、スロー・ウォーター・カフェ、ピース・ウィンズ、シャンティ国際ボランティア会（SVA）、アジア日本相互交流センター（ICAN）、福市、さらにウィンドファーム、NPO日本フェアトレード委員会（在熊本）、スターバックス、BODY SHOP等々がある。それに後述する（日本のフェアトレード市場規模の項）ゼンショーホールディングスなどである。繰り返しになるが、これら団体の途上国の輸入先パートナーはWFTOに加盟しているケースが多い。

第3節　拡大する南々フェアトレードと国内フェアトレード

1．南々フェアトレードの拡大

　フェアトレードは開発途上国の生産者と先進国のフェアトレード団体および消費者が手を結んで、より公正（フェア）な貿易取引を目指すこと（南北貿易）から始まったが、とくに2010年代以降、現在ではすでに先進国と途上国間の

貿易形態のみならず、途上国のフェアトレード生産者団体から他の開発途上国への輸出（南々貿易）、さらには途上国の国内取引も活発化してきていることが近年のフェアトレードの動きの特色の一つとなっている。

　ちなみに、FI の認証品の売上もこうした南々取引や国内取引の増大が大きく貢献してきていることを報告している。すでに FI の 2012年報告書には「新たな国でのフェアトレード認証製品市場が著しく成長しています。南アフリカ共和国においては、2011年は 2010年の 3 倍ものフェアトレード認証製品が販売されました。途上国の消費者も自国の生産者によって生産されたフェアトレード認証製品を購入することができるようになりました」とある。開発途上国にも消費力があり、先進国のみならず、南の国へも相互に販売していく力を現地の生産者はもつようになってきている。

　また、この点については、第11章のパルシックの東ティモールでの取組みからも、新しいフェアトレードの可能性が拡がっていることを示している。パルシックのこのケースはフェアトレードはコミュニティ開発であることを証明するものとなっている。地域の女性たちをエネルギーの自給や生活の自立へ向けて一緒に考えながら取り組み結集していく。その中で地域の市場で販売する地元商品の開発を考え、販売し、収入を得ていく。こうしてコミュニティ開発が展開されていく。

2. 先進国での「国内フェアトレード」の展開

　他方、前述の新「国際フェアトレード憲章」の中の「フェアトレード的アプローチ」の 9 番目に、「公正さ（フェアネス）を国家と地域レベルの両方で促進していく」ことが掲示されており、上記のとおりこれまでの「南から北」への貿易促進のみならず、今後はフェアトレードの考え方が「南々」や「北々」貿易にも適用されていくべきことを触れている。さらにその中で、これらの貿易は諸国間のみならず、国内での取引関係でも起こっていることに触れている。この指摘はいわゆる先進国の「国内フェアトレード」（Domestic Fair Trade）もフェアトレードの一つとして認めていこうとする背景からきている。

　国内フェアトレードは「北-北フェアトレード」、「ローカル・フェアトレード」、「北のフェアトレード」（Fair Trade in the North）などと呼ばれている。WFTO の 2017年のデリー会議では、北の生産者も経済的に弱い立場にある小

規模な農家や職人グループなどはフェアトレードのサプライチェーンに含められることが決議された。

　オーストラリアではすでにこれまでに先住民である「アボリジニの人々」の自立支援に関わるものもフェアトレードとして取り扱ってきている。どの先進国内部にも南北問題は存在している。まして、格差が急激に拡大しており、さらに自然災害などが増大している状況で、国内の南北問題は一層顕在化してきている。先進国の小規模および家族経営農家や農業労働者は、巨大アグロビジネス企業によって、依然として搾取され、農業経営の中断を余儀なくされている傾向が強まっているという危機感がある。

　工業製品については、原材料、人件費、広告費などのコストと適正な利潤を加味して製品の卸価格が決定されているが、家族農業・小規模農業・零細生産者や作業所などでは、材料費にわずかの利幅を乗せられればいい方で、仕入業者側によって一方的に仕入れ価格が決定されることになりがちとなる。さらに、移民労働などの労働条件も、農業・工業部門とも過酷なものとなっている。つまりフェアトレード理念は先進国の零細生産者や労働者にとっても、途上国と同様に重要なものであると考えられる。

　先進国における国内フェアトレードを誘引しているもう一つの点は、有機農業を中心とする地産地消（リローカリゼーション）運動との連携の緊密化からより説得力をもってきており、具体化へ向かっている。フェアトレードの理念・目的は、地域における地産地消運動のそれと分かち合うものである。また、環境、持続可能性、フェア（公正）、関係性、健康などのキーワードでも同一である。日本でも、各地のフェアトレードタウン運動は、いずれも有機農業を中心とする地産地消運動と緊密な連携をもとうとしている。

　フランスや米国・カナダ、あるいはドイツやイタリア、さらにスイス、オーストリアなどで、すでに国内フェアトレードの運動があり、団体ができており、しかも製品認証制度が導入されている。欧州での発展の端緒は、2000年代のミルクなど酪農品の価格危機の発生が契機となっているとみられる。

　フランスと米国・カナダで「国内フェアトレード」運動がとくに進展しているとみられる。米国・カナダは、2008年に「国内フェアトレード協会」(Domestic Fair Trade Association) を設立している。2014年にはカナダの唐辛子農家（従業員120人、大半がグアテマラからの移民労働者）は米国のフェアトレード認証(Fair

Trade USA）を取得し、フェアトレード側との連携と支援を得る形となっている。同じくカナダのシタデル・メイプルシロップ社も小規模農園経営者として、2014年にフェア・フォー・ライフ（Fair for Life）から認証を取得している。この他に、カナダには「農業ジャスティス・プロジェクト（AJP）」という労働の権利を重視した国内フェアトレード的な認証制度があるが、カナダの生産者協同組合などがこの認証取得を行っているという。

　フランスでは、「フェアトレード・プラットフォーム」（PFCE＝Plateforme pour le commerce Equitable）が、国内フェアトレードの商品認証制度を2011年にスタートさせ、「国内フェアトレード憲章」を2014年に策定しており、仕組みとしては最も先進的なものとなっているようである[5]。

　日本でも、こうした動きはみられる。2011年3・11の東日本大震災の時に、多くのフェアトレード団体が東北の被災地に拠点を構えて滞在し、救援から復興への取組みに関わってきており、こうした大震災におけるフェアトレード団体の開発途上国での活動体験がいかに有効であるかを立証することになった（詳細は本章［II］第5節1-（3）「大災害からの救援・復興とフェアトレード・アプローチ」参照）。

　大震災を通じて、国内フェアトレードに取り組んでいったフェアトレード団体の展開については、第11章でパルシックとネパリ・バザーロの取組みを紹介している。とくにネパリ・バザーロの陸前高田での北限の椿油を使った化粧品クーネの開発は、日本における国内フェアトレード事例の典型的なものとして、今後いつも引き合いにだされることになりそうである。

第4節　エシカル（倫理的）商品とフェアトレード
──商品保証・認証制度の発展

1．NGOによる製品認証制度の発展

　近年「エシカル（倫理的）」あるいは「ソーシャル（社会的）」、「SDGs」などを付したビジネスや商品・消費といった言葉が日本でも多く語られるようになっている。フェアトレードの他に、環境（エコ）、社会的正義、ジェンダー、有機農業、自然エネルギー、ベジタリアン（菜食主義者）、ビーガン（絶対菜食

主義者）、リサイクル、サーキュラーエコノミー（循環型経済）、シェアリング経済等々、持続性、社会的責任に配慮する商品を生産あるいは購入することである。フェアトレードもそうしたエシカル／ソーシャル商品の１つである。

　フェアトレードにとっても、エシカル市場の拡大は歓迎すべき現象である。とくに日本のようにフェアトレード市場が先進国の中でも最も小さい国の１つとなっている現状からみると、せめてエシカル市場の拡大の方向性は希望を抱かせるものとなる。

　しかし、フェアトレードには定まった定義があるが、エシカル商品には定まった定義がなく、その区別はどこにあるのかがいずれ問題となりうる時があるかもしれない。広くは「社会的によきこと」をもって取り組まれ、商品化されたものは「エシカル商品」と呼びうる。もう少し狭めても「環境・社会・人権等」に配慮した商品（取引）という感じの定義となる。しかし、何か少しでも社会的に関わるものであれば、勝手に「エシカル」商品として提供されてしまう恐れもあり、その境界が実に不鮮明でありうる。

　フェアトレードはエシカル商品の基準の中でも総合的には最も厳しい基準をもっているものであるが、日本では「フェアトレード」や「エシカル」の基準が消費者にも企業や取扱業者にも明確に認識されていないことが問題をこじらせることになる恐れがある。

　自然食品や有機農産物やフェアトレードなど、エシカルを徹底して志向しているショップの経営者にしてみると、フェアトレード認証制度を含め、エシカル認証によって大企業が容易に参入し易くなり、グリーンウォッシュ（上辺だけで環境に取り組む）的な企業の参入をもたらすと懸念する人々も多い。こういう真剣な取組みをしている人々にとっては、後述するフェアトレードタウン運動は認証制度をベースに企業のフェアトレードウォッシュを後押しする運動としてとらえられかねない場合もあるかもしれない。

〈マックス・ハーフェラール〉

　欧米などでは「エシカル」商品という場合、しっかりした「製品認証制度」があるものを前提としており、その認証団体のロゴをつけたものをもってエシカル商品と呼ばれるという点で、定義はきわめて明確であるように見える。これら新しい製品認証制度は市民団体の活動（NGO）によって設定されてきてい

図1-8 『マックス・ハーフェラール』の著者 ダウエス・デッケル

るのであるが、その発展の経過を少しレビューしておきたい。

"マックス・ハーフェラール"という名は、インドネシアやオランダ研究者なら知っているに違いない。オランダ人のダウエス・デッケル（図1-8）が1860年に書いた小説のタイトルで、主人公の名前である（著者名はムルタトゥーリの筆名）。彼は小説の形を借りて、オランダ東インド植民地（現在のインドネシア）における非人道的で過酷な統治の実態を告発したのである。オランダによるジャワでの悪名高い「強制栽培制度」とその虐待、搾取、そして貧困、飢餓の実態を現地滞在経験を基に描き、小説の最後は、オランダ国王に対して「海のかなたでは3000万を超すあなたの臣民が、あなたの名において虐待され、搾取されている……」と激越に結んでいる。19世紀最大の問題作として国際的に知られてきた小説である。

世界のアンフェアな"貿易"の実態を告発したこの本は、あまりにも過激なため出版社はさまざまに改竄して出版したが、それでも一大センセーションを起こし、歴史的なベストセラーとなり、他方では「オランダの良心の書」として読み継がれ、戦後には学校での必読書としてオランダ人なら誰でも知っている本である。結局オリジナルのままに出版されたのは大戦後の1949年、初版から89年後であった。今では多くの国で翻訳されており、本書は米国の『アンクル・トムの小屋』（1852年）と比肩する本として歴史的な評価を得ている。日本での翻訳はやっと143年後の2003年である。

1988年11月15日は、フェアトレードの歴史において一つの画期的な日であるだけでなく、現在のエシカルをはじめとするソーシャル消費をめぐる、"生産者と消費者を結ぶ新しい

図1-9 オランダのマックス・ハーフェラール財団のオリジナルロゴ

トレード（取引）"のあり方を整備するさまざまな認証制度の嚆矢の日として記されるであろうと思う。

　この日、オランダの知的英雄の名を冠した「マックス・ハーフェラール財団」（以下ＭＨ財団）は、フェアトレードの認証制度をスタートさせ、同財団のシール（図1-9）のついたコーヒーをオランダ全国の多くのスーパーマーケットの棚に置くことに成功したのである。

図1-10　FIオランダのロゴ

　筆者が初めて訪問したのはそれから５年後（1993年）のことだが、その時には全国のスーパーの90％以上の棚に置かれており、オランダのコーヒー市場の 2.25％ を占めるに至っていた。その後紅茶の認証制度を導入し、筆者が訪問した時にはバナナの認証制度を今年中にスタートさせるのだとはりきっていた。ついに私たちの夢がかなったのだと興奮気味に話してくれたのを印象的に覚えている。提携先の生産者から仕入れた商品を自分たちが運営するショップ（ワールドショップ）で販売するだけでは、人々はフェアトレード商品を買いたくてもそれと出会う機会が限定され、大きな販売の増加も望みにくい。そこで彼らが夢見たのは、全国のスーパーの棚にフェアトレード商品が並ぶということであった。そのためにはどうすればいいか。そしてもう１つは、コーヒーはやはり味が重要であり、味について知っているのはコーヒーメーカーたちである。彼らをフェアトレードにいかに巻き込んだらいいのか。優れた小規模農家のフェアトレードコーヒーをブレンドしておいしいコーヒーを開発してもらい、全国のスーパーの棚に置いておらおうというアイディアである。フェアトレードの認証制度は、こうしたフェアトレード活動家たちの夢から生まれてきたのである。

　オランダのマックス・ハーフェラール財団方式は、数年の内に欧州各国へ波及していった。まず1991年にベルギー（名称はマックス・ハーフェラール）と英国（フェアトレード財団）、92年にフランス（マックス・ハーフェラール）、93年にドイツ（トランスフェア）、そしてオーストリア、デンマーク、イタリアなど。さらにオーストラリア、カナダ、アメリカ、日本へと広がっていった。

オランダからスタートしたこのプライベート（政府ではない、市民団体により導入された）認証方式は、各国で独自の発展をしていくが、1997年に各国のネットワーク組織としてFLO（Fairtradeブランド）を設立し、次第に制度の調整と統一を図っていくことになった。そして、ロゴ（ラベル）も2003年までに現在のもの（図1-2）に統一することにした。そして2013年には南の国々へも幅広く対処し受け入れるためFI（フェアトレード・インターナショナル）へと名称を変更した。この結果、フェアトレードは提携型（WFTO）と認証型（FI）の2つの手法をめぐって議論が行われてきたが、今では統一的なフェアトレード運動として活動している。

　もう1つの動きとして、下記の「フェアトレードライト」のように、企業が取り組み易いように、認証基準の緩和や、目的を特定のものに絞った認証制度が次々登場するようになった。「エシカル商品」への関心が国際的に高まると共に、多くの認証制度が登場するに至っている。マックス・ハーフェラール財団が導入した認証制度は、グローバル市場に向けてフェアトレードを本格的に登場させる契機となったというだけでなく、多文化を超えたグローバルなソーシャル市場形成をもたらす手段ともなってきたのである。

　フェアトレードは、先進国のフェアトレード団体と途上国の生産者団体とが直接提携して取り組む「提携型」が基本となってきたが（そして現在もなお基本であり続けているが）、認証制度の登場、とくに2003年にFLOラベルとして整備されたことによって、新しい時代を迎えることになったといっていいだろう。企業がこのシステムを使うようになり、フェアトレード市場は認証品を中心に大きく伸び、21世紀に入ると世界で最も高い伸び率を示す小売商品の一つとなった。

　認証制度の登場によって、企業は自らフェアトレード活動として生産者と関わることなく、フェアトレード商品を扱うことができるようになったからである。もちろんこの背景には、CSRなどの企業の社会的責任への関心や、MDGs（国連ミレニアム開発目標）やSDGs（国連持続可能な開発目標）などを通して、認証制度には課題があるとしても、エシカル／ソーシャル製品市場の拡大への新しい時代を迎えるチャンスとなった。

　日本のフェアトレード市場も「エシカル」商品という言葉の普及を通して、そこが入り口となって、対等な関係を前提とした"貿易"のあり方としてのフェ

アトレードへと近づいてくるに違いない。フェアトレードラベルは多くのエシカル認証制度の中で最も包括的で厳格なのものとなっている。その点で、オランダのマックス・ハーフェラール認証は、グローバル市場に向けてフェアトレードを本格的に登場させたというだけでなく、通常の企業がソーシャル商品を取り扱い易くなる仕組みをつくったという点で歴史的画期であったのである。

２．拡がるエシカル認証制度

何が「エシカル」商品かについて、たとえば、英国の代表的なエシカル（倫理的）消費者向けのオンライン・サイトであるエシカル・スーパーストア「ethicalsuperstore.com」[6] では、同社が取り扱う「エシカル商品」は、次のような認証制度のあるものを対象としている。

フェアトレード部門では、①WFTO、②FI（Fairtradeラベル）、③BAFTS（英国フェアトレードショップ協会）の認証商品、有機農業部門では、④バイオダイナミック、⑤土壌協会（Soil Ass.）の認証、環境にやさしい商品部門には実に多様な商品がリストされるが、⑥EU（各国）のエコラベル制度、⑦FSC（森林管理協議会）、⑧Ｃ２Ｃ（揺り籠から揺り籠へ）[7]、⑨英Energy Saving Trust、⑩ノルディック・スワン・エコラベルの各認証を対象としている。その他には、⑪非動物実験／動物不使用認証（Leaping Bunny など）、⑫ベジタリアン認証（Vegetarian Society）、⑬絶対菜食主義認証（Vegan Society）[8]、それに⑭リサイクル／リユース商品（Eco Force, Eco Leaf, Kew Garden）等である。

それ以外に、同オンライン・サイトでは、⑮「ローカル商品」も対象となっている。ローカル商品とは、生産価額の過半が英国国内で製造あるいは付加価値されたものと定義している。ローカル商品を対象とする理由は、フットプリント、環境基準、労働基準、国内の中小企業や家族企業の支援に貢献するという点である。また、⑯「チャリティ商品」も対象となっているが、販売額の10％以上がチャリティに寄付されることが条件となっている。⑮⑯は特段の認証制度ではないが、上記のような一定の基準を設定している。

本書はフェアトレードを中心に紹介することを目的としているため、WFTOとFIの国際フェアトレード保証／認証制度を中心に紹介してきた。フェアトレードはこれらエシカル商品の中でも最も基準の範囲が広く、総合的には

基準が厳しいものとなっているが、有機農業を専門とする認証機関などではこの点でフェアトレード基準を超えるより厳しい部分も含まれていることがある。フェアトレードにとってとくに重要な基準項目は労働と価格であり、フェアトレードの利用拡大や企業のニーズなどから、基準が多様化されてきた経緯もある。

　オランダ発祥のウツ（UTZ）認証制度（日本ではグッドインサイド認証）は、コーヒー、ココア、茶を中心とする、持続可能な農業を踏まえつつ先進国への安定した供給確保をめざす農産物の倫理的調達（認証）制度団体で、フェアトレードと最も違う点は、最低価格やプレミアムは規定しておらず、取引は市場原理を前提としていること、農薬や化学肥料の制限がとくにないこと（但し、EU、米、日で禁止されているものは使えない）である。

　米国発祥のレインフォレスト・アライアンス（以下、RA）は、エコ（環境）型認証制度で、フェアトレード認証が規定している労働基本権（労働組合の結成・参加等）や最低価格などは対象としておらず、取引は生産者と購入者（輸入者）の交渉に委ねている。環境基準などではフェアトレードより厳しい部分もある。オランダのウツ（UTZ）とアメリカのRAは2017年に合併を発表、18年には両社を合体した農業の持続可能性基準を新たに作成し、認証プロセスも簡略化させている。合併後は「レインフォレスト・アライアンス」と名乗っており、ウツの事務局長のハン・デ・グルード氏が新組織のCEOとなり、RA代表のナイジマル・サイザー氏が首席プログラムオフィサーに就任している。農家にとっては、両方の認証制度を取得するためのダブルコストが回避されることは確かであり、フェアトレードにとっては強力な競争相手となっている。

　RAは、1987年に地球環境保全のために熱帯雨林を維持することを目的に設立された。この30年間のフェアトレードとの対比では、フェアトレードは社会的不利な立場にある生産者に農産物の価格を保障するシステムで、農産物がどのようにして取引きされているのかに主たる関心があるとみられてきた。他方RA認証は、主に環境面を中心に、持続可能な農業管理が行われているかを対象にしているとみられてきた。

　合併後の現在のRAの農業基準を使っている農家（生産者）は世界70カ国以上、200万人以上の農家が対象となっているという。対象品目はコーヒー、ココア、紅茶、バナナ、ハーブなど、他に緊急の環境的・社会的課題に直面している重

要産品にも広げている。

　2020年5月に、合併後の新しいプログラムとシール（ロゴ）の統一化を含む新たな「2020ラベリング政策」（レインフォレスト・アライアンス認証プログラム）を発表、2023年頃までに移行する計画である。この中では、持続可能性の3つの柱（社会・経済・環境）の強化を強調している。また、RAが導入してきた「マスバランス・サプライチェーン」という仕組みは、農産品によって認証成分が含まれている比率を設定しており、コーヒー、ココア、お茶、バナナなどの場合は高く、90以上から100%であるが、ハーブティーでは40%以上を下限としている。これはこれらベリー、甘草、ミントなどではハーブ成分の供給が限られているためである。利用可能な供給が増えるにつれて、最小比率（パーセンテージ）を90%のしきい値まで徐々に増やしていくことになる。2022年からハーブティーのしきい値は50%に引き上げられているが、この制度の運用も課題であるようだ。

〈多様な認証制度——企業の変革への動き〉
　ともあれ、現在では民間（NGOなど）による商品認証・保証団体が増えており、認証基準も実に多様になってきている。環境重視型が中心であるが、人権、開発協力、動物愛護、等々。フェアトレードの場合、これまで紹介してきたように、開発協力や環境重視等と共に、重要な基準として労働と価格がある。フェアトレードは農家など生産者の自立支援が目的の重点の一つとなっているためである。

　労働とは労働者の権利の遵守や働き方の支援であり、価格とは価格交渉力の弱い、つまり市場を熟知する先進国側の買い手の方が圧倒的に有利であり、買い叩かれることのないよう、情報提供や一種の国際産直や、最低価格制度の導入や、買取価格を生活所得／生活賃金を踏まえた設定を考慮するなどを行うようにしている[9]。

　これに対して、最低価格を設定せず、価格は生産者と購入者の交渉に委ねている基準を取っているところも多くなっている。フェアトレードが重視している価格や労働条件などの規定が、企業が取扱い易いように緩和（ライト）されたものになっている事例が多くなっているのである。こうした認証を、フェアトレード側は「フェアトレードライト」と揶揄した時代もあった。

これまで企業はしばしばメディアやジャーナリストによって、不正や欺瞞が暴露されてきた[10]。そこでSDGs時代を活用して、社会貢献の姿勢を示すため、こうした認証商品が使われることにもなっている。しかし、以前に比べ世界の市民の企業行動への関心が深まっており、企業自身も本質的な変革を迫られ、そうした本質的変革に取り組もうとする姿勢も多くみられるようになった。

第5節　日本のフェアトレード認知率と市場規模

1．日本のフェアトレード認知率

　フェアトレードについて、日本ではどれだけこの言葉が知られているのだろうか。第11章（『日本のフェアトレードと倫理的消費の10年』渡辺龍也）で、2012～22年の10年間のアンケート調査結果の経年変化を分析している。

　本調査では、まず質問として「フェアトレードという言葉を見聞きしたことがあるか」を聞いており、これを「知名度」している。さらに「聞いたことがある」と回答した人に対して、フェアトレードに関わるとみられる言葉を掲示し、その回答によってフェアトレードについて正確に知っているかどうかをチェックする形をとっている。つまりフェアトレードについてある程度は正確に知っている者の比率を「認知率」としている（詳細は第11章参照）。

　表1-5のとおり、知名度は2012年の50.3％から22年は53.9％へと、10年間に3.6ポイントしか上昇していない。しかも2015年54.2％以降は横ばいのままである。これに対して認知率は、2012年の25.7％から、15年29.3％、20年34.2％、22年が39.3％と、この間10年で13.6ポイント上昇している。知名度が横ばい的であったのに対して、認知率が上昇した要因は、本報告では「フェアトレードという言葉を見聞きした人たちの間で正しい理解が年々広がっている」ことにより、全体の認知率が高まってきたと分析している。

　欧米各国の認知率は多くは80％前後、あるいは70％以上、少なくとも60％以上の国が多いようである。それに対して、日本では22年調査では38.8％で、40％の壁を破る直前にあるものの、やはり欧米に比べるとこうした社会的／倫理的商品に関する関心は依然として低い状況にあるといえよう。

表1-4　日本のフェアトレードの知名度と認知率（単位：％）

	2012年	2015年	2020年	2022年
［知名度］	50.3	54.2	54.3	53.9
［認知率］	25.7	29.3	34.2	39.3

（注）本書第11章の表2および表10から作成

　この中で2015年の認知率調査では、FTFJがフェアトレードタウンへの活動展開をしている各地域の市民団体にも声をかけて寄付を募り、調査会社へ追加依頼したため、11の自治体について個別の認知率の結果が判明している。この時（2015年）の日本全体の認知率は29.3％だったが、この時すでにフェアトレードタウンに認定されていた熊本市は39.8％と最高であったが、逗子市も同等の39.8％であった。逗子市の高い認知率は、1つはフェアトレードタウン活動が逗子市の中で継続的に熱心に行われてきたことを示すものと思われるが、同時に、逗子市がフェアトレードタウンとなってもいい市民的条件をすでに揃えていたことを示しているとも思われる。この認知率調査結果は2016年に逗子市議会がフェアトレード支持決議をする上で大きな追い風となったかもしれない。

表1-5　主要自治体別認知率調査結果2015年（単位：％）

全国	熊本	名古屋	札幌	東京	大阪	逗子	垂井	宇都宮	新潟	長岡	福岡
29.3	39.8	36.9	30.1	31.7	25.2	39.8	24.3	30.1	28.2	19.4	27.2

（出所）日本フェアトレード・フォーラム（FTFJ）

〈逗子市の市民アンケート〉

　逗子市は、フェアトレードタウンに認定後、これまで市役所が毎年行ってきている市民アンケート調査の項目の中に、2019年度以降フェアトレードへの市民意識を含めることとした。質問は①「あなたは、『フェアトレード』という言葉を知っていますか」、②「あなたは、フェアトレード商品を購入したことはありますか」、③「あなたは、逗子市が『フェアトレードタウン』に認定されていることを知っていますか」の3項目である。詳細は逗子市役所に掲示の報告書を参照いただきたいが、認知率に関わる点を以下簡単に報告しておこう。

「フェアトレードを見聞きしたことがある」という回答は、19年度の52.9%から20年度57.2%、21年度57.7%へと少しずつ上昇しており、「逗子市民の約6割はフェアトレードを何らかの形で知っている（4割はまだ知らない）」という状況にある。但し、「見聞きしたことがあり知っている」は、①「内容までは知らない」、②「内容も多少は知っている」、③「内容もよく知っている」の合計で、内容までは知らないが②「多少」、③「よく」知っているの合計比率は、2019年度の36.3%から、20年度は40.6%へ4.3ポイントへ増えているが、21年度は39.4%へ少し（誤差の範囲内）低下しているものの、「よく知っている」と「多少は知っている」の合計比率は、4割程となっている（逗子市調査では、上記全国調査のように、知っている内容をチェックする方式はとっていない。住民調査では住民が正しい知識をもって回答しているかどうかをチェックすることには問題があるためとのことである）。

　このトレンドは上記の全国の認知率の状況と全体的に同じで、認知率はわずかずつだが増えており、知らない人は減少している傾向にはある。しかし、その上昇幅は期待しているものと比べると大きいとはいえず、欧米と比べると、むしろまだまだ低いままで、上昇率が低いこと自体が日本の社会の実態を表しているであろう。

2．日本のフェアトレード市場規模

　フェアトレードの世界の市場規模は、21世紀に入る頃から急速に伸び始め、欧米では毎年年率30〜40%で伸びてきていた。日本のフェアトレード市場規模は、（一財）国際貿易投資研究所（ITI）が行った推計調査では、2007年は73億円（小売販売額ベース）で、世界市場でのシェアは1.7%に過ぎなかった[11]。

　次いで、2015年の日本のフェアトレード市場規模調査では、265億円となっており、この8年間に3.6倍の伸びをみせた。近年は世界市場の調査が行われていないので、日本のシェアは分からないが、世界のフェアトレード市場も大きく伸びているので、むしろ日本のシェアは低下していると思われる。

　ちなみに、FI（フェアトレード・インターナショナル）の認証商品については、小売推計額が毎年発表されており、2015年は世界で約73億ユーロ、同年の平均レートで円換算すると約9,812億円、つまり約1兆円規模となっている。この中での日本のFI認証商品のシェアは、100億円で1%程度と小さい。日本の世

界経済に占める位置を考えると、異常な小ささを示しているというべきであろう。日本のフェアトレード市場規模調査の第1回は、2007年にITI（（一財）国際貿易投資研究所、以下ITI）に設立されていたフェアトレード調査研究委員会で実施したが、第2回を15年にITIと（一社）日本フェアトレード・フォーラム（FTFJ）との共同調査としてITIで実施したもので、この内容は以下第12章および第13章で紹介させていただく（第1回調査の報告は、長坂寿久編著『世界と日本のフェアトレード市場』（明石書店、2009年）で報告）。

　この2つの調査（2007年と2015年）における日本のフェアトレード市場の構造について印象的な変化を、3点だけ指摘しておきたい（詳細は第12・13章参照）。

　1つは、認証品対非認証品の比率の変化をみると、認証品が大きく伸びていることはいうまでもない。これは日本でも企業の参入によって認証品が欧米を中心とする世界市場のシェアと同様に伸びることは当然予想されたことである。

　2007年調査時には、世界市場に占める認証品のシェアは92％で、非認証品は8％であった。つまり、21世紀に入ると共に、欧米を中心とする世界の市場では認証品が圧倒的となっていたのである。ここでの認証品とは実質的にFIのことである。当時はまだWFTOは団体保証のみで、商品保証は実質的に行っていなかったからである。これに対して同（2007）年調査で明らかになった日本の市場構造は、世界市場とは真逆で、認証品（FI）のシェアは18％で、非認証品が82％であり、欧米中心の世界市場での比率は真逆であった。

　これに対して、2015年調査では、認証品（FI）の比率は全体の37.7％を占めていた。この時も日本の場合は非認証品が62.3％と主流を占めているものの、認証品のシェアは、2007年の18％から、8年後にはそのシェアを40％弱へと2倍に大きく伸ばしていたのである。

　2つは、品目としてはコーヒーが圧倒的な伸びを示したことである。商品別では、食料品が90.1％（販売額239億円）と圧倒的シェアを持ち、前回2007年の58億円から4.1倍に伸びている。内コーヒーは全体の63.9％（同170億円）を占めている。コーヒーが圧倒的である理由は、日本（世界も）のコーヒーブーム、しかも高級品（スペシャルティコーヒー）ブームとなっていることがフェアトレードの価値を上げていること、さらに「コーヒー豆の販売だけでなく、カフェの併設や大手の飲食チェーン等の店舗内でのサービスが寄与している」と分析し

ている。

　3つは、全国に展開するレストラン網(外食産業)でのフェアトレードコーヒーや紅茶などをメニューに入れた販売によって（つまり飲食系企業がフェアトレードに本格的に取り組むことによって）、コーヒーなどのフェアトレード商品の売上が爆発的に増加するということである。具体的にはこれはゼンショーホールディングス（株）の事例であるが、同社の取組みは日本のみならず、世界のフェアトレード市場に対して大きな意味を投げかけていると思われる。

　なお、世界のフェアトレード市場規模調査は、とくに21世紀に入って、EUの助成を得て時々行われてきたが、2007年を最後に（オランダのフェアトレード団体がオランダ政府の助成で、FINE事業として実施）、それ以降実施されていないようである。日本の初回2007年調査はこのオランダの事例をベースにオランダの協力を得て行ったものである。

　2015年調査で実感したことは、フェアトレード商品とその流通ルートが多様化したこと、つまり認証商品の多様化(認証団体はFIのみならず、米国など他のフェアトレード認証商品を得たものも入ってくるようになったこと)、外資系企業によるフェアトレードへの参入（当該外資系企業による日本でのフェアトレードの取扱額は公表されないため）、個人や企業によるインターネット販売の増大、外食産業での自社内消費の場合の価格設定の仕方等々により回答の回収や把握などが難しくなったり、しかも調査対象から漏れたりすることになる。

　さらにFIもこれまで公表していた認証高の公表をこれまでの金額ベースでは行わず、主要品目を数量ベースで公表するようになったこと等、2015年調査の体験（同プロジェクトの責任者として）からも、今後のフェアトレードの市場規模調査は、フェアトレード市場のグローバル化によって、困難さを増しており、行うとしてもきわめて限定的なものにならざるを得ない恐れがあると感じられる。

第6節　企業とフェアトレード
──企業のフェアトレードビジネスへの道

1．フェアトレードビジネスモデルとは

〈SDGs はますます企業に浸透〉

　SDGs（持続可能な開発目標）は企業の注目をますます浴びるようになってきている。世界の経済社会システムの中に SDGs はすでに急速に浸透してきており、日本でも遅まきながら動き出している。

　SDGs への企業の取組みとその浸透振りは、とくに「CSR」（企業の社会的責任）と「ESG」という言葉で表されている。E は環境、S は社会性、G は企業統治である。これら取組みと ROE（自己資本利益率）などを使って企業評価が行われ、投資対象として優先されるシステムが国際的に機能し始めている。

　日本でも、「東洋経済」が 21 年に、日本企業のこれら指標（CSR・ESG・ROE）による評価を行い、企業ランキングを発表した（東洋経済『CSR企業白書2021』）。これよると、CSR・ESG への対応度の高い企業は、同時に株価上昇率が高いことが日本でも起こっていると結論している。

　フェアトレードビジネスモデルの特質は、片足は開発協力（貧困、人権、貿易システムの変革）に置き、もう片足は市場経済に置いているというところにある。企業にとっては開発協力に片足を置いているという点で、また NPO にとっては片足を市場においているという点で、双方ともあまり馴染みのない分野に関わることになり、通常の企業や NPO を経営するよりも非常に難しいものとなっているといえるであろう。

　しかし、現代においてはどの企業も、「企業の社会的責任（CSR／CSV）」に取り組み、それには SDGs に取り組まねばならない状況においては、フェアトレードに取り組むことは最も説明責任を果たし易い 1 つであると言えるかもしれない。

　投資家のみならず、今や消費者の姿勢も、プラスチックごみ対策としてのスーパー等でのレジ袋有料化や、地産地消や有機食品、さらにフェアトレードなどエシカル商品への関心の高まりを含め、大きな変革が起きていると感じられる

のも確かである。

　こうした投資家や消費者の変化のみならず、SDGsへの取組みを通して企業にとっては新たなイノベーションやビジネスモデルへの道が存在していることはすでに多くの事例が示している。

　地球温暖化やSDGsを睨んだ取組みがますます緊急性をもってきていることを示している。こうした認識は日本の中小企業の経営者においても、ひしひしと身近に感じているに違いないであろう。中小企業にとっても、SDGsへの取組みを内部化するにはどうしたらいいのか、取っかかりを見つけられないでいる企業も多いに違いない。その取っかかりとしての、フェアトレードと企業の関わりについて紹介しておきたい。

　とくにフェアトレードを扱う意義として、消費者に分かり易いこと、企業側の説明責任も果たしやすいことがあげられるであろうが、同時にそれは課題解決型のビジネス（ソーシャルビジネス）に取り組む新しいチャンスでもありうると位置づけることができる。それは企業にとって現地のニーズを踏まえた、新しいビジネス開発を行っていることを意味する。マーケティング的にもフェアトレードは生産者と消費者とを深く結ぶことを求める新しい手法となっている。それは途上国でも先進国でも、コミュニティビジネス開発のチャンスを意味する。

　認証制度は、商品ごとに細かい基準を設定し、第三者の審査を得て「フェアトレードラベル」を商品に貼ることによって取り扱う企業や購買する消費者に信頼を与えるものとなっている。政府により運営される認証制度はたくさんあるが、民間（NGO）による商品認証制度としては、FI（フェアトレード・インターナショナル）は世界でも草分け的な存在となっている。現在ではこの方式は、いわゆるエシカル商品と呼ばれるものの多くで導入されている。また、WFTOの保証制度も、WFTO会員が扱うフェアトレード商品にフェアトレード認証を付与するのと同様の効果を上げている。

　フェアトレードの商品認証制度の導入によって、フェアトレードは企業にとって実に取り組み易いものとなったのである。企業は開発協力NGOのように、途上国の生産者団体と付き合い、フェアトレードの基準に従い自ら生産する必要もなく、さらに自社が取り扱っている商品がフェアトレードであることを自ら証明する必要もなく、ただ取扱商品に当該認証団体のロゴを貼った商品を仕

入れれば「SDGsを扱う企業」となることができるからである。

　こうしたフェアトレード商品の認証制度（FI）の展開（「認証型」といわれる）によって、21世紀に入ってフェアトレード商品は世界の小売り市場の中でも最も伸び率の高いものの一つとなった。さらに企業が認証品を扱うことにより、企業のマーケティング力によってフェアトレードは広く知られるようになり、個別のフェアトレード団体（NGO）が扱うもの（「提携型」と呼ばれる）も同時に売上が伸びていったのである。

〈日本企業のフェアトレード取扱いパターン〉

　つまり、企業はフェアトレードを取り扱うことによって、SDGsへの取組み姿勢を具体的に表現することができる。同時に新しいビジネスチャンスとしての展開へ期待を抱くことができるものとなる。しかも企業がフェアトレードに取り組むことは奥深いものの、取っかかりはまずはフェアトレードの認証品／保証品を社内消費のために購入すれば始めることができるという点で、実に簡単であることである。

　日本における企業のフェアトレードの取扱いパターンは、企業事例を分類すると、今のところ大きく次のような4つに分類できるかもしれない。①社内消費（使用）型、②原材料確保型、③プライベートブランド（PB）型、④生産者直結（非認証型）による系列内飲食業態での取扱い型、である。以下各々について簡単に説明しておこう[12]。

（1）社内消費（使用）型

　企業として最も多い取扱いパターンは、まずは「社内消費（使用）型」の取扱いである。フェアトレードの対象商品は依然限定的（食品・衣料・クラフト類等）であるため、あらゆる企業がフェアトレードを本業の中で取り扱える状況にはなっていない。しかし、どの企業であっても従業員向けや社内接待用（コーヒー、紅茶等）の品目としてフェアトレードを扱うことはできる。欧州では企業の社内使用・消費を促進するため「職場でフェアトレードを」（Fair Trade at Work）のキャンペーンが行われている。

　社内消費型とは、①社内での接客用に提供するコーヒー、紅茶等をフェアトレードにする、②従業員が飲むコーヒーないし飲料をフェアトレードにする。つまり社員用ベンダーにフェアトレードのコーヒー缶を一つ入れる、③社員食

堂でフェアトレード商品を使ったメニューを提供する（カレー、ごま、コーヒー等々）、④社員向けの CSR 活動の一環として定期的にフェアトレード商品の社内販売会を開催する。

　フェアトレード団体やフェアトレード専門小売店などに声をかけ、社内販売に来てもらえばいいのである。クリスマス、バレンタインデー向け、夏休み時期など、なかなか盛況になるという。この時、フェアトレードコーヒーなどの試飲会を行うこともある。年2〜3回程社員に購入表を回し（もちろん今はデジタルで）、注文受付方式をとっている企業もある。

　フェアトレードの国際認証団体としての FI の日本パートナー団体はフェアトレード・ジャパン（FJ、旧フェアトレード・ラベル・ジャパン／FLJ）である。フェアトレード認証商品を本業の中で取り扱う企業は FJ のランセンシーに参加する必要があるが、FJ は参加企業間の情報交換の場を設定していて、そうした中から社員食堂でのメニュー情報を交換し、数社で同一メニューを提供する合同キャンペーンを企画・実施するようにもなっている。

　さらに、自社でのフェアトレードの取扱いに自信が出てきたら、国内のフェアトレード団体とのつながりを作り、FI認証品ではないものの、独自の多様なフェアトレード商品へと広げていくことができるし、その団体の目的に沿ったより具体的な支援に会社ぐるみでより深く関わっていくこともできるであろう。

（2）原材料確保戦略型

　本格的に企業のビジネスラインの中にフェアトレード商品を組み入れる取組みもさまざまな形がある。1つはとくにコーヒー業界などで行われている「原料確保型」である。気候変動や新興国での需要拡大などから、コーヒーやカカオなどの原料不足のリスクに直面する恐れもあり、企業にとって原料調達戦略の一環としてフェアトレードを位置づける必要のある状況となっている。また、フェアトレードコーヒーは、ほとんどがプレミアムコーヒーとして扱われており、味にうるさい日本のコーヒー愛好家には評判がいい。

　この流通パターンは、「生産者／輸出業者→輸入業者／加工メーカー（焙煎）／卸し→小売網」の典型的なもので、コーヒーを中心に日本では最も多いと思われる。FI の認証制度を活用し、生産者（あるいは輸出業者）から輸入を行い、加工（焙煎など）して卸しているパターンである。つまり、FI の認証制度を活

用し、コーヒー豆生産者（あるいは輸出業者）から輸入を行い、加工（焙煎など）し、小売店、外食チェーン、ホテル等に卸す。企業にとっては原料確保戦略としてのフェアトレードの取扱いではあるが、消費者に対しては、①品揃え、②高品質商品の取扱い、③消費者への安心・安全の提供、④SDGs企業イメージの獲得、などの効果を与えることになる。

　最近では、この方式はコーヒーなどの食品のみならず、衣類などにも拡がっている。フェアトレード認証を受けたコットンなどを使って、靴下からはじまり、企業や学校などの制服やユニフォームを作るビジネス（豊田通商グループなど）が始まっている。

（3）プライベートブランド（PB）型

　フェアトレード商品を自社ブランド化することによって、自社小売店網で販売するため、独自のフェアトレード商品の開発を行っている企業がある。日本においては、イオン系列（イオントップバリュー、ミニストップ）や森永製菓などが行っている。チョコレートなどバレンタイン向け特別商品などとして、あるいは自社系列のスーパーでの独自販売用として、フェアトレード認証原料から特別企画商品を開発する事例がある。

　特徴として、①生産者との関係を重視している、②フェアトレードについて体系的あるいは象徴的に取り組む姿勢があることが挙げられる。これらはFI認証を得ているものがほとんどである。この点については、第6章『企業とフェアトレード』（中島佳織）で一層詳しく紹介している。

（4）生産者直結（非認証型）による系列内飲食業態での取扱い型

　全国展開の飲食店企業では、系列内のレストランやショップでメニーとして提供するために独自開発する事例がある。途上国の生産者と直接コンタクトして仕入れ、系列のレストランなどで例えば一杯のコーヒーとして高い付加価値を付けて提供するパターンである。

　FI認証を受けた商品の場合もあれば、認証制度には直接参加せず、企業自らWFTOやFIなどのフェアトレード基準にできるだけ準拠し（第3カテゴリーとして）、生産者と直接交流（付き合う）を行いつつ輸入・加工し、自社の系列内ショップ（レストラン等）で販売する事例が起こっている。一種のフェアトレードの内部化である。ゼンショーホールディングスがそのケースで、自社の系列ショップが多いだけに、またコーヒーも焙煎品の販売だけでなく、カフェ

サービスとして販売するため付加価値が高くなり、小売ベースの販売額は大きくなる。同社は基本的にはコーヒーは全量フェアトレードコーヒーを扱う方針をとっている。

〈企業のフェアトレード取扱い理由と工夫〉

日本企業がフェアトレード商品を取り扱う理由として、フェアトレードにどのようなメリットがあると評価しているかを整理すると、以下の点が指摘される。

大きく分けて、「経営理念」と「マーケティング」の2つに分けられるが、経営理念的観点では、①トップの指示、②経営理念とフェアトレード理念のリンク、③国際・社会貢献活動、④お客様の声、などが指摘されている。マーケティング的観点では、⑤商品の差別化・ラインナップ、⑥ブランド力の向上、⑦品質の良さ、⑧供給の安定性、⑨安心・安全な調達、⑩ビジネス性があげられている。

日本企業によるフェアトレードの取扱いは、英国など欧米に比べると依然きわめて少ない。フェアトレードに取り組む日本企業は急速に増えているわけではないが、しかし少しずつは増えているといえよう。それに伴いフェアトレードの導入方法もさまざまで、その導入のプロセスで新しい課題に直面することもある。それでもさまざまな取扱いのノウハウも蓄積されてきている。とくに指摘できるのは、企業間の協力体制の構築である。

FJ（フェアトレード・ジャパン）にライセンシー企業として参加している企業も多くなり、企業の担当者はお互い知り合うようになり、情報交換や話し合う場もしばしば設定されており、FJを中心に企業数社がフェアトレードイベントを開催してきたこともある。例えば、コニカミノルタ、NTTデータ、大日本印刷の3社によるフェアトレード連携として、社員食堂でのフェアトレードメニューの提供を協働で企画し実施したケースや、フェアトレードセミナーを合同で実施するなどが行われている。

〈企業のフェアトレードへの取組みへの新しい仕組み〉

企業によるフェアトレードへの取組みとして、WFTOとFIの新しい仕組みをさらに2つ紹介しておきたい。1つは、FIが2014年以降導入してきている「調

達プログラム」で、これについては前述した（詳細は第7章参照）。これに参加している日本企業は、イオンなどである。

　もう1つはWFTOが導入してきた「ファースト・バイヤー・ラベル／The First Buyer Label」である。これは今後日本企業も参加するケースが出てくるかもしれない。「最優先バイヤー・ラベル」、あるいは「第一号バイヤー・ラベル」とでも訳されようか。これはWFTOにとっては、新しい製品認証ラベルに続く、さらに新しい認証制度の導入となる。この制度は、企業が特定のフェアトレード団体として「保証」された団体から仕入れた商品を自社ブランドで販売することをコミットする場合、当該企業は「First Buyer」としてみなされ、このラベルを使用できるというものである。

　このラベルを獲得するには、企業はフェアトレードの保証団体との取引関係について所定の基準を満たす必要がある。その上で「The First Buyer Label」の使用契約を締結する。企業が支払うライセンス料は仕入れ発注額の1％という。

〈企業のマーケティング力と市場創造〉
　こうした企業のフェアトレードの取扱いは、フェアトレードの普及に非常に大きな意味をもつ。企業の「マーケティング力」は非常に大きいからである。企業がフェアトレード商品を扱うことによる消費者への「フェアトレード」という言葉への広報力はきわめて強いのである。企業の取り扱いによって関心を呼び、消費者の意識を転換させる力があるからである。企業の取扱いによって社会における認知度が高まった結果、ソーシャルな消費、エシカル（倫理）な消費という新しい選択肢を与え、消費者の「意識変革」を促すことにつながっている。

　フェアトレードによって消費者に対し新たな選択肢を増やすことは、「新しい市場の創造」へつながる。企業が、将来性のある新しい市場創造としてフェアトレード（あるいはエシカル商品）を位置付けることが、フェアトレードの発展可能性を大きく拡げることになるのみならず、日本の消費市場の高度化となり、日本企業の国際競争力を向上させ、未来へのビジネスチャンスをもたらす可能性を導くことにもつながるからである。

　フェアトレードを取扱う企業は、もし開発途上国と取引関係があれば、現地

工場や販売店において、現地により密着・連携した社会貢献が求められている。その際、現地のフェアトレード生産者やNGOとの交流を通し、より現地密着型の貢献のあり方を構築することにつながるであろう。さらに現地生産者と自社の技術やノウハウ、部品、素材などを通して、協働して新商品の開発を行う方向へ進化する可能性もありえよう。フェアトレードへの取組みは、現地のニーズをより深く知るためのツールとなり、現地での新しいコミュニティビジネス開発の可能性を企業にもたらす可能性もありえよう。

また、国内の地域との関係では、フェアトレードを扱う企業は自治体によるフェアトレードタウンの推進や市民団体との連携などとつながることで、地域における当該企業のプレゼンスは、SDGsへの取組みと共に増すことになろうし、地域における新しい商品開発の可能性を促すことにつながり、地域の活性化にも関わることになろう。

政府は、こうした企業のフェアトレードへの取組みに対して、開発途上国へ向けての確固とした開発協力政策として位置づけ、とくに中小企業による途上国とのコミュニティビジネスへの取組みに対してODAの対象とするなどの支援政策を明確に導入すべきであろう。国内では、SDGs政策の一環として、とくに地域での取組みに対して多様な優遇政策を導入すべきであろう。

日本のフェアトレード市場は今後も伸びが期待されているが、日本市場に合ったマーケティングを行うことが重要である。たとえば欧米と日本の普及の差について、宗教的・文化的背景が違うことが要因ではないかという意見がある。その他にも多くの要因が挙げられているが、このような指摘が正しいか否かにかかわらず、フェアトレード理念を積極的に広報しつつ、日本市場のニーズを読み取ったマーケティングを行う必要がある。

具体的には、日本市場においては、安心・安全な調達ができること、品質の良さなどをアピールすることが、フェアトレードが消費者にとっても価値のあるものだと理解してもらうことができる。それは商品に厳しい目を持つ日本の消費者のニーズに応えることにつながる。ある企業担当者は、生産地の子どもが学校に行けるようになるなどの宣伝だけではなく、「買う側にもメリットがあることを伝えた方が広がるはずである」と述べていた。フェアトレードは生産者だけでなく、消費者にとっても有益なものであることをアピールしていくことは、市場対策としては有効であろう。

また、認知度が低いために消費者のニーズがあまりないからといって、認知度の高まりを待っていては売上は伸びない。認知度を上げるためには、企業側が「先のニーズ」を取り込んでいくことが必要である。企業がそれを積極的に広報することで、消費者の関心が高まり、メディアも注目し、フェアトレード商品を手に取る人も増えていく。

　企業の最も重要な役割は、一般市場においてより多くの消費者へフェアトレードの認知度を広げる「広報力」にある。フェアトレードがより多くの人々に認知されるためには、企業による取扱いが不可欠である。企業の取扱いが増えることで、消費者が普段の生活でフェアトレード商品を目にする機会が増え、買い物する際の選択肢の1つとして意識が高まり、フェアトレード商品の売り上げ増につながるからである。とくに消費者がフェアトレードという言葉を知り、馴染むに至るには、企業のマーケティング力は実に大きな貢献をすることになる。

　フェアトレードは生産者との対等なパートナーシップのもと、彼らの生活環境および労働環境を考慮することを基本にして持続的な取引を行うもので、これまでの貿易とは一線を画す新しい取引である。

　企業の取扱いによって社会における認知度が高まった結果、ソーシャルな消費、エシカル（倫理）な消費という新しい選択肢を与え、消費者の「意識変革」を促すことに意義がある。また、一般の消費者としてのみならず、フェアトレードに取り組む企業の社員1人ひとりが先導的な意識変革者となるであろう。

　フェアトレードによって消費に対する新たな選択肢を増やすことは、「新しい市場の創造」となる。企業が、将来性のある新しい市場創造としてフェアトレード（あるいはエシカル商品）を位置付けることが、フェアトレードの発展可能性を大きく拡げることになるのみならず、日本の消費市場の高度化として、日本企業の国際競争力を向上させるものへとつながっていくことになるであろう。

〈新しい途上国ビジネスの開発と連携〉
　企業がフェアトレードに取り組むことは、社会貢献としてのみ捉えられている傾向にある。しかし、それは新しいビジネスチャンスをもたらす可能性を含むものである。同時に、企業の国際展開において、とくに開発途上国でのビジ

スネや現地工場や販売店においても、日本企業は現地により密着・連携した社会貢献を求められている。

　それは現地のフェアトレード生産者や団体、あるいは現地NGOとの交流を通し、より現地密着型の貢献のあり方を構築することにつながるであろう。さらに現地生産者と自社の技術やノウハウ、部品、素材などを通して、協働して新商品の開発を行う方向へ進化する可能性もあるであろう。

　フェアトレードは現地のニーズをより深く知るためのツールとなり、現地での新しいコミュニティビジネス開発の可能性を企業にもたらしている。

　繰り返しになるが、企業がフェアトレードに取り組むことは、上記のような多様な奥深い市場関係者とつながるということを意味する。まずは開発途上国の都会よりも、取り残された農村の人々への支援とつながることになる。先進国（日本）側では、消費者や社内の従業員のみならず、フェアトレードタウンとつながり自治体のまちづくりに取り組む人々、フェアトレード大学の学生と関係者、高校などFTに取り組む生徒たち、フェアトレードに取り組む企業は、多くのところでこれらの関係者とコラボして地域向けのフェアトレード商品の開発を行ったりしている。フェアトレードは地域への、そして世界への入口なのである。

第7節　SDGsとフェアトレード ──SDGs17目標との関係

　これから2030年に至るまでの間、世界が取り組む最優先かつ最重要な課題と目標が『SDGs（持続可能な開発目標）』である。日本では政府と経団連は「Society5.0」を揚げて取り組んでいる。とくに企業にとっても今後のビジネスチャンスの方向性を示すものとして、その取組みは非常に重要な意味をもっている。SDGsの意味と日本の今後の取組みについては、本書巻末（第Ⅴ部第14章）の「日本のフェアトレードへの取組みのための政策提言」の冒頭で提言している。本項では、SDGsにおけるフェアトレードの役割について解説しておきたい。

　SDGsへの取組みにおいて、フェアトレードは有効なツールの1つとして重要な意味と役割を担っている。フェアトレードはSDGs17項目すべての目標に直接的・間接的に関わっているからである。表1-6は、SDGs17目標ごとに、主

たるフェアトレードとの関わりを付している。各々の目標ごとに一読されると、フェアトレードがどんな活動なのかをより広く全体的に理解していただけるであろう。フェアトレードはSDGsのすべての目標に関わるということである。それ故に「フェアトレードは世界と地域の課題への入口」となっているということなのである。

　例えばフェアトレードは、フェアトレード基準に基づいて生産し取引することを通して、個々の生産者自身の生活のみならず、人々が生活するコミュニティ全体を開発・向上させうるコミュニティ開発の仕組みがビルトインされている。フェアトレードの取引には、取引に応じた特定金額を協働相手の生産者団体（組合）にキックバックする「フェアトレード・プレミアム（奨励金）」という仕組みがある。生産者団体は数年して貯まったこの資金をどう使うかは組合員全員で対等に話し合って決定する。輸送用のトラック購入となることもあれば、子どもたちの通学道を整備する、井戸を掘る等々、コミュニティ全体のために使われることが多い。他方、先進国側では（途上国側でも同様だが）、地域ぐるみでフェアトレードなまちづくりを目指す「フェアトレードタウン」運動が展開されている（第1章Ⅱ参照）。

　フェアトレードは、SDGs17項目の全項目に、直接的・間接的に関わるが、とくに直接的に関わるものとして10目標（★印）があげられる。これらは、FTAO（フェアトレード・アドボカシー・オフィス／EUへのフェアトレードロビー事務所、ブラッセルに設置）の8項目と新国際フェアトレード憲章等を参考に、筆者の見解で2項目を加えて、SDGsとフェアトレードとの関係を整理してみたものである。

表1-6　SDGsとフェアトレード（FT）の役割

■★目標1（貧困をなくそう）
○フェアトレード（以下FT）の広がりは途上国を中心に貧困問題の解決につながる。
○FTは、「貧困に取り組む貿易パートナーシップ」である。
○FTは、疎外された生産者と労働者の権利と生活（生活所得と生活賃金）を保

障することを目的としている。

■★目標2（飢餓をゼロにする）

○FT団体が提示する取引条件は、生産者・労働者の持続可能な生活を目指すものである。

○FTは、現地農村の自立支援活動である。

○FTは、最低価格制度（コーヒーなど）を導入している。

■目標3（健康的な生活の確保と福祉の促進）

○FTは、途上国の人々の健康的な生活と福祉を促進する活動である。

■★目標4（包摂的・公正な質の高い教育の提供と生涯学習の機会を促進）

○FTは、途上国の人々の自立支援を通して、学校教育や生涯教育を促進する活動である。

○FTは、プレミアム基金の一部が子どもの教育機会に多く投資されている。

■★目標5（ジェンダー平等）

○FTは、熟練の仕事や指導的立場から見離されている女性などのグループに対して機会を提供する（FTの現地生産現場では女性が中心的に働いている事例が多い）。

○FTでは、女性にも男性と同等の仕事に対して対等の支払いが行われると共に、生産やFT取引などから得られる恩恵の使途の意思決定に全面的に参加できる。

■目標6（水と衛生の利用可能性と持続可能な管理）

○FTは、FTプレミアム（奨励金）などの提供を通して、取引相手の生産者団体のみならず、生産者が生活するコミュニティの開発をともなうビジネスモデルとなっている。

■目標7（安価・信頼できる持続可能な近代的エネルギーへのアクセスを確保）

○FTは、FTプレミアム（奨励金）などの提供を通して、取引相手の生活団体のみならず、生産者が生活するコミュニティ開発として、コミュニティのエネルギー課題に取り組むこともできる。

■★目標8（働きがいも経済成長も）

○FTは、多くの人々のディーセントワーク（人間らしい働き方）につながる。

○FTの取引条件は、適切な労働条件の遂行、価格と支払い条件の相互の合意、過重な労働時間をもたらさずに生産できる十分な時間的配慮などについて書

面による契約書をベースに取引されている。

○FTは、途上国で経済発展の恩恵に浴していない農家や零細企業をとくに支援する。

○FTは、児童労働はじめ、あらゆる抑圧的な労働手段を許さず、労働者の権利を遵守する活動を展開する。FTは生活所得・生活賃金をベースに取引される。

■目標9（レジリエントな産業化の促進とイノベーションの推進）

○FTは、途上国への技術移転等を促進する。しかもその技術移転は、例えば国際企業の場合は、工具はラインの中の特定の極めて限定的な工程のみを担当し、過酷な労働条件の中で深夜まで働かされ、賃金もきわめて低く、工業化と市場経済化の中で搾取の対象となっている恐れがある（2013年4月ダッカのビル崩落事件など）。

○これに対してFTの技術移転は、例えば、縫製品の原料となる有機コットンの生産・綿花の収穫（農業支援）⇒糸紡ぎ⇒反物⇒染色⇒衣服デザイン⇒カッティング⇒縫製⇒販売ノウハウ等、長い工程（農業技術／加工技術／機械技術／商品開発技術／販売技術等）の移転となっている。

■★目標10（人と国の不平等をなくそう）

○FTは、格差や不平等を解消していく運動である。

○FTは、国際貿易に一層の公平性を求める活動である。先進国と同様、開発途上国において一層の持続性と正義を求める活動である。途上国においてこそ一層の展開が必要でる。

○FTは、不平等をもたらしている現在のWTO（世界貿易機関）による世界の貿易制度の改革を求める運動である。WTOは完成品の自由貿易を旨とし、生産プロセスはほとんど問わない。そのため環境汚染や児童労働などの不正が蔓延している。FTは生産プロセスを重視する運動である。

■★目標11（住み続けられるまちづくりを）

○フェアトレードタウン運動は、ボトムアップ(市民参画)のまちづくりを通して、強靱（レジリエント）で持続可能な、相互扶助のある、社会的・経済的に活性化したまちづくりを推進する運動である。

■★目標12（つくる責任つかう責任）

○FTは、消費者が持続可能な選択をするよう求める。それによって生産者に

対して持続可能な生産の仕組みを実現できるよう、フェアな価格の支払いを
保証する。

■★目標13（気候変動に具体的な対策を）

○FTは、持続可能な農業生産を促進し、気候変動に対応してネガティブな影
　響を減少するよう、小規模生産者にその対応方法を提供する。

■目標14（海洋・海洋資源の保全）

○FTは、生産工程での排出物の流出などの環境汚染を厳しく管理すると共に、
　海洋プラスチック汚染問題など環境への配慮を行う取組みである。

■目標15（陸域生態系の保護）

○FTは、自然保護・環境への取組みを踏まえた活動である。とくに農家の基
　盤である土地と森林の保護と生物多様性への配慮に務めている。

■目標16（平和で包摂的な社会の実現）

○FTは、格差の縮小、人々の平等の権利などの達成を目指す、平和運動の一
　つである。

○FTは、児童労働を含むあらゆる子どもの虐待に反対し、撲滅を目指す。

■★目標17（パートナーシップで目標を達成しよう）

○FTは、市民、政府・自治体、消費者、生産者・企業を巻き込み協働して、
　取引を通して変化と持続可能な発展を求める貿易パートナーシップである。

　［注］本表は、SDGs17目標とフェアトレードとの主な関係を整理したもので
　　　　ある。表の★印は、フェアトレードがSDGsに「直接的関係」があると
　　　　する10個の目標に付している。内8つの目標はフェアトレードの国際
　　　　4団体のEU（欧州連合）へのロビー団体であるFTAOが指摘するもの。
　　　　2つは第4目標（教育）と第11目標（まちづくり）は筆者の追加による
　　　　もの。目標11の追加理由は、フェアトレードはその活動の重要な分野
　　　　の一つとして、地域活動としての「フェアトレードタウン」を展開して
　　　　いるためである。その他の目標も、フェアトレード活動と強く繋がって
　　　　いることはお分かりいただけると思う。

第8節　東京オリンピック・パラリンピック2020 とフェアトレード

　2012年のロンドンや2016年のリオデジャネイロのオリンピック・パラリンピックをはじめ、サミットなどの国際会議では、フェアトレード商品の全面的な優先調達を図ること（選手村や迎賓館などでのフェアトレードのコーヒー、紅茶、バナナ、砂糖等々の提供など）が行われてきた。もちろんフェアトレードのみならず、エシカル（倫理的）商品の調達も優先されてきた。当然ながら、2020年の東京オリンピック・パラリンピックにおいても、こうした措置が取られるはず（取られるべき）であった。

　ロンドン市は大会以前にすでに、「フェアトレードタウン」に認定されており、国際フェアトレード基準を調達コードのベースとした初の大会となった。大会期間中には、フェアトレードの認証を受けたバナナ1,000万本、コーヒー1,400万杯等々多くのフェアトレード商品が提供されたと報告されている。

　そもそも2012年のロンドン大会は、「持続可能なオリンピック」のビジョンや調達コードが公表され、包括的な計画と取組みが行われ、サステナビリティの観点から非常に評価が高い大会となっていた。

　これは持続可能なイベント運営の規格である「ISO20121」の導入により成し遂げられたもので、東京大会も「ISO20121」の枠組みを導入して準備が進められるはずであった。ロンドン大会では、フェアトレードのみならず、フェアトレード以外のエシカル商品の国際認証制度も対象となっていた。第三者機関が持続可能な運営になっているかどうかを監視する仕組みも導入していた。

　リオデジャネイロ大会でもフェアトレードは最も象徴的に優先調達された商品となり、しかも大会開催中の8月12日に同市はフェアトレードタウン宣言都市と認定され、オリンピック会場を背景に式典が行われた。

　東京大会に向けては、こうした取組みが非常に遅れ、2017年3月になってやっと「持続可能性に配慮した調達コード」の第1版が出された。これによると、「持続性に配慮した農産物の調達基準」については、①食材の安全の確保、②周辺環境や生態系と調和のとれた農業生産活動の確保、③作業者の労働安全の確保の3つの観点から、「日本の関係法令等に照らして適切な措置が講じられてい

ること」と、日本の法令に従って農作業を行っていればよいとしている。

　具体的には、第1に国際基準のグローバルGAPをベースとし、日本のJGAP（現在ASIAGAPと改名）認証を取得したものを優先する、第2に有機農業や障がい者による生産物などを推奨する、第3に国内農業振興の観点から国産農産物を優先するとあり、次いで第4に、海外産の場合は、「フェアトレードの取組みによるもの等、トレーサビリティが確保されているものを優先的に調達すべきである」としている。この場合「国際認証制度により認証された製品」を意味している。東京オリンピックで、この時ここに初めて「フェアトレードなど」として、例示の一つとして掲示されていた。

　フェアトレード商品の調達は、海外産の調達の場合に、トレーサビリティの確認が困難な場合の代替物の例示の1つとしてあげられているに過ぎず、ロンドンやリオで行われた、フェアトレード商品への特別の配慮はなく、調達目標も提示されていない。つまり、そこには開発協力や貧困への対応などのソーシャル（社会性）な視点からのフェアトレード調達の優先性への国際的配慮は、実際にはほとんどみられなかったのである。

　これらは日本のフェアトレード関係者の力不足も強いが、フェアトレードやエシカルなど、社会的・環境的消費に関する市民の問題意識が依然十分でない状況を示しているのかもしれない。今後とも、こうした国際イベントへの日本の社会的消費者力の向上への努力を地道ながらもしっかりと続けていかねばならない。

第9節　まとめにかえて——あなたにとってのフェアトレード

1．フェアトレードって、あなたにとって何ですか？

　フェアトレードは外国語のため嫌がる人もいるし、説明が長くなりがちで、説明がしにくいのが問題である。できれば日頃、フェアトレードのワークショップに参加して、自分なりの気持ちに合った説明の仕方、あるいは相手に応じた説明の仕方をつくり上げておくことをお勧めしたい。

　フェアトレードって何？　と、人から聞かれた時、相手に応じてやさしく説明できる言葉を自分なりにもっておくようにしておいてはどうかと思う。例え

ば：……

○買い物を通した国際協力

○フェアトレードを通じて「作る人」（生産者）と「使う人」（消費者）がつながって、共に幸せになれるような関係になる。それには相手をよく知り、対等につながる関係が大切。

○途上国の人々と幸せを分かち合うこと

○「消費者」から「選択者」へ（買い物は選挙の１票と同じに大切で、社会を変える力をもつ）

○お買い物を通じて世の中を少しでも良い方向に変えるシステムに参加することができるのがフェアトレード

○世界の貧困を学んで自分のこととして理解して考え、その解決に向かい行動するハートをもつこと＝フェアトレードは世界への入口

○フェアトレードを通じて、途上国の生産者だけでなく、私たち先進国の消費者もエンパワーされ、自律的に生き方を選べるようになる──途上国の人々と共にいることで、自分が変わる・社会を変える

○日本のフェアトレードタウンの１つである逗子市の逗子フェアトレードタウンの会のメッセージ（「モノからものがたりへ」）は次のようになっている。

「私たちの暮らしは、モノがあふれています。でも、モノそれぞれの、世界の誰がどうつくったかという『ものがたり』を意識することはあまりありません。その『ものがたり』が、フェア＝公正なことを大切にするのがフェアトレード。フェアトレードをまちぐるみで応援する逗子でありたいと私たちは考えています。『モノからものがたりへ』を合言葉に、フェアに世界とつながるまちづくりを目指します」

「ヒマラヤの小さな村の女性は、素敵なセーターを編む技術を身につけ、編んだセーターが公正に取引されることで、収入を手にすることができるようになり、そして、子どもを学校へ行かせることや、自信と誇りをもって生きていくこともできるようになりました。たとえば、こんなものがたりのあるセーターが、あなたの身体を冬の寒さから守ってくれるとしたら、そこにはお金でははかりしれない価値があり、人と人とのつながりを感じることができるでしょう。それがフェアトレードです」

2．フェアトレードへの偏見と誤解

　フェアトレードに対して、すでに何か偏見や誤解をもっている人がいるかもしれないので、筆者が出合った質問からいくつか紹介しておくことにしよう。以下の書き方は誤解を与えかねない部分もあると思われるが、ご理解いただきたい（この中にはWFTOの資料も一部参考にしている）。

■フェアトレードは先進国の仕事を途上国へ吸い上げている。

　フェアトレードは途上国の貧困の中に陥っている人々の生活の改善、自立支援活動である。原料はその地域の自然資源（農産物）を中心としており、その自然資源は先進国では生産されていないものである。他方、先進国側でフェアトレードビジネスが興隆すれば、それだけコミュニティでの雇用が増えることになり、フェアトレードが先進国の雇用を奪っているとはまったくいえない。

■フェアトレードはエコロジカル・フットプリントを無視した非環境的な運動

　遠い開発途上国から運んでくるとそれだけ輸送費がかかり、CO_2など地球温暖化ガスを発生させることになる。地球環境のことを考えると、フェアトレードは問題だ、という質問を受けたことがある。これに対しては、フットプリントを大量に出している私たちの生活についてまず問いかけるべきであって、フェアトレードによる商品の移動によるフットプリントは、世界の貿易量の規模からみれば、残念ながら依然まったく無視できる程の小ささである。もちろん地産地消運動は本質的動向であるが、フットプリントという理屈の故に貧困の中にいる人々へ手をさしのべるのはおかしいという理屈は、理不尽な理屈に過ぎないと思う。

■フェアトレードは市場に溢れている。

　これ以上のフェアトレード活動は問題だ。世界の最貧困層（1日1.90ドル以下で生活している人々）は依然8億人もいる。世界人口の半分は依然貧しい状況の中で生活している。現在世界でフェアトレードの恩恵を受けている生産者とその家族は、多くても数千万人程に過ぎないであろう。フェアトレード活動を必要としている人々はもっともっと膨大にいるのであり、必要なのは（不足し

ているのは）先進国の私たちのフェアトレードへの理解と選択（買い物）なのである。

■フェアトレードは格差を発生させている。

　フェアトレードの対象となっている農家とそうでない農家との間に格差を生じさせているのではないか、という質問を受けたことがある。これは援助（ODA）は格差を生むからすべきでないということを言っているに等しい。フェアトレードは、対象となる生産者に生産者組合やNGOなどの団体をつくってもらい、取引をすることになる。そしてその団体が民主的に運営されていることも条件となる。また、団体への参加については基本的には規制されているわけではなく、歓迎されていることを基本とする。フェアトレードの対象となりたい生産者グループがあれば、フェアトレード団体からも歓迎されるであろう。

■フェアトレードはチャリティ（慈善）である。

　フェアトレードは物資を提供（寄付）する活動ではなく、貿易（輸出）財を生産する技術（スキル）と市場を提供（販売）することを通して、自立への道へ進んでいくことを支援・協力する活動であって、モノを寄付する運動ではない。なお、「チャリティ（Charity）」という言葉は、上から目線の寄付的な慈善活動を指す言葉として日本では使われがちだが、英国で使われている英語としてのチャリティは、そういう意味ではなく、まさにボランタリーな市民活動として使われている言葉である。

■フェアトレードは途上国の生産者に先進国並の賃金を支払おうとする運動

　フェアトレードが提供している途上国の生産者への公正（フェア）な引取価格は、先進国の賃金をベースとしている、と思い込んでいる方がいることを知った。生産者に支払う公正な価格とは、先進国の賃金をベースとしているわけではなく、途上国（現地）の生産コストと生活水準をベース（生活賃金・生活所得）として、話し合いによって設定されている。つまり、労働時間、生産スキル、生産地での生活コストなどである。

■フェアトレードは反グローバリゼーション運動

フェアトレードは片足は開発協力に、もう片足は市場に置いているビジネスであるといえる。そのため開発協力に力を入れすぎると市場（経営）が疎かになりがちとなり、市場を重視しすぎると、開発協力がおろそかになりかねないことになる。そのバランスが重要であり、通常の経営に比べると大変な経営力が必要となる。

市場を前提としている点では、単純な反グローバリゼーション運動ではなく、経済のグローバリゼーションがもつ積極的（ポジティブ）な側面を顕在化させたいという運動であるともいえる。つまり、フェアトレードは貿易がもつ国際交流、すなわち人々の人間的関係性を重視する。つまり、生産者と消費者との関係性である。但し、現在では、本章第1節の冒頭で触れたように、経済のグローバリゼーションには負（ネガティブ）の側面が過剰に顕在化しているため、反グローバリゼーション運動と受け取られてしまう面があるかもしれない。

■フェアトレードは消費者に高いものを買わせる運動ではないか。フェアトレード商品は高い

フェアトレード商品には、適正価格、必要に応じた前払い、ソーシャルプレミアム（団体へ支払われる奨励金）などが含まれるため、確かに通常の取引に比べ高い仕入価格となる。そこで中間搾取をなくす直接取引（国際産直運動）によって、また有機農業や品質の向上によって、競争力がもてるようにするなどの努力が行われている。

また、フェアトレード商品は高い、という言葉をよく聞く。確かに子どもや大学生などには高いかもしれない。しかし、大切な人への特別の日のギフトにはきっとフェアトレード商品よりもはるかに高いものを買っているかもしれない。これをフェアトレードに替えればフェアトレードを楽しめる。

また、その品質に対応した価値としては、必ずしも高いとは言えない。有機コットンの衣類は一度着ると手離せなくなるし、アレルギーフリーで、衣類などでは、皮膚が弱い人には最適なものを提供している商品が多い。むしろ問題なのは、100円ショップへ行くとその安さに思わず感動することがあるが、それほど先進国の私たちは、途上国の人々のおかげで（「搾取」することによって）、安すぎる商品に囲まれ過ぎているのが実態である。

■フェアトレード商品は品質が悪い

　とくに日本の消費者は世界でも最も品質にうるさい国民であることを、日本人はよく知っている。そこで、フェアトレード商品の品質向上は絶え間なく行われてきており、「フェアトレードは品質が悪い」という時代は終わっており、依然そうだと思っているとすれば、それは偏見である、と筆者のみならず、フェアトレード商品に出合った多くの方々が言っている。

　すでに多くのショップで、フェアトレードで販売するのではなく、味やデザインや品質の良さで販売し、気づいたらフェアトレードだったという売り方をするところが増えてきている。また、例えばマザーハウスのバッグ類は、その生産・販売の仕方はフェアトレードそのものだが、フェアトレードとは言っていない。開発途上国の技術力・生産力の高さをそのまま素直に消費者に知ってもらうという使命を強調しようとしているからであろう。

■フェアトレード商品って、コーヒーとチョコレートくらいしかないのか。

　フェアトレード商品は確かにコーヒーとチョコレートが人気であり、この2品目がフェアトレードの入り口とはなっている感があるが、すでにフェアトレード商品の品目は、食品類、クラフト類、衣料品、等々、数え方によっては3,000〜8,000品目あるとされ、フェアトレードのある生活（暮らし）をすることが可能なほど、日常的な消費品目としての品数は多くなっている。しかし、確かに、フェアトレード自動車やTVなどはまだない。

■開発途上国への援助や寄付活動は、自分の生活の低下をもたらすことになる。途上国より自分の生活の方が大変。

　自分の生活の方が大変で、途上国の人々のことなど考えてられない、という反応が学生なと若い世代から時々ある。自分の生活のためのお金が大変なのはそのとおりであろう。その気持ちは分かるような気がする。

　高いものを買ったり、困った人々への寄付は、確かにお金もちになってから始めればいいと思いがちとなる。しかし、多くの場合、貧しい人こそ困った人に寄付をする傾向があるともいわれている。お金持ちになったらという仮説は、いつならお金持ちになったかと感じるかを設定していないので、いつまでたってもお金持ちになったとは感じないかもしれない。

寄付（援助）をするということは、自分の生活を引き下げることを意味すると思っている人がいるが、それ程に寄付すると生活に響いているのだろうか。世界各国は国連総会でその目標を1970年に決議をしている。それは国民総所得（GNI）の0.7%である。ちなみに、2020年の先進国（OECDの援助国29ヵ国）の援助比率は全体（平均）で0.32%であり、日本は0.31%であった。先進国がその総所得の0.7%を援助していれば、MDGs（ミレニアム開発目標）達成のための資金も調達可能であったとされているし、SDGsも達成し易くなる。

　自分の所得の2割や3割を途上国や困った人のために使いなさいと言っているわけではなく、世界は「0.7%」を目標としているのである。自分の所得（あるいはお小遣い）の1%弱程を困っている人たちのために支出することすらためらわねばならないほど、日本の私たちは困っているのだろうか。ましてや、フェアトレードは自分の生活に役立ち、生産者との人間的関係に思いをおこし、楽しむ買い物であり、幸せを分かち合いうる支援であり、単なる物品寄付とは異なる。

［Ⅱ］ フェアトレードタウン運動の展開について

第1節　フェアトレードタウン運動の基準と発展

1.　フェアトレードタウンの展開

　21世紀に入って、フェアトレード運動には大きく新しい展開が始まった。フェアトレードタウンである。フェアトレードタウン運動は2000年に英国のガースタングから始まったが、その後またたく間に英国内から欧州域内に広がり、さらに米国、オーストラリア、ニュージーランド、さらに日本へも波及した。そして、現在では開発途上国へもフェアトレードタウンが波及している。ガーナ、ブラジルに続き、エクアドル、ホンジュラス、レバノン、カメルーン、コスタリカなどで宣言都市が登場している。アジアでは韓国、インド、台湾にもフェアトレードタウンがすでにある。

　フェアトレードタウンに認定されるには、フェアトレード活動を展開してい

る市民団体が存在すればよいというだけではなく、後述のように基本的に5つの基準があり、その中でも自治体議会がその旨を決議することが必要条件の一つとなっている。その点で、フェアトレードタウンは単なる市民活動の存在如何だけではなく、自治体と市民活動（NPO・NGO）の協働活動として位置づけられている。

　世界各国のフェアトレードタウン活動の連絡組織であるフェアトレードタウン・インターナショナル（FTTI）は、現在（2022年12月）の世界のフェアトレードタウン数は2,208と発表、昨年より約30増加したと報告している[13]。ドイツや米国など、着実に増えている国がある一方で、英国やノルウェーのように減っている国もある。とくに英国の場合、昨年の435から377まで、58も減ったという。これは英国のフェアトレードタウンを認定するフェアトレード財団が2年にわたって調査し、活動実績のないところを整理したことによる。つまり、フェアトレードタウンは数年（日本では3年）ごとに更新申請を必要とする。当初は意気に感じてフェアトレードタウンになったけれども、当初の勢いを続けることができず、活動を休止する事態に陥るところもある。そうした活動休止タウンは全国のタウン数からは除かれている。FTTIは、今回各国へのアンケート調査方式を中心に現状把握に務めたとのことで、その点で逆に回答のなかった国もあるとのことで、実はもっと多いかもしれない。

表1-7　フェアトレードタウンの多い国トップ10

ドイツ	805
イギリス	379
ベルギー	249
オーストリア	219
オランダ	86
米　　国	70
スウェーデン	47
ルクセンブルク	34
フランス	33
カナダ	27
アジア・太平洋地域	
韓国	18
オーストラリア	8
日本	6
インド	6
ニュージーランド	4
台湾	1

日本の6都市がフェアトレードタウンになったのは、熊本市（最初の認定年2011年）、名古屋市（2015年）、逗子市（2016年）、浜松市（2017年）、札幌市、いなべ市（三重県）（共に2019年）である。

　フェアトレードタウン運動の国際ネットワーク組織であるフェアトレードタウン・インターナショナルは、2017年10月に世界のフェアトレードタウン宣言数（各国による認定数）が2,000件（6大陸、29カ国）に達した旨のプレスリリースを出しているが、その中で「フェアトレードタウンが1000件に達したのは2000年から11年（2011年）を要したが、次の1000件に達するのに6年だった」と、その普及の加速化を表現していた。

　日本では、上記6都市が認定されているが、垂井町（岐阜県不破郡）ではすでに推進組織が設立されており、そして岡山市、宇都宮市（栃木県）、一宮市（愛知県）、新潟市、武蔵野市（東京都）など20カ所以上でフェアトレードタウンを目指す活動が展開されていると言われる。

〈フェアトレードタウンの基準づくり〉

　フェアトレードタウンに認定されるには、5項目（日本は後述のように6項目）の基準を達成する必要がある。5項目は、英国のフェアトレード財団が中心となって作成した英国基準であるが、国際的にはこの基準を前提とし（コンセプトの共有化）、各国の事情に応じて、達成目標の修正や5項目以外に基準を追加してもよいことになっている。

　フェアトレードタウン運動の推進は、当初は発祥地である英国のフェアトレード財団が中心となっていたが、現在ではFTTI（フェアトレードタウン・インターナショナル）という国際ネットワーク組織が設立されている。各国に代表者的意味をもつコーディネーターが任命されていて、さらにその中からフェアトレードタウン国際推進委員会（IFTTSC）が設立（2013年2月）され（発足時委員数は7名）、必要に応じてウェッブによる会合を行い、毎年1回フェアトレードタウン国際会議を開催している。日本からもFTFJ理事が委員として参加している。

　このフェアトレードタウン制度には、市レベルの地方自治体だけでなく、郡・県・州・国レベル（フェアトレード・リージョン）の制度もある。さらにフェアトレード宣言大学、フェアトレードスクール、フェアトレード宣言教会などの

仕組みも別途ある（後述第4節）。

〈国際基準としての英国のフェアトレード基準〉
　英国のフェアトレード財団が定めている英国基準は以下の5項目である。

表1-8　英国のフェアトレードタウン基準

基準1：議会によるフェアトレード決議
基準2：人口に応じた一定数以上のフェアトレード販売店の存在
基準3：地域の職場（企業・団体など）での使用
基準4：フェアトレードのキャンペーンなどの実施とメディアなどの報道
基準5：フェアトレードを推進する常設委員会の設置

　各基準について、例えば基準2では人口に応じたフェアトレードショップ数
など、具体的な目標が設定されている。英国の場合、各地のタウン推進委員会
からの申請に基づき英フェアトレード財団（フェアトレードの国際認証団体FI の
英国カウンターパートナー団体）が審査を行い、条件を満たしていれば認定が行わ
れる。
　各国でのタウン宣言（認定）については、各国で「フェアトレードタウン推
進全国組織」を設立し、基準を設定し、各国の推進全国組織が審査の上認定す
ることになっている。各国の推進委員会が認証を与えたものは上記の「フェア
トレードタウン・インターナショナル」に届けることによって、ホームページ
に掲載され、世界に告知されることになる。
　前述のフェアトレードタウン国際推進委員会では、タウン運動のコンセプト
の共有化を図るため、英国の5基準を基幹基準として、どれも省くことのない
よう「強く奨励」している。但し、各項目の具体的目標（ターゲット）はその
国の実情に合わせたものにしてよいとしている。人口当たりのフェアトレード
ショップ数などである。さらに、各国独自に追加基準を入れる必要があれば、
自由に入れてよいとしている。

２．日本のフェアトレードタウン基準と追加した６番目の基準

　日本では、熊本市の市民によるフェアトレードタウン（シティ）運動が2004年頃から始まってきていた。2011年に世界で1000タウン達成見込みが固まったことから、英フェアトレード財団を中心に、1000タウン達成イベントを開催することになった。世界の各大陸ごとに１つのタウンを同時に1000件目として祝おうという企画である。熊本市はこれを目指して運動が一層盛り上がり、行政側も強い関心を示し急遽実現性が高まっていった。

　こうした熊本市の動きを受けて、日本にもフェアトレードタウンを推進し認定する全国組織を作り上げることが必要となり、2004年から（一財）国際貿易投資研究所（ITI）で筆者が座長となって開催してきたフェアトレード研究委員会への参加団体を中心に、各地のフェアトレードタウン推進者やショップ関係者も参加して、急遽組織づくりが始まった。

　そして、2011年４月に「一般社団法人フェアトレードタウン・ジャパン」（以下FTTJ）を設立した。その設立への過程で日本のフェアトレードタウンの基準も作成された。それは英国の５基準に対応しているが、もう１つ、日本独自の基準を新たに加えた６基準とした。日本のフェアトレードタウン運動が新しく追加した６番目の基準は、「コミュニティ活動基準」（日本では４番目の基準として掲示）というべきものである（後述、および詳細は第５章参照）。

　これは「フェアトレードはコミュニティ活動」であることを明確に表明するために挿入したのである。どの自治体でも、自分が住むコミュニティをより良くしていこうと努力する人々によって、多くの市民団体が設立され、活動が行われている。フェアトレードタウンもそうした地域活動の１つであるが、同時に地域の市民団体と協働していくことによって、コミュニティの一層の活性化を図っていくことができるはずである。

　フェアトレードタウン運動はフェアトレード商品が売れればいいというだけの運動ではない。後述のように、開発途上国のコミュニティの人々と、先進国のコミュニティの人々が結び合い、一緒になって自分たちのコミュニティをお互いより良くしていこうとする運動なのである。こういう思いで、国内各地のタウン推進組織が他の市民団体といかに協働して活動しているかを認定基準の１つに入れたのである。これが21世紀の世界のフェアトレード運動への日本

からのメッセージとなっていると、筆者自身は思っている。

　もう1点、日本版では、英国との自治体システムの違いを踏まえ、英国版は議会決議のみであるが、日本版は議会決議と共に、首長（市長）のフェアトレード宣言の2つを必要としている。

表1-9　日本のフェアトレードタウン基準（簡略版）

---

①推進母体の形成と支持層の拡大
　・地域内にフェアトレードを推進する委員会を設立する
②運動の展開と市民の啓発
　・イベントやキャンペーンの展開、メディアでの報道
③地域社会への浸透
　・地元の企業や団体（学校・市民組織）によるフェアトレードへの賛同と積極的利用
④地域活性化への貢献
　・地場の生産者や地産地消、まちづくり等の地域活動との連携
⑤フェアトレード産品の幅広い提供
　・人口1万人あたり1店以上（2品目以上、年間6カ月以上取扱）、および売上あるいは取扱品目の半分以上がフェアトレード商品を扱うフェアトレード専門ショップ1店以上の存在
⑥自治体によるフェアトレードの支持と普及
　・自治体議会のフェアトレード支持決議と首長の支持表明、自治体内での普及活動の実施

　日本のフェアトレードタウン基準について、各基準ごとの指標などを含め、詳細版は第5章「フェアトレードタウン運動の新しい展開——日本のフェアトレードタウン基準と逗子市の事例を中心に」を参照されたい。

　〈6番目の基準に何をいれるか〉
　多くの国は国際基準となっている5基準をベースにしているが、6番目の基準を加えている国も結構ある。何を盛り込んでいくのかは、フェアトレードタ

ウン運動の展開と方向性を知る上で興味深いものがある。

　地産地消など「地元産品の促進・連携」を挿入している国は、ベルギー、カ
ナダ、ブラジル、レバノンなど。「教育」を重視している国は、カナダが「学
校・大学等とのネットワーキング」、それにエクアドル、アイルランド、ニュー
ジーランドなどが教育を強調している。ブラジルは途上国らしく「地元産品の
促進」に「国際市場への生産者の参入支援」を入れている。そのためにフェア
トレード見本市（ローカルフードやエシカル商品も含む）の開催などを行っている。
エクアドルは自治体の公共調達を入れている。環境問題への取組みを入れてい
る国もある。オランダは、「CSR（企業の社会的責任）の促進」を6番目に追加
している。このため企業のSDGs戦略への取組みを促進するよう、フェアトレー
ド認証以外の多様なエシカル認証の促進も図るようにしているようである。

　日本は、前記のとおり「地域の活性化」として地域の経済的・社会的活性化
を加えている。

第2節　広域フェアトレードタウン（国・州など）について

　フェアトレードタウン運動における認証を受けられる地域の拡がりは、市・
町・村・郡・区・地区・島などさまざまな区割りが可能でありうるが、実質的
には議会のある行政区（自治体）がベースとなっている。また、国レベルや広
域的な県・州レベルの認定も可能とされている。日本ではまだこうしたものは
FTFJにとっても、検討段階にはまだなく、導入されていない。

　国（カントリー）のケースとしては、英国のウェールズとスコットランドがある。
英国の連合王国を構成するカントリー（国）のウェールズが、2005年に「ウェー
ルズ・フェアトレード・フォーラム」という推進団体がウェールズ政府の補助
金も得て設立され、2年強のキャンペーンの結果、2008年に「世界で初のフェ
アトレード国（ネイション）」になったと公表している。スコットランドも同様
で、2013年に2番目のフェアトレード国になったと発表。いずれも議会では英
国基準を決議すると共に、以下の目標基準を設定している。

　ウェールズとスコットランドのフェアトレード・カントリー達成基準（目標）
は以下のとおりである。これらの目標も議会で決議されている。

　①　全郡（100％のカウンティ）にフェアトレードタウンへ向けて活動する

推進団体が存在すること

②　全市（シティ）がフェアトレードタウン認証を受けていること

③　全タウンの55%以上にフェアトレードタウンへ向けて活動する推進団体が存在すること

④　高等教育機関の60%がフェアトレードタウンへ向けての活動をするフェアトレード・グループがあること

⑤　75%以上の人々がフェアトレードを知っていること

⑥　ウェールズ内の400以上の学校がフェアトレード・スクールとなっていること

　これらの目標に対して、ウェールズとスコットランドの達成状況（2016年）については、以下のように報告されている。

〈ウェールズ・カントリーの達成状況（2016年）〉

①　82%の自治体でフェアトレードタウン基準が達成されている

②　93%の大学がフェアトレード大学基準を達成している

③　ウェールズ内には、91のフェアトレードタウン、郡、村の推進グループがある

④　フェアトレードタウンを推進する教会は100にのぼる

⑤　ウェールズの学校の50%がフェアトレード・スクール制度に登録している

⑥　ウェールズの150の学校がフェアトレード・スクールとなっている

⑦　英国の学校総数でウェールズは6.7%を占めるに過ぎないが、フェアトレード・スクール数では20%を占める

〈スコットランド・カントリーの達成状況（2016年）〉

①　消費者の43%が2016年には前年に比べフェアトレード商品をより多く購入したと報告されている

②　フェアトレードタウン認定を受けたタウンの数は、2016年に前年比30%増の計65件となった

③　地方自治体の75%がフェアトレードタウン認定を受けている

④　高等教育機関の70%がフェアトレード教育機関の認定を受けている

⑤　505の学校（全学校の20%）がフェアトレード・スクール基準を達成し

ている

　英国の両カントリーについては上記のとおりだが、広域レベルの制度については、これらをどのように進めていくかはまだはっきりしていない面もあるため、2016年にこれらを目指している各国・地域の推進委員会が集まって会合をもっている。集まったのは、英スコットランド、同ウェールズ、オランダ、スウェーデン、ポーランド、カナダ、北アイルランドの推進委員会であった。これらの国々が今後広域あるいは国レベルでのフェアトレードタウン（国・州等）の取組みへの関心があるということであろう。

　この会合では具体的な制度づくりへの進展はなかったものの、話し合いで分かち合った合意事項を「覚書」（MOU）として発表し、今後継続的に会議を続けていくと合意している。覚書には、この運動の推進は「オーガニック（有機的）で、インクルーシブ（包摂的）で、グラスルーツ（市民活動）主導であるべき」こと、「市民社会と政策策定者の協働によるものであるべき」こと、「運動の推進を通して意味ある価値が加わりうる」こと、などが記されている。

　日本でも、フェアトレードタウンが次第に知られるようになると、自治体の行政側がフェアトレードタウン化を構想することもありえようし、県レベルなどでのトップダウンによるフェアトレード・リージョン構想が計画される可能性がいずれあるかもしれない。しかし、国際フェアトレードタウン・インターナショナルの文書を見てみると、フェアトレードタウン運動はボトムアップの、グラスルーツによる、市民イニシアチブに基づく活動であるべきことが随所で強調されている。まさにそこにフェアトレードタウン運動の基本とユニークさがあることを認識しておく必要がある。

第3節　フェアトレード大学とフェアトレードスクール

1．フェアトレード大学

　英国から始まったフェアトレードタウン運動は、併せてフェアトレード大学、フェアトレードスクール（主として高校、小中校も）、フェアトレード教会（キリスト教の教会やユダヤ教のシナゴーグ等）などの仕組みもつくり上げてきた。

いずれもフェアトレードを支持し、普及、使用することを誓約（コミットメント）るものである。

　フェアトレード大学は2003年にオックスフォード・ブルックス大学が最初で、次いでバーミンガム大学が続き、全英に広がっていき、全世界へ広がっている。

　2022年末時点の世界のフェアトレード大学の数は、286 とFTTIは発表している。前年より2つ増えたとのことだが、新しくノルウェーに30、スペインに10誕生している。他方、英国が前年より29、米国が24減らしている。英国の減少は、コロナ禍の影響でフェアトレード活動ができない大学が多く、人員削減などもあり、活動を行う余裕がない大学が多かったためである。

　日本でも、フェアトレードタウンと同様、FTFJ（日本フェアトレード・フォーラム）によって、英国の基準をベースに「フェアトレード大学」の認定制度が2014年に始まっている。2023年1月時点の認定大学は、第1号は静岡文化芸術大学（2018年認定）、次いで札幌学院大学、北星学園大学（2019年に同時2位認定）、そして青山学院大学（2021年認定）の4大学である。

　コロナ禍は学生たちの活動に大きな打撃を与えている。ある大学では、大学公認の部活数はこの3年間に40%が閉鎖されてきたという程である。大学での授業の長期間の中止や登校禁止などは、部活の継承を困難にしている。日本のフェアトレード大学でもフェアトレードを推進する部活は会員の減少などに直面してきたが、何とか継承され復活している。

　開発教育、国際協力教育、多文化教育、グローバル教育、シティズンシップ教育、環境教育、さらにはSDGs教育などにおいて、フェアトレードはきわめ

表1-10　フェアトレード大学の多い国トップ10（2022年末時点）

米　　国	100
カナダ	42
ドイツ	39
ノルウェー	30
英　　国	25
フランス	10
スペイン	10
フィンランド	8
オランダ	5
日　　本	4

て有効である。近年ではフェアトレード大学はとくにSDGsと強い親和性を持つため、SDGs教育の強化を掲げる大学からフェアトレード大学制度に強い関心が寄せられており、今後日本でもフェアトレード大学は徐々に増えていくと感じられる。

　日本のフェアトレード大学の認定基準は、以下のとおり。

表1-11　日本のフェアトレード大学認定基準（2014年策定／21年9月最新改訂）

基準1．フェアトレードの普及を図る学生団体が存在する。

【指標】1）フェアトレードの普及を図る学生団体（以下、FT普及学生団体と略す）が大学から公認されている、ないし公認の申請を行っている。

　　　　　※申請制度のない場合は、公認に向けた活動を行っている。

　　　　2）FT普及学生団体に顧問の教員がいる。

　　　　　※ここでFT普及学生団体とは、フェアトレードの普及のために学生が自発的、主体的に組織した団体のことを言い、ゼミなど大学側が設けた教学上の組織は含まない（ただし、ゼミなどから派生した学生団体はこの限りではない）。

基準2．フェアトレードの普及活動、並びにフェアトレードに関する研究・教育活動がキャンパス内外で行われている。

【指標】1）FT普及学生団体は2年以上にわたって継続的にフェアトレードの普及活動を行っている。

　　　　2）フェアトレードに関する研究・教育活動が推進・推奨されている。

基準3．大学当局がフェアトレード産品を購入し使用している。

【指標】　大学当局が1年以上にわたって継続的にフェアトレード産品を購入し、使用している、ないし1年以内の購入・使用を計画している。

　　　　　※ここでは、一時的にではなく反復して調達していることを「継続的」と見なす。

基準4．複数のフェアトレード産品がキャンパス内で購入可能となっている。

【指標】キャンパス内の食堂・売店やカフェなどで、2品目以上のフェアトレード産品（食品・衣類・文具・手工芸品など）が1年以上にわたって継続的に販売され、購入可能となっている。

※ここでは、1年のうち4カ月以上販売されていることを「継続的」と見なす。

※フェアトレード産品には、WFTO（世界フェアトレード連盟）加盟団体の産品と認証産品、FI（国際フェアトレードラベル機構）の認証産品、それに普及学生団体が適切と認めるフェアトレード団体の産品が含まれる。

※「適切と認めるフェアトレード団体」とは、少なくとも以下の条件を満たしている団体のことをいう。a）WFTOの10原則に立って活動している。b）事業の透明性が確保されている。

※ここでいう「品目」は、付属資料2の「フェアトレード産品カテゴリー」を指す。

基準5．フェアトレードの理念を支持し、その普及をうたったフェアトレード大学憲章を策定し、FT普及学生団体、学生自治会（ないし学友会などそれに準ずる組織）、大学当局の三者が同憲章に賛同している。

【指標】1）策定されたフェアトレード大学憲章は、フェアトレードの理念を支持し、その普及および推進をうたっている。

2）同憲章の策定には学生が主体的に参画している。

3）同憲章が大学の理事会あるいは全学教授会、ないし過半数の教授会などの全学的な意思決定機関において承認され、理事長ないし学長が同憲章へのコミットメントを公に表明している。

※学生自治会等が存在しない場合は、FT普及学生団体と大学当局の二者が賛同している。

　この日本の基準で最も期待されている点は、最後に記されている「憲章の策定には学生が主体的に参画している」という点であろう。基本的には学生のフェアトレード普及団体、学生自治会、大学当局の3者による合意に基づくフェアトレード大学憲章の作成を想定しているが、現在では多くの大学で学生の自治会が存在しないため、「学生自治会が存在しない場合は、普及学生団体と大学

当局の二者によって」大学憲章が策定されていてもよいとしている。日本の大学にはかつては学生自治会や学友会などの全学生的組織が存在し、強い影響力をもっていたこともあった。全学連などの激しい学生運動の経過を経て、ほとんどの大学でこうした全学的な学生組織がつぶれ、今では存在しなくなっている。そこで、学生のフェアトレードグループ（フェアトレード普及学生団体）と大学当局との二者による合意でかまわないという規定となっている。

また、「学友会」をもっている大学もあるが、大学祭の運営のみ、あるいはOG・OB会的組織として位置づけられていて、学校運営に関わるものではない場合が多い。なお、もう1点、2014年の当初規定では、大学憲章の中には「基準1～4の目標が挿入されていること」となっていたが、2017年の改定で憲章は理念的なものでよい（基準1～4の具体的目標が記されていなくてもよい）ことにした。大学により憲章の意味合いが異なり、あまり具体的記述を要請することに問題ありと考えたためである。

〈フェアトレード大学構想への道〉

フェアトレード大学は（フェアトレードスクールも）、今後徐々にではあるものの、日本の教育にとっての意義が気付かれていくことを期待している。現在ほとんどの大学で、当局はSDGsを大学の教学コンセプトの中核に据えるべきという認識は十分もっているようであり、SDGsの中核的かつ具体的テーマとしてフェアトレードを捉えることは非常に分かりやすくなる。また、現在の高校生にとっては、フェアトレードは比較的人気があると見られることも認識している。

その点で、フェアトレード大学に認定されることは、大きなメリットが感じられることも確かである。また、現在フェアトレード大学に認定されている大学の事例をみると、フェアトレード大学は一方では地域連携強化策となり、他方では国際連携強化策の一つとして有効になっている点がとくに印象的である。

2．フェアトレードスクール

主として高校、さらには小中学校を対象としたフェアトレードスクール制度がある。フェアトレードは「世界を知る入り口」となっているため、フェアトレードを通じた開発途上国の人々の生活や世界の仕組みについての教育は、若者（ユース）教育には非常に有効なものである。

英国のフェアトレードスクールは、フェアトレードを用いた教育によるフェアトレードの普及を目指しており、以下のような基準が設定されている。この場合は、基準というよりも、学校をフェアトレードスクールにするためのプロセス／ガイダンスをもって基準としている感じである。英国では、地域によってフェアトレードスクールを促進・支援するコーディネーターが配置されているところもある。

表1-12　英国のフェアトレードスクール基準

①フェアトレード推進クラブが設立されていること
②フェアトレードポリシーを確立すること（以下必要項目）
　・フェアトレード商品を保護者会や教員ミーティングで使用すること
　・学校の将来計画にフェアトレードスクールの展開を含むこと
　・校内の売店や販売機でフェアトレード商品を販売すること
③学校全体においてフェアトレードを啓発すること
④学校全体にフェアトレードに向けての行動（アクション）を起こすよう勧めること
○注意点：ⅰ）すべての活動は持続可能であること、ⅱ）生徒がすべてのプロセスにおいて積極的に参画すること、ⅲ）フェアトレードに関わっている途上国の人たちの話や実例を用いること。

　日本では近年高校生たちによるフェアトレードへの取組みが全国的に広範にみられるようになっており、さらに中学生までフェアトレードへの関心が及んでいると感じられるようになった。文科省のSGH（スーパー・グローバル・ハイスクール）の指定校でフェアトレードを対象とする高校もある。各地のロータリークラブと高校が連携して、「インター・アクト・クラブ」が推進されており、これらでフェアトレードに取り組む高校も出てきている。そうした動きを受けて、各地で高校生が商品開発をはじめ、さまざまなフェアトレード活動を活発に展開するようになっており、フェアトレードスクールの認定校を目指している学校も出てきている。

FTFJ も、現在フェアトレードスクールの仕組み作りを検討中のようだが、当面はフェアトレードスクールを目指す高校での取組みを FTFJ に投稿してもらい、それら活動を紹介することに取り組んでいる。

第4節　ビッグテント・アプローチについて
──フェアトレードの多様性

2014年に熊本市で開催された（日本で初めての）フェアトレードタウン国際会議では「ビッグテント（Big Tent）アプローチ」という言葉がとくに議論されていたことが印象的であった。この会議で用意されていた決議文書はこの「ビッグテント・アプローチ」を合意することにあったが、準備不足で採択には至らなかった。しかし、この言葉ほど誤解を招き易いものもない、と議論を聞いていて感じた。会議でもこの言葉についてお互いに印象で語り合っている場面が多く、噛み合っていなかったと感じた。

この言葉から受ける印象は、「テントには扉がなく、誰もが何処からでも自由に出入りができる」という発言があったように、できるだけ多様な団体を多く包含して行こうという方針転換のように捉えられた。

つまり、フェアトレード以外のエシカル（倫理的）商品をもできる限り包含してフェアトレードタウン運動に取り組んでいくという方針転換として捉えてしまう人が多かったようだ。しかし、筆者の理解では「ビッグテント」とは実はそういう意味ではなかったと思う。

「ビッグテント・アプローチ」なるものは、米国のフェアトレードタウン全国組織から提案されたものである。米国でフェアトレードタウンの中心的推進団体となっているのがフェアトレードUSA である。この団体は米国最大のフェアトレード認証団体であるが、そもそも FI の米国のカウンターパートナー（受け皿組織）でもあったが、2011年末に FI を脱退し、独自のフェアトレード認証制度を作り上げた。また協同組合とも強い関係をもっている。

フェアトレードUSA が、FI を脱退した主たる理由は、FI が認証対象としないプランテーション農園や個別の小規模農家へも認証を拡げていくためで、フェアトレード商品の販売拡大を目指すビジネス志向の認証制度にしていこうという点で FI と折り合いがつかず脱退することになったとみられている。

米国にとっては、国際性のあるフェアトレードタウン運動に参加していくためには、英国型のFIイニシアチブ型ではなく、FIもWFTOも、そしてフェアトレードUSA（FTUSA）も包含した形で取り組む必要を感じるのは当然で、そのため「ビッグテント」なる言葉で提案を行うことになったのであろう。

　米国の提案は、米国ではフェアトレードタウン運動においてフェアトレード商品とは、以下の4団体が取り扱うものを対象とするというものである。

① 「フェアトレードUSA」（Fair Trade USA）──米国最大のフェアトレード認証団体で、かつ米国のフェアトレードタウン運動推進の中心的団体

② 「フェアトレード・アメリカ」（Fairtrade America）──FIの米国の受け皿組織

③ 「フェア・フォー・ライフ」（Fair for Life）──マーケットエコロジー研究所であるIMOが行っている認証制度で、フェアトレード、エコ、社会的責任などの商品認証制度を行っている。

④ フェアトレード連盟（Fair Trade Federation／FTF）──FTFへの加盟団体は提携型・連帯型のフェアトレード団体で、この会員の多くはWFTOの会員でもある。

　米国のフェアトレードタウン全国組織の主張は、英国などのように、フェアトレード商品とはFIだけではなく、「さまざまなフェアトレードを包摂かつ推進」していくべきである、としている。ある団体をフェアトレード団体として包摂（認定）すべきかどうかは、全国組織が所定のチェックリストに基づき審査し、合格したものを対象とするとしている。

　この米国の「さまざまなフェアトレードを包摂かつ推進」していくという主張は、日本が行っている「第3カテゴリー」アプローチであるともいえる。米国の言葉を使うと「さまざまなフェアトレード」とか「多様なフェアトレード」を包摂していくという言い方とはなっているが、逆に言えばあくまでもフェアトレード基準に従って活動している団体のみを対象にしているのであって、その他多様なエシカル（倫理的）商品も対象にしようとしているわけでは全くない。つまりフェアトレード商品の対象として、WFTOとFIのみでなく、米国などが認めるフェアトレード認証団体も含めようと言っているのである。

　ビッグテント・アプローチとは、決してそのイメージから受ける幅広く仲間

として対象となりうる大きなテント（ビッグテント）、エシカルも何でも入れるということを、この場合意味しているわけではない。エシカルとも連携してやっていくという姿勢は大いにあるが、エシカルもフェアトレードと同等にテントの中に入れて運動していくという意味ではないと思われる。

　こうした展開をみると、各国で発展してきたフェアトレード運動は、フェアトレードタウン運動の展開を通して、国際的に一層一体化／協働化させる動きをもたらしてきていると言っていいであろう。同時に、誤解のないよう念のため一言すれば、フェアトレードもエシカル商品の１つとして、エシカル市場拡大に連携して取り組んでいくことについては大方の異論はなさそうである。

第５節　フェアトレードタウンのこれから
──コミュニティ（まち・むら）づくりとしてのフェアトレード

　フェアトレードタウンは、フェアトレードを促進するための手段としてのみ捉えられている傾向にある。確かに英ガースタングで始まったのは、いかにフェアトレード商品の販売を増やすかという視点から、その手段として構想された感はある。しかし、「フェアトレードタウン」にはすばらしい、それ自体の意味があり、理念があると感じられる。そこでフェアトレードタウンのさらなる可能性につい考えてみたい。

１．開発途上国にとってのフェアトレードタウン

（1）"コミュニティ開発"としてのフェアトレード

　フェアトレードタウン運動は、途上国のコミュニティにとってどのような意味があるのだろうか。第１に指摘したいのは、フェアトレードはそもそもコミュニティのエンパワーメントを目指す活動であるということである。そのことを再認識することによって、フェアトレードタウン運動への新しい地平を確認することができるであろう。

　「エンパワーメント」とは、開発途上国の個人やコミュニティが自らのことは自ら考え推進・運営・解決できる力を獲得することで、目的は公平な社会の実現である。現在では開発協力の目的として捉えられているのみならず、市民

社会の形成のために、市民の地域に対する関心や主体的関わりの構築を意味する言葉として使われている。

　フェアトレードのビジネスモデルには、生産者たちが生活するコミュニティを、現地の人々のイニシアチブでより良く開発していく仕組みがビルトイン（組入れ）されているのである。WFTO／FI のフェアトレード基準の中で、コミュニティづくりに大きなインパクトを与えるものとしては、次のものが指摘できよう。

① 　コミュニティの環境改善に貢献する——農薬・除草剤の使用量最小化、危険度の高い殺虫剤の使用禁止、有機農業の推進など。

② 　地元産の原材料・素材、伝統文化・工法の活用を促進する（麻／デザイン／織りなど）。

③ 　コミュニティの民主化を促進する——生産者団体は民主的に運営される。差別せず、男女平等で、児童労働や強制労働を排除し、労働者の権利を擁護する。

④ 　コミュニティへの投資を促進する——フェアトレードプレミアム（ソーシャルプレミアム）の役割。

⑤ 　コミュニティ全体への技術移転をすすめる。

⑥ 　コミュニティの教育を促進する——児童労働の禁止、学校建設、奨学金などの教育投資を増やす。

⑦ 　コミュニティの衛生を向上する——診療所、井戸、道路の建設など。

⑧ 　生産の多角化を促進する——モノカルチャーからの脱却、自給の促進など、生産品目の多角化を通して、コミュニティづくりを推進する。

上記のうち、④⑤⑧について説明を加えておきたい。

〈コミュニティへの投資促進〉

　「④コミュニティへの投資を促進する」とは、フェアトレードは生産者が自立しうるように「適正価格」で仕入れる。適正な価格とは自立できる生活コストを踏まえて決められる。そのため通常の取引より高い値段で購入することになる。それだけでなく、輸入団体は市場で販売した収益の中から、「フェアトレードプレミアム」（奨励金）を生産者団体に対して返す（支払う）。認証制度（FI）の仕組みでは、これは品目ごとに決まっており、仕入れ契約（条件）の１つとなっ

ている。

　このプレミアムは生産者団体に支払われ、貯められていき、数年して貯まったプレミアムの使途については会員皆で民主的に話し合って決める。一番多いのが奨学金や学校建設などの教育支援のようである。コミュニティの道路建設や井戸、公民館、図書館、診療所の建設を行うことも多い。有機農業への取組みや現地での加工工場の建設などの事業整備のための設備投資、輸送車の購入などに回すこともある。

　エチオピアのコーヒー生産者のオロミア州コーヒー農協連合会のフェアトレードへの取組みを描いたドキュメンタリー映画『おいしいコーヒーの真実』（マーク＆ニック・フランシス監督、2006、英米）では、最後の方で組合員が皆集まり話し合っているシーンが登場する。貯まったプレミアムをどう使うか、学校を作ろう、学校を作るには少し資金が足りないが、足りない分は自分たちで出し合おうと決まっていくシーンである。この部分が、フェアトレードはそこに住む人々が自らコミュニティをより良くしていくことをビルトインしたビジネスモデルであることを示す、究極のフェアトレード的シーンである。

　〈コミュニティ全体への技術移転〉
　「⑤コミュニティ全体への技術移転」とは、世界の大企業のために生産している中国やバングラデシュなどの縫製業者と、フェアトレードの取組みとの違いである。前者の工場の工員はラインの中の特定の極めて限定的な工程のみを担当し、過酷な労働条件の中で深夜まで働かされ、賃金もきわめて低く、まさに工業化と自由市場経済の中で搾取の対象となっている。

　これに対し、フェアトレードの工房では、1人の人が特定部分のみを担当して縫うのではなく、1着全部を仕上げるように担当する。衣服全体を作る技術が移転されるのである。

　2013年4月、バングラデシュ・ダッカで多くの縫製工場が入居するビルが崩落し、死者1,230人、負傷2,400人という惨憺たる事故が起こった。死者・負傷者のほとんどが極端な低賃金で働く若い縫製工場の工員たちであった。彼らはそんな劣悪な労働環境の中で働かされていることが多い。

　他方フェアトレードは、縫製品の原料となるオーガニックコットンの生産、すなわち農業支援から始まり、綿花を収穫して糸に紡ぎ、反物にし、染色し、

衣服をデザインし、カッティングし、縫製し、それを販売する。衣料は原料から完成品、さらに販売（マーケティング）まで実に長い工程に関わる。その長い工程に沿って多くの人々が関わり、農業技術、工業技術、商品開発技術、販売技術までのトータルな技術移転が行われうることになる。

　技術移転は、コミュニティ全体に対して行われるのである。世界の大企業向けの縫製品の特定工程のみを毎日縫い続け、搾取され続ける工員に対し、フェアトレードはまさにコミュニティ全体に技術移転が行われる仕組みを目指しているのである。

〈生産の多角化とコミュニティづくり〉

　途上国の農産品は多くがモノカルチャー（単品作物）農業になっている。市場経済の要請という理由で、干ばつの時でも自給作物を手にいれることができ、飢餓をしのいできた周囲の自然環境を破壊し、国際商品である輸出作物の生産に特化させてきた。これに対して、フェアトレードは国際市場で競争できる品質の高い作物（例えばコーヒー）の生産へ技術指導し、先進国市場での販売努力を行うのみならず、各農家に対して自給作物の生産促進から始め、農業の多角化にも取り組む。

　その多角化努力は、女性の自立支援を中心に、コミュニティの形成へと向かうことになる。日本のフェアトレード団体の1つであるパルシック（PARCIC）の東ティモールでの事例を第10章第2節において紹介している。

　もちろん、すべてのフェアトレード団体や商品開発において、このような奥行きある取組みが行われているわけではないが、フェアトレードのビジネスモデルには、こうしたコミュニティ開発志向が基盤としてあるのである。この点は下記（3）の東日本大震災へのフェアトレード団体の取組みからもお分かりいただけよう。

（2）"国際産直運動" としてのフェアトレード

　フェアトレードは、人と人、地域と地域を結ぶ「国際産直」運動である。生産者と輸入団体が協働・連携して商品を開発し、直接購入し消費者に渡す取引である。日本でも（世界でも）、「地産地消」、「産直」、「提携（TEIKEI／CSA）」などの優れた「ローカルフード」運動が活発に行われている。

日本が生み出した有機農業の「提携」方式は、そのまま「TEIKEI」という言葉で世界に普及しているが、これはCSA（コミュニティにサポートされた農業＝ Community Supported Agriculture）と説明されている。こうしたローカルフード運動はコミュニティ活動なのである。フェアトレードはこれら国内の農業運動とコンセプト（精神）を一にするものである。

　開発途上国では多くの人々が農村に住んでおり、そのためフェアトレード商品の主たる素材は農産物である。フェアトレード商品として知られるコーヒー、紅茶、バナナなど、そしてチョコレート（その原料であるカカオ）、さらに衣料品やクラフト類（コットンや麻など）の素材は、これら熱帯地域を中心として生産されている農産物である。

　その点で、これらフェアトレードの対象となる熱帯農産品は、日本の農家の農産品とは基本的にはバッティング（競合）しない。地産地消・国内産直と国際産直としてのフェアトレードは補完し合うことができる。日本の農家を大切にすることと、フェアトレードが対象とする開発途上国の農家を大切にする運動とは共通の理念で一緒に協働できる運動なのである。

　（3）大災害からの救援・復興とフェアトレード・アプローチ

　前述のように、フェアトレードはコミュニティ創出活動でもある。そのことは、2011年の東日本大震災へのフェアトレード団体の取組みを通しても証明された。フェアトレード的アプローチがこうした大震災における救援・復興への道において実に有効性をもつことを証明したのである。

　東日本大震災支援では、海外の開発途上国支援に取り組む多くの日本のNGOが、いち早く東日本に拠点を構え、本格的に救援に取り組んだことは特筆すべきことの1つであった。当初、これらのNGOによる被災地支援は、物品提供から始まり、同時に炊き出し、泥出し、保健、医療、子どもたちへの対応など、専門性に応じた多様なテーマごとに、本格的な支援活動に取り組み、定着させていった。

　こうした中で、フェアトレード団体によるフェアトレード的アプローチがとくにいち早く始まり、その有効性を発揮した。フェアトレード団体による支援・復興への取組みは、被災者の方々にまずは生活必需物資を届ける活動から始まったのだが、その必要物資やサービスの内容も時間の推移と共に変わって

いく。

　次いで、避難生活から仮設住宅への移転が始まると、新しいコミュニティづくりの運動へと展開していった。被災者の方々に生きがいを感じてもらうための活動として、人々が出会い、話し合う場（サロンなど）をつくっていった。さらに人々が集まるようになると、人々が話しながら手仕事を行い、その手仕事の作品の販売を手伝うことを通して、被災者の方々がお小遣い程度を手にすることができるような作品の製作活動を始めていった。そしてその手仕事を本格化させ、それを自らの小売ルートを通して販売、雇用の場を作り出す段階へと進めていった。

　いち早い被災者の方々のニーズの聞き込みや救援物資の配達作業を通じて、被災者の方々との人間関係を作っていったことにより、これら一連の展開が可能だったのだが、こうしたアプローチとプロセスは、フェアトレードが開発途上国での活動の経験の蓄積によるのだと言えよう。

　代表的な取組みをいくつか紹介すると、ネパリ・バザーロは災害発生直後に東日本に入り、まずは物資支援（食品、生活基本セット、文具、電気毛布等々）、炊き出し支援、温泉招待企画、学校支援、日本人と結婚した方の一時帰国支援、老人介護NPO法人の再開支援、健康推進プロジェクト支援等々、ニーズの変化に対応して多角的な支援をしていった。その後復興段階に入り、雇用対策、産業復興として、津波で壊滅した椿油工場の復興のため、気仙沼の名産品である食用の「気仙沼椿油」の復興と製品化に取り組み、さらに椿油を使った化粧品の開発等々へと向かっていった状況は、第10章第１節「ネパールにおけるフェアトレード活動と東日本震災復興支援について」（土屋春代）をご覧いただきたい。

　「第３世界ショップ」はすべてを失った被災者の方に加工場をつくるための資金を提供するトラストを女性の起業を支援するＷＷＢ／ジャパンと立ち上げた「市民復興トラスト」（被災者の工場再生に資金を提供するが、返済は商品で返していく仕組み）である。

　「リサイクルニットプロジェクト」（ニットで仕事づくりプロジェクト）は、被災者の方々への仕事づくりとして、原料となる毛糸は全国の家庭で使われていない毛糸を提供してもらい、編み棒も提供してもらう。それを被災者に送り、デザイナーの協力を得て、上級者から初心者までのアイテムを用意し、各編み手のペースに従って編んでもらう。それを第３世界ショップが買い手の募集を

行うという仕組みを起こした。

「パルシック（PARCIC）」は、被災直後には救援物資の配布活動を行い、食料や衣類等々を企業からの提供物資を含め被災者に届けた。太陽光発電システムも設置した。5月末には少しずつ仮設住宅への移転が始まり出すと共に、仮設住宅での生活支援をはじめた。とくに被災者が語り合う場としてコミュニティカフェの必要性を感じ，地元の人々と共に、石巻でコミュニティカフェ「街の駅おちゃっこ」の設立に取り組み、木造三坪の建物を建設して、8月にはカフェでお弁当屋さんを始めた。

次いで生業支援に取り組み、漁業再開のための南三陸荒砥漁村でワカメの生産をサポート、その販売をパルシックのフェアトレードコーヒーの販売網で行った。この団体の事例は、東ティモールのケースが中心だが、第10章第2節「東ティモールにおけるフェアトレードのコミュニティ開発」（井上禮子）で詳しく紹介している。

「シャプラニール」は、いわき市を拠点に、当初は救援物資の配布、いわき市勿来地区や小名浜地区での災害ボランティアセンターの立ち上げと運営に協力した。さらに、いわき市に避難してきている被災者の方々を支援するため、その交流の場として、いわき駅前の商業施設内に交流スペース「ぶらっと」の運営を委託などの活動をし、高く評価されてきた。この団体の活動も、第10章第3節の「バングラデシュ・ネパールにおけるフェアトレード石けん開発」（平澤志保）で紹介している。

「福市」は、被災者たちの手編みのブローチの生産・販売をする「イーストループ」プロジェクトを立ち上げ（生産者グループに販売額の50%が届く仕組み）、被災地で広く生産の輪が広がり、成果をあげた。

2. 先進国にとってのフェアトレードタウン運動の意味

先進国側にとって、フェアトレードタウン運動を進めることの意義について考えてみたい。

（1）リローカリゼーション時代とフェアトレードタウン
〈新しい市民活動としてのタウン——ボトムアップのまちづくり〉
地域のタウンから世界を見直す運動としてのリローカリゼーション（地域回

帰）運動は、現在国際的に興隆している。フェアトレードタウンもその1つだが、トランジションタウン、グローバルエコビレッジ、スローフード／スローシティ、有機農業、パーマカルチャー、エディブルシティ等々がある[14]。

　その中で、フェアトレードを通して、途上国の人々やコミュニティとつながりをもつことが、先進国の私たちにとってどのような意味があるのだろうか。その解答は、私たちが、これからのリローカリゼーション（地域回帰）の時代において、どのようなコミュニティに住みたいのかということを考えることにある。

　フェアトレードに関心をもち、フェアトレード商品を購入する人の多いまち、市民のみならず、企業や行政もフェアトレードを推進しようとするまち、そしてまちぐるみでよりフェアなまちづくりを目指す、とはどんなまちだろうか。

　私たちは20世紀に、相互扶助をベースとする「コミュニティ」を置き忘れてきてしまった。これをどのように再生し、さらに新しい21世紀のコミュニティにつくり変えていったらいいのか。これからの新しいコミュニティの形成は、少なくとも次の2つの要素は必要であろう。

　1つは自分の村だけがよければいいという「おらが村」ではなく、世界の「他者」と結びついた「新しいおらが村」の創出である。もう1つは、地域と地球の再生を「市民社会力」のイニシアチブによって果たそうとする市民主権のコミュニティづくりである。

　人間は自分の村（共同体・地域・国）を大切にし、より良い村にしたいと誰も願っている。しかし、これまでは自分の村さえよければいいという「おらが村」的発想が強いきらいがあったのではないか。だからナショナリズムに悪用されるし、戦争も起きるし、他地域の人々のことには無関心でいることができたかもしれない。

　しかし、これからの「新しいおらが村」は、自分の村だけがよければいいというのではなく、世界の「他者」と結びついた村でなければならない。その他者との結びつきをビルトインしたコミュニティづくりの手段の1つとして、フェアトレードはその役割を果たしうるであろう。

　フェアトレードは世界の「他者」への入り口である。フェアトレードを通じて、世界の「他者」とのつながりを体験できる。自分と世界との関わりをフェアトレードを通じて感じることができるからである。

（２）先進国のコミュニティの課題とフェアトレードタウン

〈リバースインパクト〉

　先進国の私たちのコミュニティにも多くの問題がある。医療、環境、高齢化、孤独死、買い物難民、子育て、働き方、農業の後継者問題……等々。その多くは、かつてあった相互扶助精神の破壊・喪失から生じている。私たちが失ってしまったそうした精神をフェアトレードに取り組む開発途上国のコミュニティでは依然多く残している。

　自然と共に、農業を中心とする土地の中で生活する途上国の人々が住むコミュニティとの相互交流を通して、私たちが忘れ去った多くの価値あることを気付かせてくれ、取り戻させてくれるに違いない。

　「リバース・イノベーション」というビジネス用語がある。従来のイノベーションの流れは、先進国／富裕国で先進国の顧客向けへの対応から起こったイノベーションを、開発途上国の所得が著しく低い市場向けに機能を落としたり、低価格に対応させたりなど修正し、そのイノベーションを途上国へも流していくというパターンであった。それが現在では、途上国で開発されたイノベーションが先進国へ逆流していくパターンが起きており、先進国企業に大きな衝撃を与えている[15]。

　フェアトレードタウンの場合は、「リバースインパクト」という言葉の方がしっくりくるに違いない。かつては先進国文化が途上国と出合うことによって、途上国文化が衝撃的な影響を受け（『運命の衝撃』／Fatal Impact）、途上国文化の消滅へと導くことがあった[16]。それが今では途上国の文化が先進国の文化の回復に影響を与える「リバースインパクト」現象が起こっている。

　途上国の人々が持続させてきた伝統文化や自然との関係性や生き方の叡知が、それらを自ら消滅させてきた先進国にとって今や大きな意味があることを語りかけている、すなわち「リバースインパクト」が起こっているのである。世界中で新しい地域回帰（リローカリゼーション）の動きが起こっているのはその故である。

　ちなみに、市民社会活動（NPO）に関わる人なら知っていなければならないPRA（参加型農村評価法）などの評価手法は、開発途上国のどんな村の人々も、自分たちの村の問題を知っており、解決方法も知っている。自分の意見をもた

ないと思われていた彼らにこそ叡知があることを私たちが自覚するようになったことによって開発されてきた手法である[17]。

（3）フェアトレード姉妹タウンに向けて

　フェアトレードタウン第1号の英ガースタングで、フェアトレードタウン運動の創設者のブルース・クロウザー氏は、2011年にカフェ形態の「FIG Tree フェアトレード国際ビジターセンター」を開設した。このセンターのFIGTree（無花果の樹）は「Fairtrade In Garstang」からとっている（現在は閉店）。

　ガースタングは、かつて奴隷貿易港であったが、奴隷貿易のトライアングルとなったガーナのニューコフォデュア市（アフリカ最初のフェアトレードタウン）と米国のメディア市（ペンシルベニア州、米国最初のフェアトレードタウン）とで、トライアングルの姉妹都市関係を結んでいる。こうしたフェアトレードで姉妹関係を結ぶ取組みも21世紀のコミュニティ活動としてのフェアトレードタウン運動の方向性を示すものだといえよう。

　フェアトレードは「買い物を通して支援する」だけでなく、途上国の村の人々（コミュニティ）とつながる関係へレベルアップすべき時代となっている。モノの交流から人の交流へのレベルアップだけでなく、途上国と先進国のコミュニティ間交流へのレベルアップである。

　フェアトレードを通して、人と人、コミュニティとコミュニティが結び合うことへの、フェアトレードの進化である。こうしたフェアトレードタウン運動によるシスタータウン関係の構築は、「他者」（開発途上国・貧困・人権など）を、先進国のコミュニティの中に内部化した新しいコミュニティづくりの方向へとつながるであろう。

　フェアトレードは近年は途上国から先進国への取引のみならず、途上国の国内市場や他の途上国との取引も起こり始め、増えてきている。フェアトレードタウンによる南北間の姉妹タウン関係のみならず、南々間の姉妹タウン関係も当然登場してくることになろう。

（4）自治体にとってのフェアトレード——ボトムアップのまちづくり

　フェアトレードタウンは、日本の市民社会運動にとってはとくに重要な意味をもっていると思う。日本でも、コミュニティをより良くしていこうとする市

民活動は今や実に多くあり、非常に活発に活動している。しかし行政の政策や運営は依然ほとんどと言っていいほどにトップダウンで進められている。

公募という名で市民委員が参加したり、パブリックコメント（公聴）という名で市民の声を聴取する仕組みはあるが、市民が中心になってまちの姿・政策を作っていくということはまだ定着しているとは言えない。まちづくり（都市）計画ですら，行政が案を作成し、その後市民に開示し、「市民との対話」をアリバイづくりに使うケースも依然として多い。

フェアトレードタウンは、それを推進する市民団体がベースとして存在し、グラスルーツの活動を通して、市民に知ってもらい、議会の議員の方々と関わり、説明し、積極的に納得してもらい決議を得ることをしていく。首長にも同様にアプローチしていって、話し合い、一緒に活動していき、そしてタウン宣言をするに至る。その活動を通して、まちの姿を、フェアトレード理念を支持し推進するまちへとつくり上げていくことを意味する。ボトムアップのまちづくりなのである。その点で、日本では新しいまちづくりへの市民運動となっていると言えよう。

第2にフェアトレードタウンは、世界とつながるまちづくりに貢献することになる。上述のように、まちづくりに「他者」意識を入れるという、新しいまちづくりである。世界とつながるということは、自分たちのまちへの自分たちだけの視野でなく、他者（開発途上国）の視野が入ってくるまちづくりである。そのため「自治体外交」が視野に入り、SDGsも重要な取組みとして視野に入ってくる。

さらに、自治体によるフェアトレード公共調達の導入も検討課題となる。開発途上国のタウン／村との姉妹提携も視野に入ってくることになる。ローカル・ツー・ローカルの国際協力へとつながっていく。

自治体の中では、多様なステークホルダーが参加し、パートナーシップを組んだまちづくりとなり、人々がつながりながら、まち全体がしっかりした他者意識をもった、よりフェアな対等なまちづくりをめざす人々のまちとなっていく。それは、市民団体のネットワークと、自治体（行政）と、経済界（商工会）との3者の連携をもたらし、3者が話し合って合意しつつ運営されていくまちの姿となっていく。

第6節　トランジションタウン運動との連携

　フェアトレードタウンと並んで、トランジションタウン（Transition Town、以下TT）という運動が国際的にも強く波及している。TTとFTTはコインの裏表のように一体的に補完できる運動であると筆者は考えている。FTTとTTとの連携を意識することは、先進国側の私たちにとってはリローカリゼーションの理念と目的を一層明確にするためにも意味があると思われる。TT運動は、自分自身の生活を変えることを通して、脱石油依存や環境改善、地域のレジリエンス（復元力）の向上を目指す運動である。

　しかし、トランジションの課題は、途上国問題（貧困、人権など）がミッシングリンクになっている。他方、FTTは消費者として目覚めた市民となることを目指す運動であるが、自分たちの生活・暮らし方全体の「変化」を直接的に訴える運動としては弱い。その点で、この2つのタウン運動はコインの裏表のように相互補完的であり、協働するともっと効果を発揮するのではないかと思われる。

　この2つの運動の連携の可能性について議論してみたいと、TT発祥地トットネスと、FTTの発祥地ガースタングを訪問（共に英国）したことがある（2012年）。この議論には多くの関係者が強い関心をもってくれると同時に議論に応じてくれた。さらに、それはいいことだと頷いてくれた。

　その議論のいくつかを紹介しよう。世界のFTT第1号のガースタングでもTT運動が盛んであり、世界最初のTTトットネスもFTTに認定されている。両方の運動に関わっている人にも出会った。

（ⅰ）消費抑制と消費促進――TTは消費抑制をすすめる運動であるが、FTTは途上国商品の消費を勧める運動である。その点が矛盾しないかという点が提起された。この点については、例えば、チョコレートを例に考えると、通常のチョコレートの消費を抑制しようというTT運動と、しかしチョコレートを買うなら、だからなおさらフェアトレードチョコレートを買おうという運動とは矛盾しない、むしろ相乗効果を生むだろうという点で合意できた。

（ⅱ）購入優先順位――食べものについて、トランジションにとっての優先順位は、第1に自分のガーデン（菜園）で栽培されたもの、第2に地域で栽培さ

れたもの（ローカルフード=地産地消）で、その中でもパーマカルチャー、バイオダイナミック、オーガニック（有機）で栽培されたものが優先される。

　そのためフェアトレードの優先性はこれに次ぐ３番目にくることになるが、それでいいのか（フェアトレード側はそれを了解できるか）という問いかけである。これはトットネスのTT活動家であり、同時にフェアトレードショップの経営者が指摘してくれた。

　前述のように、フェアトレードは国際産直運動であり、その農産物は熱帯産品であるために、基本的には先進国（日本）農業とは競合しないことはすでに述べた。つまり、地元農家を大切にすること、すなわち地産地消や産直運動とフェアトレードを支援することとは、その精神・理念は共通する。

　従って、トランジションの調達優先順位とフェアトレードは矛盾しないし、TTが考える意味でのフェアトレードの優先性は３番目で一向にかまわないと筆者も思う。

　なお、地産地消などローカルフードを定義する場合、その「ローカル（地域）」の範囲（距離）はどのくらいなのかが話題となった。「地域」の定義は基本的には行政区画が重要な前提となるが、トランジションでは周囲30マイル（約50キロ）を一応の範囲としているということだった。オーストラリアのバイロンベイでは行政区画内あるいは朝収穫してファーマーズマーケットに持っていき、夕方までに家に戻れる範囲と定義していた[18]。

　（ⅲ）運動のやり方と範囲の違い──運動のやり方が違うから問題という指摘があった。トランジションは前述のように、コミュニティの人々が話し合い、関心のあるものについて自らグループが形成され、自ら取り組んでいく、完全なボトムアップ方式である。

　そのため取り組む内容は各タウンによって実に多様である。それに対してFTTは取り組む目標が具体的に設定されている。同時に活動の範囲もTTはコミュニティのことなら何でも対象となりうるという範囲の広さをもっており、FTTとはそこが大きく異なり、問題ではないかという指摘である。

　活動のやり方については、両方とも市民による市民社会活動としてとらえると、お互い違和感はないだろうということになった。活動への取組みのプロセスや取組み方は、国際的に共有する「NGO手法」で、皆で話し合い合意しながら、合意を得たものについて取り組んでいくという手法をとっている点では共通す

るからである。むしろこの2つの国際タウン運動が連携・協働することで相乗効果が期待でき、力強いものになるのではないかということでは合意できた。

（iv）開発途上国のタウンとのつながり——現代の世界の課題は「環境破壊・気候変動」と「格差・貧困」の2つに集約できよう。フェアトレードは貧困や自立支援への取組みをベースとしており、トランジションは石油依存社会や環境をベースとしている。フェアトレードは貧困と自立支援の問題と直接つながり、環境問題も含まれてはいる。

トランジションもいうまでもなく世界とつながっており、世界のアイディアや実験や体験を共有しうることができている。しかし、開発途上国の課題、貧困の問題がミッシングリンクになっているのが問題のように思われる。

FTT運動は、開発途上国のコミュニティや生産者団体と直接つながり、お互い一緒（協働）になって、途上国のコミュニティと共に、先進国の自らのコミュニティをもより良くしていこうとする運動である。しかし、トランジションは問題意識では途上国ともつながっているものの、前述のように途上国の人々とのつながりは志向されていない。自分（先進国）のコミュニティの改革が主たる活動となっている。

この点でTTもFTT同様、途上国のコミュニティと姉妹提携をすすめる活動を入れていけばいいという意見もあった。つまり、この2つの運動はお互い協働することによって、補完しより力強くなっていくだろうということで一致した。

（v）タウン基準と行政との関係——FTTの基準の1つに議会の決議と首長の支持を必要としているという点で、FTT運動は、行政との緊密な協働と認知を条件としている。TTも、もちろん行政への働きかけや協働が重要であることは『トランジション・ハンドブック』[19]でもそのことが強調されているが、FTTではそれは必須条件である。

議会・行政による認知と協働を前提としている点で、議会・行政との関係のとり方はFTTにとってはとくに重要なものとなる。ここに市民社会運動としてのFTTの可能性と限界の恐れをみることもできる。しかし、TTとFTTの連携性という観点では、2つのタウン運動の連携によって、タウン宣言のモメンタムと継続性が一層保証され、相乗効果の発揮となるであろうという点で合意した。

また、議会・行政を巻き込む運動であるということは、公共調達における「フェアトレード調達」の推進も重要な側面となる。フェアトレード調達は、EUで推進されてきているが、国レベルでもスペインなどすでに導入している国もある。多くの国ですでにグリーン調達、持続可能調達、社会的責任調達などの仕組みが導入されているが、フェアトレードもこれらの調達の中に含まれるようになってきている。

　なお、TTのタウン登録について少しふれておこう。英国では4〜5人（最低4人）（日本では3人以上としている）の人が集まってスタートを宣言すれば、登録可能となる。このTTの立ち上げの簡単さと、FTTの認証の厳しさの差は大きい。

　TT運動の国際的ネットワークである「トランジション・ネットワーク」のHPによると、TTとしての登録には、「オフィシャル」と「熟成中（準備中）」の2つがある。TTとして活動を立ち上げても、国際ネットワークに登録するかどうかは別問題（登録しない場合も多い）で、登録されていないTT活動もすでに相当あると思われている。

第7節　フェアトレードをコミュニティの中へ

1．まちぐるみフェアなまちをめざして

　フェアトレードタウン運動は、今や新しい役割をもつに至っていると思われる。開発途上国のコミュニティの人々と、先進国のコミュニティの人々が結び合い（あるいは途上国のタウン間で結び合い）、一緒になってお互いのコミュニティを、そして国を、地球を、お互いより良くしていこうとする運動へと向かっていこうとしている。

　フェアトレードは先進国の私たちにとっては何を意味するのだろうか。それは消費者としての「私」の生き方に関わることを意味する。選挙に行っても、自分の一票が社会を変えるほどのものであるとは思えず、棄権する人が多くいる。しかし、投票することは私たちにとって社会参加の最低限の義務であろう。買い物もそれと同様であるはずだ。自分の買い物の仕方、どの商品を「選択」するかが、社会をよくも悪くもする。モノを消し去り破壊する「消費者」では

なく、世界を変えるために何を買い買わないか決める「選択者」になるという生き方を選ぶことである。

そうした「選択者」へ自分を目覚めさせてくれるものの1つがフェアトレードである。フェアトレードに関わるということは、上記のような途上国の生産者やコミュニティ開発を支援することを通して、先進国側の「私」が変わるだけでなく、目覚めた「私」はどうするのかを問いかけている。

フェアトレードを知り、「私」が変わったとき、日本でフェアトレードがもっと普及するように全国的キャンペーンに参加していくのもいい。しかし、私たちの生活の基盤である自分が住むコミュニティの人々へ語りかけていく活動も重要になっている。

また、企業との関係においても、中央の大企業本社がフェアトレードを扱うための運動も重要だが、コミュニティ（地域）の商工会・商店街あるいは美容院やカフェなどへ働きかけていくことも同様に重要であろう。そうした働きかけは、フェアトレードタウン基準の1つとなっている。

2．消費者教育推進法とフェアトレード

2012年に日本では「消費者教育推進法」が導入された。「消費者市民社会」をつくるための法律である。「自らの消費行動が現在および将来の世代にわたって内外の社会経済情勢および地球環境に影響を及ぼし得るものであることを消費者が自覚して、公正かつ持続可能な社会の形成に積極的に参画する社会」が消費者市民社会の定義である[20]。

フェアトレードは一人一人の消費者（私）が、目覚めた「市民」（選択者）になるだけではなく、その「選択者市民」がコミュニティの中により多くなっていくための、コミュニティ活動へと展開されるようになっている。

より多くの消費者が目覚めて選択者となっていくよう、まずは自分が生活するコミュニティ全体へ広げていこうとする活動、それがフェアトレードタウン運動である。このことは、フェアトレードをコミュニティ活動としてとらえることが、フェアトレードを開発協力としてのみならず、市民社会教育（開発教育）としてとらえることにつながっていることを示している。先進国側の私たちにとっても、現在のコミュニティには多くの問題があり、コミュニティの回復運動を必要としている。

フェアトレードを通して消費者から「選択者」へ、市民として目覚めた「私」は、自分たちの住むコミュニティを、相互扶助のある、市民主権のまちづくりへ参加していく。途上国の人々と直接つながることを通して、私たちをそうした生き方へより明確に目覚めさせてくれるに違いない。それがフェアトレードタウン運動である。

終　節　フェアトレードは経済革命のロードマップである
──新しい「コモンズ」としてのフェアトレードタウン

　最後に、最近フェアトレードについて思いを巡らせていること2つを書き残しておきたいと思う。1つは「フェアトレードとコモンズ」ということ、もう1つは「フェアトレードと平和」について。

1.　フェアトレードは新しい「コモンズ」を創出する活動である。

　2021年5月の世界フェアトレードデイの時、WFTO はそのサイトに、「フェアトレードはコーヒーだけではありません」という言葉を大きく打ち出して広報をした。「コーヒーなどフェアトレード商品を購入することは途上国の生産者の生活を支援することになります。しかし、それだけではないすばらしい役割を担っていることについて、あなたは気付いていますか」というメッセージである。

　フェアトレードはエシカル商品を開発し販売する活動に止まっていていいのか。フェアトレードは、人々の「貪欲さ」を満たすことを目指す現代の経済システムの基本的変革を自覚した取組みとして認識されているのか、と問いかけたのである。

　この時の WFTO の世界フェアトレードデイ 2021 の声明文は、「ビジネスの形、構造、目的、そして最終的には世界経済そのものを根本的に改革する方法について、フェアトレードは示している」と主張するものであった。

　「フェアトレードビジネスモデルの実例は、グリーンでフェアであることを経済の中心に置くことが可能なことを証明しており、フェアトレードは世界の経済システムの変革に向けて、実に中心的な役割に躍り出ていこうとしている」と。そして、「フェアトレードは、世界の経済システムの変革を先導するモデ

ルである」と。

「ファッションから食品、デジタルサービス、プラスチックリサイクルまで、82カ国でフェアトレードビジネスは、ビジネスをグリーンで公正な経済の中心に置くことが可能であることを証明している。そして、フェアトレードの教訓は、世界規模での経済変革を解き放つ可能性がある」、「フェアトレードは経済革命のロードマップである」と。

フェアトレードは、働く人々・生活する人々のコミュニティを大切にし、地域社会を豊かにし、すべての人々のニーズを満たすフェアな取引をベースとする新しい経済システムへの変革を目指す活動たり得ているのか。世界の多くの人々は、経済システム変革への重要な力の一つとして、フェアトレード運動はそれを担うことを期待されているのではないか。フェアトレード運動は、今こそ、その根本的な役割への自覚と挑戦が問われているのではないか。現代の地球と世界の行き詰まりは、まさにアンフェアな経済システムの蓄積が限界にきているからにほかならないのだから。

現在の経済システムの変革（見直し）の必要性について、フランス、ドイツ、英国、米国の4カ国の市民へのアンケート調査（ピュー調査センター、2021年4月発表[21]）によると、いずれの国でも半数が、経済システムの「大幅な見直し」（オーバーホール）が必要と回答している。

新しい経済・社会システムの大幅な見直し（変革）について、さまざまな議論が行われているが、筆者の知る限りその議論は、2つの点において明確な結論がすでに出されていると考えている。つまり、「経済革命へのロードマップ」について思いを巡らせると、2つの点とは、すなわち「コモンズの形成」と「脱成長／定常経済化」である。

そして、筆者の思いでは、フェアトレードは、コモンズの形成を促進し、脱成長／定常経済を志向するビジネスモデルとなっている、ということである。

「コモンズ」論は、アンフェアな経済・貿易システムの構築の歴史と、そのアンフェアさの結果の蓄積によって、資本主義も民主主義も堕落してしまい、ついに壊れ始めた地球と私たちの世界の未来について、新たに構想しようとする時、「コモンズ」論と「脱成長・定常経済」論はすでに私たちが知っている構想だが、その結論を指し示している。

「コモンズ」論の説明には、宇沢弘文著『社会的共通資本』（岩波新書）で十分であろう[22]。「誰もが豊かな生活を享受できるための、豊かな生活の基盤を支えるための社会装置として、コミュニティ全体の共有財産として存在するもので、『市場に委ねてはならないもの』である」、「一つの国ないし特定の地域に住む人々のすべてが豊かな経済生活を営み、すぐれた文化を展開し、人間的に魅力ある社会的持続的、安定的に維持することを可能にするような社会的装置を意味」する。

　「人間が幸せに生きてゆくに足る基本的環境をしっかりと持続可能とするために、社会的・環境的に大切なものは、市場の対象とせず別のところ（公共財として）で管理する構想」である。

　具体的には、自然環境としては「農業、大気、水、森林、河川、草原、湖沼、海岸、海洋、沿岸湿地帯、土壌、地下水、動植物など」、社会的インフラストラクチャーとしては、「道路、橋、鉄道など交通機関、上下水道、電力・ガスなど」、制度資本としては、「農業、教育、医療、金融、司法、行政、文化などの仕組み」である。

　社会的共通資本は、「社会全体にとって共通の財産として、社会的な基準にしたがって管理・運営され」、その管理は、「市民に直接委託され、市民に対してのみ責任を負う」。各地の社会的共通資本の装置（団体・機関）は、国際的に連携し、政府もそれを推進しオーソライズする。装置ごとの国際機関（組織）ができ、そこに権限が委譲されていくプロセスも構想できる。

　こうしたコモンズをもっともっと多く、豊かに構想し構築していく時代が、これからの未来構築であろうとしている。その時、コモンズを考える時、最も重要な議論のベース、あるいはアプローチの重要な一つとして、フェアトレード・アプローチがあるであろう。フェアトレードの視点から、人間の福祉とコモンズを構想すべき時代となっているのではないか、コミュニティ開発（コモンズ）活動としてのフェアトレードである。

〈脱成長主義／定常経済論〉
　「脱成長主義／定常経済論」については、ハーマン・デイリー、シューマッハ等々が主張してきたものであるが、今や地球の限界に直面した私たちにとって、それは国際的な合意として認識されてしかるべきはずである。地球が温暖

化して気候危機がもたされることを、1960年代後半以降には、すでに学者たち
は知り始め、次第に多くの学者たちが認識していき、今では常識となっている
のだが、私たちはそれを半世紀以上も無視し続け、さらにその危機が現実となっ
て襲いかかってきていることを誰もが知っているにもかかわらず、未だ知らぬ
振りをしようとしているかのようにさえ見える。気候危機の現実は、これまで
の「資本主義」の欠陥と失敗によるものであることは誰も知っているのに、現
代の資本主義を変革しようとさえしないかのようだ。

　誰もが本音では「経済成長論は、今ではすでに『不経済』となっている」こ
とを認識しているはずである。環境問題を含む経済の成長のための費用（成長
コスト）の方が生み出される便益よりも大きくなっているからである。私たち
の地球は、エントロピーの法則が経済の達成・維持できる規模を制約している。
太陽からの低エントロピーと地球のストック（地下資源）からなるスループッ
トの範囲内で、私たち人類は生きていく必要がある。私たちの暮らす地球の資
源は有限なのである。すでに私たちは地球の1個半分以上の暮らしをしており、
まもなく2個分の暮らしに達しようとしている（WWF予測）。

　定常経済とは、江戸時代がそうだったという。このコロナ禍の3年間の経済
も定常経済的な時であったが、高い成長を求めるシステムによって運営されて
いるが故に、私たちは突然のコロナ禍で経済的には大きな打撃を受けた。しかし、
定常経済的システムを踏まえていれば、人口の安定、雇用の安定、そして地域
経済の活性化はより可能だったであろう。開発途上国への影響や格差に直面し
ている人々が受けている打撃ももう少しはましであったろう。格差を限りなく
拡大していくことが立証されている現在の資本主義は変革しなければならない。

　同様に、民主主義も限界を露呈してしまった。プーチンのウクライナ戦争は
民主主義の限界がもたらしたものである。民主主義は多数決であるから、少数
者の声を大切にすることと教えられてきた。しかし、一旦選挙に勝つと、多数
決であるが故に、人間は権力をもつと堕落し、独裁への誘惑に打ち勝てなくな
り、権力を使って一人でも多くの支持を得ようと独裁指向となり、少数者を平
気で無視する権威主義へ向かっていくことになる。その結果、市民は政治不信
を高めていき、投票率は低下していき、さらに極端な低投票率となって、権威
主義政治はますます息巻いていくことになる。

■平和としての、フェアトレード

そして最後に、フェアトレードは平和運動であることについて、記しておきたい。

フェアトレードは、21世紀の私たちが直面している、歴史的な危機に抗する変革へのロードマップを提示している平和運動だと筆者は思っている。

すでにお伝えしてきた（「フェアトレード憲章」）ように、フェアトレードは人間への尊厳と信頼をベースとし、「正義、公正、持続可能性を人々と環境にもたらすべく、世界貿易（現代の世界の経済システム）の変革に取り組む」活動であり、SDGsが決意しているように、「誰一人取り残さず」、人々の幸せと平和をつくり上げようとする運動である。

フェアトレードによって、私たちは「アンフェア」の存在に気付く。そしてそれを告発し、「フェア」（公正・公平・適正・対等・反差別・自由・多様性）な世界へ向かうことに関わっていく。「フェア」は人間にとって21世紀の基本的な倫理観であらねばならない。トレードとは関係性造りである。「他者」との結びつきを「フェア」という倫理観でつくり上げる、そういう新しい運動である。

フェアトレードタウン宣言において、フェアトレードタウンの活動こそ平和運動であることを宣言しているのが逗子市の宣言である（本書第5章「フェアトレードタウン運動の新しい展開」194頁参照）。平和へ向けて、連帯を求める運動が、日本そして世界の各地のローカルから広がっていくことを願う。

そして、フェアトレードは、2030年以降の"SDGsⅡ"の時代への中心的な発想となることを願う。フェアトレードの思想は、今後ますます重要なものとなっていくであろう。

【注】

1) 『FACTFULNESS（ファクトフルネス）10の思い込みを乗り越え、データを基に世界を正しく見る習慣』（オーラハンス・ロスリング、等、2019）。

2) トマ・ピケティ『21世紀の資本』（"LE CAPITAL", 2013）、（山形・守岡・森本訳）、みすず書房2014年）

3) 「国際フェアトレード憲章」（The International Fair Trade Charter）は、FTFJ（日本フェアトレード・フォーラム）に邦訳が掲載されている。原文は、https://www.fairtrade.org.uk/~/media/FairtradeUK/Media%20Centre/Blog%20Images/2018/03%20Sep-Dec%202018/2018_International-Fair-Trade-Charter.pdf

4) ここでの訳"公的政策"は public policy の訳である。日本語では public の日本訳は「公共」か「公」のどちらかが選択されている。日本語としてはどちらの訳も誤訳ではない。しかし、公とは英語では official で、政府／国／自治体を意味する言葉である。ここに現代世界の主権論である公共哲学（public philosophy）的意味としての public の概念は、日本語には与えられていないことに気付く。公共圏が公に乗っ取られている日本語のトリック（「公・公共・私」の三元論ではなく、「公・私」二元論の国・日本）がここにある。（この部分は筆者注: 長坂寿久『新市民革命入門——社会と関わり「くに」を変えるための公共哲学』（明石書店、2016年）。

5) フランス等の国内フェアトレードについては、Adele Boissu, "The domestic fair trade movement in France, a bottom-up regulation ?", Norwegian University of Life Science, 2016. 参照。

6) ethical superstore.com の HP、http://www.ethicalsuperstore.com/、および同社の規定「Good Guide Ethics」参照。

7) C2C（揺り籠から揺り籠へ／Cradle to Cradle）は、これまでの製品サイクルは「揺り籠から墓場（廃棄）」であったが、リサイクルを前提として製品開発をする考え方で、米MBDC 社がこの認証制度を導入している。http://www.c2ccertified.org/

8) Vegan Society は可能な限り食物、衣類等における動物の搾取・残虐性を拒否する（牛乳、チーズ、卵なども採らない）、絶対菜食主義者（ベーガニズム）の団体。

9) 主要認証制度について対象事項の違いを分析したものとして、渡辺龍也『フェアトレード学』（新評論、2010）、p.219 の図参照。

10) ジョージ・リッツア『マクドナルド化する社会』正岡寛司監訳（早稲田大学出版会、1999、原著は 1996 年刊）、クラウス・ベルナー／ハンス・バイス『世界ブランド企業黒書』大川真一訳（明石書店、2005、原著は 2003 年刊）、等々。

11)（一財）国際貿易投資研究所（ITI）での日本のフェアトレード市場規模調査は、2007 および2015年調査とも、長坂寿久が責任者となり、統計処理・分析作業は同研究所の増田耕太郎氏が中心となって行っている。2007年調査（実施は 2008年）は、オランダのワールドショップ団体DAWS がフェアトレードの国際4機関の連携機関（現FTAO、当時FINE）との協力で世界で実施した調査を踏まえ、ほぼ同じ手法で DAWS の協力を得て実施。2007年調査の詳細は長坂寿久編著『世界と日本のフェアトレード市場』（明石書店、2009年）参照。

12) 日本企業の取扱いケース分類は、宮地正子『日本企業によるフェアトレードへの取り組みに関する研究』（拓殖大学大学院2013年修士論文／指導教官 長坂寿久）をベースに若干修正してある。

13) 世界のフェアトレードタウン数については、フェアトレードタウンの国際ネッ

トワークを運営する機関「フェアトレードタウン・インターナショナル」発表で、日本フェアトレード・フォーラムが2022年12月29日のプレスリリースでの公表を引用。。

14）リローカリゼーション運動については、長坂寿久『新市民革命入門』（明石書店、2016年）参照。

15）ビジャイ・ゴビンダラジャン／クリス・トリンブル『リバース・イノベーション──新興国の名もない企業が世界市場を支配するとき』（渡部典子訳、ダイヤモンド社、2012 年）

16）アラン・ムーアヘッド『運命の衝撃』（Fatal Impact）（村上啓夫訳、ハヤカワ文庫、1967）

17）PRA については、ロバート・チェンバース『参加型開発と国際協力──変わるのはわたしたち』野田・白鳥監訳（明石書店、2000）、など。

18）オーストラリアのバイロンベイでの「地域（ローカル）」の範囲は、長坂寿久「食のリローカル化──ファーマーズマーケット」ITI『季刊国際貿易と投資』2012年春号（No.87）p.129参照。

19）ロブ・ホプキンス『トランジション・ハンドブック』城川桂子訳、第三書館、2013年

20）消費者教育推進法の導入にともない、同法普及のために作成されたガイドブック『先生のための消費者市民教育ガイド』（消費者教育支援センター）は、フェアトレードに多くのページを割いている。

21）経済システムの「大きな見直し（オーバーホール）」の必要性に関する、仏・独・英・米４カ国の比較調査は、Pew Research Center、2021年４月公表（調査時点は2020年末）。

22）宇沢弘文『社会的共通資本』（岩波新書、2000年）。案内書は宇沢弘文『経済学は人びとを幸福にできるか』（東洋経済新報社、2013年）。決定版は、佐々木実『資本主義と闘った男──宇沢弘文と経済学の世界』（講談社、2019年）、など。

第II部

フェアトレードの
新しい視野と展開

第2章

現代のアンフェアトレードの非継続性について

小林尚朗

....

要　約

　本章では、まず人間の生活がいかに他者との経済的つながりによって成り立っているかを踏まえたうえで、日本の「衣食住」から、それがいまやグローバルなつながりであることを概観する。そして、貿易の恩恵を享受する人々がいる一方で、同じ貿易がさまざまな要因からアンフェアであると考えられていること、それでは「公正な貿易」とは一体何であると考えられているのかについて、過去から現代までにわたって考察する。

はじめに

　自由貿易を字義通りにとらえるならば、つまり人間の「自由」な意思に基づいて行われている貿易ととらえるならば、それが不公正な貿易、誰かが不利益を被るような貿易にはならないであろう。あるいは、仮にそうなった場合でも、その継続性は乏しいように思われる。なぜなら、貿易は国境を越えた商品取引であって、商品取引は1人（あるいは1社、1国）では成り立たない、相手がいなければならない経済行為のため、不利益を被る側が自由意思に基づいて不公正な貿易を拒否すれば済むからである。

　もちろん、現実の世界ではそれほど簡単にいくわけではない。法律上、職業選択の自由が保障されている日本においても、誰もが自分の就きたい職業に就けるわけではないように、仕事を選べない、取引相手を選べない、そういうことは世界的にめずらしくもない。自由とは権利の問題であると共に、それが実質を伴うためには選択肢の豊富さが不可欠なのである。そのように考えると自

由貿易というものも、取引内容・取引相手などに関してある程度の選択肢がなければ、決して自由意思に基づいた真の自由貿易にはなりえない。そのような意味で、自由放任（laissez-faire）は必ずしも自由貿易を保証しないし、現実の自由貿易がイメージ通り我々に自由を与えてくれるわけではないのである。

　本章では、「公正な貿易」とはどのようなものかを考察することを通じて、いわゆるフェアトレードの将来性、今後の展望について示していきたい。

第1節　人間の生活と貿易

1．人間の生活と経済的つながり

　人間が生活（生存）していくためには、毎日の食事に代表されるように財を消費することが不可欠であり、多くの場合、必要な財を入手するためには労働しなければならない。それは、はるか太古の自然経済の頃からそうであって、人間は経済活動と無縁で生存することはできなかった。とはいえ、初期の自然経済のもとでの生活は、自ら（家族や共同体を含む）の生産物を直接的に消費するという自給自足的なものであった。つまり、狩猟・採集などの単純な労働によって食料その他を入手し、それを消費するという、「労働→生産→消費」のサイクルが営まれていた。それが、道具の発明や農業の発達などを経ることによって、生産力の著しい向上を実現することになった。生産力の向上が自己消費しきれない余剰物を生みだした結果、余剰物を他者と交換するという新たな経済プロセスが誕生した。つまり、新たに「労働→生産→交換（分配）→消費」という経済サイクルが登場したのである。交換は当初、余剰物同士の物々交換から始まるとしても、しだいに定期的な交換の場としての市場が発達し、経済生活のなかで交換の重要性が高まるにつれて、交換を円滑化する貨幣が登場し、自然経済は終焉を迎えることになる。

　貨幣経済のもとで交換がさらに活発化し、分業が社会の基本形態になるにしたがって、商品経済が誕生することになった。商品経済とは、自己消費のためではなく、最初から交換（＝販売）することを目的とした生産、すなわち商品の生産が主流となった経済である。もはや生産物は生産者自身にとっての有用物（消費対象）ではなくなり、自らが消費（＝生活）するためには交換を通じ

て他者の生産物を入手しなければならないのである。

　現代にも続いているこの商品経済の要点を端的に言えば、まず、人間は消費者として他者とのつながりなしには生きられないということである。大袈裟な言い方かもしれないが、人間は他者の生産物によって生かされているのである。また、必要なものを入手するためには購買力たるお金を稼がなければならず、そして多くの場合、お金を稼ぐためには自らの労働力を他者に販売しなければならない。つまり、生きていくためには労働者として誰かに雇用されなければならないということである[1]。多くの場合、我々人間は、消費者としても、労働者としても、二重の面で他者との経済的つながりなしには生きられないのである。ましてや、一般に財、サービス、マネー、人、企業、情報、技術等々が、国境を越えて動き回り、相互依存関係がますます拡大・深化しているグローバル化した世界においては、他者との経済的つながりも国境を越え、文字通り地球規模化しているのである。

2.　衣食住を外国に依存する日本

　商品経済の発展は、やがて国境を越えた商品取引、すなわち国際貿易も活発化させた。今日の日本での生活を思い浮かべても、もはや外国との経済的つながりなしには成り立たないことが理解できる。以下では、日本での衣食住を例に、外国との関係を考察する。

　まず第1に、日本で暮らす人々が身につけている衣類は、圧倒的に輸入品が多い。2021年の衣類の輸入浸透率は 98.2％にも達している[2]。もちろん日本製の衣類がないわけではないが、その場合も綿花、羊毛、あるいは原油（化学繊維の原料）などの衣類の原材料は、ほぼ 100％を輸入している。輸入なしには日本の衣類産業も成り立たないのが現状である。

　第2に、2021年度の日本の食料自給率（カロリーベース）はわずか 38％にとどまり[3]、言い換えれば、日本で食べられている食料の6割超は輸入品で賄われている。 2021年度の品目別自給率（重量ベース）を見ると、コメの自給率は98％を維持している一方で、家計支出額でコメと並ぶパンの原料である小麦は、わずか 17％となっている。醤油や豆腐、味噌など日本食の原材料として欠かせない大豆の場合も、自給率はわずか7％に過ぎない。野菜類（79％）やいも類（72％）は相対的に高いが、魚介類は 57％、肉類は 53％で、肉類は輸入飼

料の消化吸収分を輸入品とすれば、自給率は8%へ低下する（牛肉10%、豚肉6%、鶏肉8%）。

　第3に、「住」に関して日本の木材自給率を見ると、近年上昇傾向にあるものの、2020年は41.8%であり、木材需要の6割程度を輸入に依存している [4]。ただし、この統計には自給率が17.0%と低いパルプ・チップ用材など各種木材が含まれており、住宅に関連する製材用材（47.2%）や合板用材（47.0%）の自給率は比較的に高くなっている。とはいえ、それでも住宅関連の木材も5～6割を輸入に依存しており、先進国で第3位の森林率を誇る国としては大きな数字となっている。なお、セメントの原料である石灰石や粘土については、日本ではとてもめずらしく自給率100%の天然資源となっている。

　また、生活に欠かせないエネルギーについて見れば、2020年度の日本のエネルギー自給率はわずか11.2%に過ぎず、9割近いエネルギー（一次エネルギー）を輸入に依存している [5]。一部で再稼働したが、福島の原発事故を契機として全国の原発が停止したこともあり、一次エネルギーに占める化石エネルギーの割合は84.8%になっている。日本でも天然ガスや原油はわずかながら産出されるが、輸入依存度はほぼ100%に達している。同じく輸入依存度100%の石炭を含め、大量の化石エネルギーのほぼすべてが輸入されているのである。

第2節　人間分子の関係、網目の法則

　前節で見たように、日本における衣食住の状況を踏まえれば、日本での生活がいかに外国とのつながりによって成り立っているのか、言い換えれば、日本に暮らす我々がどれだけ外国にいる他者の生産物によって生かされているのかが分かるであろう。

　ただし、ここで注意しなければならないのは、個々の日本の消費者がこれらの輸入物を略奪によって入手しているわけではないにしても、我々の手元にさまざまな商品が届くまでの間に、対等な関係、平等な利益配分、後で見るようにさまざまな尺度があるが、果たして「公正な貿易」が行われているのかどうかである。というのも、我々を生かしてくれている貿易であるが、「この世界でもっともフェアでない物事の1つは貿易システム」であるとも指摘されている。すなわち、「このシステムによって私たちはたくさんのもの……中略……、そして、

私たちの日常生活に欠かせない機械や自動車をつくるための原料となるたくさんの鉱物資源を享受している。こういったものを、自分たちの仕事に対してほんのわずかばかりの収入しか得られず、私たちの20分の1にも満たないような生活水準を享受（といえればの話だが）している人々から私たちは手に入れている」と[6]。

　本章冒頭で述べたことであるが、不公正な貿易は本来長続きするものではないし、また、自由貿易の理論が伝えるのは国際分業がもたらしてくれる Win − Win の関係である。「経済学の父」であるアダム・スミスは自由貿易の利益を説いたが、自然で自由な貿易は当事者双方に恩恵をもたらすプラスサムゲームであると考えていた。スミスが批判した重商主義者たちは、富＝金銀（貨幣）であり、金銀の鉱山をもたない国が略奪以外の方法で富を蓄積するためには貿易差額の獲得が必要であると主張した。つまり、輸出によって金銀を稼ぐ一方で、輸入を抑制してその流出を防ぐことができれば、貿易差額が得られ、富が蓄積されると考えられたのである。輸出は善であるが輸入は悪であるので、輸出は奨励され、輸入は制限された。重商主義のもとでは、貿易はゼロサムゲームとみなされていたのである。

　それに対してスミスは貿易をプラスサムゲームと考えた。デイヴィッド・リカードウの比較生産費説によって確立されていく正統派の自由貿易論も、同じように貿易をプラスサムゲームと考えてきた。だからこそ、これまで紆余曲折を経ながらも世界的に貿易の自由化が進展してきたのであるし、自由貿易が正統派たり得るのは正当であるからだと考えられてきた。しかし実態は果たしてどうなのであろうか？　我々が豊かさを享受する同じコインの裏側で、世界でもっともアンフェアな事態が発生しているのであろうか？　自由という美しい言葉の響きや、市場メカニズムという効率性の高いイメージは、幻想に過ぎないのであろうか？　グローバル化の進展によって、意識しなければ目が届かないサプライチェーンに対して、日本の消費者は関心を馳せることを怠っているのであろうか？

　いまから80年前の1937年に吉野源三郎は『君たちはどう生きるか』のなかで、主人公の中学生、コペル君に対する叔父の言葉として次のように書いている[7]。

　「君が生きてゆく上に必要な、いろいろな物をさぐって見ると、みんな、

そのために数知れないほどたくさんの人が働いていたことがわかる。それでいながら、その人たちは、君から見ると、全く見ず知らずの人ばかりだ。この事を、君はへんだなあと感じたね。広い世間のことだから、誰も彼も知り合いになるなどということは、もちろん、出来ることじゃあない。しかし、君の食べるもの、君の着るもの、君の住む家——すべて君にとってなくてはならないものを作り出すために、実際に骨を折ってくれた人々と、そのおかげで生きている君とが、どこまでも赤の他人だとしたら、たしかに君の感じたとおり、へんなことにちがいない。へんなことにはちがいないが、今の世のなかでは、残念ながらそれが事実なんだ。人間は、人間同志、地球を包んでしまうような網目をつくりあげたとはいえ、そのつながりは、まだまだ本当に人間らしい関係になっているとはいえない。だから、これほど人類が進歩しながら、人間同志の争いが、いまだに絶えないんだ。……中略……だが、コペル君、人間は、いうまでもなく、人間らしくなくっちゃあいけない。人間が人間らしくない関係の中にいるなんて残念なことなんだ。たとえ『赤の他人』の間にだって、ちゃんと人間らしい関係を打ち立ててゆくのが本当だ。……」

　アンフェアと言われる貿易が、人間らしい関係を構築するにはどうしたら良いのか、以下ではさらに考えていきたい。

第3節　自由貿易をめぐる諸議論

1．自由貿易と平和

　日本で暮らす我々にとって貿易は欠かせないものであるように、世界の多くの人々にとっても貿易はかけがえのない経済行為の1つである。経済制裁、つまり政治的目的を果たすために特定国に経済的圧力を加えることであるが、その常套手段はその国との貿易を遮断する禁輸措置である。このことからも、貿易は多くの国にとって死活問題であることが理解できるが、裏を返せば、貿易を通じて相互依存性が深まり、共存共栄が実現できるならば、本来的に貿易は平和の礎にもなりえるのである。第2次世界大戦後、正確には戦時中から、人

類に災禍をもたらした世界大戦という過ちを二度と繰り返さないため、戦争の引き金の１つになった近隣窮乏化政策やブロック化を打破し、「自由・無差別・多角的」な貿易システムの構築が目指されたことは、象徴的な動きといえる[8]。

　貿易の発展が国際平和につながることを最初に示した人物としてモンテスキューが知られているが、リカードウの自由貿易論を発展させた J.S.ミルも、貿易を世界平和の保障手段として高く評価していた。ミルによれば、貿易は、①他国の繁栄が自国の繁栄にもつながることを教えてくれたし、②戦争とは相容れない個人的利益を強化・拡大したことによって戦争を急速に時代遅れなものへと追いやった。そして、「国際貿易の大規模な拡張と急速な増加とは、世界の平和の主要なる保障手段であることにより、人類の思想と諸制度と性格との不断の進歩に対する、偉大な永久的保証である、と言っても、それは誇張とはならないであろう」と主張している[9]。

　現代のグローバル化が進展する過程において、同様な効果を主張しているのがニューヨーク・タイムズのトーマス・フリードマンである。「紛争防止の黄金の M型アーチ理論」と名付けられた彼の主張は、「1999年の半ばの時点で、マクドナルドを有する任意の二国は、それぞれにマクドナルドができて以来、互いに戦争をしたことがない」として、「ある国の経済が、マクドナルドのチェーン展開を支えられるくらい大勢の中流階級が現れるレベルまで発展すると、……中略……もはや戦争をしたがらない」というものである[10]。もっともフリードマンの場合、ミルが世界平和の「永久的保証」とまで言ったのに対して、もはや戦争が起きないと主張するものではない。国々は相変わらず名誉、恐怖、利害の３つの理由のどれかによって戦争に向かうが、経済上の相互依存性の高さは戦争にともなう代価を大幅に引き上げることによって、国々が踏みとどまる可能性を高めるのである。

　ただし、前述のように、貿易が「この世界でもっともフェアでない物事の１つ」と言われるものであったなら、むしろ貿易は対立や支配・従属の温床になりかねない。ミルは、個人的利益の強化・拡大が、個人的利益の真逆にある戦争を回避させるというが、貿易から得られる個人的利益がアンバランスでアンフェアであったならば元も子もないであろう。自由貿易の理論は、自由貿易が全体のパイを増大させることは証明できているとしても、その分配が公正でバランスの取れたものになるとは説明していないのである[11]。

2. 自由貿易に対するさまざまな評価

　資本の暴力性と矛盾を糾弾したカール・マルクスは自由貿易をどのようにとらえていたのであろうか？　意外にも、マルクスは自由貿易に賛成の意を示している。ただし、その理由は次のとおりである。「なぜなら、自由貿易によっていっさいの経済法則は、もっとも驚くべき矛盾をともなって、より大規模に、より広範な地域にわたって、地球全体の地域にわたって、作用するだろうからである。……中略……究極においてプロレタリアの解放となるべき闘争が生じるだろうからである」[12] と述べている。つまり、自由貿易の破壊的な性格が内外の搾取や階級対立を究極的に推し進めることによって革命が促進されるので、自由貿易は結構なことだと皮肉を込めて論じているのである。マルクスは、「社会の現状においては、自由貿易とはいったいなにか？　資本の自由だ。」（傍点は引用者）と認識している。そのうえで、「諸君、諸君は自由という抽象的な言葉にだまされてはならない。だれの自由なのか？　それはたんなる個人対個人の自由ではないのだ。資本のもつ、労働者をおしつぶす自由なのだ」[13] と主張する。19世紀当時の現状としては、マルクスは自由貿易が直接に平和をもたらすものではなく、それが矛盾と対立を爆発させ、社会革命を促すことを通じて、平和がもたらされると期待（？）したのである。

　貿易の恩恵を受けている人々は数多く、貿易は世界平和の礎にもなり得るが、他方で対立の温床にもなりかねない。右派と左派、磁石のＳとＮぐらい真逆に思えるが、ここでの自由貿易に関するマルクスの議論は、米国のドナルド・トランプ前大統領の貿易に関する認識を思い起こさせるものがある。トランプは大統領選挙中より自身のウェブサイトで政策ビジョンを公開していたが[14]、その貿易についてのページの冒頭で、「米国の雇用を創出し、米国の賃金を高め、米国の貿易赤字を削減する公正な貿易（fair trade）を交渉する」（傍点は引用者）と謳っていた。トランプは就任前から「米国第一主義」を掲げ、米国労働者の保護を目的として、他国に移転して米国労働者を解雇する企業が出ないように「国境税（ border tax)」を導入すると主張してきた。現状の自由貿易は、米国労働者の雇用を脅かすアンフェアトレードであるとも糾弾していた。輸入は害悪であって、輸出こそが善であるという語り口は、重商主義を彷彿させるところもある。

トランプの批判の矛先は、中国や日本、メキシコなど、米国が貿易赤字を記録している相手に向けられていた。これらの国々の貿易慣行がアンフェアであるかどうかよりも、結果としての貿易赤字こそがアンフェアだというような印象があるが、これはレーガン政権期のユニラテラリズム（一方的単独主義）以外のなにものでもないように思える。とはいえ、米国労働者が、消費者としての立場も勘案したうえで現状の自由貿易の恩恵に与っていないならば、このような考えの支持に回るのは合理的であろう。その数が増えるならば、自由貿易の自由は労働者を押しつぶす自由だと解釈されるであろう。

　トランプの勝利は米国における反知性主義の賜物とも言われたが、日本で人気のフランス知識人であるエマニュエル・トッドも、現在の自由貿易の拡大による弊害を指摘している。トッドによれば、戦後 1970 年代までは国家レベルの経済繁栄の時代があり、経済は生産と消費の比例的関係、生産性向上が労働者の賃金上昇につながり、需要が拡大して景気が刺激される好循環があった。その後、経済が自由貿易に移行していくと、市場のパイの拡大という恩恵はあったものの、企業が国内市場ではなく国外市場向けに生産するようになると、状況は大きく変化した。「企業が支払う賃金は、国内需要を生み出すもの」という意識が希薄になり、「むしろ賃金は、ただ単にカットしなくてはならないコストとしてみなされるように」なってしまったのである[15]。いわゆる、底辺への競争（Race to the bottom）の始まりであり、その結果として世界規模での需要不足が発生した。

　トッドは、保護主義に対してなされる「排外主義だ」という批判について、「この批判は、むしろ自由貿易に対してなされるべきである」と指摘している。「『自由貿易』という言葉は、一見、美しく、『自由』にはよい響きがある。しかし、自由貿易の現実というのは、……中略……万人が万人に対して経済戦争を仕掛けている。……中略……あちらこちらで経済対立が起こり、万人の賃金に圧縮がかかる。そして、あらゆる先進国において、格差拡大と生活水準の低下が起こる」[16]。トッドは対応策として賃金の引き上げ、それを可能にするための関税や輸入制限の導入、すなわち保護主義への移行を主張している。もっとも、その保護主義とは、他国に悪い影響を与えるような攻撃的なものではなく、賃金を上昇させ、需要を創出することで、「最終的には、世界経済が再びよい方向に向かう、そのきっかけとしての保護主義」であると指摘している[17]。し

かしながら、政策だけをつまみあげて見れば、トランプの言説と似通っている
ところが興味深い。

第4節　「公正な貿易」とはなにか？

1．「共通の条件」に基づく「公正な貿易」

　貿易をめぐってはさまざまな解釈があるが、時代や思想を超えて共通する点
もあるなど、なんとも不可解なところもある。トランプは「米国第一主義」を
実現するために「公正な貿易」を求めたが、本来的に貿易の「公正さ」とはな
んであろうか？　貿易が相手なしには成り立たない活動であること、また、人
間は消費者として、そして労働者として、他者との経済的つながりなしには生
きられないことを考慮すれば、「公正さ」はなおさら求められるものであるが、
果たしてその正体はなんであろうか？

　「公正な貿易」を端的に示せば、輸出側と輸入側との対等な関係に基づく貿
易であろう。それゆえ、繰り返しになるが、本来的には「自由」な意思で行わ
れる自由貿易のもとでは「公正な貿易」だけしか持続しないはずであるが、現
実にはこの「対等な関係」をめぐってさまざまな解釈があり、いろいろな意味
で「公正」という言葉が用いられている。

　公正貿易（Fair trade）という言葉の起源として、19世紀末の英国で設立さ
れた公正貿易連盟（The National Fair Trade League）を挙げることができる[18]。
19世紀の英国は、産業革命によって圧倒的な競争力を有する工業部門を手に入
れたことで、保護主義から一方的自由貿易主義へと転換し、1860年には原則的
に保護関税を全廃するに至った。他方で、その頃には保護主義色を強めるドイ
ツや米国が新興工業国として急速に台頭し、新重商主義とも呼ばれる様相を呈
していた。ドイツや米国の保護主義というのは、幼稚産業の保護というよりも、
いわゆる国家独占資本主義の色彩を帯びていたことから、それらに対しても英
国が自由貿易を適用するのは不公正な競争であるというのが公正貿易連盟の考
えであった。いわば、19世紀前半に英国が一度は放棄した相互主義の原則が復
活したのである。

　1980年代には、貿易赤字の急速な拡大に痺れを切らした米国が、公正貿易を

主張するようになった。それは、日本や韓国などの東アジア経済に市場開放を要求するための言説であり、国内市場を保護する一方で、米国に対しては自由に輸出できるという状況はアンフェアだという認識に基づくものであった。たとえば日米貿易摩擦においては、日本側による自動車などの輸出自主規制、半導体の輸入自主拡大など、多くの灰色措置が採用された。1988年に成立した米国通商法スーパー 301条は、特定の産業を対象とする従来の301条に対して、不公正とみなした国に公正な貿易、つまり市場開放を迫るもので、合意できなければ一方的に報復関税を適用するものであった。米国にとっては、すべての諸国が同じ条件で貿易することがフェアであり、究極的には自由貿易こそがフェアな貿易で、閉鎖的に見える日本や韓国はアンフェアだということである。

　これらのような、かつての英国と米国における公正貿易の主張は、善し悪しは別として、それぞれ世界一の経済大国が自らの自由貿易政策が不利に転じたと感じたときに、「公正」という言葉を使って自らの保護主義化や他国への市場開放圧力を正当化しようとする側面があった。ここで公正貿易が意味するのは輸出側と輸入側との対等な関係に基づく貿易であり、そこでは相互主義＝共通の条件という公正さが求められることになる。

　しかし、米国などの先進国が要求する「共通の条件」こそがアンフェアであると非難されることもある。グローバル化の進展に伴う国際経済活動の活発化は、世界的な共通ルール・基準などの拡充を要請・促進することになるが、その中身が自国にとって都合が良い国と、そうでない国とが生じてくる。世界的な共通ルール・基準の作成それ自体は、グローバルに活動する多国籍企業などにとっては障壁が下がるため効率的且つ好都合であるし、また、とりわけ環境問題や自然保護、安全保障などの分野で世界規模の課題に取り組むためには「抜け穴」のない多国間ルールが不可欠となるので、歓迎すべきことかもしれない。とはいえ、それが各国にとって政策の「選択の自由」の幅を縮小させることは否定できず、また、ルールの決定プロセスに参加できるのは、世界のなかの一握りの国々に過ぎないのである。

　たとえば、1995年1月に発足した世界貿易機関（WTO）は、農産物や繊維製品を含めたすべての財に加え、サービスや知的財産権など広範な分野を対象範囲とし、貿易紛争の解決機能も有する国際機関である。加盟国に対してすべてのルールを一括受託することを求め、そのうえ WTO のルールは国内法を改正

してでも遵守しなければならない厳格なものとなっている。すべての加盟国は、そのルールの決定プロセスに参加する権利はあるものの、現実には多くの発展途上国は人的能力と予算の不足で、同時進行される多くの会議に人員を派遣することができない。また、WTO の発足以降に数々の貿易紛争の判例が生まれたが、巨大企業の活動の自由が優先され、とりわけ途上国の農民・労働者、自然環境などが軽視されていることが糾弾された[19]。このような事情に対する途上国の反発もあり、現在 WTO のルール・メイキングの機能は停止状態にある。

　それに代わって国際的なルール・メイキングの場として広域経済連携が台頭しているが、そこでもグローバル・スタンダードをめぐる主導権争いが幅をきかせている。たとえば、最終的に日本も積極的に関与した TPP（Trans-Pacific Partnership：環太平洋パートナーシップ協定）についても、当初、締結交渉に参加する際には農産物の自由化などをめぐり賛否両論が巻き起こったが、推進派は「21世紀型の新たなルール」づくりに参加することの意義を強調した。TPP が大筋合意に至った 2015年10月、米国のオバマ大統領（当時）が、「TPP のもとで、中国のような国ではなく、我々がグローバル経済のルールを書くのだ」とスピーチしたことは象徴的であった[20]。

2. オルタナティブトレードとしてのフェアトレード

　対等な関係に基づく貿易とは、相互主義に限られるわけではない。もう 1 つの「公正な貿易」として、いわゆるフェアトレードがある。自由貿易に代わるもう 1 つの貿易という意味で、以前はオルタナティブトレード（Alternative Trade）と呼ばれることが多かったものである。日本で暮らす人々もそうであるが、自由貿易によってさまざまな財を入手して豊かな生活を送ることができる人々がいる一方で、その生産者は十分な報酬が得られないために衣食住にも事欠き、子どもは学校にも通えずに児童労働を余儀なくされることもある。自由貿易の「自由」とは、財が移動する自由、資本の活動の自由であって、実際にそれを生産する労働者の自由が実現しているわけではない。果たしてこれはフェアな貿易であろうか？　発展途上国は、植民地・従属国の時代から一次産品の生産地としての国際分業を担わされ、鉱物資源はもちろんのこと、国内の食料不足にもかかわらず、自給用の農産物ではなく輸出用の商品作物を生産してきた。その価格は不安定なうえ、実際の生産者は仲買人などの債務奴隷状態

に置かれていたり、不当な低賃金労働を余儀なくされていたりすることも少なくない。自由貿易を進めることで途上国からの輸出が拡大し、途上国にも利益がでると言われるが、その大部分は先進国企業や現地の一部の人たちに集中しているのが実情である。

　いわゆるフェアトレードを簡潔に説明すれば、商品情報を正確に把握したうえで、生産者から適正な価格で商品を購入することによって、生産者の所得保証、生活水準の向上、環境保全などの実現を目指す貿易である。現在のようにグローバル化が拡大・深化し、サプライチェーンが複雑化すると、消費者は自分の購入するものが、どこで、誰によって、どのようにつくられたのか把握することが困難になっていく。もしも価格だけを判断材料に購入すれば、生産プロセスなどで人権侵害、過酷な労働、環境破壊などを引き起こしてきた商品を知らないうちに購入してしまう可能性もある。市場経済ではその場合、そのようなアンフェアな行為に市場を通じて賛成票を投じているのと同じことになり、それを存続させることにつながるのである。

　そもそも自由市場経済が望ましいとされるのは、アダム・スミスのいう「見えざる手」によって、限られた資源の最適分配が達成されると考えられるからである。生産者・販売者は消費者の支持を獲得できなければ淘汰される。つまり、売れるモノを生産・販売しなければ倒産してしまう。売れるモノとは消費者が必要としているために売れるのであるから、売れるモノを生産・販売すれば市場競争に勝ち残れるうえ、社会のためにもなるとみなされる。つまり、商品の購入は市場での賛成票（信任投票）であって、消費者の責任は重いものとなる。無辜の消費者といえども、知らなかったでは済まされない問題である。

　フェアトレードは、このような問題を解決するために，生産者と消費者をつなぎあわせる役割がある。お互いに、サプライチェーンを通じて結びつく他者や環境に関心を払うこと、つまり、生産者の労働条件や報酬、環境や生態系への影響などの情報を共有することが重要である。そして、労働基本権を含む基本的人権が保護され、生産者が十分な生活をしていける価格・賃金が支払われなければならない。Win－Win の関係という意味で、平等な立場に基づく貿易を追求するのである。理想的には、継続的で安定した契約を結び、消費者側は販促活動や前払いにも努めることで、生産者と消費者のリスクを分担するのが望ましい。それが本当の意味でのパートナーシップ、対等な関係といえる。

3．サプライチェーンと CSR

　CSR（Corporate Social Responsibility：企業の社会的責任）の重要性が問われ始めて久しいが、最近ではその中身はかなり深化している。かつてはコンプライアンス（Compliance：法令や倫理基準の遵守）、サスティナビリティー（Sustainability：持続可能性）、フィランソロフィー（Philanthropy：社会貢献活動）などが中心であり、もちろん現在でもこれらが確実に果たされているとは限らないが、これらだけでは十分ではなくなってきた。たとえば 2016年にはパナマ文書（Panama Papers）、2017年にはパラダイス文書（Paradise Papers），2021年にはパンドラ文書（Pandora Paper）が話題になったが、租税回避行動がたとえ法律上は合法的であっても不公正な行為として非難されるなど、タックスヘイブンの問題は巨大企業（あるいは裕福な個人）に対して「コンプライアンスを守りさえすればよい」わけではないことを思い知らせることになった。

　とりわけ「公正な貿易」にかかわる CSR として重要性を増しているのが、デューディリジェンス（Due Diligence：当然払われるべき努力）である。デューディリジェンスとは、もともと投資用語として、投資先などに関する事前の情報収集などを意味しているが、CSR に関しては、ある行為について事前に払われるべき当然の注意義務や努力を全般的に指している。すなわち、「自らの事業、サプライチェーンおよびその他のビジネス上の関係における、実際のおよび潜在的な負の影響を企業が特定し、防止し軽減するとともに、これら負の影響へどのように対処するかについて説明責任を果たすために企業が実施すべきプロセス[21]」である。たとえば、2013年4月には世界の大手 SPA（Specialty store retailer of Private label Apparel：アパレル製造小売）の下請けも担っていたバングラデシュの縫製工場で数千人の死傷者を出す事故が発生するなど、サプライチェーンが複雑化するなかで安全管理が行き届いていない状況が露呈するなど、知らなかったでは済まされない問題が多発している。

　そうしたなか、とくに先進諸国ではデューディリジェンスを義務化する動きが活発化している。その先駆けとして、2010年7月に米国で成立した「金融規制改革法第 1502条」、通称「紛争鉱物開示条項」は、米国の上場企業に対して、スズ、タンタル、タングステン、金の4種類の鉱物の毎年の使用状況を米証券取引委員会（SEC）に報告し、開示する義務を定めた。対象は上場企業に限ら

れるとはいえ、その取引先がすべて関係してくるので、現代の複雑なサプライチェーンによって世界中の企業が対応を迫られることになった[22]。今後も大きな効果が期待される。

　また、2015年3月には英国で「2015年現代奴隷法」が制定された。これは、英国で事業活動する企業のうち世界売上高が 3,600万ポンド超の企業に対して、自社の事業活動とサプライチェーンに関する「奴隷と人身取引に関する声明（Slavery and Human Trafficking Statement）」を公開することを課すものである。この声明に盛り込まれなければならない事項は、①組織体制と事業内容およびサプライチェーン、②奴隷と人身取引に関連する方針、③事業とサプライチェーンにおける「奴隷と人身取引」に関連するデューディリジェンスのプロセス、④事業とサプライチェーンのどこに奴隷と人身取引のリスクがあるか、また、そのリスク評価およびリスク管理のための方法、⑤奴隷と人身取引が業務とサプライチェーン上で存在しないことを担保する重要業績評価指標、⑥奴隷と人身取引に関する研修のスタッフへの提供、以上の6項目である[23]。この法律は、違反企業を当局が処罰することが目的というよりも、一般に公開することによって市民社会による監視を強化し、企業に自主的なデューディリジェンスの徹底を迫るものであった。企業にとっては、これらによって問題が露呈すれば不買運動などが発生するリスクを負うが、逆にこれを機会ととらえれば評判を高めるチャンスとなるであろう。なお、法律の施行後、当局による措置も強化される方向で見直されており、声明の公表義務を怠った企業に対する金銭的罰則なども検討されている[24]。ただし、これまでのところ対応が遅れている企業が数多く残っているのも事実である。現代奴隷法の順守状況を監視するプラットフォームである「サプライチェーンにおける透明性レポート（TISC Report）」によれば（2022年9月5日現在）、公開義務を負う 20,001社のうち、声明が確認されているのは 14,516社であり、4分の1以上に相当する 5,485社の声明が確認できていない[25]。

　図2-1 は、デューデリジェンスのプロセスと、それを支える手段を示したものである。英国の現代奴隷法に続き、2017年3月にはフランス、2019年1月にはオーストラリア、2022年7月にはノルウェーで同様な法律が施行され、ドイツ、オランダ、イタリア、カナダなどでも施行への手続きが進んでいる。日本でも2022年8月には「責任あるサプライチェーンにおける人権尊重のためのガイド

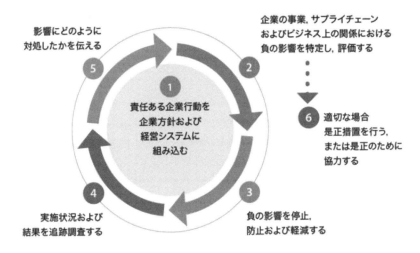

図2-1 デューディリジェンス・プロセスとそれを支える手段

（出所）OECD『責任ある企業行動のための OECDデュー・ディリジェンス・ガイダンス（日本語訳）』2019年6月，21頁。

ライン（案）」が公表されるなど、遅ればせながらもルール化に向けた動きが進み出している。

第5節　おわりに

　米国でトランプ政権が誕生して以降、「自由貿易」あるいは「公正な貿易」に関する議論が高まった。しかし、いわゆるフェアトレードが暗に意味する正義としての公正さ(justice)、他者に生かされている消費者としてサプライチェーンに気を配るという視点は、現在多く語られているフェアのなかにはあまり含まれていないようである。巨大企業がしだいに CSR を強化されていくなかで、個々の消費者自身も「人間分子の関係」のなかでデューディリジェンスに力を入れる必要がある。

　人間は消費者として、労働者として、他者と経済的につながっていなければ生きていけない。そのつながりはいまやグローバルに展開されている。消費者

として、あるいは労働者としても享受していたはずの貿易の利益が、しだいに消費者としては相変わらず恩恵に与っていながら、同じ自分が労働者としては直接あるいは間接に不利益を被る立場になり、初めて自由貿易はアンフェアであると思う人々もいる。自由貿易は言葉の響きが良いし、保護貿易には既得権益が守られるネガティブなイメージがつきまとうが、自由のためには選択肢が必要であり、それを生み出すためには政策的自由や時には保護貿易も必要になるかもしれない。財の移動や資本の活動の自由のために、人間の自由が犠牲になっては元も子もない。環境や人間の生活は保護しなければならないであろう。

　やはりアンフェアな貿易を継続することはできない。グローバル化の進展は、一方でアンフェアな貿易をグローバルに展開することを可能にする一方で、他方ではそれを急速に不可能にする。グローバル化の動き、影響の波及は速く、戦争があらゆるものを破壊しない限り誰も止められない。戦争の代償はますます大きくなるが、アンフェアな度合いがそれを上回ることは絶対にないとは言い切れない。そうなる前に、アンフェアな貿易は改めなければならないであろう。

【注】

1) 現在の日本の場合（2022年6月時点）、就業者6,759万人のうち雇用者は6,048万人で、約9割を占めている。総務省統計局「労働力調査（基本集計）2022年6月」2022年7月29日。

2) 日本繊維輸入組合『日本のアパレル市場と輸入品概況（2022年版）』2022年6月。なお、輸入浸透率とは、「国内生産量＋輸入量－輸出量」に占める輸入量の割合である。

3) 「日本食品標準成分表2020年版（八訂）」に基づき重量を供給熱量（カロリー）に換算したうえで、1人1日当たり供給熱量（2,265kcal）に占める1人1日当たり国産供給熱量（860kcal）の割合を計算したものである。食料自給率については農林水産省のウェブサイトを参照。http://www.maff.go.jp/j/zyukyu/zikyu_ritu/011.html（DL.2019.8.29）。

4) 木材自給率については、林野庁『令和2年（2020年）木材需給表』2021年9月、を参照。なお、木材自給率は2011年から10年連続で上昇し、2020年には48年ぶりに40%台を回復した。

5) 資源エネルギー庁『令和2年度（2020年度）総合エネルギー統計確報』2022年4月,44頁。エネルギー自給率とは、生産から最終的に消費されるまでに発電・転換あるいは輸送などの過程で発生するさまざまなロスを含めた一次エネルギーのうち、国内で確保できる比率である。

6）マイケル・バラット・ブラウン『フェア・トレード——公正なる貿易を求めて』（青山薫・市橋秀夫訳）新評論、1998年、5頁。

7）吉野源三郎『君たちはどう生きるか』岩波文庫、1982年、96～97頁。

8）もちろん、ニュー・ディールだけでは果たせなかった大恐慌からの回復を戦争特需によって成し遂げた米国にとっては、戦後恐慌を回避したいという思惑が一義的なものであった。とはいえ、世界大恐慌以来の各国の近隣窮乏化政策が、経済学でいう合成の誤謬に陥るだけの不毛な結果を生み出したことに対する悔恨の念は否定できない。

9）J. S. ミル『経済学原理（三）』（末永茂喜訳）岩波文庫、1960年、276～277頁。

10）トーマス・フリードマン『レクサスとオリーブの木——グローバリゼーションの正体⑦』（東江一紀・服部清美訳）草思社、2000年、8～9頁。

11）小林尚朗「自由貿易の系譜と展開」福田邦夫監修、小林尚朗・吉田敦・森元晶文編著『世界経済の解剖学』法律文化社、2014年、を参照のこと。

12）カール・マルクス「保護貿易、自由貿易および労働者階級についてのマルクス博士の演説」『マルクス＝エンゲルス全集』（大内兵衛・細川嘉六監訳）第4巻所収、1960年、324頁。

13）カール・マルクス「自由貿易問題についての演説」『マルクス＝エンゲルス全集』（大内兵衛・細川嘉六監訳）第4巻所収、1960年、469～470頁。なお、マルクスは次のようにも述べている。「一言でいえば、通商自由の制度は社会革命を促進する。この革命的意義においてのみ、諸君、私は自由貿易に賛成するのである」。同上書、471頁。

14）https://www.donaldjtrump.com/policies/trade（DL 2017.1.20）

15）エマニュエル・トッド「自由貿易か、民主主義か」石崎春己編『自由貿易は、民主主義を滅ぼす』藤原書店、2011年、10～11頁。

16）同上書、14頁。

17）同上書、16頁。

18）英国の公正貿易については、服部正治「経済的衰退と公正貿易」服部正治『自由と保護——イギリス通商政策論史【増補改訂版】』ナカニシヤ出版、2002年、所収、小林尚朗「貿易の利益と留意点——理論と現実」福田邦夫・小林尚朗編著『グローバリゼーションと国際貿易』大月書店、2006年、所収、山本純一「フェアトレードの歴史と『公正』概念の変容——『報復的正義』から『互酬』、そして『分配的正義』から『交換的正義』へ」『立命館経済学』第62巻第5・6号、2014年3月、を参照のこと。

19）スーザン・ジョージ『WTO徹底批判！』（杉村昌昭訳）作品社、2002年、パブリック・シティズン『誰のためのWTOか？』（海外市民活動情報センター監訳）緑風出版、

2001年、などを参照。

20）"Remarks by the President After Meeting with Agriculture and Business Leaders on the Trans-Pacific Partnership", October 6, 2015（https://www.obamawhitehouse.archives.gov/the-press-office/2015/10/06/remarks-president-after-meeting-agriculture-and-business-leaders-trans）（DL 2017.11.27.）

21）OECD『責任ある企業行動のためのOECDデュー・ディリジェンス・ガイダンス（日本語訳）』2019年6月，15頁
（https://www.mofa.go.jp/mofaj/files/000486014.pdf）（DL 2022.9.4）

22）報告書の最初の提出期限は2014年5月31日であったが、その時までに米国に上場していない日本のTDKに対しても、取引先から2,000件を超える調査依頼があったという。三反園哲治「米金融規制法『1502条』の波紋」『日本経済新聞社』。

23）Modern Slavery Act 2015（Chapter 30），Part 6, Section 54 , p.41 http://www.legislation.gov.uk/ukpga/2015/30/pdfs/ukpga_20150030_en.pdf（DL 2017.1.20.）

24）UK Government, 2021 UK Annual Report on Modern Slavery, Oct. 2021, p.26（https://assets.publishing.service.gov.uk/government/uploads/system/uploads/attachment_data/file/1033986/2021_UK_Annual_Report_on_Modern_Slavery.pdf）（DL 2022.9.4）

25）TISC Report のウェブサイトより。https://tiscreport.org/（DL 2022.9.4）

第3章

持続可能な発展・開発動向とフェアトレード
――社会・経済システム変革の可能性

古沢広祐

要　約

　本章では、フェアトレードの成立と展開に関する時代背景を SDGs の動向を含めて考察するとともに、将来展望に関して全体状況的な分析をおこないたい。2015年の国連サミットで採択された 2030アジェンダ（SDGs：持続可能な開発目標）は、後半期にはいってポストSDGs時代に向けての模索が始まっている。2020年に新型コロナ感染症のパンデミック（世界的感染爆発）が起き、2022年のウクライナ侵攻によって、近年の世界情勢は暗雲を漂わせている。

　崇高な理想を掲げた SDGs は総崩れの状態となり、その存在は大きく揺らいだ。しかしながら、危機的事態を迎えたこの世界で SDGs のような共通目標の合意（全会一致で採択）が無かった状況を考えると、事態はより深刻になっていたと思われる。コロナ危機において SDGs の 17目標が大きく後退したのだが、その指標があったからこそ深刻な状況が把握され、対応と改善への道標となった。国連70周年に生まれた SDGs については、それを取り巻く状況は暗雲の中にあるものの、人類が手にした持続可能な世界への道標は危機の時代だからこそ、その真価が問われるのではなかろうか。

　世界に転換をせまる SDGs の 17 の大目標は、いずれも重要目標なのだが、グローバル化した世界においては分野横断の目標17 のパートナーシップ・連帯こそが要になる。そのための社会経済的な土台作りとしては、目標8（働きがい・経済発展）、目標10（不平等の克服）、目標12（持続可能な生産・消費）などが重要であり、いずれもフェアトレード運動と切っても切れない関係にある。本章では、フェアトレード運動の根底にあるサステナビリティ（持続可能

性）を目指す潮流に光を当て、その理念に基づく社会経済的な新しいレジーム形成について動向と展望についてみていく。こうした新潮流を支える背景には、環境と社会倫理を志向する社会的な運動の展開があること、それがフェアトレード運動とも重なり合う動きであることを多角的に考察する。そして、さらなる課題としての社会経済的な変革の動きについて、「私」、「公」、「共」の３つのセクターによるバランス形成（新混合経済）と共生社会へのビジョンについても言及したい。

第1節 国連の新たなチャレンジ
——SDGs：持続可能な開発目標

　本稿は、フェアトレードが成立し展開してきた社会・経済的な背景をさぐり、将来的にめざされる社会ビジョンについて、大枠の巨視的な視点から問題提起するものである。

　20世紀、２つの世界大戦を経験した人類は、冷戦時代（東西対立）を終結させて（1990年代）、地球的スケールで交流を深めつつ21世紀には一丸となって貧困や環境破壊の難問に対峙する新時代の幕開けを迎えるかにみえた。だが21世紀の世界の現実は、再び反転の様相を呈し始め、9.11同時多発テロ（2001年）、世界通貨危機（リーマンショック2008年）、パンデミック（2020年）、ウクライナ侵攻（2022年）など深刻な事態が続いている。不平等（貧富格差）の拡大、内戦と国家対立への傾斜、グローバル市場競争の激化と地方・地域コミュニティの衰退など、時代は暗転するかのような動きをみせている。

　ふりかえれば20世紀末、冷戦体制終結後の1992年「地球サミット」（国連環境開発会議）では、世界は南北問題（途上国の貧困解消）と地球環境問題を克服すべく地球市民的な連帯の時代に入ったかにみえた。貧困撲滅をめざして2000年国連総会を契機に、ミレニアム開発目標（MDGs：2015年開発枠組み）が定められ、その流れは2015年９月に開催された国連総会（持続可能な開発サミット）に引き継がれ、新たに「持続可能な開発のための2030アジェンダ」（以下、2030アジェンダと略）が全会一致で採択された（目標年2016年〜2030年）。

　この動きは、途上国の貧困解消と開発（南北格差問題）に重点を置いたMDGsなどの開発の流れ（開発レジーム）に、1992年「地球サミット」を契機

に主流化した持続可能性の流れ（環
境レジーム）が合流し一体化してい
く新段階を象徴した出来事ととらえ
ることができる。この新潮流におい
て注目したい歴史的意義は、国連に
代表される人間社会が長年追い求め、
築き上げてきた共有価値の集大成と
もいえる点である。それはまた、国
連設立70周年という歩みとその周辺
領域で展開されてきた市民社会の国
際的な連帯の成果という側面をもつ。

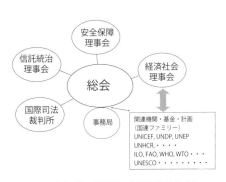

図3-1　国連組織の概況図（図は筆者作成）

戦後の激動する国際社会は、国際政治での国家間の攻防と共に紆余曲折を伴い
ながら地球市民社会の形成を促す歩みを続けてきた。それは覇権国家体制を主
軸とした近現代が、その枠組みを超える兆しないし胎動として国連システムが
変容しつつある新しいレジーム（体制・枠組み）形成と見ることができる。

　国連は、いわゆる中核のハードなコア（基幹部分）とソフトな領域（関連諸活動）
があり、多面的に国際社会の諸課題について取り組んできた。ハードなコア部
分とは、安全保障理事会を代表とする第2次大戦下での国家連合としての基幹
組織であるが、近年の複雑化し錯綜する国際問題に対応しきれない硬直性を引

図3-2　持続可能な開発目標（SDGs）（出所）国連広報センター

きずっている。それに対してソフトな活動部分は、ユネスコ（UNESCO、国連教育科学文化機関、1946年設立）、ユニセフ（UNICEF、国連児童基金、1946年設立）、WHO（世界保健機関、1948年設立）、UNDP（国連開発計画、1961年設立）、UNEP（国連環境計画、1972年設立）、WTO（世界貿易機関、1995年設立）など31 ほどの諸機関・基金・計画が担っており（専門機関と連携機関がある）、国連ファミリーないし国連システムとよばれている。多くの組織ができて、肥大化や非効率などといった指摘もあるが、諸課題に対して柔軟で比較的民主的な対応によるダイナミックなネットワーク的組織を形づくってきた（図3-1）。

　これら諸組織は、不定形かつ相互連関が不十分な側面をもちつつも、人類的課題に対峙する最前線に位置している。複雑化した問題に対して状況対応的で雑然とした諸組織という面もあるが、このたびの 2030アジェンダと持続可能な開発目標（SDGs）によって、再調整と相互連関性を見いだすことによって人類社会の共通ビジョンへと踏み出す契機になる可能性が期待されている。

　この 2030アジェンダは、政治宣言と共に 17 の取組課題（大目標ゴール）と 169 の個別目標（ターゲット）を提示している（図3-2）。17 の大目標をみると、社会分野（1貧困、2飢餓、3健康・福祉、4教育、5ジェンダー、10不平等）、経済分野（8雇用・経済成長、9インフラ・産業、11居住・都市、12消費・生産）、環境分野（6水・衛生、7エネルギー、13気候変動、14海域、15陸域）、そして横断分野（16制度・平和、17世界連帯・協力）からなりたち、言葉どおり持続可能な世界への道標をめざしたものである（古沢 2014、2018）[1]。

第2節　環境と社会倫理を志向する消費の動向

　こうした持続可能な開発を志向する動きは、どのように形成されてきたのだろうか。上記の SDGs の目標では、「12：持続可能な消費・生産」がフェアトレードに深くかかわる分野であり、とくに消費サイドからの変革の動きが重要な役割をはたしてきた。すなわち、大量生産、大量消費を志向する生産システムの見直しに向けて、消費のサイドからの変革の動きが近年生じてきたのである。この消費の側からの動きとは、人々の消費行動のあり方の見直しではあるが、それは自生的というより外的な要因とりわけ環境問題や資源の制約への自覚に負うところが大きい（メドウズら 1972、ブルントラント 1987、古沢 1988、2003、

メドウズら 1992、2005）。

　それは、1980 年代後半から地球環境問題の深刻化のなかで台頭しはじめた
グリーン・コンシューマー（環境を重視する消費）や消費者の倫理意識や社会
的責任を問う動き（エシカル・コンシューマー）として展開してきた。これらは
20世紀末から 21世紀にかけて、生産システムに対する消費の側からの新たな
対抗ないし調整を迫る注目すべき動きであり、フェアトレード運動はこうした
文脈のなかで成立してきた動きととらえられる。

　消費者サイドからの地球市民的な新しい社会運動（グリーン・コンシューマリ
ズム）の台頭は、価格や見た目の豪華さに重きを置くのではなく、自然を尊重
して環境に及ぼす影響など商品の背後にある価値や質を問う消費者意識であり、
新たな価値観の形成を内在させていた。それは従来からの消費者の狭い利己的
権利の拡大を超えて、新たな社会意識と価値や文化形成の動きとしてとらえら
れる。具体的な動きとしては、英国で 1988 年に『グリーン・コンシューマー・
ガイド』が出版されて、発売まもなく 30万部を突破して一躍ベストセラーに
なり、小売業界に大きなインパクトを与えた出来事は有名である。ほぼ時を同
じくして、米国でも経済優先度評議会 (CEP) が『ショッピング・フォア・ベター
ワールド：よりよい世界への買物』を出版するようになり、1989年以降数年間
で 100 万部をこえる売行きをみせた。

　当時 1989 年３月にアラスカ沖でエクソン社の石油タンカー「バルディーズ」
号が座礁事故で深刻な汚染を起こし、企業の社会的責任を問う動きが急速に広
がった。市民団体により企業が守るべき「バルディーズ原則」（CERES という
団体がその後セリーズ原則と改称）が作られ、その後の企業の社会的責任 (CSR)
の潮流につながっていく。この CEP という団体は、1969年にアメリカで設立
された年金などの資金運用のためにコンサルタントをする非営利団体（NPO）
であり、地域社会への貢献や人権尊重など社会的基準にもとづく投資活動を奨
励する団体であった。こうした動きは以前から「社会的責任投資」(SRI) とい
う運動としてあり、70年代以降に本格化してきたものである。興味深いことは、
市民の環境や社会に対する意識や行動が、ボイコット運動などのような購買と
いう日常的な消費行動で企業活動を牽制する動きとして展開されたのみならず、
企業の将来行動を左右する投資の分野にまで及んできた点である。その後の注
目したい動きとしては、CEP やセリーズの活動が土台となって GRI（グローバ

ル・レポーティング・イニシアチブ）が1997年に発足し、国連と連携する国際組織にまで発展して、企業の環境責任・社会的責任のためのガイドラインの作成や、国際的な基準づくりをリードしてきたことである。そして世界的潮流になってきたESG投資の基準や企業のSDGs取組みのための指針（SDGsコンパス）などに貢献している。

　グリーン・コンシューマーと共にエシカル・コンシューマー（倫理的消費者ないし社会的意識をもつ消費者）も注目される動きである。商品が環境面のみならず社会的背景にまでどんなかかわりをもっているかを問うもので、英国では「エシカル・コンシューマー」の書籍や雑誌が刊行されており、近年はネット上で大きな影響力を発揮している。それは、たとえば、コーヒーという商品項目を見た場合、個別の商品名リストと製造元ならびに企業系列が出ており、チェック評価項目としては、原料供給元の国の政治体制が市民を抑圧していないか、土地所有の形態は民主的か、労働組合が機能しているか、労賃や労働条件に問題はないか、環境への配慮、軍事との関係、人種差別との関係などが示されている。最終評価項目で問題ありとなると、抗議やボイコットの呼びかけに印がつくことになる。

　つまり自分たちが消費している商品が、どんな所からどのように作られて来ているか、人権や環境面で問題を生じてないかなどがチェックされて、消費者が商品を選択する際の選択基準となる点である。安全性や環境面、人権や労働条件、軍事・平和問題、政治的・社会的抑圧等といった問題まで視野にいれて、生産から流通・消費に至るまでを詳しく点検して評価しようという動きは、企業の社会的責任（CSR）や倫理を問う動きを誘発し、企業自身の自己変革を促す流れにつながってきたのだった。欧米でフェアトレード（公正貿易）運動が大きな広がりをみせてきたのも、こうした背景や潮流があったからこそであった（古沢 1995、長坂 2008、渡辺 2010）。

第3節　有機農業運動におけるオーガニック市場と社会的公正の動き

　環境や社会配慮を重視する消費動向は、食と農と関係深い有機農業運動においても進展している。次に、関連する有機農業運動の動向に関して、フェアト

レード運動との相互関係についてみていきたい（以下では、有機農業は社会運動的側面を含み、オーガニックは市場的要素を強調する用語として使い分けている）。

　近年、オーガニック食品市場は世界的に大きく拡大してきている。その背景には、既存の食品販売・流通における全体的に頭打ち傾向のなかで、有機食品分野がもつ潜在的に高い成長力を見越して大手資本が参入してきたことがある。グローバル経済の進展のなかで商品が全般的に競争激化してきた側面が、食品・農産物市場でも顕著となり、一種の差別化商品として有機農業がクローズアップされることで、一面では商品経済社会の矛盾を体現（食品安全に対応する商品の提供）するようになったとみることができる。

　こうした状況に対して、世界の有機農業運動をリードしてきた国際有機農業運動連盟（IFOAM）では近年さまざまな場面で、オーガニック市場の拡大をめぐって議論が行われてきた。とくに途上国のサイドからの問題提起では、有機農業のモノカルチャー化で輸出優先に傾斜する経済では、地域の小農民や地域経済にとって従属関係を強いる結果になりがちなことが指摘されてきた。すなわち、フェアトレード運動でも論点となっている同様の問題が出現しているのである。そこでは、協同組合の形成、消費者との連携・提携など対等な関係形成の重要性がとりわけ指摘されるようになったのだった。

　また、高付加価値商品の有機農業では、世界の食料問題の解決にはつながらない点も指摘されている。地域の多様性を尊重した伝統的技術と科学的改良を兼ね備えた取組みが、アグロエコロジーとして注目されており、化学肥料や農薬に依存する近代農業より長期的生産性と安定性において優れている事例も報告されている。また、従来の生産第一主義の発想だけでは食料問題は解決できず、消費者のライフスタイルや消費パターンの変革（地産地消や風土にあった食生活）こそが食料安全保障の基礎となる点も、かなり共通の認識となってきたのだった（古沢 2009、2015、2017）。

　有機農産品の世界市場は年々拡大しており、その大半は北米市場と欧州市場が占めている。市場のこれまでの順調な拡大傾向に対して、世界金融危機などの影響もあってオーガニック市場が一時停滞傾向にあった時期もあるが、化粧品や健康食品、衣料品（オーガニック・コットン）など拡大している分野も生まれている。しかしながら、傾向的には販売・流通市場の寡占化が激化しており、とりわけ米国市場での大手企業による中小の有機食品取り扱い団体の吸収・合

併は顕著である。既存の食品販売・流通における全体的な頭打ち傾向のなかで、有機食品分野の高い成長を見越して大手資本が躍進しており、寡占体制下で小農・家族経営の伝統的な有機農業の経営が不安定化し窮地に陥りつつある。その点では、地域の小規模経営や地域市場の重視（ファーマーズマーケット、直販など）、日本の産消提携運動や CSA（コミュニティ支援型農業）などの重要性と可能性が再評価される状況も生まれている（古沢 1990、2015）。

　21世紀の新たなビジネス領域として、エコ商品、エシカル商品、オーガニックやフェアトレードなどが注目を集めるなかで、健康や環境、社会正義、自己実現やサステナブル（持続可能）な暮らしを重視する消費者と市場の形成（たとえばロハス：LOHAS等）が進んでいるかにみえる。しかし、健康が新しいマーケット領域と着目され、健康サプリメント、栄養補助（機能性）食品の市場の拡大が進むことで、オーガニック市場でも、地域の小規模業者が次々と巨大資本の傘下に組み込まれて、巨大資本による寡占化が急速に進んでいる。有機農業運動が掲げてきたオルタナティブ（変革的代替）の質と展開方向が問われているといってよかろう。

　こうした問題への対応を象徴するテーマが「社会的公正」への取組みであり、有機農業運動において「経済的価値」の実現と「社会的公正」の実現をどう両立させるかが1つの論点となってきたのだった。従来のビジネス的展開としては、市場の拡大が重視され、そのための有機農産物の基準と認証制度をグローバルに拡げて貿易を促進していく体制づくりがめざされてきた。有機農業運動を世界的にリードしてきた IFOAM では、有機の基準と認証制度の確立に早くから取り組んでおり（1982年、基礎基準を作成）、その実績は EU（欧州連合）の基準やコーデックス食品規格委員会での世界的基準（1999年に有機食品の国際規格が採択）に強い影響力を及ぼしてきた。IFOAM には多数の有機認証団体が参加しており、認証ビジネスとしても大きな広がりをもつようになった。

　しかし有機認証を取得する手続きや実際の作業経費などは、経営規模の小さな生産者にとっては大きな負担となる。そこで、小農民による地域での直接提携や消費者との密接な関係形成においては、参加型認証制度（PGS）として相互信頼に基づいた協約的な手法の確立をめざす動きが展開されている。

　また有機の基準において、市場化一辺倒の動きに対抗して社会的公正（社会正義）を重視する動きが提起され、部分的に組み入れられてきた。その

IFOAM での動向をみると、1992年ブラジル総会で「社会的基準」を「基礎基準」に入れることが決定され、1996年デンマーク総会において、「社会的公正」が一章として付け加えられた（ILO の労働基準、福祉、差別禁止、先住民の権利、公正な労働契約などが規定）。その後 2002年、「持続可能農業における社会的説明責任プロジェクト」（SASAプロジェクト）が開始され、IFOAM、国際フェアトレード表示機構（FLO）、国際社会的説明責任（SAI）、持続可能農業ネットワーク（SAN）、4団体の協同プロジェクトにより、多様な農業生産・流通をカバーする社会的監査のための指針、手法が検討されてきた。監査項目は、ILO条約に基づく週間最大労働時間、団結権、公正な価格、移民労働者の権利、女性差別などが共通の評価項目として提起されたのだった。

　こうした自主的な取組みとともに、世界的にはFAO（国連食糧農業機関）によって農業の持続可能性ガイドライン（SAFA）が作成されている（FAO、2014、SAFAガイドライン3.0）。そうした動きが制度的な枠組みをどう形成していくか、今後のさらなる展開が期待される（古沢 2015）[2]。

第4節　消費から投資選択へ——成長する社会的責任投資

　消費をめぐる新動向は、他方では生産により深く関与する運動として興味深い動きをみせている。すなわち、企業活動を大きく左右する投資への関与である。日本人は高い貯蓄率を誇っているが、貯蓄から投資へと向かうお金の使われ方について、その社会的な意味に対する認識は十分に育っているとはいえない。この点に関しては、欧米ではかねてから大きな関心の広がりと共に上記のような多彩な市民運動が展開されてきた。とくに消費者主権に関心が高い米国では、市民の立場から企業へ向けて社会・環境に対し責任ある行動をとるよう求める運動が社会的責任投資（SRI）として展開されており、また欧州諸国でも同様の動きが ESG（環境・社会・ガバナンス）を重視する投資行動として推進されてきたのだった（水口 2017）。

　社会的責任投資の歴史は古く、当初は宗教団体による兵器産業への投資回避などとして行われてきた。米国で広く支持を得たのは、1970年代後半、南アフリカ共和国のアパルトヘイト（人種差別）政策反対運動の一環として、同国で事業を行う企業に対する投資ボイコット運動からであった。マンデラ政権成立

国連グローバル・コンパクトの10原則

人権	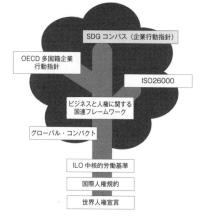	原則1：人権擁護の支持と尊重 原則2：人権侵害への非加担
労働		原則3：組合結成と団体交渉権の実効化 原則4：強制労働の排除 原則5：児童労働の実効的な排除 原則6：雇用と職業の差別撤廃
環境		原則7：環境問題の予防的アプローチ 原則8：環境に対する責任のイニシアティブ 原則9：環境にやさしい技術の開発と普及
腐敗防止		原則10：強要・賄賂等の腐敗防止の取組

国連による世界取組み（2000〜）：2021年時点で世界約160ヵ国、17,500を超える企業・団体が署名
さらに責任投資原則（PRI、2006年〜）等により、ESG（環境・社会・ガバナンス）投融資が促進されている

図3-3　国連グローバル・コンパクト10原則
（出所）グローバル・コンパクト・ネットワーク・ジャパンのサイトより（補足を加筆）
　　　　http://ungcjn.org/gc/principles/index.html

SDGコンパス（企業行動指針）

OECD多国籍企業
行動指針

ISO26000

ビジネスと人権に関する
国連フレームワーク

グローバル・コンパクト

ILO中核的労働基準

国際人権規約

世界人権宣言

図3-4　企業と人権に関する基準の推移

（出所）アジア太平洋人権情報センター
（ヒューマンライツ大阪）「企業と人権に
関する基準」の図を一部加筆
http://www.hurights.or.jp/japan/aside/
business-and-human-rights/guideline.html

後、この運動は、環境、人権など多様な投資基準を掲げて幅広い展開をみせてきた。社会的責任投資での方法の戦略分野としては、投資対象の選別（ポートフォリオ・スクリーニング）、株主運動（シェアホルダー・アドボカシー）、地域投資（コミュニティ・インベストメント）などの3分野において展開されてきた（水口2013）。

　投資対象の選別は、社会・環境的観点からの基準で選別するもので、環境政策、環境調和型製品、人権・労働条件重視、兵器産業の回避、動物の福祉重視、

平等、地域投資などが考慮される。株主運動は、株主総会での提案権、議決権という株主の権利を行使して企業責任を問うもので、日本でも、水俣病裁判闘争におけるチッソ一株運動、原発反対運動における電力会社に対する株主運動などが行われてきた。コミュニティ投資は、地域開発銀行、貸付基金、信用組合、ベンチャー資本基金などを通じて、住宅建設、雇用創出などの事業を起こすと共に、国内および途上国の貧困地域の開発を支援するものである。

　こうした市民の貯蓄や年金基金の運用に関して、その投資先を社会的な責任ないし社会や環境の改善につなげる運動は拡がりをみせており、近年それは国連を巻き込んで注目すべき動きとなっている。企業活動の社会的責任や持続可能性に関しては、既述の通り CEP や CERES の活動を継承してつくられたGRI（Global Reporting Initiative）という国際組織があり、企業活動を持続可能性から評価する報告書作成のガイドラインなどを公表して、一定の影響力を発揮してきた（GRIガイドライン G4、2013、GRIスタンダード2016）[3)]。そして近年では、国連とその周辺の動きとして国連グローバル・コンパクト（2000年）による「企業の社会的責任 10原則」（図3-3）や ISO26000（国際標準化機構の社会的責任規格、2010年）の取組みなどが注目される[4)]。

　こうしたグローバル・コンパクト、ビジネスと人権に関する国連フレームワーク（ラギー報告、2011年）、ISO26000、OECD多国籍企業行動指針（2011年改訂）など、一連の動きが形成されており、そうした潮流は図3-4 において示されている。さらにこれらの動きは、新たな国連の持続可能な開発目標（SDGs）に準じて作られた SDGコンパス 2015「SDGs の企業行動指針—— SDGs を企業はどう活用するか」において、集約されたかたちで指針とガイドラインがまとめられている（ SDG compass：SDGs の企業行動指針、邦訳が公開）[5)]。

　このような背景の下、日本でも 2020年10月に「『ビジネスと人権』に関する行動計画（2020 – 2025)」が策定されたのだった。同計画では，政府が取り組む各種施策や企業活動における人権デュー・ディリジェンスの導入・促進が表明されている[6)]。また国際環境条約の潮流においても、気候関連財務情報開示タスクフォース（TCFD）や自然関連財務情報開示タスクフォース（TNFD）などにより、企業が環境関連リスクに積極的に対応する経営戦略が求められるようになってきた。こうした動きを見るかぎり、企業行動をよりサステナブルに導くための基本認識や道標が示され整備されてきていることがわかる。このよ

うな枠組みを経済システムのなかにより強固に定着させるために、制度化をど
う実現するか、今後の広がりと動向が注目される。

第5節　社会変革、文明パラダイム的転換の方向性

　さまざまな分野で、生産と消費や投資のあり方を改革する動きが顕在化して
いるが、もう一歩進めて社会・経済システムのあり方への根本的な見直しをも
視野に入れる必要があるのではなかろうか。あらためて社会の変革方向を考察
するならば、これからの将来展望については、次のように考えることができる
だろう。深刻な格差拡大や地域経済の衰退、気候変動や生物多様性の危機など
を前にして、今日の資本主義的な競争・成長型経済がこのまま永続すると考え
るよりは、内外とも行き詰まりを迎えているととらえることが重要だと思われ
る（勝俣・アンベール 2011、西川 2018）。

　近年の世界経済の不安定化とバブル経済の動向については、昨今の金融資本
主義的な膨張を起因としており、いわゆる生活に密着した実体経済（生活経済）
に対して金融を操って富の拡大（儲け）をめざすマネー経済の離反現象として
特徴づけることができる。端的に言って、より利益を生み出すことに駆り立て
られ、経済（市場）規模拡大をめざさざるをえない仕組みのなかで、この成長・
拡大の連鎖的運動が調整を迫られている。それは社会の外側では資源や環境の
限界にぶつかると共に、社会の内側では国内外で進行する格差と不平等問題、
生活・精神面での歪み・ストレス増大・自閉・暴力・生き甲斐の喪失などを生
じさせてきたのであった。フェアトレード運動は、直接的には途上国の貧困問
題を契機に生まれてきた動きだが、そうした問題を生じさせる社会経済システ
ム全体の問題に踏み込む展開が重要になってきているのではなかろうか。

　すなわちサステナビリティ（持続可能性）を実現する持続可能な社会とは、フェ
アトレード運動が志向する方向性、すなわち競争と利益一辺倒の経済システム
ではなく、相互協調・調整を志向する社会経済システムの形成によってこそ軌
道修正が可能となる。偏在化する富と個人的な物的消費を煽る拡大・膨張型の
資本主義経済は、適正規模を逸脱することで調整局面を迎えている。すなわち、
利己的な自己実現社会から環境的適正と社会的公正を重視する利他的ないし社
会的価値の実現へとパラダイム（大きな枠組み）のシフトが始まりつつあると

思われる。従来のような価値の単純化と切り捨て（モノカルチャー的社会）ではなく、多様性を重視し共存をめざす社会形成（多様性重視の共生社会）が新たな目標として浮上してきているのではなかろうか（古沢 1995、2014、2018、見田 1996、2006、広井 2015）。

　文明パラダイム的視点から単純化して表現するならば、以下のように提起してもよいだろう。歴史的には、中世までの世界にみられた自然資源の限界性のなかで循環をベースにした持続型社会が存続していたのだが、とくに産業革命以降に非循環的な収奪と自然破壊を加速化する現代文明に置きかえられ、今日の世界に至ったと考えられる。その現代文明が、地球規模で再び持続可能性の壁に直面することとなり、新たな循環・持続型文明の形成を迫られているのである。その意味では、1992年の地球サミットにおいて成立した2つの国際環境条約（気候変動枠組み条約、生物多様性条約）は、現代文明の大転換（化石燃料文明から生命文明へ）をリードすべく生み出された双子の条約と位置づけられる。

　すなわち、従来の文明の発展様式は、化石燃料（非再生資源）の大量消費に依拠した文明であった。この"化石燃料文明"（非循環的な使い捨て社会）が、気候変動枠組み条約によって終止符ないし転換を迫られている。他方の生物多様性条約は、人類だけが繁栄する一人勝ち状況の脆さに警告を発し、多様性と生命循環の原点に立ち戻っての"生命文明"の再構築（永続的な再生産に基づく自然共生社会）への道筋をリードすべく生まれた条約と位置づけられるのである。

　これまでの経済システムの拡大・膨張は、外なる環境制約の下で次第に調整局面にはいってきたといってよかろう。経済そのものを自然の制約下に置くと共に、環境的適正さを配慮する法規制や制度枠組みの重要性が認識され制度化されてきたことは重要である。それは、既述のように生産システムを支える消費行動から投資行動まで環境的配慮が求められる動きとして顕在化している。

　グローバル化が進展する世界経済においては、気候変動枠組み条約や生物多様性条約をはじめとした各種国際環境条約によって大枠がはめられてきた状況（環境レジーム形成）下で、経済の動向を規制する一連の動きが形づくられてきたのだった。そこではまた、地球市民的な意識形成と環境・開発・人権などのNGO（非政府組織）の社会的影響力が大きな推進力となったのだった。

　同様に、経済の生産活動が生みだす利潤の分配においても社会的公正への配慮が求められる時代をむかえている。だが、これまでは国家体制の下でのみ所

得の再配分や労働条件の整備などが行われ、社会的公正として追求されてきた経緯があったが、グローバル化の進展でその枠組みは弱体化してきた。とくに新自由主義の隆盛によって労働組合組織は縮小や解体を余儀なくされ、規制緩和と市場（自由貿易）拡大が最優先されてきた。国際的には、人権に関する多国間条約である国際人権規約（社会権規約、自由権規約）や国際労働条約（ILO総会で採択）などが定められてきたのだが、十分には機能しないままにきた。

　また租税条約（二重課税と脱税の回避）もあったのだが各国ベースの枠組みにとどまり、消極的な動きでしか進まなかった。貧困・格差が拡大する一方で租税回避（タックスヘイブン）などの問題が深刻化している今日、グローバルな社会的公正を実現していく枠組み（社会・人権・福祉レジーム）づくりと諸制度の形成が急務となっている。

第6節　社会・経済システムの再構築へ

　いずれにせよ、人間存在を支えるために築かれてきた巨大システム構造は大きな調整局面にさしかかっており、それは社会経済システムの組み直しというレベルにまで至らざるをえないと考えられる。とくに今日の世界経済は高度な市場経済システムを土台に編成されている。それを批判的に考察するにあたって、経済史的にみたときに K. ポラニーが提示した経済システムの３類型に立ち戻って考える必要があると思われる（ポラニー 1975、2009）。

　３つの類型とは、互酬（贈与関係や相互扶助関係）、再分配（権力を中心とする義務的徴収と分配）、交換（市場における財の移動・取引）である。それぞれは歴史的、地政学的な背景のなかで多様な存在形態をもつが、とくに交換システムが近代世界以降の市場経済の世界化（グローバリゼーション）において肥大化をとげ、諸矛盾を深化させてきた。現行の市場システムの改良ないし改善という方向性の意義は大きいが、将来的により重視すべき方向とは３類型を今日の社会経済システムに当てはめて、システムの根幹を再構築するという視点が重要ではなかろうか。

　すなわち、資源・環境・公正の制約下で持続可能性が確保されるためには、新たな社会経済システムの再編が「３つのセクター」のバランス形成、「公」、「共」、「私」の３つの社会経済システム（セクター）の混合的・相互共創的な発展形態

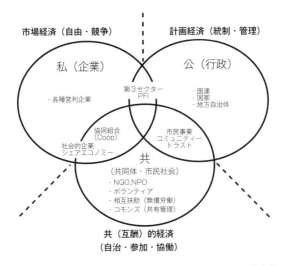

図3-5　３つの社会経済システム（セクター）（図は筆者作成）

まさに新たな混合経済体制として展望できると思われる。ここでは、機能面に注目した言葉としてはシステムを、社会領域に注目した言葉としてセクターを使用している。

　K．ポラニーの３類型との関係性としては、市場交換を土台として「私」セクターが存在し、再分配機能を土台として「公」セクター、互酬機能を土台として「共」セクターが存在しているととらえることができる。実際の社会では、３類型の諸要素は重層化して内在している面があるので、あくまでも理念型として提示している。３つのシステムの相互関係を明示したものが（図3-5）である（古沢 2000、2018）。

　とくに第１の市場経済（自由・競争）を基にした「私」セクターや、第２の計画経済（統制・管理）を基にした「公」セクターが肥大化してきた現代社会に対して、第３のシステムを特徴づける協同的メカニズム（自治・参加）を基にした「共」セクターの展開こそが、今後の社会編成において大きな役割を担うと考えられる。

　最近、異例のベストセラーとなった斎藤幸平氏の『人新世の「資本論」』のように、資本主義に起因する経済的な富（利潤）の追求とその仕組みの下では、

資源や環境の限界を避けることはできないという批判的立場から脱成長論が注目されている。より利益を生み出すことに駆り立てられ、経済（市場）規模を拡大せざるをえない仕組みの中で、この成長・拡大の連鎖的活動が資源や環境の限界に直面し、社会的には格差と不平等、生活・精神面での歪み（ストレス過多や生き甲斐の喪失等）を生じさせてきたと考える立場である（斎藤 2020）。

　脱成長型の持続可能な社会が安定的に実現するためには、利潤動機に基づく市場経済や政治権力的な統制だけでは十分に展開せず、市民参加型の自治的な協同社会の育成によってこそ可能となる。それは、とくに中間領域である地域レベルの共有財産（コモンズ）、コミュニティ形成、福祉、公共財、地域・都市づくりなどの共同運営において力を発揮する。さらに世界レベルでは、環境にかかわる越境的な調整、大気・海洋・生物多様性などグローバル・コモンズの共有管理まで、市民的参加や各種パートナーシップ形成が重要な役割を果たすと考えられる。その他、廃棄物処理、軍縮・平和維持、社会保障・人権・広義の安全保障などの対応に関しても、その役割は重要である。行政の画一的な事業や企業の営利活動のみで財やサービスが提供される時代から、公と私の中間域に位置する活動領域が徐々に広がりつつある。すなわち、「社会的経済」（協同組合、NPO等）「社会的企業」、「シェアエコノミー」などの展開や、成熟社会の進展のなかで各種ボランタリーな活動が活性化し始めているのである。関連した動きとして、フェアトレードなどの相互対等な協約による取引や有機農業運動における産消提携なども、市場経済への対抗的な（非市場的）活動の事例として注目すべき展開である（古沢 1988、1990、1995、渡辺 2010）。

　ここであらためて、上記の3つのセクターという図式を踏まえて、「共」セクターの長所と短所やセクター相互の調整関係を検討していく必要があるだろう。それに関して、3つのセクターの特徴を、経済原理と政治原理に分けて便宜的に特徴づけると、以下、表3-1のようになる。「私」と「公」の中間領域に位置する「共」セクターは、場合によってはせまい集団的な共益追求に落ち込みやすい側面ももっている。そこに、開かれた市民社会形成のあり方が問われることになり、ガバナンス（統治）やアカウンタビリティ（説明責任）などを確立することが求められる。持続可能な発展と地球市民的なグローバルな公共性を実現していくためには、「市場の失敗」や「政府の失敗」を超えた広義の公・共益性を担う主体としての「共」領域を拡充する意義は大きい。将来的には3

表3-1　3つのセクターの特徴（表は筆者作成）

	「私」セクター	「共」セクター	「公」セクター
経済原理	私益追求・資本増殖 私有財（市場財を含む）	共益追求・資本制約 共有財（無償財を含む）	公益追求・資本統制 公共財（政治財にも なる）
政治原理	自由（対立的要素） 競争（個人的利害） 排他（不平等・格差）	協力（自律的要素） 共生（集団的利害） 協調（自治・分権）	平等（従属的要素） 統制（全体的利害） 統一（支配・権力）

つのセクターのダイナミックな展開が、経済領域、政治領域を含みこんで展開していく方向の先に、持続可能な社会への道が拓かれていくのではなかろうか（新・混合経済体制）。

　いずれにせよ、従来のGDP（国内総生産）に代表される拡大・膨張と利益の最大化を目的とする資本主義的経済システム（資本の拡大増殖）では、社会的公正と環境的適正を達成する持続可能な社会を維持・発展させることは困難である。人々の豊かさ意識が、個々人の私的な物的欲求から精神的豊かさや社会的意味を求める動きへとシフトし始めた現代社会においては、市場経済の枠を超えて社会活動領域（共・公益圏）を拡げていくことが重要になっている。こうした動きを活性化する場と仕組みが、既述のように世界各地でさまざまに模索され形成され始めている。そうした努力の積み上げと共に、上からの国際的な枠組みの形成が進み、下からの人々の意識変革とライフスタイルや各種協同的な取組みが再構築されていくことが重要である。その延長線上に、環境的適正と社会的公正を踏まえた経済システム（資本の運動の適正化）が3つの社会経済セクターの相互調整によって維持されていく動きとして、持続可能な社会が展望できるのではなかろうか。

　ここで冒頭の国連の2030アジェンダと持続可能な開発目標（SDGs）にもどれば、環境危機と格差・貧困の解決、さらに他者を排除・差別・攻撃する排他主義への傾斜を回避し、克服していく道が目指されていること、その新時代を創造する道標の重要性について、あらためて再認識できるだろう。そしてフェアトレード運動が追求してきた道すじ、中・長期的に目指してきた新たな社会・経済システムの再考築という理想に向けても、SDGsが示す広範な目標や指標が実はきわめて適正な導き手になっていることを再評価したい。

2030アジェンダの宣言の中に記載されている、「我々は、貧困を終わらせることに成功する最初の世代になり得る。同様に、地球を救う機会を持つ最後の世代にもなるかも知れない」、「人類と地球の未来は我々の手の中にある」という力強いメッセージを受けとめることによって、深刻化しつつある世界情勢の中で新たな道と局面を切り拓いていく時代に、私たちは希望をもって立ち向かっていきたい。

【注】

1) 2030アジェンダ、SDGs に関しては、国連広報センターのサイトを参照 http://www.unic.or.jp/activities/economic_social_development/sustainable_development/2030agenda/

2) 有機農業の世界動向は、IFOAM のサイト（年報）を参照 https://www.ifoam.bio/en/our-library/annual-reports　FAO の SAFA ガイドラインは、以下のサイトを参照　http://fao.org/3/a-i3957e.pdf

3) GRI のガイドライン G4 日本語版は、以下のサイトを参照 http://www.sustainability-fj.org/gri/g4

4) 国連グローバル・コンパクト4分野10原則の解説（仮訳）は以下のサイトを参照 http://ungcjn.org/gc/pdf/GC_10.pdf

5) SDG Compass 日本語版「SDGs の企業行動指針──SDGs を企業はどう活用するか」 http://ungcjn.org/gc/pdf/SDG_COMPASS_Jpn.pdf

6) 外務省：「ビジネスと人権」に関する行動計画（2020-2025）の策定について https://www.mofa.go.jp/mofaj/press/release/press4_008862.html

【参考文献】

カール・ポラニー『大転換──市場社会の形成と崩壊』吉沢英成・野口建彦・長尾史郎・杉村芳美訳、東洋経済新報社、1975年／新訳版、野口建彦・栖原学訳、2009年（原著：Karl Polanyi、The Great Transformation,1944）

勝俣誠、マルク・アンベール編著『脱成長の道』コモンズ、2011年

齊藤幸平『人新世の「資本論」』集英社、2020年

西川潤『2030年未来への選択』日本経済新聞社、2018年

広井良典『ポスト資本主義──科学・人間・社会の未来』岩波書店、2015年

古沢広祐『共生社会の論理──いのちと暮らしの社会経済学』学陽書房、1988年

古沢広祐『共生時代の食と農──生産者と消費者を結ぶ』家の光協会、1990年

古沢広祐『地球文明ビジョン──「環境」が語る脱成長社会』日本放送出版協会、

1995年

古沢広祐「共・公益圏と NPO・協同組合」『協同組合研究』Vol.19（No.3）2000.3（日本協同組合学会）

古沢広祐「持続可能な発展──統合的視野とトータルビジョンを求めて」植田和弘・森田恒幸編『環境政策の基礎・環境経済・政策学3』岩波書店、2003年

古沢広祐「グローバリゼーション下の有機農業」『農業と経済・臨時増刊号（転機に立つ有機農業）』2009年9月（昭和堂）

古沢広祐「現代世界・文明の在り方をどう展望するか？──ポスト地球サミット、シナリオ・パラダイム分析の視点から」國學院大學研究開発推進センター編『共存学2：災害後の人と文化、ゆらぐ世界』弘文堂、2014年

古沢広祐「持続可能な開発・発展目標（SDGs）の動向と展望──ポスト2015年開発枠組みと地球市民社会の将来」『国際開発研究』第23巻第2号、2014年（国際開発学会）

古沢広祐「環境と農業の新たな可能性──食・農・環境をめぐる世界と日本」『環境と共生する「農」』ミネルヴァ書房、2015年

古沢広祐『食べるってどんなこと？　あなたと考えたい命のつながりあい』平凡社、2017年

古沢広祐『みんな幸せってどんな世界　共存学のすすめ』ほんの木、2018年

古沢広祐『食・農・環境とSDGs　持続可能な社会のトータルビジョン』農山漁村文化協会、2020年

ブルントラント環境と開発に関する世界委員会『地球の未来を守るために』大来佐武郎監・環境庁訳、ベネッセコーポレーション、1987年（原著：Our Common Future、Oxford: Oxford University Press、1987）

長坂寿久『日本のフェアトレード』明石書店、2008年

水口剛『責任ある投資──資金の流れで未来を変える』岩波書店、2013年

水口剛『ESG投資──新しい資本主義のかたち』日本経済新聞社、2017年

見田宗介『現代社会の理論』岩波書店、1996年

見田宗介『社会学入門』岩波書店、2006年

メドウズら『成長の限界』大来佐武郎監訳、ダイヤモンド社、1972年

メドウズら『限界を超えて』茅陽一監訳、同上、1992年

メドウズら『成長の限界人類の選択』枝廣淳子訳、同上、2005年

渡辺龍也『フェアトレード学』新評論、2010年

第4章

SDGs 時代のフェアトレードと倫理的貿易

佐藤　寛

・・

要　約

　2030年までの15年間を見据えた「持続可能な開発目標（SDGs）」は、環境保全と貧困削減をさまざまなアクターの協力で達成しようとする意欲的な目標群だが、「周縁化された生産者の生活向上をめざす」というフェアトレードの理念とも親和性が高い。こうした中で企業活動を活用した貧困削減の試みは進化しており、フェアトレードのみならず「BOPビジネス」などの実績も増えている。一方、グローバル企業は途上国にまで延伸した自らの長いサプライチェーン[1]のなかで、環境破壊・スウェットショップ・児童労働などのスキャンダルが発生することにますます敏感になっており、こうしたリスクを回避するための「認証ビジネス」が活性化している。本章では SDGs時代のビジネス環境のなかにおける、今後のフェアトレードの位置づけを考える。

第1節　持続可能な開発目標（SDGs）の登場

　2016年から2030年までの15年間にわたる世界全体の政策目標は「アジェンダ2030」通称「持続可能な開発目標（Sustainable Development Goals: SDGs）」である。この SDGs は理想論の寄せ集めという批判もあるが、第二次世界大戦後積み重ねてきた国際社会の問題点を棚おろしして、あるべき方向性を示唆しているという意味で、国連加盟各国、国際機関、多国籍企業、市民団体などが今後の戦略を立てる際に大きな参照軸となることは間違いない。

　SDGs に列挙されている 17 の目標は以下の通りである（それぞれの目標は文

章になっているが、簡便のためにそれぞれの目標を要約したスローガン形式で示されることが多い。ただし、要約の仕方は人により、機関により微妙に異なる）。

1. 貧困を終わらせる
2. 飢餓を終わらせ、持続可能な農業を推進する
3. すべての人の健康と福祉を確保する
4. すべての人に質の高い教育を提供する
5. ジェンダー平等を実現する
6. すべての人が安全な水とトイレを使えるようにする
7. すべての人が持続可能な近代的エネルギーを使えるようにする
8. すべての人にきちんとした仕事を与えられる、持続可能な経済成長を推進する
9. インフラを整備し、包摂的で持続可能な産業化を推進する
10. 国のなか、国の間の不平等を削減する
11. 包摂的で安全で持続可能な都市と住環境をつくる
12. 持続可能な生産と消費のあり方を追求する
13. 気候変動対策に必要な行動を今すぐ実施する
14. 海洋の持続可能性を保持する
15. 陸上の生態系の持続可能な利用を促進し、生物多様性の消失を防ぐ
16. 持続可能な開発のための平和で包摂的な社会をつくる
17. 持続可能な開発の実施手段を強化し、地球規模のパートナーシップを活性化する

　ところで、SDGs の 17の目標群は「周縁化された生産者の生活向上をめざす」というフェアトレードの理念とかなり整合性が高い。従って SDGs時代の到来は、フェアトレード運動にとっては追い風であると考えることもできる。
　とはいえ、「周縁化された生産者の生活向上をめざす」ためのさまざまな取組みは、伝統的には開発援助団体が取り組んできたテーマであり、他方で民間企業も「BOPビジネス」をはじめとして途上国の貧困層の生活向上・社会課題解決に向けたビジネス活動を拡大しつつある。開発援助とビジネスの中間領域に位置するフェアトレードであるが、このポジションはフェアトレードの専管領域ではなくなりつつあるのだ。

SDGsにおいても「民間企業の活動」と「公的機関の活動」の協力・協調が Public Private Partnership というスローガンの下に大きく期待されている。また、フェアトレード運動における FLOラベルと類似のさまざまな第三者認証も企業活動と開発事業の融合形として進化している。このように SDGs時代を迎えた今、フェアトレードは「開発とビジネス」の間でどのような進展を遂げていくのであろうか。

第2節　開発とビジネスの相互接近

　SDGs の前身である MDGs（ミレニアム開発目標）は 2001年〜2015年までの期間に世界の貧困を半減するという大胆な目標を掲げた地球規模の合意であった。

　第二次世界大戦後に多くの植民地が独立し国民国家として近代化・開発に着手し始めた時、国際社会はこれを支援するために「国連開発の10年（1960年代）」、「第二次国連開発の10年（1970年代）」を宣言したという先例はあったが、MDGs のように「貧困人口の半減」といった具体的な目標を掲げることはなかった。また、従来は途上国での先進国企業の活動と国際機関主導の開発援助との間に積極的につながりを見いだすことはなかったが、MDGs を掲げた 21世紀に入って、「開発とビジネスの相互接近」という傾向が顕著になっている。

　そのきっかけは、MDGs推進の立役者の一人であるジェフリー・サックスが「資金を十分投入すれば貧困削減は可能である」という論陣を張ったことにある。必要な資金額が明らかであるにもかかわらず、国連機関や先進国の援助機関が動員できる金額には限りがあるのだとすれば、開発資金源の調達のために民間資金に照準を合わせるのは当然の成り行きであった。

　その民間資金には2つの出所がある。1つは民間財団である。米国には従来からロックフェラーやフォードなどの民間財団はあったが、マイクロソフトで財をなし、世界一の大富豪となったビル・ゲイツ氏が2000年に立ち上げた「ビルアンドメリンダ・ゲイツ財団」は、動員する資金量が小さな国の援助機関を上回る規模になっていたため、こうした「民間財団」に「ドナー」としての役割を期待することが可能となった。これは 20世紀には存在しなかった開発資金源である。

　もう1つの、そしてより巨額の開発資金源として期待されるようになったの

が先進国に本拠を置く「多国籍企業（MNCs）」、「グローバル企業」と呼ばれる民間企業のビジネス活動のための資金である。民間企業と途上国の社会課題解決とのつながりは、20世紀においても企業の社会的責任（CSR）活動として行われていた。しかしながら21世紀に入ってからの「ビジネスと開発」の関係はCSRにとどまらず、企業の本業としてのビジネス活動に社会課題の解決を組み込む、という方向に進化しているのである。

　そのきっかけとなったのが、ミシガン大学ビジネススクールのP. K. プラハラードが提唱した「BOPビジネス」であった。プラハラードが2004年に出版した書籍のタイトル "The Fortune at the Bottom Of the Pyramid -Eradicating Poverty Through Profits" が端的に示しているように、これまで企業から見落とされていた途上国の最貧層（経済ピラミッドの底辺）にいる人々を、ビジネス顧客として取り込むことで、眠っている巨大な市場にアクセスできるというのが、プラハラードのメッセージであった。

　こうした流れに、「市場資本主義批判」が加わる。2008年のリーマンショックは、貪欲な株主至上主義、利潤のみを求める利己的な企業に対する幅広い反感を招き、2011年9月にウォールストリートで起きた若者による「占拠（Occupy Wall Street）」運動も、大企業が富を蓄積する一方で格差が拡大することに対する抗議運動という側面をもっていた。なお、こうした「反格差」運動の背景には、一握りの富裕層が世界の富の大半を所有し、その傾向が加速化していることを指摘して、日本でも2014年にブームとなったピケティの『21世紀の資本』のような経済学の動向も影響を与えていると考えられる。いずれにせよ、こうした流れのなかで、多国籍企業は途上国の貧困削減・社会課題解決のために単なるCSR以上の取組みを促されることになった。

　国連グローバル・コンパクトは、加盟企業が「持続可能な成長」のためにそれぞれの社会的責任を担うという発想のもとに「人権の保護、不当な労働の排除、環境対応、腐敗防止」の4分野10原則に賛同する企業が加盟するサークルだが、企業の「社会課題解決」への自主的な取組みのプラットフォームとして機能している。グローバル・コンパクト設立にイニシアチブを取ったアナン国連事務総長の「世界共通の理念と市場の力を結びつける」、「民間企業のもつ創造力を結集し、弱い立場にある人々の願いや未来世代の必要に応える」（1999年1月世界ビジネスフォーラムでの発言・グローバル・コンパクトジャパンのウェブページ

より）というメッセージは近年の「開発とビジネス」の相互接近の背景を端的
に示している。

第3節　サプライチェーン・マネジメント

　企業が、途上国における社会課題解決に取り組むようになった背景には、上
のように先進国における一般的な世論の盛り上がり、国連などグローバル社会
での企業に対する期待の高まり等があることは間違いない。しかし、それ以上
に大きな影響を与えたのは企業の「サプライチェーン」のなかにおける人権侵
害、環境破壊、搾取労働などの「非倫理的行動」を糾弾する NGO、市民団体
などの存在である。

　グローバル化の進展に伴いグローバル企業（食品企業、大手スーパー、アパレ
ルなど）がより安く原材料を仕入れ加工作業を行おうとすると、労賃や原材料
費の安いところに商品のサプライチェーンがどんどん伸びていく結果となる。
そして、その伸びていく先は途上国であることが多く、途上国の社会状況（生
産環境、労働環境）は先進国とは異なるため、想定外のトラブルが発生するリ
スクは高まる。途上国では政府の法整備の不備や、監視能力の欠如などの結果
さまざまな環境破壊や人権侵害が発生しがちである。これはサプライチェーン
の延伸に伴って不可避的に高まる企業にとってのリスクである。

　他方、サプライチェーンの延伸によって先進国の消費者は間接的に途上国の
生産者と商品を介して結びつくことになる。そして先進国の消費者と、その製
品（たとえば Tシャツなどの縫製品）や原材料（たとえばチョコレートのカカオ）
がつくられる途上国がどれだけ離れていても、インターネットの発達した現在
では現地の状況を容易に消費者が知ることができる。そこで、商品のサプライ
チェーンをさかのぼる途上に搾取的な労働条件、児童労働、環境汚染・環境破
壊などがあるようならば、「そんな商品は買いたくない。他の人にも買ってほ
しくない」という倫理的消費者が登場する。

　倫理的消費者運動は、非倫理的な企業行動を糾弾してボイコットや抗議行動
を行う。たとえば隔月刊誌 " Ethical Consumer"（本部・マンチェスター）では、
毎号特定の品目（ジョギングシューズ、洗濯機、ツナ缶など）を定めてその商品
を販売している各企業の倫理性「ランキング」を発表している。このランキン

グは「エシカルコンシューマー誌」に限らず倫理的消費者運動の基本的な武器である。"Naming and Shaming"（＝名指しして恥をかかせる）戦略と呼ばれるこうしたランキング＋ボイコット運動は、欧米では頻繁に行われており、企業は対処を誤るとブランドイメージに大きな傷がつくため「悪評リスク（reputation risk）」として恐れている。中でも、搾取的な条件で女性や子どもを働かせるスウェットショップ（搾取工場）は、多くの消費者の反感を買いやすい。

　グローバル企業のサプライチェーンは長く伸びているが、そのすべてを最終商品を販売する企業（ファッションブランド、電機メーカーなど）が直接管理しているわけではなく、チェーンのなかには下請け、孫請けの企業も存在し、食品の原材料であれば企業が買い付ける前の仲買人も関与している。そして倫理的問題が発生するのはその仲買人と小農との間である可能性もある。それでも、サプライチェーンがつながっている限りは、先進国のグローバル企業はその責任を免れることはできない。

　たとえば、日米欧の先進国の大手電機メーカー（アップルなど）に部品を提供している台湾企業のフォックスコン（Foxconn）社の中国・深圳工場で、労働条件の厳しさから 2010 年に 14 名の自殺者が出たと英国の新聞に報じられた際、アップルも消費者からの批判を浴びた。当初は「自社とは無関係」との姿勢を示していたが、連続自殺によるイメージダウンと不買運動への展開を恐れたアップル社は 2012 年 2 月には、「我々は世界のサプライチェーンにおけるすべての労働者に配慮している。サプライヤーに対しては安全な労働条件を提供し、労働者には尊厳をもって接するように努めている」という声明を出さざるを得なくなった。ここに表れているように、スウェットショップ批判に対して、「それをやっているのは下請けだから当社の責任ではない」という言い訳はもはや通用しないのである。

第4節　倫理的リスクはどこにあるのか

では、具体的にはサプライチェーン上にどのようなリスクがあるのだろうか。

1．原材料生産環境

一次産業である農業、林業、漁業、鉱業はそれぞれに環境に働きかけること

で、原料となる物資を調達する。この栽培、漁獲、採掘過程で環境破壊が発生するリスクは高い。

　建材としての南洋材目的の熱帯雨林の伐採は古典的な環境問題であるが、近年ではアブラヤシ（オイルパーム）栽培のための熱帯雨林伐採が、そこに生息する動物（象、オランウータン、トラなど）の絶滅につながるという観点から批判されている。

　また、農業・漁業・鉱山労働者の労働条件が過酷であること、遠隔地などで幽閉状態にあること、移民労働者の場合パスポートを取り上げられて移動の自由が奪われていることなども、国際人権団体などから問題視されている。

　鉱山活動においては地表の掘り返しによる自然破壊のみならず、一次精錬過程で有害物質が発生し、それを河川などに垂れ流していることも下流や海の生態系に大きな影響を与えることがある。原材料の採取過程ではないが、東南アジアに進出している日系企業が精錬所で有害物質を野積みしていたことで大きな問題になったこともある。

　また農業労働者の場合、農薬や肥料の散布に防護服などを適切に着用しないことから、健康被害が発生することもある。鉱山労働における安全服、建設現場におけるヘルメットや安全靴の着用など先進国では当然のように遵守されていることが、途上国ではほとんど実施されていないこともしばしばあり、これも倫理的リスクとなりうる。

２．調達過程の買いたたき

　農産品を原材料とする食品のサプライチェーンにあっては、良質な原材料をどれだけ安く仕入れることができるかが最終価格に大きな影響を及ぼす。グローバル企業が直接買い付けることもあるが、多くの場合は地元の仲買人から買い付ける。仲買人は利益を確保するために末端の生産者からの買取価格をできるだけ安く抑えることに尽

途上国ビジネスとサプライチェーン

倫理的リスク発生箇所（筆者作成）

力する。その結果、不作だったり逆に過剰生産に陥ったりすれば、買取価格が生産コストを下まわる場合もありうる。2000年前後にはコーヒー価格がこのような状態に陥り、これがコーヒーのフェアトレード運動を推進させた。この「買いたたき」に対しては「Living Wage」という考え方から、市況にかかわらず投入した労力とコストを賄い、かつ「恥ずかしくない」生活ができる支払いをするべきだというのが、フェアトレードの第1の原則「最低買取価格保証」の原点である。すなわち、フェアトレードはサプライチェーン・マネジメントの「買いたたき」リスクを予防する機能をもっていることになる。

この Living Wage は単なる最低賃金ではなく、労働者が貧困、疾病、教育機会の剥奪などに陥らないように生活を維持できる賃金を支払おうとするものであり、MDGs や SDGs の「貧困撲滅」の精神にかなった考え方であるといえよう。

3. スウェットショップ

食品加工や縫製業など、単純作業で労働集約的な加工労働現場ではとくに若年女性を雇用しての過酷な労務管理が行われがちである。これは、SDGs の中でジェンダー平等が必要とされる1つの根拠である。

日本でも明治大正期の「女工哀史」で有名な製糸業で若年女性の「スウェットショップ」的な労働環境が蔓延していたが、同様なことが中国で、そしてさらには東南アジア、南アジアへと展開している。こうした工場では温度、換気、労働姿勢が劣悪であり、また十分な休憩時間や、場合によってはトイレ施設も不十分ということもある。

また低賃金であるばかりでなく、超過勤務の未払い、さらには給与遅配、さまざまな理由（寮費、遅刻罰金）をつけての天引きなどもしばしばみられる。もちろん、一部の経済学者が言うようにこうした賃金や労働条件は市場を通じて調整されるものであり、先進国の人間から見て劣悪な労働環境や賃金でも、現地においては雇用されたい人が数多くいる、というのは事実である。しかし、倫理的消費者運動において判断するのは先進国の消費者であり、彼らにとって「スウェットショップ」であれば、彼らは購買しない。企業はこの「購買しない」という意思表示には敏感であらざるを得ないのである。スウェットショップの是正も、これまで部分的にフェアトレードがカバーしてきた領域である。農産

品が多い FLO の認証対象商品にサッカーボールが含まれているのは、後述するように「児童労働」という批判が消費者からあがり、企業がこれに対処せざるを得なくなった結果なのである。

4．販売過程の倫理性＝「悪徳商法」

非倫理的企業行動の古典的な事例として、ネスレの途上国での粉ミルク販売キャンペーンがある。「粉ミルクを飲めば健康な子どもになる」という宣伝文句に惹かれて、貧しい母親たちがなけなしの金をはたいて粉ミルクを購入したものの、ミルクを溶かす清潔な水や、煮沸するための十分な薪がなければ汚れた水で溶かすしかなく、結果として母乳を飲んでいればかからなかったであろうさまざまな下痢性疾患にかかりやすくしてしまった（結果として乳児死亡が増えた）。これを受けて最初のネスレボイコットが発生したのが 1977年である。ネスレの粉ミルクの製造過程に問題があるわけではないが、販売する側が消費者の生活環境を配慮せずに売ることが倫理的でない、と判断されたのである。すなわち、サプライチェーンは販売した先までつながっている、ということである。

こうした解釈を拡張すれば「不必要な奢侈品の売り込み」批判ともなりうるし、さらには「西洋的ライフスタイルの誇張＝文化帝国主義批判」へも展開しうる。しかしそこまで拡大解釈はしないとしても、情報の乏しい消費者に対して「情報の非対称性」を利用して物を売りつけることや、プラスチックゴミ収集の仕組みが機能していない途上国で過剰なプラスチック包装・容器の製品を販売することは、責任ある企業行動とは言えないという考え方は徐々に浸透しつつある。

5．加担リスク

責任ある企業行動という観点からは、汚職ならびに戦争に関与することも「倫理的でない」と判断される。先進国の企業が途上国の政府高官に賄賂を贈ることは恐らく多くの国で行われてきた商慣行であるが、倫理的貿易を求める立場からは「政治と経済は別」という言い訳は通用しない。

なぜならば、途上国での腐敗した政府を助長し、独裁者に更なる利権を与えることで、非民主的な政治に苦しむ貧困層の困窮に一役買うことになってしまうからである。

「悪事に加担しない（Do no harm）」という点からは、「紛争鉱物」も倫理的リスクに関連する。アフリカの一部の国（コンゴ民主共和国、シエラレオネなど）ではダイヤモンドや希少鉱物が貴重な外貨収入源であり、反政府勢力などはこうした鉱物の産地を支配下に置き産出物を国際市場に売ることで外貨を得て武器を調達することができる。こうした売買が成立することが紛争を長期化させ、多くの国民を苦しめることになる。そこでこうした「紛争鉱物」が市場で流通できなくするための試みとしてダイヤモンドの「キンバリープロセス」が発案された。これは、関係国政府、国際ダイヤモンド業界（その筆頭はデビアス社）、NGO が協働して、すべてのダイヤ原石に現産地証明書（キンバリープロセス証明書）添付を義務付け、紛争ダイヤモンドを市場から追放しようとするものである（2002年から実施）。

ダイヤモンドを始めとする貴金属については日本でも最近フェアトレード・ジュエリー、エシカル・ジュエリーとして紹介される機会が増えているが、これもキンバリープロセスと同様の発想である。

米国はこれとは別にコンゴ民主共和国とその周辺国からのタンタル・タングステン・金・錫を「紛争鉱物」と認定し、これら希少金属を原材料として使用する米国上場企業にコンゴ民主共和国からの産物でないことを示す原産国証明を義務付けている（ドット・フランク法等）。これらの規制は米企業のみならず、途上国で米企業と「ジョイントベンチャー」をしている他国籍企業にも適用されるので、こうした希少金属を部品の一部に含む日本企業にも、その材料の原産国がどこであるかを特定し「紛争鉱物フリー」であることを証明する必要が出てきている。しかし例えば電機メーカーが一つ一つの原材料の産地を特定することは大変でサプライチェーン・マネジメントの困難さが指摘されている。

また、他国民を抑圧する政府への荷担も倫理的リスクとして指弾される。たとえばパレスチナのガザ・西岸（実質的にイスラエルが支配）地域において、パレスチナ人の住居を破壊するためにブルドーザーが使われることがあるが、その光景がインターネット上に出れば、ブルドーザーメーカー（たとえばキャタピラ社）のボイコット運動につながりかねない。また、ヒューレットパッカードの製品がパレスチナの検問所で使われていることが発覚し、批判された事例もある。

ここではブルドーザーやコンピュータ自体に問題があるわけではなく、販

売した結果その機器が「非人道的」な用途に用いられていることが問題なのであり、その可能性を知りながら販売することは非人道的行為に加担することと等しい、とみなされる。我が国が第二次世界大戦後、武器の禁輸を掲げてきたことはある意味でこうした倫理的貿易の先駆的な試みであると評価することができよう。

第5節　ボイコット運動と企業の対応

「倫理的消費者運動」と呼ばれるこうしたボイコット運動は、欧米の市民社会ではかなり浸透しているが、以下では具体的な事例をもとに倫理的リスクに企業がどのように対応しているのかを見てみよう。

1．パーム油

環境系 NGO であるグリーンピースは環境保全を求めて過激な反企業キャンペーンを行うことで有名であるが、環境運動としてもボイコットを活用しグローバル企業を相手に高度な戦略を展開している。

たとえばパーム油の栽培がマレーシア・インドネシアの熱帯雨林を切り崩し、ボルネオ象、オランウータン、スマトラタイガーなどの生息地を奪い「自然破壊」、「生物多様性破壊」をしていることを批判して、2010年に行ったのがネスレを対象にした「キットカット」糾弾ユーチューブであった[注]。

過激な内容であったためネスレが Facebook やユーチューブで、このビデオや関連コメントの削除要請をしたが、これはかえって「炎上」を招き2カ月間で合計150万回以上が再生され、グリーンピースの呼びかけに応えて世界中から30万通を超える消費者のメッセージがネスレに届いたという。企業にとっては消費者からの批判は売上げに影響する深刻なリスクであり、2カ月後にネスレは、森林破壊をしてつくられた原料を使用することをやめ持続可能な原料に切り替えるとの調達方針を発表するに至った。ネスレからパーム油の「持続可能な調達」方針を引き出したことで、このキャンペーンは大成功であったと言われる。

注）　佐藤潤一ブログ　カエルの公式　第12回　ネスレを変えたグロテスクなビデオ
　　　http://www.magazine9.jp/kaeru/121010/　　2018年4月10日閲覧

2．スポーツ用品

　サッカーボール製造をめぐる児童労働問題は 1980年代から指摘されていたが、1990年代に入ると、欧米のメディアなどでも取り上げられるようになり、インド（1998年に１万人）やパキスタンのシアルコット地方（1996年に７千人）での下請け工場の児童労働状況が明るみに出た。こうした報道が出るとアディダス、ナイキなどのスポーツメーカーが倫理的消費者運動から批判され、この流れを受けてワールドカップの主催団体である FIFA（国際サッカー連盟）はフランス大会が開かれた1998年に、児童労働でつくられたボールを今後W杯で使わないことを決定した。すなわち、ワールドカップ使用球となるためには、サプライチェーンから児童労働を一掃しなければならなくなったのである。

　サッカーワールドカップやオリンピックなどは「メガスポーツイベント」と呼ばれるが、世界の注目度が高いため、倫理的消費者運動も効果的な宣伝の機会として戦略的に活用している。2004年のアテネオリンピックの際に国際NGOオックスファムや、欧州の労働組合などが「プレイフェア」という運動を開始して途上国でのスポーツウェア・シューズ工場の労働条件について問題を喚起し、オリンピックで使用するウェアやシューズ、ボールのサプライチェーンから労働搾取や「スウェットショップ」を排除するよう働きかけた。2012年のロンドンオリンピックでも「プレイフェア」の活動は行われたが、組織委員会が調達方針で「倫理的調達」を求めれば、納入を希望する企業はその方針に従わざるを得ないという意味で大きなレバレージ（梃子）効果をもつ。

3．縫製業

　2013年４月バングラデシュのダッカ近郊で発生した縫製工場雑居ビル「ラナプラザ」の崩落事故は死者1,127人、負傷者2,500人以上の被害者を出しその大半は女性労働者であった。その直後から、「ファストファッション」を販売しているグローバルブランドが集中するロンドンの目抜き通りでデモが起こった。欧米の名だたるファッションブランドの多くは、実際にバングラデシュのこうした工場に縫製作業を委託しており、ラナプラザに入居していた工場のなかにも欧米のブランドに供給していたものがあった。ブランドイメージの低下を恐れたブランドのいくつかは、当初「バングラデシュからの撤退」を表明したが、

逆に「それは無責任である」という批判を受け、撤退するのではなく下請け工場での労働環境の改善を推進することに合意した。こうした大口バイヤーであるブランドからの圧力があれば、下請け工場も契約を続けるために労働環境改善（とくに防火対策、安全な建築など）に投資せざるを得なくなる。ただし、零細な地元企業にそうした改善に必要な資金があるとは限らないので、バイヤーであるグローバル企業が、その資金の一部を肩代わりすることも時には必要となる。これはグローバル企業にとってはコスト増要因となるがサプライチェーン・マネジメントのための投資として考えることもできよう。このようにグローバル企業が現地の下請け企業に倫理的な労働環境を要求することは、汚職や恣意的な運用に陥りがちな途上国の現地政府の制度や規制よりも着実に効果を上げることができる。

第6節　認証ビジネスとしてのフェアトレード

さて、以上のようにフェアトレードは、① SDGs の目標群のなかに位置づけられる活動としても、②「ビジネスと開発の相互接近」の結果としての活動としても、③倫理的消費者運動対策の一環としても位置づけうることがわかった。

4つ目の位置づけは認証ビジネス、コーズ・リレーテッド・マーケティング（CRM）のツールとしての位置づけである。

1．物語付き販売

コーズ・リレーテッド・マーケティングのコーズ（cause）は「理由」、「大義」を意味する英語であり、CRM をあえて日本語に訳すなら「物語付き販売」ということができるだろう。通常の消費者行動は「価格」と「品質」を判断基準に何を買うかを決定するが、それ以外に「理由＝物語」を商品に付加することで他の商品との差別化を図り、当該商品の購買意欲を高めるのが CRM である。経営学の教科書的には、1983年にクレジットカードの「アメリカンエキスプレス」が、同社のカードを利用するとその売上げの一部が、当時老朽化が進んでいた「自由の女神」の補修費に寄付されるというキャンペーンを行い、この結果同社のカードの利用が急激に拡大した、というのがCRMの最初だとされる（寄付額は170万ドルに達したという）。フェアトレードも消費者が他の商品より「高

くてもあえて買う」CRMの古典的な例といえよう。また、2011年の東日本大震災後に始まった「買い物をして復興支援」も、「東北の産品を買うことで震災からの復興を応援できる」というCRMである。

2.「高くても買う」理由

　物語に共感を得られれば消費者が「高くても買う」のであれば、消費者に訴求する「物語」を見いだすことで、売上げを伸ばすことができるはずである。そして「途上国の貧困」は非常にわかりやすい「物語」であるため、CRMには使いやすい。途上国の貧困問題、社会課題を物語に結びつけるCRMの場合、「高くても買う」理由は、「なぜ途上国の貧困者を援助するのか」という問いへの答えとも重なる[2]。

　一般に、なぜ開発援助をするのかという問いに対しては、①宗教的義務感、②「良いことをした気分になる (feel good)」から、③グローバルジャスティス（地球社会において富める者の義務）、④贖罪感（今の自分の裕福な暮らしは、他の貧困者の犠牲によって成り立っている）などが考えられる。しかし、一口に途上国の貧困と言っても国により、宗教により、都市と農村によりさまざまなパターンがあり、いちいち「物語」の真偽を消費者が確認するのは面倒である。そこで登場するのが「フェアトレードラベル」である。ラベルは、他の一般商品との違いを強調し、もし他にもラベル商品があれば「物語」の違いを示す道具として使われている。

　ただし、ここで大切なのはフェアトレードラベルを始めとするそれぞれの「認証」システムには、それを構成するさまざまなアクターがかかわっておりラベルの利用目的はそれぞれに異なるという点である。あるアクターは環境・人権などの「目的 (cause)」のための広報・啓発目的で認証を利用するが、他のアクターは活動資金を獲得するための工夫として認証を利用する。そして企業アクターにとってはCSR的な宣伝目的もさることながら、「販売」という実利・利潤目的で活用することがCRMの眼目である。たとえば近年日本の食品関連企業の間でも話題になっている「ハラル認証」は、本来イスラーム教徒が安心して食事ができるようにという目的で開発されたものだが、日本企業にとっては「イスラーム教徒への販売促進のためのツール」としての位置づけしか与えられていない。

3．認証ラベルの貢献と課題

　フェアトレード運動において、オランダで開始されたマックス・ハーフェラールを起点とする「フェアトレードラベル（現在のFLOラベル）」が、フェアトレードの存在を広く消費者に認知させるために大きな貢献をしたことは疑いがない。FLOラベルは販売する企業が直接的にフェアトレード活動に貢献していなくても、ラベル使用料（ロイヤリティー）と引き換えに認証商品を販売することができるため、スーパーマーケットなどでFLOラベル付きの商品を販売でき、多くの消費者の目に触れさせることが可能となった。

　このラベル付き販売は上記のCRMの延長線上で「認証ビジネス」の側面をもっており、このビジネスモデルが今後直面するであろう課題も、多くの認証ビジネスと共通するものと考えられる。

　主な課題をあげれば、①認証条件が維持されているかのモニタリングをいかに継続できるのか、②企業にとっては類似の認証であればコストの安いものを選ぶことになり認証レベルの劣化を招きやすい（「フェアトレードライト」の問題と同様）、③異なる目的の認証との競合（たとえばフェアトレード認証とオーガニック認証）、④認証基準に政治性がもち込まれることによる認証機関の分裂（パーム油をめぐるヨーロッパ主導のRSPOとインドネシア、マレーシア政府の対抗的認証の発生）、などが指摘できよう。

4．日本での普及

　日本では、欧米に比べてFLOラベルの浸透は遅れている。その理由はさまざまだが、しばしば語られるのは日本の消費者は「物語」よりも「品質」へのこだわりが強い、という理由である。確かに、フェアトレードという概念を知っていても実際に購買したことがないという人は多く、彼らは「フェアトレード商品（多くは手工芸品・衣類を指しているが）は品質が悪い」というイメージをもっていることが多い。

　第2の理由は、日本ではスーパーマーケットなどのチェーンストアでFLOラベル商品を扱うことが少なかったために、そもそも認知度が上がらないこともあげられる。

　ただし、日本の消費者は「食の安全」には強いこだわりがあるので、食品の

安全に関する認証の認知度は高い。しかし、これらは農薬、添加物による消費者自身の危険を回避することが目的であり、利他的な動機から認証が利用されることはまだ少ない。たとえばオーガニック認証にしても、その衣類を用いる消費者本人・家族の健康への配慮から選好するのであって、農薬を用いる生産現場の環境問題についてのイメージはわきにくく、ましてやその生産現場で農薬を用いる労働者の健康被害についての共感はほとんど感じられていないと思われる。

　しかし、フェアトレードが他の認証と異なる最大の特徴は「途上国の生産者＝他人」の生活状況への共感という利他性が前提になっている、という点であり、日本の消費者がこうした「遠くの第三者への共感」を欠いているとすれば、フェアトレードラベルの普及が進まないことは当然であろう。倫理的貿易は分かちがたく途上国の開発問題と結びついているが、このつながりを日本の消費者に理解してもらうにはまだしばらく時間がかかるのかもしれない。

　しかしグローバルビジネスを展開する日本の企業は、日本の消費者だけを対象としているのではない以上、欧米での倫理的消費者運動の動向に無関心ではいられない。

第7節　倫理的貿易と企業

　こうした流れのなかで、企業はどのように倫理的貿易に取り組もうとしているだろうか。

1．倫理的消費者対策としてのフェアトレード

　すでにみたように、消費者からの批判を受けた企業がまず最初に取り組むのがフェアトレードであり、FLO認証を用いたフェアトレードは倫理的貿易へのエントリーポイントとして機能しているといえよう。

　コーヒー農民を搾取していると批判されているネスレ、児童労働サッカーボールでボイコット運動の標的になったナイキなども、企業イメージの改善のためにフェアトレードに取り組んでいる。しかしながら、こうした大企業がフェアトレードラベルを利用することに対しては、取扱い商品の一部にフェアトレード認証を受けることで、全商品に対する免罪符として利用しているので

はないか、「アリバイ・フェアトレード」、「フェア偽装」ではないのかという批判もある。

2. 企業の社会的責任（CSR）対応

「非倫理的企業」という悪評が立つことを防ぐためにCSR活動に着手している企業も少なくない。CSRは「企業は児童労働、労働搾取、環境保全などについて自主的に規範を設け、それに従わなければならない」という認識を背景としており、単なる慈善やメセナとは異なる行動原理として唱道されている。

ただし、これに対しては「企業は利潤を求めて行動するものであり、株主の利益を最優先しなければならない」という市場経済の論理からの逸脱であり、持続可能性がないという批判もある。これはビジネスに内在する「利己性」をどのように「利他的行為」と結びつけることができるかという問いでもあるが、日本企業の企業倫理としてとらえるならば、江戸時代からの日本の商家の家訓としても伝えられている「三方良し（売り手良し、買い手良し、世間良し）」という考え方は、1つの答えを提示している。本業の目的がすなわち「世界の福利厚生」という立場に立って、事業の「やり方」自体に倫理性を装備するという戦略を取るならば、それが「倫理的貿易」に展開する可能性はある。

こうした企業のCSRに加えて、最初から社会課題解決を目的にビジネス手法を活用しようとする「社会的起業家」も登場しており、さらにこうした企業の社会課題解決への取組みを専門に支援する「社会的投資家」も増えてくれば、CSRを起点とする取組みも引き続き一定の重要性をもち続けることになるだろう。

3. サプライチェーン・マネジメントと認証ビジネス

繰り返し述べているように、グローバル企業のサプライチェーン・マネジメントの一環としての「倫理的貿易」対応、その一環としての「フェアトレード」は、今後ますます拡大していくものと考えられる。SDGsの時代を迎えて、コーズ・リレーテッド・マーケティングにおける「途上国ネタ」の有効性が高まることも追い風となろう。

しかし、サプライチェーン・マネジメント上の倫理的リスクは多様なので、すべてのサプライチェーンを精査することには大きなコストがかかるうえ、これを一企業単独で行うことは非現実的である。また自社だけで「監査」しても

その客観性が疑われかねない。そこで、第三者認証機関が専門的な観点から「監査」してお墨付きを与え、それを認証として流通させるというビジネスモデルが誕生する。これはまさにフェアトレードラベルで行われてきたことである。先進国の大手スーパーチェーンなど多国籍販売業者が、悪評発生のリスクを低下させるという利己的なサプライチェーン・マネジメント目的であっても、倫理的なサプライチェーン改善に着手すれば、途上国の政府が資金不足、人材不足、汚職などで十分に機能していない中でもサプライチェーンを効率的に改善することができる。とくに購買量の多い多国籍企業が原材料の調達方針に認証を取り入れると、生産者にも大きな影響が及ぶことになる。

2009年、チョコレート大手のキャドバリー社はイギリス本国で販売する代表銘柄「デイリーミルク」には100％フェアトレードのカカオ豆を使用すると宣言して注目を集めた。これに対して、ライバルのネスレ社もやはりイギリスで販売する「キットカット」の原料をフェアトレード・カカオにすることを発表した。この「フェアトレード競争」は産地（とくに西アフリカ）での児童労働削減に大きなインパクトをあたえることになる。

また、海洋資源の乱獲に対する批判に応えて、マクドナルド・カナダは2014年6月、同社で販売するフィレオフィッシュに使用する魚は100％Marine Stewardship Council（海洋管理協議会、MSC）の認証を受けたものにすると発表したが、こうした動きが世界中のマクドナルドに広がればMSC認証の認知度も高まることが予想される。日本ではMSC認証はまだそれほど一般的に使用されておらず、2020年の東京オリンピックの調達基準にも明示的には採用されていない（2012年ロンドンオリンピックでは採用されていた）。同様にスタジアム建設などに用いられる木材の調達基準もロンドンオリンピックでは「持続可能な伐採方法」で伐採されたことを認証するFSC（森林管理協議会）認証が調達条件とされたが、東京オリンピックではこの認証もそれ自体としては採用されていない。

4．企業の行動規範制定

上の3つはいずれも企業の立場からの自主的・主体的取組みを前提としているが、これとは別に地球規模の世論としてグローバル企業に対してその倫理的行動を規定する国際世論の動きもある。企業としてはこうした規制には、受け

身ながら対応せざるを得ず、倫理的貿易の推進に一定の効力を有する。

　たとえば OECD（経済協力開発機構）では、1976年から加盟国の企業を対象とした「多国籍企業の行動規範ガイドライン」を制定している。このガイドラインには罰則規定はないものの、国際的な規範としての影響力はもっており、時代に応じて累次改訂してきたが、2011年の改訂では「人権」項目が加えられ、サプライチェーン上の労働環境に対する配慮（デューディリジェンス〔Due diligence〕の実施）が明記された。これは、フェアトレードの理念とかなり近いものといえる。さらに、国連では 2011年に「ビジネスと人権に関する国連指導原則（別名ラギーフレームワーク）」が採択され、これを契機に企業、各国政府、市民団体の間での情報交換・意見交換の機会が増している。

　デューディリジェンスとは本来法律用語で、「行為者がある行為に先んじて払うべき正当な注意義務および努力」とされ、企業は労働者の人権侵害や、環境破壊が発生しないかどうかを確認することになしに途上国での企業活動を行うことは「無責任」であると判断されるのである。

第8節　SDGs とフェアトレード、認証ビジネス

　最後に簡単に、SDGs時代におけるフェアトレードの展開について俯瞰しておこう。

　冒頭に述べたように、「持続可能な開発」をめざす SDGs は貧困削減と環境保全の両面からフェアトレードや環境運動と方向性が一致するものであり、SDGs の時代を迎えてフェアトレード運動は追い風を受けているといえよう。

　SDGs の 17 の目標は相互に密接に関連しているので個別のゴールを取り上げて議論することはあまり生産的ではないが、フェアトレードと親和性が高いいくつかのゴールがある。

　とくにゴール12「持続可能な生産と消費」は、途上国の生産者が貧困から脱却し十分な対価を得ることができるために、先進国の消費者がこれまでの消費行動を変えることを求めており、それは「高くてもあえて買う」、「安くても搾取労働からは買わない」という倫理的な消費行動を求めるフェアトレードと方向性が一致する。

　また、ゴール 8「経済成長とディーセントワーク」は、まさにフェアトレー

ドがめざす living wage を生産者・労働者に与えることによって推進される。賃金ばかりでなく、労働環境、労働者・農民の家族の生活向上などとのつながりもあり、ディーセントワークの議論はフェアトレードと親和性が高い。

　また、ゴール2は「飢餓の撲滅」と同時に「持続可能な農業」をめざしており、とくに小農の権利に配慮する点でフェアトレードがめざしてきた生産者保護の観点と近い。

　いずれにせよ、これらのSDGs目標達成のためには多様なアクターのパートナーシップが必要とされており、その中でも間違いなく企業の役割は重要になってくる。

　グローバル企業との関係を語るとき、フェアトレード側の人々はしばしば「harness＝馬具をつける」という表現を用いるが、時によっては馬を制御できずに振り落とされる可能性もある。

　すでにイギリスの開発研究者たち（イギリス開発学会の「ビジネスと開発分科会」）のなかには、「ビジネスと市民社会の連携は、結局ビジネスのために市民社会が利用される結果になる」と警鐘を鳴らす人も現れている。

　本稿でみたように「ビジネスのレバレージ」をいかに有効に活用できるか、がSGDsの達成のみならずフェアトレード運動の将来を左右することになるだろう。

【注】

1）最終商品を販売する企業から見ると、原材料・商品の調達の連鎖なのでサプライチェーンと呼ばれるが、マクロ経済的な視点から見れば原材料が輸出され、そこで一次加工されたものがまた輸出されて二次加工され、最終製品として消費者の手に渡るまで、交易された先々で付加価値を付け加えられていく連鎖ととらえることもできるので「付加価値連鎖＝バリューチェーン」と呼ばれることも多い。本稿ではサプライチェーンという用語を用いる。

2）デイビッド・ヒューム（マンチェスター大学グローバル開発研究所）は途上国の貧困者を助ける理由を①道徳的義務、②道義的（因果的）責任、③共通利益、④短期的自己利益の4つに分類している。デイビッド・ヒューム『貧しい人を助ける理由──遠くのあの子とあなたのつながり』（佐藤寛監訳、日本評論社、2017年）

第5章

フェアトレードタウン運動の新しい展開
——日本のフェアトレードタウン基準と逗子市の事例を中心に

長坂寿久

要　約

　フェアトレードはコミュニティ開発をもたらすビジネスモデルである。それ故に、途上国の村と先進国のまちとがフェアトレードを通じて一緒になってお互いよりよいコミュニティづくりのために「つながる」フェアトレードタウン運動は、フェアトレードの新しい重要な展開の１つである。

　本章では、そうしたタウン活動の新しい理念的側面ではなく、フェアトレードタウン基準に向かって活動してきた日本の６つのフェアトレードタウン認定都市（熊本市、名古屋市、逗子市、浜松市、札幌市、三重県いなべ市）の中で、とくに逗子市での経験を踏まえて、市民活動の現場と各基準との関係について紹介する。

　日本のフェアトレードタウン基準は６項目ある。その各項目ごとに、逗子市のケースを中心に解説する。基準ごとに、どのような課題があるのかも触れておく。各基準タイトルの下の〔　〕内は基準に付されている「指標」（解説部分）で、これは基準内容に含まれるものである。○印は逗子市のケースを中心とする解説で、比較する意味で熊本市、名古屋市のケースも若干触れている。●印は基準に関する筆者の解説・コメントである。また、本章文末に付属資料として、逗子フェアトレードタウンの会が市議会議員向けに作成した「想定問答集」の抜粋を添付した。

第1節　日本のフェアトレードタウン基準への取組み

1．基準1：推進組織の設立と支持層の拡大

　〔フェアトレードタウン運動が持続的に発展し、支持層が広がるよう、地域内のさまざまなセクターや分野の人々からなる推進組織が設立されている。＜指標：フェアトレードタウンを目指すことまたは、フェアトレードの推進・普及を図ることを規約等で明示した推進組織が存在する。＞〕

●＜規約の改訂＞2022年に「指標」の一部が改訂された。これまでは「フェアトレードタウンを目指すことを規約等で明示した推進組織が設立されている」であったが、FTFJ（日本フェアトレード・フォーラム）の改訂理由は、「初回認定を受けて以降、3年ごとの更新時には認定時と同様の手続きを踏むこととしているが、3年の間に推進組織の組織変更や、別組織が活動を引き継ぐことが起こりうる。更新時の申請主体に初回認定時から変更があった場合でも、フェアトレードの推進・普及活動が引き継がれていることが明示されていれば推進組織として認めることを明確にする」ためとしている。

○逗子市にとってフェアトレードタウン運動のきっかけとなったのは2011年5月の「逗子まちなかアカデミー」主催によるイベント開催であった。逗子まちなかアカデミーとは、「まち全体を大学のキャンパスに見立て、市内のいたる所で市民による文化・芸術・学習活動が行われることをめざす」社会教育活動として始まった事業で、その第1号のモデル事業としてフェアトレードが取り上げられることになった。実施は市役所と市民団体との共催方式（現在は市民団体の運営）で、当時逗子市役所の協働コーディネーターをしていた木下倫仁氏（現在かながわ開発教育センター事務局長）がフェアトレードを取り上げることを発案し、逗子在住の開発教育に携わっていた磯野皆子氏および長坂寿久（共に現在、逗子フェアトレードタウンの会共同代表）に声をかけ、世界フェアトレードデー（5月第二土曜日）に合わせてフェアトレードイベント（出店、ショップ経営者のトーク、講演会）を実施した。

　逗子のスタートとなった当初の陣容は、行政職員（市民協働コーディネーター

という専門職）と、開発協力の大学講師で主婦と、フェアトレード等の研究者の３人であった。８月に今後の展開について話し合う会合に６人が集まり、まずはタウンとは何かについて勉強していこうということで、「逗子フェアトレードタウン勉強会」と名付けスタートすることになった（規約のない任意団体）。12月にフェアトレード活動でも知られる開発協力NGOのシャプラニールが招聘したネパールとバングラデシュの石けん生産者に逗子に来ていただき初のイベントを開催した。以後の活動展開は次の基準２で触れる。

　その後、３年間の活動を経て、フェアトレードタウン認定へ向かって活動していくことを決め、2015年３月に基準１に対応するために、規約のある任意団体（理事体制等）とし、名称も「逗子フェアトレードタウンの会」へ変更した（現在の会員は40名程で、毎月１回の運営委員会には概ね10名前後が集まっている）。
○熊本市では「フェアトレードシティくまもと推進委員会」、名古屋市では「フェアトレード名古屋ネットワーク（FTNN）」（2013年設立）がそれにあたる。名古屋の場合は、「名古屋をフェアトレード・タウンにしよう会（なふたうん）」（2009年６月設立）、「フェアトレードタウン名古屋推進委員会」（2009年12月設立）、「中部フェアトレード振興協会」、NPO法人アジア日本相互交流センター（ICAN）」の４つの団体のネットワーク組織の形をとっていた。
●〔解説〕「基準１」は、日本では非常に重要な意味をもっていると思われる。フェアトレードタウンは市民活動（市民が集まって社会的な活動をする団体という意味で、以下NPOと総称する）であることを前提としているということである。日本では行政はトップダウンで行われることに市民自身が慣れてしまっている。姉妹都市提携でも、トップが海外出張などを通じて決めるトップダウン型がほとんどである。これに対してフェアトレードタウンは、市民の活動・運動がまずあり、それが市民をまきこみ、議会を動かし、首長が宣言し、世界とつながる新しいまちを形作っていくという、新しいボトムアップのまちづくり運動であることを意味しているのである。
●認定審査においては、この推進委員会（市民団体）の存在と活動を審査するが、規約、会員名簿の閲覧や、民主的・透明性をもって活動しているかについては議事録、会計書類を閲覧する。さらに「支持層の拡大」の活動をしているかどうかもチェックする。
●逗子市では認定を受けるための体制づくりとして会の「規約」をつくること

になり、この時、地域における市民組織のあり方について大いに議論した。その結果、理事体制については、自らが商品開発した『逗子珈琲』ブランドで事故が起きた場合を想定し、会への参加者への迷惑の広がりをできるだけ狭くするよう少人数にするという当初案に対して、議論の末、逆に会への参加意識を高め、具体的に活動に参加してもらうため、毎月の運営委員会に出席している方々には皆さんできるだけ多くの方に理事になっていただく方式に変更することにした。2019年の理事数は21名で、その後新型コロナの影響で活動もオンライン化され、出合いの場が少なくなるなどあり、2022年の理事数は15人になっている。

●なお、熊本市のフェアトレードタウン推進組織は、申請当初は「フェアトレードシティくまもと推進委員会」であったが、その後相次ぐ自然災害の影響を受け、事務局機能が打撃を受けたため、その主たる機能を「NPO法人くまもと未来ネット」へ移管し、これが推進委員会を担うに至っている。但し、フェアトレードシティくまもと推進本部は、以後もイベント活動では活発な活動を続けている。

2. 基準２：運動の展開と市民の啓発

〔地域社会のなかでフェアトレードへの関心と理解が高まるよう、さまざまなイベントやキャンペーンを繰り拡げ、フェアトレード運動が新聞・テレビ・ラジオなどのメディアに取り上げられる。

<指標：各種のイベント・キャンペーンが行われ、メディアに取り上げられている（複数あればよい）＞〕

○逗子フェアトレードタウンの会では、2011年から認定までの５年近くの活動展開のなかで多くの勉強会やイベント等を開催してきた。基本的には毎月１回は運営委員会を開催し、隔月にはイベント開催をするというやり方をしてきた。

当初はフェアトレードとは何か、フェアトレードタウンとは何かの「勉強会」として始めたため、「フェアトレードタウン入門」、「暮らしのなかのフェアトレード・カナダ編」、「イギリス編」、「東欧編」、「横須賀市におけるフェアトレード啓発への取組み」、「熊本フェアトレードタウン国際会議報告会」（2014年開催、逗子からは10名近くが参加した）、「名古屋、札幌におけるフェアトレードイベント報告」、「北海道陸別町における町おこしとフェアトレード」等々を行っ

てきた。

- 生産者の招聘セミナーでは、シャプラニール招聘のネパール／バングラデシュの石けん生産者（2011年）、バングラのクラフト類生産者（2015年）などによるトークなど。
- 読書会（長坂ゼミ）では、宇沢弘文著『経済学は人びとを幸せにできるか』『社会的共通資本』など。勉強会としての毎月の長坂ゼミは現在も続いている（コロナ禍以降中断）。
- 講座では、ずし楽習塾と「3.11後のライフスタイルを考える」（原発、有機農業、自然エネルギー等）連続講座（2012年）、まちなかアカデミーとの協働によるフェアトレードタウン9回連続講座（2015年）（本格的なフェアトレード講座）、公共哲学カフェ（東京）との共催による「逗子モデル」研究会、等々。
- 映画では、フェアトレードタウン映画祭（シネマ・アミーゴと共催／逗子が誇る毎日4回は上映の常設映画館シネマ・カフェ）を、第1回：2012年10月末～11月9日（10本上映）、第2回：2014年6月29日～7月5日（6本上映）、第3回：2015年9月19日（3本上映）、第4回：2016年2月14日（日）を開催。これも現在毎年1～2回は「逗子フェアトレードタンウ映画デイ」として開催している。
- 出店活動としては、亀ヶ岡神社のコミュニティパーク出店や、その他地域でのイベント等に時々出店、ファッションショーの開催なども。

○熊本市では、100回を超える数多くのフェアトレード・ファッションショーをはじめ、実に多くのイベントを開催しメディアにも取り上げられてきた。2009年に「フェアトレードシティ推進1万人署名」を開始し、2011年2月に1万筆以上を獲得している。行政に対してこの署名運動は大きな効果があったとみられる。

○名古屋市においては、他団体主催イベントへの出店参加も多く、学校をはじめ多くのところでワークショップを行い、ファッションショー、企画展、ショップマップの作成などを行っている。メディアにも多くの記事が紹介されるなど、精力的にイベントやキャンペーンが行われてきている。

● 〔解説〕基準2は、基準1のタウン推進組織がしっかりと地域で活動を展開しているかどうかを見るもので、その成果の1つとしてメディアでの取り上げ状況などを審査するものである。基準2については、タウン認定をめざして多

くの活動が活発に行われるので、達成状況にはまったく懸念はないと思われる。

3．基準3：地域社会への浸透

〔地元の企業や団体（学校や市民組織）＊がフェアトレードに賛同し、組織のなかでフェアトレード産品を積極的に利用すると共に、組織内外へのフェアトレードの普及に努めている。

＊ 「地元の企業」には個人経営の事業体等も含まれ、「地元の団体」には学校・大学等の教育機関や、病院等の医療機関、町内会・商工会等の地縁組織、各種の協同組合、労働組合、寺院・教会等の宗教団体、福祉・環境・人権・まちづくり分野等のさまざまな非営利・非政府団体（NPO・NGO）が含まれる。

＜指標：複数の企業、複数の団体が組織内でフェアトレード産品を利用し、組織内外への普及をしている＞〕

○逗子市の場合は、初回審査時（2016年）には12団体・社ほどで、フェアトレード商品を使ってくれていた。フェアトレードへの賛同はあるが、積極的利用はまだ少なく、知り合い経由にとどまっている感があり、さらなる努力が必要と感じている。フェアトレード商品を社内などで使用している企業・団体は、タクシー会社の運転者待合所、建設会社事務所、司法書士事務所、福祉関係事務所、議員事務所、議会会派事務所、市役所関係課（市民協働課／秘書・広報課）、などである。

○熊本市の場合、ガソリンスタンド会社による系列ステーションの店頭での販売や、いくつかの事務所での使用など、2011年の申請時には19カ所での普及が紹介されていた。熊本では、その後こうしてフェアトレード取扱企業やショップの会合を開催していくとしていたが、その後の災害で中断。

○名古屋市では、30数カ所の事例が報告されているが、高校などの学校や市民関係団体による普及活動による取扱事例が中心で、企業・団体内での使用・利用という事例は多くない。

●〔解説〕企業・団体や学校や商店街の美容院等々、地域の職場などでいかにフェアトレード商品が使われ普及しているかが中心的な問いかけである（利用・使用の継続性）。しかし、日本の場合はそうした社内使用事例よりも、学校や団

体などによる「組織内外に普及努力」をしてくれている事例の方が多い傾向に陥りがちとなっているように思われる（使用促進を図るイベントの実施など）。

　英国などに比べるとまだきわめて少ないに違いないが、今後拡げていく活動として重要である。今までの日本の事例では、とくに地域内の企業での取扱いを重点的に働きかける活動展開を行うことはあまりないようなので、今後地域内企業への普及もフェアトレードタウン活動の1つとしてチャレンジすれば大いにチャンスがあるといえるのかもしれない。しかし、体験的にいえば、地域内の企業への利用促進は、個人的ツテ経由を除くと、日本ではなかなか難しいものがあるとも感じられる。

4．基準4：「地域活性化への貢献」

　〔地場の生産者や店舗、産業の活性化を含め、地域の経済や社会の活力が増し、絆が強まるよう、地産地消やまちづくり、環境活動、障がい者支援等のコミュニティ活動と連携している。
　＜指標：種々のコミュニティ活動と連携・連帯した行動が取られている＞〕

●地域の社会的・経済的活性化に推進組織の活動がいかに貢献して（役立って）いるかを評価する項目である。
○逗子では、ブランド開発・市内連携の事例として、フェアトレードの『逗子珈琲』の開発を行った。2014年9月に市民によるカッピング（試飲）で豆を決定（東ティモール）、10月市内店舗焙煎、市民デザイナーによるパッケージ（クリエイターズの協力）、11月イベント販売開始（商工会の協力）。さらに2021年からは「ZUSHICOFFEE」へと新たな名称で、中米ニカラグアのFI（国際フェアトレード認証）を取得した原料豆を100%使用した逗子ブランドコーヒーを企業の協力を得て開発した。

　また、「まちチョコ」と呼ばれるフェアトレードチョコレートの逗子版として、第1号は2014〜15年シーズンに逗子の子どもたちが夏休みの宿題として描いた「逗子の未来図」を使わせていただき「ずしのみらいチョコ」を開発した。2015〜17年シーズンは逗子のクリエイターたちの「逗子景観フォトコンテスト」の写真を、2018年以降は逗子の障がい者の皆さんが描いた「私が好きなもの」の絵を使用して、まちチョコをつくってきた。いずれも評判がよく、売

れ行きもよい。

　さらに，大切な企画として、フェアトレードランチ・キャンペーンや、学校給食でフェアトレード食材の促進を図っていることである。フェアトレードランチ・キャンペーンは、逗子のレストラン等にフェアトレード食材を1品目以上使用したランチメニューを提供してもらう活動で、2019年度から開始。毎年バージョンアップを行っており、2020年度からはフェアトレードのみならず、地産地消食材も1品目以上の使用をお願いした、「フェアトレード×ローカル・ランチキャンペーン」へと深化し、さらにスウィートも加えている。この活動も定着してきており、約20店舗が参加してくれている。

　その他には、市民団体との協働では、NPO逗子まちなかアカデミーと協働でフェアトレードタウン連続講座などを開催。また、逗子楽習塾、市役所、コミュニティパーク（マルシェ）、商工会逗子呑みイベント、逗子市民フェスティバル出店、池子小学校PTA等との連携・協働など多数行ってきた。

○逗子市には大学がないこともあるが、高校生の活動への参加が目立っている。さらにフェアトレードへの関心は中学生へも降りてきている感もある。全国的にも地域でのフェアトレードタウン活動は、大学生のみならず、高校生にまで、さらには中学生にまで最近は降りてきている。高校において、フェアトレードを活用した商品開発を地域の人々の協力を得て行い、学園祭などでの販売などの活動が起こり始めている学校が増えてきている。高校生がフェアトレード関連商品開発を行った事例としては、愛知県の南陽高校（コーヒー、和菓子開発など）、山口県の宇部高校（クッキー開発）、静岡県の駿河総合校（コーヒーなど）、滋賀県の立命館守山高校（ココナツオイルリップなど）などがある。これらには文科省のプロジェックトであるSGH（スーパーグローバル・ハイスクール）と関連がある学校もある。

○くまもと推進委員会の場合、申請時（2011年）には環境団体、老人ホーム、障がい者団体等との協働が6件収録されていた。更新申請時（2013年）には9事例となっている。

○名古屋では、市内高等学校の部活動と地域企業・商店街との連携、障がい者施設が運営する製パン業・喫茶店が展開する障がい者福祉・いきがいづくり施策とフェアトレード商品の製造・販売との連携などの事例8件が確認されている。

●〔解説〕基準4は日本が独自基準として、世界の新しいフェアトレード運動
へのメッセージとして挿入したものである。今後のフェアトレードタウン運動
を展開する上で実に重要な基準をなすものであると考えている。しかしこの基
準はまだ十分に理解されているとはいえない感もある。

「地域の活性化」というと、経済的活性化を中心に思い浮かべがちだが、経
済的活性化もさることながら、社会的活性化について強調しておく必要がある。
基準4は、「他の地域団体や事業者といかに協働・連携して活動をしましたか」
という問いかけとして理解すると分かりやすいであろう。

どのまち（コミュニティ）にも自分たちの地域をより良くしていきたいと活
動している人々や団体は実に多くあり、フェアトレードタウン活動もそのなか
の１つに過ぎないという自覚を踏まえる必要があるということである。それに
よって、フェアトレードタウン活動が活発化することは、同時に他の地域団体
も活発化しうる（それが活性化）という考え方をとることができるのである。

フェアトレードタウン活動にとって重要な姿勢は、今後は一層市内の市民活
動と協働した取組みを展開していきたいと考えているという姿勢を示し続ける
ことであり、そうした活動をいつも強化したいと考えることによって、それはきっ
とお互いの活動の活性化につながることになるのだと考えることである。もち
ろん経済的活性化（地域でのフェアトレードブランドの開発・販売で他の団体・企
業との協働など）への取組み姿勢もきわめて重要であり、取組み事例を多くし
ていくべきことはいうまでもない。

5．基準5：「フェアトレード産品の幅広い提供」

〔多様なフェアトレード産品が地元の小売店や飲食店等で提供されている。
フェアトレード産品にはFI（国際フェアトレードラベル機構）ラベル認証産
品とWFTO（世界フェアトレード機関）加盟団体の産品、それに地域の推進
組織が適切と認めるフェアトレード団体＊ の産品が含まれる。〕

＜指標：1）　２品目以上のフェアトレード産品を提供する店（商業施設）が、
　　　　　　人口３万人未満は２店以上、３万人以上は１万人あたり１店以
　　　　　　上ある。ただし、フェアトレードの推進・普及を図る店（以下、「推
　　　　　　進店」という。）が１店以上あること。推進店とは、複数品目のフェ
　　　　　　アトレード産品を取り扱っており、かつ、フェアトレードにつ

いて適切に説明できる者を有し、消費者に対して経常的に普及
啓発活動を行っている店をいう。

2) 各店は2品目以上提供することを基本とするが、1品目だけの
場合は0.5店として扱う。

3) フェアトレード産品が年間6カ月以上提供されている。

＊「適切と認めるフェアトレード団体」とは、少なくとも以下の条件を満た
している団体のことをいう。

a) WFTOの10原則、ないしWFTOとFIが共同で定めた「フェアトレー
ドの原則に関する憲章」が掲げる5原則に立って活動している。」

b) 事業の透明性が確保されている。

●2022年にこの第5基準の＜指標：1＞の後半が改定されている。以前は「ただし、
フェアトレードの推進・普及を主たる目的とする店（売上ないし取扱品目の半分
以上をフェアトレード産品が占める店）が1店以上あること」であった。この条項は、
いわゆる「専門店条項」と呼ばれていたもので、日本の規程では非常に重要な
規程とされていた。

FTFJの改定理由は、「フェアトレード専門店の存在は、フェアトレードに
関する深い知見を店頭で消費者にしっかり説明する機会を担保するものであり、
フェアトレードタウンにとってその重要性は計り知れない。しかし、フェアト
レード産品の普及につれ、説明機会が必ずしも専門店でなくとも可能であり、
また、効果的な場合があることから、認定要件の緩和措置を講じる」というも
のである。

●日本の旧規程である「専門店条項」は、認定を受けたいまち（自治体）には、
フェアトレード専門ショップ（販売額あるいは取扱品門の50％以上がフェアトレー
ド関連商品）が少なくとも1店以上はあることを条件としていた。フェアトレー
ドタウンへの活動の牽引役と継続性を担うコアの推進役としての役割をこの専
門店に期待していたのである。市民活動には中期的な浮沈があり、活動沈滞期
には少なくもとフェアトレード専門ショップがあればそれが持続のための推進
役になってくれるであろうという期待である。

しかし他方、フェアトレード商品を中心とする専門店の経営の持続性は、大
都市ならいざしらず、小都市では大変難しいのが実態である。しかも大都市で

すら、フェアトレードだけの品揃えの店ではなく、エシカル、自然（ナチュラル）、地産地消、健康、といった視点での品揃えを包括的に必要としているのが日本の市場の特色となっている。他方、現在では大型商業施設型のお店でも、フェアトレードについて解説できる店員が登場してきているようになっているといわれる。

〇逗子市は、人口58,000人のため、6店以上あればよいことになる。2016年の認証時点では11店あったが、19年の更新申請時には12店舗、22年の更新時には、27店（内2品目以上販売12店）となっている。また、フェアトレード専門ショップとして「＠マーレ」（アマーレ）があったが、19年末に閉店している。有志の一人が初申請前に海岸沿いの美しい海の富士の景色付きで開店してくれたのだが、家賃の高さもあり、仲間の支援も届かず閉めることになった。

〇熊本市は、人口73万人に対し80.5店（2011年）あった。なお、2年後の更新時（2013年）には94.5店に増えているが、コンビニなどは調査対象としておらず、ショップ数はもっと多いとみられる。

〇名古屋市は、名古屋市人口228万人（2015年6月現在）に対応する商業施設数は241であった。

●〔解説〕この基準5には、人口当たりのフェアトレード商品の販売店舗（ショップ）数が定められている。英国基準では、「人口20万人以下では人口5,000人当たり1ショップ、1万人当たり1サービス店」、「人口50万人以下では人口1万人当たり1ショップ、2万人当たり1サービス店」などとしている。サービス店とはカフェやケータリングサービスなどのことである。日本の基準は、フェアトレードがあまり一般化されていない状況や人口が巨大な自治体が多いことを勘案し、英国基準に比べいささか緩和してある。

●フェアトレード商品とは何かが問題となる。WFTOの正式会員になっている日本の団体は現在はフェアトレード・カンパニー（ピープル・ツリー）とシサム工房2団体のみであること、FL（認証品）はとくに企業が活用することが多く、しかし日本企業のフェアトレード取扱いはまだ欧米に比べて多くないこと、日本のフェアトレード専門団体は自身の信念に基づき長年まじめに活動に取り組んできている団体が多いことから、日本の場合は①WFTOの会員団体が扱う商品、②FL認証品、そしてそれ以外に、③「第3カテゴリー」を設定しており、日本のフェアトレード団体の商品はほとんどがこのカテゴリーに属

している。

　この第3カテゴリーについては、FTFJの規約では、各地のフェアトレード
タウン推進委員会が認定することになっている。地元のことは地元が最も知っ
ているという考え方によっている。第3カテゴリーの認定基準は、現状では、
①WFTOなどのフェアトレード基準にしたがって活動していることを公表し
ていること、②その活動をHPなどで情報公開をしていること、の2点である。
しかし、こうした地域の推進委員会による個別の対応には限界があり、その決
定をチェックする仕組みが必要で、それはやはりFTFJが果たすことを期待
されるが、フェアトレードの普及が今一つの日本では認証コストが高くなって
現状では担えないであろう。

●フェアトレードは国際産直運動であるため、国際的にローカルフードとフェ
アトレードとの連携は重要かつ必然的な流れであるが、日本では各地のフェア
トレードタウン運動にとって、地域の地産地消・産直との連携がとくに行われ
ている。しかし、フェアトレードと一緒に活動してきた地場産品の販売店は地
域のショップ数の対象とはしていない。これも将来には課題の一つとなるかも
しれない。

●日本でもフェアトレード店舗（ショップ）の達成数は、大きな障壁とはなら
ない状況にきているように感じられる。イオンのみならず、一般のスーパーで
のフェアトレードコーヒーの販売、スターバックスなどフェアトレードコー
ヒー、Ben&Jellyのアイスクリーム等々、増えているためである。むしろ、こ
れらの展開によって、フェアトレード店舗数を数えることの方が大都市では大
変な作業となりつつあるという面もあろう。

●浜松市のケースでは、フェアトレード専門事業者は3軒（コーヒー、アクセ
サリー、フィリピンのフェアトレード商品に特化）あるものの、いずもショップ（小
売販売）をもっておらず、卸し形態で、但しイベント等への出店やネット販売
を行っている。この点で、浜松市のケースでは、「専門店」は前例（熊本市、名
古屋市、逗子市）とは異なり、フェアトレードの総合ショップ的なものとして
ではなく、個別商品の専門店として捉えることによって、専門店条件をクリア
することとなっている。浜松市にもこれまで従来の意味での総合的フェアトレー
ドショップとしての「専門店」が数店あったが、いずれも近年閉店してしまっ
ていた。

この浜松市のケースは、「フェアトレード専門店」とは、特定の店舗はとくにもたない卸し形態の営業（出店販売やネット販売は行う）形式のものでもよいという事例となっている。ショップの役割は、店舗活動を通して消費者と直接に接してフェアトレードについて語る（説明する）ことに大きな意味があるわけだが、それは出店方式であっても同様な役割を果たしていると判断されたのである。ところで、浜松市がフェアトレードタウンに認定されて、いわゆる「フェアトレード専門店」も商品をかなり仕入れた店舗が登場しているようである。

6．基準6：「自治体によるフェアトレードの支持と普及」

〔地元議会がフェアトレードを支持する旨の決議を行うと共に、自治体の首長がフェアトレードを支持する旨を公式に表明し、自治体内へのフェアトレードの普及を図っている。
＜指標：地元議会による決議と首長による意思表明が行われ、公共施設や職員・市民へのフェアトレードの普及が図られている＞〕

○逗子市では、2016年3月22日、市議会は「フェアトレードの理念を支持する」旨の決議を全会一致で可決、2016年4月15日平井市長は「逗子はフェアトレードタウンをめざす」旨の声明（フェアトレード宣言）を公式な場（記者発表）で表明した。逗子の場合、熊本市もそうだったが、首長（平井市長）は以前からフェアトレード・ファッションショーへの出演や発言等から、フェアトレードには積極的な理解を示していた。
○熊本市の場合、2010年12月17日に市議会は「本市議会は、フェアトレードの団体・企業・個人の商行為等を支援するものではなく、あくまで経済大国の日本国民としての立場で、国際貢献や人権尊重の精神、さらには人道的見地から、執行部に対して、フェアトレードの理念周知に努めるよう切望する」旨の決議を行っている。この議会後の定例記者会見で市長は、記者の質問に答える形でフェアトレードに取り組む旨語ったことをもって、第6基準を満たすとされた。
　当時の熊本市は市長自身は常々フェアトレードへの支持を表明し、フェアトレード・ファッションショーなどにも出演していた。行政の運営組織である国際交流会館へのフェアトレードショップの出店（スチューデントカフェはちどり）などもみられる。また自治体はフェアトレードを支援するため、年間30万円の

助成予算を計上すると共に、さまざまな形でフェアトレード関連事業を支援してきている。

○名古屋市会は、2015年3月10日に全会一致で「市会はその理念を支持する」旨の決議を行い、5月9日のフェアトレードイベント「世界フェアトレードデー・なごや2015」で、河村たかし市長は「みんなでやろみやあ！フェアトレード！」と宣言（毎日新聞）すると共に、「フェアトレードをすすめ、世界各国が成長できるようにしたい」と強調（日経新聞）したと報じられたことをもって首長のフェアトレード宣言と判断された。予算化の動きについては、2015年度途中の補正予算を計上する予定はないものの、2016年度予算に計上する予定であり、あるいは既存事業からフェアトレードの啓発事業に振り替えることになるということである（2015年当時）。

●〔解説〕日本と英国の行政システムの違いから（行政と議会の独立）、日本基準では、自治体議会の決議のみならず、同時に首長（市長）による具体的な取組みへの表明を必要とする形となっている。

●市役所は市議会決議が行われ、フェアトレードタウン認定を進めるにともない、担当部署と担当者が設定される。その担当課はその自治体と市民団体であるフェアトレードタウン推進委員会との関係をある意味では示している。熊本市は、「観光文化交流局観光交流部シティプロモーション課国際室」で、国際的なシティプロモーションの立場からとらえているといえるであろう（現在は政策局統合政策部国際課が担当）。名古屋市は、「環境局環境企画部環境活動推進課市民活動推進係」(現在は環境局環境企画部企画課)で、名古屋市とフェアトレードとのかかわりが2010年のCOP10（生物多様性第10回締約国会議）の際の屋台村におけるフェアトレード・エシカルファッションショーからであった経緯もある。逗子市の場合は「市民協働部市民協働課」で、フェアトレードタウンは市民活動であること、同時に市民との協働を強く推進する逗子市の市政の真ん中に受け止められているといえよう。

●審査ポイントは、①議会決議文、②市長声明、③行政による推進団体への支援状況（補助金や支援への取組み等）である。

●日本ではこの議会での決議が恐らくもっとも難しいのではないかとみられていたが、実はそうではないのではないかとも感じられる。近年のグリーン購入法の導入や、MDGs（ミレニアム開発目標）やSDGs（持続可能な開発目標）の動

きなどを背景に、フェアトレードのような国際的な課題に取り組む問題について、地域の議員といえども反対する議員はいないであろうと感じられる。反対的な反応があるとすれば、議会内の人間関係などの政治的理由である可能性がありそうである。その場合でも、フェアトレード決議に反対ではなく、「市民にもっとフェアトレードを知ってもらってから」という言い方となる。それはまさに正論であり、推進団体にとってはさらに一層市民への認知を拡げる活動を展開していく必要がある。熊本の場合は1万人署名運動がインパクトを与えたとみられ、逗子の場合はフェアトレードの認知度調査結果（2015年調査で、逗子市は熊本市と並び同率の40％近くだった）が後押しする材料となった面もあるかもしれない。

●逗子市議会の決議文は名古屋と類似する「フェアトレードの理念を支持する」というものであったが、市長宣言は市制記念日の式典の後、そのままホール内で記者発表の形で行われた。そのため式典に参加していた多くの人々も同席することとなった。平井竜一市長の宣言は市長の持論である「平和としてのフェアトレード」を踏まえた、これまでにない格調の高いものであり、今後首長のフェアトレード宣言としていつも参考にされていくであろうと思われる。以下に平井市長の「逗子フェアトレード宣言」文を収録しておきたい。なお、この「宣言文」の前に行った「挨拶」文も格調の高いものだった。

■逗子市フェアトレードタウン宣言■

　逗子市は、都市宣言である「青い海と　みどり豊かな　平和都市」という、いつまでも変わることのない理想像に基づいて、まちづくりを進めています。

　平成27年度から24年間のまちづくりの指針を示した逗子市総合計画では、政策の柱の1つである「新しい地域の姿を示す市民主権のまち」において、地域社会、さらには世界の一員として主体的に行動する市民主権のまちをつくることを謳っています。

　そして、そのなかで、「世界とつながり、平和に貢献するまち」を掲げ、「逗子から世界に向けて、世界の恒久平和や調和ある発展についてメッセージを発し、貢献するまちをめざします」と表明しています。

　フェアトレードは、適正な価格で取り引きすることを通じて、開発途上

国の農家や小規模生産者、女性など、立場の弱い人々の自立を支援する国
際協力であり、それは同時に、人権の尊重に資する平和活動でもあります。
　逗子市は、このフェアトレードの理念に共鳴し、市民や事業者と共に、
その普及を通じて、世界の平和と発展に貢献するため、フェアトレードタ
ウンをめざすことを、ここに宣言します。

2016年4月15日

逗子市長　平井竜一

　逗子市は、「青い海とみどり豊かな平和都市」を都市宣言（1974年）としており、
2015年4月に逗子市総合計画（2015～2038年）を策定し、「世界とつながる市民
自治のまち」、「世界とつながり平和に貢献するまち」を表明するなど、世界と
つながる、「平和」をめざす都市づくりをめざしている。
　平井市長（当時）がフェアトレードタウンを「平和論」としてとらえている
理由は、逗子には住宅施設とはいえ米軍基地があり、逗子市民の願いは基地の
全面返還であり、80年代と90年代前半には市民はそのための運動（池子の森運動）
を激しく続けてきたからである。「基地全面返還を可能にするための重要な活
動の1つは世界が平和になることである。世界が平和に向かっていることによっ
て、基地返還は早まるのです」と平井市長はいつも語っていた。米軍基地であ
る池子の森の返還を求める市民運動は逗子市民にとって永年続いてきた生活史
となってきた。基地の返還は平和によってより達成されうるため、世界が平和
でなければならず、世界平和への努力を継続しなければならない。逗子市にとっ
て、フェアトレードは平和運動なのである。

〈市民活動の継続性〉
　市議会議員からの質問で強く印象に残っているものの1つが、市民活動団体
としての私たちの「逗子フェアトレードタウンの会」の継続性である。この運
動は前述のように、行政や市議会のイニシアチブによるものではなく、市民の
イニシアチブによるものであるからである。

ヨーロッパでは姉妹都市などの提携は、市民団体からの活動実績を踏まえた要請に基づき行うことが前提になっている。市民団体の存在によってこそ、政治的継続性よりもより継続性を保証するとみられているからである。その点で、当事者であるタウンの会自身にとっても、議会決議に向けて燃えている時だけに、継続性がない事態を想定（活動休止）することは難しいことだが、継続性という問題の重要性については改めて認識させられた。

　回答としては、フェアトレードタウン活動に継続性を保証する仕組みがいくつか組み入れられていること、1つはフェアトレードタウン基準の5番目の基準で、フェアトレードを推進するショップ（店舗）が1店舗以上存在することを条件としている（改定前はフェアトレード専門店が1店以上だったが）点である。確かに市民活動にも浮沈はありえる。不活発化した時でも推進してくれるショップがあれば、それがコア団体となって活動を下支えし続けてくれることも期待できる。この基準があるのは、そうした意味が込められているのである。

　また、フェアトレードタウンの審査は3年ごとに更新が行われることになっている。しかも、以前より前進が見られることを約束し実行されていなければならない。一旦タウンと認定されてもその後の努力を続けないと認定が取り消されてしまいかねない。つまり、市民団体側は常にそうした継続性への "努力" を問われる形になっており、活動をなまけている余裕はなさそうである。

〈FTFJへの認定申請〉

　基準6の達成を受けて、逗子フェアトレードタウンの会は日本フェアトレード・フォーラム（FTFJ）に認定審査の申請を行った。FTFJから認定委員が2名逗子に来られて6項目の基準に沿っているかどうかの審査を行い、無事それに合格し、2016年7月16日（土）に逗子文化プラザのホールで認定証の授与式が行われた。

　FTFJの胤森なお子代表理事（当時）から、逗子側は菊池俊一市議会議長、平井竜一逗子市長、そして逗子フェアトレードタウンの会の長坂寿久代表理事の3人が並んで認定証をいただいた。フェアトレードタウン運動は市民活動であると同時に、市民から選ばれた議会の方々の決議と、自治体を代表する市長の声明によって成り立っているため、三者が一緒に認定証を授与されるのがふさわしいと考えたからである。

会場には逗子市民のみならず、東京や周辺都市の方々、フェアトレードタウンの熊本市、名古屋市、関西からもお祝いにかけつけてくださり、フェアトレードタウンの創設者であり、国際フェアトレードタウン機関のブルース・クラウザー氏からもメッセージをいただき、地域野菜などの料理と、当日限りのフェアトレード・サイダーで乾杯し、百人以上の方々が集まりなごやかな熱気溢れたパーティとなった。

〈市役所の取組み〉

議会決議、市長宣言、そして認定を経て、市役所も一層前向きかつ積極的な取組みへの努力を持続してくれていると感じられる。市長室での訪問者への提供飲み物をフェアトレードの珈琲、紅茶などにする、タウンのチラシや広報用紙の作成と配布、市民交流センターの交流デスクへ配置、市役所一階ロビーの喫茶「青い鳥」は障がい者団体が運営しているが、ここでもフェアトレードコーヒーをメニューに加えている。

また、市立図書館は認定を受けた7月には「フェアトレード図書展」を開催し、以降は世界フェアトレード月間の5月に毎年開催している。

市と逗子フェアトレードタウンの会とは協働提案事業を行っており、30万円の予算を得て活動を行っている。2016（平成28）年度は、高校生・大学生を対象とする「フェアトレードユース・プログラム」（FTYP）を展開してきたが、20年以降は中断、22年から再開している。

逗子には大学はないが、フェアトレードに関しては高校生パワーはすごいものがある。日本全国の多くの高校でフェアトレード活動を展開する学校が登場してきている。市との協働事業である「国際文化フォーラムin Zushi」では、15年1月の第1回の開催では、約60名のボランティアの協力を得て運営したが、その半分の30名が高校生のボランティアだった。翌16年2月の第2回では60名のボランティアの内、高校生は50名にのぼった。大学のない逗子ではこうした高校生とフェアトレードとの関係は、教育的にも非常に意味のあるものになっていると思われる。さらに、中学生の参加も目立った。この国際フォーラムは2018年から「逗子フェアトレードフォーラム」へ名称を変え、市との協働事業として毎年行われている。

このフォーラムにおける市との協働・共催により、市内の小中学校の全生徒

にイベントのチラシを配布できたことも、認知率向上に大きく貢献しているかもしれない（逗子の小学校は6校、中学校は5校、高校は4校、大学はなし）。生徒たちが家に持ち帰ったチラシについて、家でフェアトレードについて語り合っている姿を想像したくなる。

17年3月末に、愛媛県の今治西高校の高校生6名がフェアトレードタウン逗子を訪ねてきてくれている。愛媛県の国際協力NPOであり、四国全体のネットワーク的役割を果たしている「えひめグローバル・ネットワーク（別称：WAKUWAKU／わくわく）」のなかに高校生・大学生を中心とするフェアトレードを推進するユースグループ「わくわくユース」が3月に立ち上がり、最初の活動としてフェアトレードタウン逗子を訪問し、逗子のフェアトレード・ユースにとってもお互い大きく勇気づけられる交流となった。短期間だったが、フェアトレード専門ショップ＠マーレ（現在閉店）やフェアトレード商品を販売する自然食品店の陰陽洞を訪問し、平井市長とも昼食を一緒に歓談し、開催中の「トモイク（共育）イベント」に出店しているフェアトレードタウンの会のテントにも来て、来場中の人々にインタビューをしていった。これまでに2015年秋には宇部高校の生徒グループも逗子のフェアトレードタウン活動を見学にきてくれたことがあった。また、横浜国際高校のグローバルハイスクールのグループは、毎回国際文化フォーラムのボランティアとして助けてくれていた。さらに、とくにタウン認定以後は、大学ゼミや大学生の卒論目的から、逗子を訪問してくれる学生も増えてきていた。なお、ついでながら、フェアトレードタウン認定1周年記念は、市役所の市民協働課職員総出で、逗子海岸でSNS発信（インスタグラム）用のフォトスポットをつくったり、フェアトレード専門店＠マーレがタイのHIV／エイズ孤児の施設として始まった団体（日本の拠点は逗子）との協働によって開発した、逗子フェアトレードタウン認定のフェアトレード商品である「ビーチサンダル」のサンダル投げゲームをしたり、海岸に来た多くの家族に囲まれて楽しくお祝いをした。

さらに、5階建ての市役所庁舎の玄関横の壁面に「世界とつながる平和都市フェアトレードタウン逗子」の懸垂幕も、2018年5月の世界フェアトレード月間やイベントの時には掲示されるようになった。

なお、17年には逗子市財政の赤字見通しが明らかとなり、市から年間30万円助成の対象となっていた協働提案事業制度等々市民活動関係の予算が全面的に

削減・削除され、この3年間の事業も、3年度目（2018年度）以降は助成なし（ゼロ）となった。しかし、予算が出なくても、前述のように協働の意義は大きいため、事業費ゼロにて、協働契約書を締結した。さらに協働提案事業期間の3年間を過ぎた2019年度も同様に予算ゼロの協働契約書を締結した。〈ふるさと納税「返礼品」をフェアトレードで〉日本には「ふるさと納税制度」なるものがあり、ブームとなっている。自分の所得税20%分までを、居住地以外のまち（自治体）に納税（寄付）し、そのかわりその自治体が掲示する多くの「返礼品」（寄付額の30%相当分を上限）から好きなものを選択し、受取ることができる。そしてその寄付分は納税額から控除される制度である。地域の経済的活性化政策として導入された。

　逗子市も2016年10月からこの制度を開始した。この制度の納税分はあくまでも「寄付」なので、各自治体は自分たちのどのような事業に寄付をして欲しいかを掲示している。納税（寄付）する人はその中から、自分の寄付の使い道を指定することができる（「いずもでもいい」の選択もある）。逗子市では、フェアトレードタウン宣言を行っていることから、「新しい地域の姿を示す市民主権のまちづくりのため、フェアトレードを応援!」を使途の1つとして掲示した。この自治体の配慮を受けて、逗子フェアトレードタウンの会は、「返礼品」の一環として、2017年末からフェアトレード商品を寄付額に対応して15種類（項目）web掲載を実現させており、全国の納税者が、このフェアトレードの返礼品に関心を寄せていただけることを期待していた。同時に「寄付」の使途として、「フェアトレードを応援！」をクリックしてくれることを期待していた。

　商品は日本の開発協力団体としてフェアトレードに最も先駆的に取り組んできた「シャプラニール＝市民による海外協力の会」のバングラデシュとネパールのフェアトレード商品から厳選したものである。

　市民活動にとって、このふるさと納税制度が革新的な点は、自分の納税額の20%までは、その使途を指定できる制度であるというところにある。逗子市の場合は、逗子市民には返礼品を提供していないが（鎌倉市の場合は市民からのふるさと納税にも返礼品を提供している）、この制度を使って自分の納税額の20%までを使途を指定することはできるという、まったく新しい制度なのである。

　しかし、その後の本制度の加熱化によって、総務庁は対象商品の地域性を厳しくしたため、逗子市としてはフェアトレード商品を返礼品から一旦外すこと

とし、フェアトレードは極めて短期間返礼品となるにとどまった。

第2節　おわりにかえて
——世界とつながる市民自治のまちづくりとして

　フェアトレードタウンは、日本の市民運動にとってはとくに重要な意味をもっていると思われる。日本でも、コミュニティをより良くしていこうとする市民活動は今や実に多くあり、全国で非常に活発に活動している。しかし行政の政策や運営は依然ほとんどと言っていいほどにトップダウンで進められているように感じられる。公募という名で市民委員が参加したり、パブリックコメント（公聴）という名で市民の声を聴取する仕組みはあるが、市民が中心になってまちの姿・政策をつくっていくということはまだ必ずしも本質的に定着しているとはいえないであろう。まちづくり（都市）計画ですら，行政が案を作成し、その後市民に開示するケースが依然多い。

　フェアトレードタウンは、それを推進する市民団体がベースとして存在し、その活動を通して、まちの姿（政策）を、フェアトレード理念を支持し推進するまちへとつくり上げていくことを意味する。ボトムアップのまちづくりである。私たちのまちが、フェアトレードタウンになるということは、私たちが標語として掲示しているように、私たちのまちが、「世界とつながり、平和に貢献するまち」、「世界とつながる市民主権のまちづくり」、「まちぐるみフェアなまち」をめざすこととなるために、フェアトレードの理念を支持し推進する「フェアトレードタウン」を公式に宣言したということである。

　自分のまちさえよければいいという「俺らがムラ」意識に陥らないよう、世界の「他者」と結び合って（自分たちのコミュニティに「他者」をインクルージョンする）、お互い協力し合ってより良いまちにしていく、そうしたまちをつくっていくという宣言を、他の市民団体、そして市民と共に活動しつつ宣言したのである。

　みんなで話し合いつつ「公共圏」を拡げながら展開する市民運動として、自治体（政府）・企業（経済界）・市民団体（NPO）の3セクターが連携・協働して進めていく展開としての「オランダモデル」のように、そして世界とつながる「リローカリゼーション（地域回帰）」の視点をもちながら[1)]、まさにトップ

ダウンではなく、ボトムアップのまちづくりの1つの運動がフェアトレードタウンである。日本にとって、やっとそうしたまちづくり運動の時代が来たということなのだと思われる。

【注】

1) 「公共圏」、「オランダモデル」、「リローカリゼーション（地域回帰）」などについては、長坂寿久『新市民革命入門～社会と関わり「くに」を変えるための公共哲学』（明石書店、2016年）参照。

■（資料）：逗子市フェアトレードタウンへの市議会議員向け想定問答集（抜粋）

逗子フェアトレードタウンの会　（長坂寿久）

＊議会へのアプローチにあたり、『想定問答集』を作成した。説明側の内容と意思統一を図るためと、議員の皆さんへの説明用参考として提供するためである。今後フェアトレードタウン運動を展開する方々の参考になるのではないかと思い、一部抜粋して掲載する。作成は2016年2月時点だが、現時点に対応するため一部改訂してある。

1．逗子フェアトレードタウンの会（以下FTTZ）によるフェアトレードタウン活動の継続性はあるのか
　(1)　ヨーロッパでは姉妹都市などの提携は、市民団体からの活動実績を踏まえた要請に基づき行うことが前提になっています。市民団体の存在が、政治的継続性よりもより継続性を保証するとみられているからです。
　(2)　フェアトレードタウン基準では、第5基準として、フェアトレード商品を2品目以上販売しているショップ（店舗）の数が人口1万人当たり1店舗以上存在することを条件としています。同時に、フェアトレードを推進するショップ（フェアトレード推進店）が1店舗以上存在することも条件としています（2022年改訂）。これは活動の継続性を担保するための条件として導入されているものです。市民活動にも浮沈がありえます。不活発化した時でも専門ショップがあれば、それがコア団体となって活動を下支えし続けるであろうという考え方です。
　(3)　フェアトレードタウンの基準では、3年ごとに見直しが行われることになっており、一旦タウンと認定されてもその後の努力を続けないと認定が取り消されてしまいかねません。つまり、市民団体側は常にそうした継続性への努力を問われる形になっています。

2．逗子市がフェアトレードタウンを宣言することの意義
　(1)　関東地域で宣言したタウンはまだありません。首都・東京の喉元の、中小都市のまち逗子がフェアトレードタウン宣言をするインパクトは大きい

と思われます。熊本市の人口は72万人、名古屋市は228万人の巨大都市ですが、逗子市のような人口58,000人の中小都市がフェアトレードタウンになるということは、国内の多くの中小のまちにとって、1つのモデルとなりうるでしょう。

(2) 逗子市民への影響として、逗子のアイデンティティの向上による、シティ・プライドの向上や、自治体外交（SDGs支持など）の視点からも意義があると考えます。逗子市は、「青い海とみどり豊かな平和都市」を都市宣言（1974年）としており、2015年4月に逗子市総合計画（2015〜2038）を策定し、「世界とつながる市民自治のまち」、「世界とつながり平和に貢献するまち」を表明するなど、世界とつながる、「平和」をめざす都市づくりをめざしています。

　＊都市宣言の「海」は世界と直結しており、「みどり豊かな自然」も地球環境とつながっており、「平和」は逗子のみの平和はありえず、世界の平和と結びついています。逗子の都市理念は、「世界とつながる市民自治のまちづくり」、「グローバル市民」の考え方にありますが、フェアトレードタウンの理念はそれに全面的に沿うものです。

(3) 逗子には米軍基地（池子）があり、横須賀基地の米軍家族の住宅が建設されています。池子の森の返還を求める市民運動は逗子市民にとって永年続いてきた生活史となっています。基地の返還は平和によってより達成されうるため、世界が平和でなければならず、世界平和への努力を継続しなければなりません。フェアトレードは平和運動です。

(4) 逗子は「自治体外交」の1つとして、SDGs（持続可能な開発目標／2016〜2030）を支持する自治体であって欲しいと願っています。その点で、逗子がフェアトレードタウンとなった時には、逗子はグローバルシティズンシップ教育（公共哲学教育／開発教育／異文化共生教育）に力を入れている自治体として知られるような（その理由はフェアトレードタウンだからだと言われるような）まちになるといいなと思っています。

(5) 2020年のオリンピック／パラリンピックでは、江ノ島がヨットのメイン会場となり、目視できる逗子沖で競技が展開されることになります。フェアトレードタウンは、近年急速に国際的に展開されてきている運動ではありますが、すでに国際的に知名度の高いものとなっています。開催地東京

に近い逗子で「フェアトレードタウン」を宣言することは、海外からの旅行者に対し、逗子への関心を強く引きつける国際観光促進要因の１つとなると思われます。

3．逗子の他の市民活動へのインパクト

(1) ［何故FTTZだけが優遇されるのか］逗子市議会においてフェアトレードタウン決議が行われることは、フェアトレード（および逗子フェアトレードタウンの会=FTTZ）が市民活動として特別扱いを受けるように見えるかもしれません。逗子には逗子のまちをより良くしていこうとする市民活動が実に多くあります。それらはどれもより良いまちづくりには重要で大切な意味をもっています。

その点で、市民活動が市民から選ばれた議会においてその支持と推進を決議されることは、これが特例あるいは例外的なのではなく、先駆的な端緒であることを期待しています。今後、他の市民活動も一定の条件が達成された場合には、その支持と推進が決議される形が導入されることになれば、逗子市がめざす「市民自治のまち」の姿が一層輝くことになるかもしれません。また、世界にそのことを発信する手段となるかもしれません。

(2) ［地域活性化への貢献］フェアトレードタウンになる基準４は、「地域活性化への貢献」とあります。これはそれぞれのコミュニティ（まち）において、自分たちのまちをより良くしていきたいと活動している人々や団体は実に多くあり、FTTZはそのなかの１つに過ぎないという自覚によるものです。フェアトレードはコミュニティ開発活動であると記しましたが、基準４は、そのため、他の市民団体と協働・連携して活動していますかという意味の基準です。つまり、確かに今までのFTTZとしては他の活動を重点化するあまり、基準４に沿った活動は十分とはいえない面もあるかもしれませんが*、今後は一層市内の市民活動と協働した取組みを展開していきたいと考えておりますし、それはきっとお互いの活動の活発化に貢献することになると信じます。

＊FTTZの他の市民団体等との協働事例としては、NPO逗子まちなかアカデミー（フェアトレードタウン連続講座等）、逗子楽習塾（連続講演会の開催）、コミュニティパークなどへの出店、商工会逗子呑みへの参加、

逗子クリエイターズの会（逗子珈琲やまちチョコ製作でのデザイン協力）、
等々があります。

4．地域農家との関係と地域ブランドのフェアトレード商品の開発
（1）　フェアトレードは「国際産直」運動です。国内の地域の農家と連携する
地産地消や産直運動とその理念は同じであり、国内の農家・農業を大切に
する運動とバッティングするものではありません。開発途上国の農業は熱
帯農業であり、日本の温帯地域の農業とは基本的には異なります。国際的
にフェアトレードタウン運動は地域の農家を大切にする運動と連携して行
われています。
（2）　FTTZ（逗子フェアトレードタウンの会）では、逗子の独自ブランドとして、
フェアトレードの『逗子珈琲』とまちチョコとして『逗子フェアトレード
チョコート』（季節販売）を開発・販売しております。『逗子珈琲』は東ティ
モールのフェアトレードコーヒー豆（日本のNPOパルシックやピースウイン
ズなどが開発）を中心に使用し、味を高めるため他のアフリカなどのフェ
アトレードコーヒー豆も混ぜ、逗子の焙煎業者によって焙煎されているも
のです。店舗にとっては、従来の取扱いラインに加えてこれらフェアトレー
ド商品を揃えることは、ビジネスの促進につながりこそすれ、阻害するも
のではないと考えます（2021以降はニカラグアのフェアトレードコーヒー豆
を使った「ZUSHI COFFEE」を開発）。
（3）　こうした地域開発商品は、ふるさと納税制度などでもみられるように、
地域の生産者や店舗の経済活動とバッティングするものではなく、促進す
るものであると考えられるようになっております。とくに逗子のように地
域特産品が限られているところでは、逗子の特産品をベースに、フェアト
レード的なものを付加した（たとえばパッキングなどにフェアトレードの布
などを使用）、新しい「世界とつながる」逗子特産品を開発していくのも、
逗子がフェアトレードタウンとなった場合には、1つのアイディアであり
うるかもしれません。

5．フェアトレード支持決議と市場経済
（1）　フェアトレードへの支援と推進を自治体議会が決議することは、市場経

済に歪みを与えること（あるいは新しい利権つくり）につながりかねないという懸念が指摘される恐れもあります。しかし、現在では、社会的に良きこと、地球や地域が抱えている問題・課題の解決をもたらすことについて、それを促進するためのビジスネの動きは、各国および自治体でも推進されるようになってきています。

　ちなみに、日本でも政府および自治体で導入されているグリーン購入法はその典型的なものです。また、消費者教育法でもフェアトレードは最も推奨されるべき活動として紹介されています。逗子においても、グリーン購入の推進（環境マネジメントシステムへの取組み）について、議会で可決され推進されているとおりです。

(2)　国際的には、EU（欧州連合）をはじめ各国でこうしたグリーン購入（調達）のみならず、フェアトレード調達も進められています。

(3)　また、2012ロンドンオリンピック・パラリンピックにおいてフェアトレード調達が行われており、2016リオでも同様にフェアトレード調達が行われています。ロンドンはすでにフェアトレードタウンであり、リオデジャネイロはオリンピック開催期間中にこれを記念してフェアトレードタウンになりました。2020東京オリンピック・パラリンピックにおいても、フェアトレード調達が行われるようFTFJ（日本フェアトレード・フォーラム）では正式に要望書を提出しています。こうした国際的なイベントにおいてフェアトレードが積極的に使用されるようキャンペーンを世界のフェアトレード団体は推進しています。

6．逗子市のフェアトレード認知率

(1)　フェアトレードタウンとして議会決議するには、もっと多くの市民の皆さんがフェアトレードについて知っていただく努力が必要との意見もあります。

　2015年6月末〜7月初めにわたって行ったフェアトレードへの認知率調査では、日本全国の認知率は29.3%でした。これは前回（2012年3月調査）の25.7%に対して3.6ポイント上昇でした。

　地域別の調査も下記のように行われており、フェアトレードタウンに認定されている熊本市は39.8%と最高となっています。逗子市は何とこれと

同等の39.8％でした＊。この逗子市の高い認知率は、１つはフェアトレードタウン活動が逗子のなかで継続的に熱心に行われてきたことを示すものと思われますし、同時に、逗子市がフェアトレードタウンとなってもいい市民的条件をすでに揃えているとも思われます。なお、この調査はFTFJ（日本フェアトレード・フォーラム）が、専門調査機関に委託して実施したものです。

＊〔地域別認知率の表は、第１章第４節に掲載〕

(2)　フェアトレード活動はこれまで大学生などの若い世代に非常に受け入れられてきていますが、ここ数年では高校生に、さらに中学生にも人気のある活動になってきていると感じられます。全国の高校でも次第にフェアトレード活動を行う高校が登場してきています。ちなみに昨年（2015年）秋には、山口県立宇部高校の生徒（３名）が、逗子でのフェアトレードタウン活動を学ぶために逗子を訪問しており、市長にも表敬訪問をしています。

(3)　2015年１月の逗子フェアトレードタウンの会と市との協働による「市政60周年記念国際文化フォーラムin ZUSHI」では、60名のボランティアの協力を得て運営しましたが、その半分の30名が高校生のボランティアでした。翌2016年２月の「第２回国際文化フォーラムin ZUSHI」では60名のボランティアの内、高校生は50名にのぼりました。大学のない逗子ではこうした高校生とフェアトレードとの関係は、教育的にも非常に意味のあるものになっていると思われます（さらに2016年12月開催の「第３回国際文化フォーラムin ZUSHI」には、小中学生の参加も目立ちました）。

　　また、この国際文化フォーラムにおける市との協働・共催により、市内の小中学校の全生徒にイベントのチラシを配布できたことも、認知率向上に大きく貢献しているかもしれません（逗子の中学校は５校、小学校は６校、高校は４校、大学はなし）。

(4)　平成28年度の市との協働提案事業で、FTTZの提案が採択されましたが、第１の目的は教育的活動で、市内の小中学生／PTAや地域（コミュニティセンター）の親子向けの「グローバル・アクション教育プロジェクト」（ワークショップの実施）や、高校生向けの「キャリア教育プロジェクト」などの「フェアトレードユース・プログラム（FTYP）」を実施しています。FTTになることを通して、逗子のグローバルシティズンシップ教育（開

発教育、異文化共生教育）にも貢献していきたいと考えています。

7．フェアトレードタウンへの議会決議が行われた場合の、期待される自治体
の対応について

（1）フェアトレードタウンはあくまでも市民活動が中心となるものであり、
市民活動の継続性を担保しつつ、議会決議と首長による支援表明を求める
ものです。これまでのトップダウンを中心とするまちづくりから、ボトム
アップのまちづくりへの1つの仕組みです。

フェアトレードタウンに認定された場合、自治体に期待される対応とし
ては、熊本市の当時の事例をみますと、概ね以下のとおりです。

　　a）担当部署と担当者の設定─〔逗子市〕市民協働部市民協働課、〔名古屋市〕
環境局環境企画部環境活動推進課市民活動推進係、〔熊本市〕観光文
化交流局観光交流部シティプロモーション課国際室

　　b）予算の有無にかかわらず、自治体として可能な範囲での支援（イベン
ト等への支援、協働・共催・後援、その他便宜）を行うことが期待され
ます─〔逗子〕市民協働課は相当の便宜をくれています。

　　c）市役所主催の行事や通常の来客や会議などでの飲み物へのフェアト
レード調達、その他市が運営する公共施設のカフェなどでのフェアト
レードコーヒーや紅茶等の提供─〔逗子〕市長は相当の意欲をもって
いたが、担当課も実に協力的。市役所ロビーの喫茶「青い鳥」は障が
い者団体が運営、ここにフェアトレードコーヒーを導入（さらに図書
館でのフェアトレード図書展の開催要請に対して直ちに対応してくれ、認
定式が行われた7月間には「フェアトレード図書展」が開催されました。
以後も毎年5月の世界フェアトレード月間に継続して開催しています）。

　　d）継続性を担保する上でも、予算措置が可能な範囲で期待されますが、
特別予算の計上によらず既存の予算からの支出（たとえばフェアトレー
ド調達はその1つ）でも対応できうるでしょう。ちなみに、すでにフェ
アトレードタウンである熊本市では認定後年間30万円の予算を組み、
広報（パンフレット等広報文書の作成など）や、公共機関運営のカフェ
でのフェアトレード調達（フェアトレードコーヒー等の提供）などを勧
めています。─〔逗子〕平成28年度は協働提案事業（30万円、FTYP

の実施）、広報面での協力等々

e）フェアトレードタウンになると内外からの来逗者（個人やミッション）が増える見込みです（熊本市の場合ではかなり増えている）。その際の担当者の面談や市長表敬訪問の受け入れなど。

f）FTTZとしては、当初より「フェアトレード調達条例」の導入を目標としています。この点は今後の検討課題。

〔想定問答集（抜粋）以上〕

第6章

企業とフェアトレード
──国際フェアトレード認証制度より

中島佳織

要　約

　明確なフェアトレード基準を設定し、その基準の遵守状況を第三者が客観的に監査し、認証された製品には認証ラベルの表示を許可する国際フェアトレード認証の仕組み。児童労働・強制労働といった人権侵害、森林破壊、気候変動など、サステナビリティを脅かす課題がますます深刻になる中、グローバル企業各社は、フェアトレード認証の仕組みを取り入れ、サステナビリティへの取組みに力を入れている。日本でも、大手企業によるフェアトレード調達コミットメント事例が出始め、さらなる拡大が期待される。

第1節　国際フェアトレード認証制度の確立

　1988年にオランダで初めて誕生した「フェアトレード・ラベル」。フェアトレードに明確な基準を設定し、その基準を守っているかどうかを客観的に監査し、認証した製品にわかりやすくラベルの表示を許可するこの仕組みは、オランダから世界各国に広がり、現在では、国際規格ISO17065（製品認証機関に対する要求事項）に準拠した「国際フェアトレード認証ラベル（以下、認証ラベル）」として、世界共通の目印となっている。認証ラベルの付いた製品は、現在、世界140か国以上で流通するまでに広がっている。

　その認証ラベルをグローバルで統一管理するのは、ドイツ・ボンに拠点を構える Fairtrade International（以下、FI）だ。1997年の設立以来、長く「FLO」の略称で知られてきた（2011年以降、この略称は使用していない）。当時、日本を

含む世界14か国のラベル推進組織を束ねるアンブレラ組織として作られたFI
だが、現在では、欧州各国、北米、日本、オーストラリア、ニュージーランド、
インドなど、30か国以上に認証ラベルの推進組織が広がっている。

2004年、それまでフェアトレード基準の策定と、生産現場での基準遵守状
況のチェック機能の両方を果たしてきたFIから、監査・認証機能を切り離し、
独立した認証専門機関FLOCERTを設立。客観的な「国際フェアトレード認
証制度」として確立させた。

2007年には、中南米・アフリカ・アジアの各地域生産者ネットワーク組織
もFIの構成メンバーとして正式に加わり、消費国主導ではなく、生産国側も
共にフェアトレードの国際基準や方針づくりに取り組む体制を整えた。その後
2013年には、消費国側メンバーと生産国側メンバーの議決権を50/50にバラン
スさせ、本当の意味で対等な立場での運営体制を固めた。

筆者が所属するフェアトレード・ラベル・ジャパンは、FIの日本メンバー
として、認証ラベルの管理推進を担っており、フェアトレードに取り組む企業・
団体、教育機関や行政などと連携しながら、日々、フェアトレード市場の拡大
に取り組んでいる。

二つの認証スキームで持続可能な生産と調達を促進

フェアトレード市場が発展している欧州各国では、実に90％以上の消費者
が認証ラベルを認知するほど浸透している。欧州のスーパーマーケットに行く
と、コーヒー、茶、バナナ、チョコレート売場など、至る所で認証ラベル付き
製品が陳列され、バラエティ豊かに品揃えされている。

2002年に世界共通ラベルとして現在のデザインになって以来、20年に渡って
フェアトレード商品の目印の役割を果たしてきた認証ラベルだが、現在は2種
類の認証ラベルが展開されている（表6-1）。モノクロ印刷のため本紙面では違
いが分かりづらいが、黒い四角いラベルに水色と黄緑色を配し、人が手を挙
げている国際フェアトレード認証ラベルのデザインをベースに、FSIラベルは、
黒い部分が白抜きされたデザインとなっている。

国際フェアトレード認証ラベル（表6-1左側）は、それが表示されている最終
製品が、フェアトレード製品として認証されていることを示している。最終製
品に含まれるすべての原材料にフォーカスし、フェアトレード認証対象産品に

表6-1　2つの国際フェアトレード認証スキーム概要

認証ラベル		
名称	国際フェアトレード認証ラベル	国際フェアトレード原料調達ラベル （FSIラベル）
概要	最終製品を認証する制度	法人単位でフェアトレード調達を促進する制度
目的	当該製品の原材料のうち、できる限り多くの認証原材料を使用することで、生産者への利益を最大化させること	特定原材料の持続可能な調達を望む企業が、幅広い製品へ使用することを可能にし、生産者のフェアトレード売上を増大させること
主なポイント	フェアトレード認証対象原材料は原則100％使用し、かつ全原材料中フェアトレード含有率20％以上の製品を認証	企業は、単一のフェアトレード認証原材料の調達量を増やしていくことをコミットし、目標年を定めて年々調達量拡大に取り組む（最終製品への含有率を問うものではない）
生産者への主な保証	・フェアトレード最低価格の保証 ・フェアトレード・プレミアムの保証 ・長期的取引の促進 ・前払い　など	同左 （生産者への保証内容は全く同じ）

FSIラベルの例として、カカオ版ラベルを掲載しているが、コーヒー、茶、砂糖、コットンなど、全認証対象産品（バナナを除く）で取り組むことができる（2022年現在）。

ついては、原則すべて認証原材料を使用することが求められている。例えば、カカオ、砂糖、アーモンドを原材料とするチョコレート製品を商品化しようとする場合、それら3つの原材料はいずれもフェアトレード認証対象産品であるため、原則として全てフェアトレード認証原材料を使用しないと、最終製品に認証ラベルを表示することができない（一部、例外あり）。フェアトレードによる生産者利益を製品単位で最大化させることにこだわった仕組みとして、長年、消費者にも支持されてきた。

　一方のFSIラベルは、単一（時には複数）原材料にフォーカスし、製品単位ではなく法人単位で、企業が事業全体でフェアトレード調達量を増やしていくことにコミットすることが求められる。企業は、複数年に渡ってフェアトレード認証原材料の調達量を増やしていく目標を設定し、毎年、その達成度を対外

的にも公表しながら、目標調達量に向かって取り組んでいく仕組みだ。FSIラベルは、その企業が特定原材料のフェアトレード調達拡大にコミットしていることを示すものである。

　FSIラベルの導入は、特定の原材料について責任ある調達をしたいと望む企業に、フェアトレードへの新たな取組方法を提供すると同時に、途上国の生産者には、フェアトレード条件での取引量を増やす新たな機会となっている。また、消費者にとっても、これまでの製品認証ラベルに加え、FSIラベルの製品が増えていくことにより、買い物を通してフェアトレードを応援できる選択肢が広がっていく。

　日本では、まだFSIラベルが表示された製品が数少ないが、世界的には、グローバル規模のチョコレートメーカーや大手小売チェーンのプライベートブランド商品を中心に、FSIラベルの製品が拡大しており、フェアトレード調達拡大に大きな役割を果たしている。特にカカオでは、2014年にFSIラベル（旧フェアトレード調達制度）が導入されたことにより、生産者がフェアトレード条件で販売したフェアトレード認証カカオの数量は、4倍以上に増加し（図6-1）、カカオ農家の所得は、この4年間で85％増加したとの調査結果も出ている（2021年FI年次レポート）。

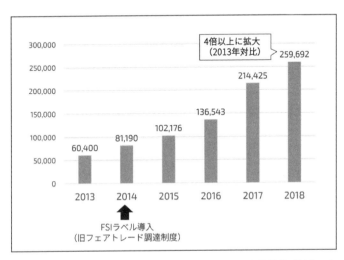

図6-1　フェアトレード認証カカオ　グローバル販売数量推移（単位：トン）

第2節　サステナビリティを脅かす気候変動と人権課題

　生産者は、環境面・社会面の数多くの要件を満たすべく、日々、努力を重ねている。森林や生物多様性を保全しつつ、児童労働・強制労働・人種差別など、人権侵害のない生産体制・安心安全な労働環境を整備するには、当然コストが伴う。そうしたコストを生産者がきちんと回収するのは、そう簡単なことではない。環境配慮・人権配慮は、世界のビジネスのスタンダートとなりつつあるものの、それらのコスト負担は相変わらず生産者に強いられているのが実態だ。児童労働・強制労働といった人権侵害や気候変動がもたらす課題は、2020年から続く新型コロナウィルス感染症の影響により、改善どころか悪化の一途をたどっている。

　SDGs の広がりに伴い、世界ではサステナビリティへの取組みが活発化しており、特に多くのグローバル企業によって、生産者への技術支援や環境対策など、多くのプログラムが実行されている。しかし、取引対象物に対し、生産者の持続可能な生産と生活に十分な価格の支払いを意識している企業がどれだけいるだろうか。生産者支援の名目でさまざまなプログラムが展開される一方で、生産物の買取価格が低く抑えられている状況では、生産者の暮らしぶりは一向に良くならない。通常の貿易・取引において、原料の買取原価を企業が自ら公に明かすことなどまず考えられない。第三者の目が入ることもないため、「公正な取引」を掲げている企業であっても、生産者へ正当な価格が支払われているのか、消費者にはわかりようがない。

サステナブル調達方針としてフェアトレードが選ばれる理由

　国際フェアトレード認証基準では、持続可能な生産を支えるための「フェアトレード最低価格」と、生産者たちのより良い未来を実現するための「フェアトレード・プレミアム」が具体的な金額で設定されている。この二つの価格基準は、国際フェアトレード認証が他の類似認証から一線を画す最大の特徴である。これらの価格基準は、生産物の売買取引において、買い手が生産者組織に直接保証することを課している。そして、第三者の認証機関が行う監査によって、それらの価格が本当に生産者に支払われているのかチェックされている。

フェアトレードの対象産品の中で、世界的にいち早くサステナビリティへの危機感が高まったのはカカオ業界であろう。カカオ生産の背景には、貧困、児童労働、森林破壊、気候変動と深刻な課題がつきまとう。カカオを生産しても、生産者はなかなか貧困から脱却できず、結果、子どもたちを学校に行かせることもできず、児童労働がなくならない。この負のスパイラルから抜け出せない状況で、カカオの樹齢も増し、そこに気候変動の打撃も加わり収量が低下。少しでも生産量を増やそうと、森林伐採が横行し、森林破壊も深刻だ。

　そんな状況を食い止めようと、2010年前後から、グローバルメーカー各社はカカオのサステナブル調達に舵を切り始めた。フェアトレード認証を始めとする国際認証を採用し、自社で調達するカカオをすべてサステナブルな国際認証カカオへと切り替える動きが定着していった。

　オーストリア最大の菓子メーカーのマナー社（Manner）は、2021年より、使用カカオを全量フェアトレード認証カカオに切り替えている。同社のマーケティングマネージャーは、フェアトレード認証カカオ採用に際し、「私たちの商品に使われるカカオを作る生産者たちが、その働きに対して公正な対価を得ることは重要なことだ」と語っている。

　また、貝殻型のチョコレートで有名なベルギーのギリアン社（Guylian）は、2022年からカカオをフェアトレード認証に全面切り替えしている。「サステナビリティの追求として、カカオ生産者に適正価格を保証するフェアトレード認証を意識的に選択した」と発表している。

　もちろんフェアトレード認証は、単なる価格保証制度ではない。生産者たちが直面するさまざまな課題を克服し、生産者たちが自らの力で未来をより良くしていけるよう、価格基準以外にもさまざまな仕組みが組み込まれている。ただ、フェアトレード認証を選択した多くのグローバル企業がその理由として共通して挙げるのは、やはり「フェアトレード最低価格」と「フェアトレード・プレミアム」だ。生産者が安心して暮らせる環境を整えることは、品質や収量の安定的確保、ひいては自らの事業の存続性にも関わることであり、サステナビリティの実現には欠かせないという見方で一致している。

第3節　成長する国内のフェアトレード市場

　1993年に「フェアトレード・ラベル」が日本に導入されて約30年。現在では、国内240社以上の企業・団体がフェアトレード基準に従って原材料の輸入・製造・販売に取り組んでいる。2021年のフェアトレード認証製品国内市場規模は推計約158億円、国民一人当たりの年間購入額は、この10年で2倍以上に増加している（図6-2）。

　小売大手のイオンは、2004年以来、プライベートブランドの「トップバリュ」でフェアトレード認証製品を各種展開している。2014年には、日本、そしてアジアの企業として初めて、フェアトレード認証カカオの調達拡大コミットメントを発表し、2020年までに2012年対比で調達量10倍を掲げ、2018年に前倒しでその目標を達成した。2021年3月には次なる新たなコミットメントを発表し、2030年までにトップバリュのコーヒーとチョコレートは原則すべて、国際フェアトレード認証ラベル、もしくはFSIラベルの付いた製品に切替えていくという大きな目標を掲げ、取組みを進めているところだ。イオンのこの大きな決断は、今後、メーカー各社にも大きな影響を及ぼし、日本のフェアトレード市場にとって大きな弾みになると期待している。

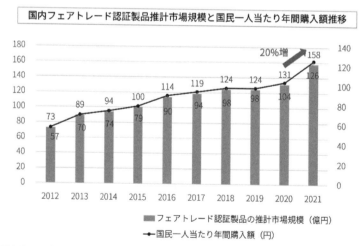

図6-2　国内フェアトレード認証製品推計市場と国民一人当たり年間購入額の推移

グローバルでコーヒービジネスを展開するUCCグループは、サステナビリティ指針を策定し、2030年までに自社ブランドのコーヒー調達を、国際フェアトレード認証を含め、UCC独自のサステナビリティ基準を満たす原料へ100%切り替えることをグローバル目標として発表した。日本のコーヒー大手として初めて、マテリアリティ（重要課題）の最重要項目に「農家の生計」を掲げる。まさにフェアトレードが注力してきた分野だが、「農家の生計」が持続可能性にとっていかに重要か、日本においては理解が十分に進んでいないこともあり、コーヒー大手のUCCがそこに切り込んだ意義は大きく、今後の取組みと業界へもたらす影響力に期待したい。

真のサステナビリティ実現に向けた挑戦

　現在グローバルで活発に議論されているのは、「生活所得・生活賃金（living income・living wage）」だ。Global Living Wage Coalition が定める「生活所得」の定義では、「世帯のすべての人間がまともな生活を送るのに必要な年間収入。まともな生活水準の要素には、食料、水、住居、教育、健康、交通、衣服、その他、突然の出費も含めた欠かすことのできないニーズを含む」とされている。人権侵害や環境破壊を起こさない、というレベルではもはや不十分であり、SDGs が掲げるように、誰一人取り残すことなく、地球上の皆が人間らしく生活できる世界の実現のため、自社のサプライチェーン上で働く人すべてが生活所得・生活賃金を得ることを目指すというのが、次なるグローバルスタンダードになりつつある。フェアトレードでも、基準の引上げや各種プログラムと組み合わせながら、「生活所得・生活賃金」の実現に向けた新たな挑戦が始まっている。

フェアトレードの
フィールドにおける
新しい展開

第7章

メキシコのフェアトレードコーヒー生産者の
バリューチェーン展開
—— JICA-FTP プロジェクトの総括と提言[1]

山本純一

要　約

　慶應義塾大学山本純一研究室フェアトレード・プロジェクト（FTP）は、独立行政法人国際協力機構（JICA）の草の根技術協力事業のスキームを利用して、メキシコ国チアパス州のコーヒー生産者団体に対する６次産業化支援（JICA-FTPプロジェクト）を、第１期（2006～08年）と第２期（2010～13年）に分けて行った。本章は、その概要、成果と課題、提言について記した後、プロジェクト終了後に生じた問題とそれへの対応を含めた最終的な総括を行い、望ましい開発支援とフェアトレード拡大のための提言をする。

はじめに

　慶應義塾大学湘南藤沢キャンパス（SFC）山本純一研究室フェアトレード・プロジェクト（以下、FTP[2]）は、独立行政法人国際協力機構（以下、JICA）の草の根技術協力事業のスキームを利用して、フェアトレードを推進するものの、人材や技術、資金の不足など、さまざまな困難に直面していた、メキシコ国チアパス州のコーヒー生産者団体に対する技術支援を行った。同草の根技術協力事業（以下、JICA－FTPプロジェクトまたは単にプロジェクト）は、第１期支援型（2006年８月～08年３月、総額約1,000万円）と第２期パートナー型（2010年４月～13年３月、総額約4,300万円）に分かれ、その概要、成果と課題、提言については後述するが、基本的な支援戦略は、コーヒーの６次産業化、つまりコーヒーの栽培から生豆の精製、焙煎、焙煎豆の販売、コーヒーショップの経営までを自力で行うことによって付加価値と収益を高めるバリューチェーンを構築

することにあった。それは、「南」の途上国が安価な原料を「北」の先進国に輸出し、「北」がその原料を使用して加工・製造した商品を「南」が高価で輸入するという、「南」にとって不利な「南北問題」の構図から脱却する道でもある。だが、容易に想像できるように、技術力と資本力をもたず、最終消費者が望むような高い品質のコーヒー文化を知らなかった生産者団体にとって、2次産業化と3次産業化は困難を極めるものであった。

本章は、今後の開発支援の参考に供すると同時に、日本におけるフェアトレードを拡大するため、それらの困難をいかに克服したかを明らかにすると共に、プロジェクト終了後に生じた問題とその対応・対策も含めた振り返り、最終的な総括を行い、関係各位に改めて若干の提言をするものである。このため、拙論の構成は以下のようになっている。

最初に、第1節で第1期、第2節で第2期の概要、成果、課題、当初の提言を、主にプロジェクトの事業提案書と最終報告書に基づいて要約する。次に、第3節で各カウンターパートとFTPのその後と現況を報告した後、むすびとして、望ましい開発支援と日本におけるフェアトレード拡大のための提言を行う。

第1節　第1期
——メキシコ国チアパス州チェナロー区マヤビニック生産者協同組合に対するコーヒー技術支援計画

1．概要：事業の背景と必要性、問題の解決策

メキシコ国チアパス州は、同国の最南部に位置し、識字率や教育程度、電気・水道の有無、住宅の質、所得などをもとにして同国政府が算出した疎外指数で全国1位という最貧州である。とくに同州人口522万人（2015年現在）の3分の1を占めると言われる先住民の困窮ぶりはさまざまなメディアで紹介されている。その困窮度に拍車をかけたのが、1994年1月1日に武装蜂起した「サパティスタ国民解放軍」[3)]と同国政府との対立で、国内難民となった先住民も数多い。

他方、1989年以降、ICO（国際コーヒー機関）の輸出割当の調整失敗によってコーヒーが自由貿易化、即供給過剰となり、国際価格（ニューヨーク相場）が暴落したことをきっかけとする「コーヒー危機」の影響も大きい。チアパス州中部のチアパス高地に住む多くの先住民にとって、コーヒーはほとんど唯一と

も言える商品作物であり、その現金収入の7割以上がコーヒーによるからである。

　さらにこの状況を悪化させたのが、それまで政府保証価格での買い上げや技術指導をしていたメキシコ・コーヒー公社の業務停止・解散であった。このような苦境下にあって、1990年代以降、生産者のなかには協同組合を結成し、独自の販路づくりや品質改善に取り組む動きが活発化した。一般に、メキシコのコーヒー生産は「先住民コーヒー生産システム」と呼ばれているが、これは、ⅰ）コーヒー生産者の7割弱を先住民が占め、そのほとんどが2ヘクタール以下のコーヒー畑しか所有していない小規模生産者で生産性が低い、ⅱ）前述したように、コーヒーが生産者にとって中心的な商品作物である、ⅲ）基礎的な生産設備・社会資本が欠如している、ⅳ）共同体意識が強く、その意識があらゆる生産活動・組織に浸透しているからである。最後の点は、皮肉なことではあるが、「貧者の連帯」としての協同組合運動が発展する下地になったと言えよう。

　本事業の対象とするマヤビニック生産者協同組合（以下、マヤビニック[4]）の組合員のなかにも、自分の村に帰れず、難民村や新天地での生活を続けている者がいる。このマヤビニックは、マヤ系ツォツィル族の先住民組織「ラス・アベッハス（蜂の意）」に所属するコーヒー生産者が中心となって1999年に組織した協同組合である。彼らは、前述した内乱状態から自分たちの生活を守るため、そして「コーヒー危機」から立ち直るため、安く買い叩かれる仲買人（現地では「コヨーテ」と、敵意をもって呼ばれる）に売るのではなく、独自の販路づくり、つまり卸売販売員を通じた焙煎豆の国内販売とフェアトレードを通じた生豆の輸出に努めている。

　しかしながら、十分かつ適切な生産設備をもたないことや、販売経験の浅さから来る数々の問題を抱えている。これらの問題、とくに生産設備と焙煎技術にかかわる事柄は、同組合の人的資源および資金力を考えると、自力では解決不可能と思われる。そこで本事業では、

①一次加工（チェリーと呼ばれる果実の果肉を除去し、生豆に精製する前段階の殻付き豆＝パーチメントにするまでの加工）設備の整備ならびに一次加工に関連する技術指導

②既存の焙煎設備の改善・改良指導および日本での焙煎技術の指導と現地での適用

③世界で最も品質に敏感といわれる日本のコーヒー市場の理解を通じて、マヤ

ビニックの生豆および焙煎豆の品質改善と販売促進＝収入拡大
を提案するものである。

　また、本事業の目的ではないが、日本での販路拡大についても、2004年8月
に輸入した生豆（6.9トン）の売れ行きから見て、2006年はこれを10トンに増加
すると共に、より高い価格の実現を期待できる状況にある。

　以上のように、本事業は、耕作可能な所有地に限度があることから、作付面
積の増大ではなく、生豆の品質向上による輸出単価のアップと焙煎豆国内販売
の増大によって収入の拡大を図るモデルである。

２．成果と課題

　本事業の主目標は、前述したように、コーヒー生産・販売による現金収入向
上の機会創出で、日本研修およびメキシコでの実地指導の結果、売上・収益・
販売単価などの定量面および組織改革・経営計画の策定などの定性面での顕著
な改善が見られた。具体的には、プロジェクト開始前年に比較して、組合総収
入は2006年1.40倍、2007年1.09倍に増加した——年度によって収入に大きな差
があるのは、隔年で豊作と不作が来ることや、国際市場価格の上昇に伴い、組
合ではなく、買い付けに来る仲買人に販売したことが考えられる——ほか、焙
煎豆1kgあたりの平均販売単価も49ペソから58ペソへと上昇した。また、メ
キシコ研修では販売員から多数のクレームを受け、販売員と密接なコミュニ
ケーションをとることの重要性を知り、その後の日本研修で迅速なクレーム処
理の方法を学び、組織改革を行ったほか、FTPからの提言を受け入れ、中期
経営計画（2008～12年）が策定されるようになったことの意義も大きい。この
ような改善はマヤビニック単独では短期的に実現することが困難で、JICAに
よる本事業終了時評価においても、コーヒー市場・技術に精通したFTPの支
援活動の妥当性・有効性・効率性が高く評価されている。

　しかしながら、国内での焙煎豆販売の伸び悩みや米国レストラン・グループ
への焙煎豆輸出商談の不首尾に見られるように、マヤビニックが自立的発展に
必要十分な商品力と営業力を獲得したとは言えない。これを実現するには、生
産者が直接、消費者（市場）のニーズを把握、学習することによって、それに
応えるための技術や経営理念・戦略をもつと同時に、圃場や労働環境等の生産
状況、さらには公正な市場と持続可能な社会をめざすフェアトレードの理念と

意義を直接消費者に伝えて相互のリテラシーを高め、生産者と消費者間のより直接的な関係を築く必要がある。また、この点は、コーヒー加工工程で発生する廃棄物「不処理」で典型的に見られるように、より高次な社会益（公益）にまで思いが至らないマヤビニックの意識改革を図るためにも重要なことである。そして、そのための具体策としては、消費者と直接触れ合うことのできるコーヒーショップを開店・運営することや国際産直が考えられる。ただ、コーヒーショップの開店・運営や国際産直には今回の官学連携では不十分で、ショップ運営のノウハウを有する外食産業や販売力のある生協・自家焙煎店等との連携を視野に入れる必要がある。そのさい、中間組織であるFTPの果たすべき最も重要な役割は、資金提供者である「官」と、ノウハウと販売網提供者である「民」とを単に架橋するだけでなく、産官学が共通目標に向かって相互浸透的なコラボレーション（協働）のできる体制を構築することであろう。

3. 提 言

(1) パートナーシップからコラボレーション（協働）へ

　FTPはJICAの終了時評価を「外部」評価として受け止めている。なぜならば、2年近くにわたった本プロジェクトの最初から最後まで関係した方の評価ではなく、JICA横浜からの現地調査も最後の1回限りだったからである。ただし、その評価自体は「第三者」的な視点からおおむね適切、的確なものであり、FTPとしても学ぶことが多かったと考え、高く評価している。問題は、JICAが資金を提供し、最終年次に現地を訪れ評価を行うといった関係をパートナーシップ（連携）と呼ぶのであれば、草の根技術協力事業が真に成果を上げるために望まれるのは、このようなパートナーシップではなく、JICA自身が初年度から現地訪問を含め、ある程度プロジェクト自体に関与し、JICA－支援団体－被支援者との間の密なコミュニケーション（相互批判も含む）を図るコラボレーション（協働）型の体制づくりであろう。JICAの内部規則や制度を知らないので、外部者の戯言と思われるかもしれないが、あえて、資金提供者（業務委託者）とプロジェクト実施者（業務請負者）としての境界を超えるような枠組み＝相互浸透的コラボレーションが必要だと訴えたい。FTPとしてはこの点を当初から意識し、JICAメキシコ事務所に対して、同事務所での研修開催やコーヒー販売促進などの協力を仰いだ次第である。

(2) 産官学協働型プロジェクトの必要性

　日米へのコーヒー生豆輸出については、すでに採算のとれるビジネスであり、JICA の枠組み（資金）を使用しなくとも実現可能と思われる。しかしながら、第2期で構想しているメキシコの生産者組合もしくはそれを支援する団体が直営するコーヒーショップの開店には日本での長期研修と多額の資金が必要で、産業界からそのような寄付を得ることは非常に困難である。また、このようなインキュベーション事業には、産業界のショップ開店・運営ノウハウ、JICA の資金協力、FTP の現地情報・人脈を有機的に結合することが不可欠である。JICA にこのような産官学の協働プロジェクトを支援する枠組みがあるかどうかも分からないが、いずれこの三者協働プロジェクトを提案したいと考えている。

(3) 専門家集団に対する事務処理業務の提供

　FTP は慶應義塾内外の専門家集団であり、その内部に事務局（事務員）を有していない。通常、学内の事務処理は事務担当者もしくはプロジェクトで雇用するパートタイマーが担当するのが常である。本事業の場合、資金に限度があるためこのような事務員を雇用することができず、会計処理と3カ月ごとの報告書作成をプロジェクトマネージャー（筆者）が行うこととなった。今後も、FTP のような、事務局をもたない専門家集団が草の根技術協力を申請希望する場合もあると思われるが、その場合には、事務員雇用のための特別予算枠を認めるとか、煩雑な会計処理自体を JICA 側でも負担するような仕組みを考えていただければと思う。専門家が主導することによって協力事業の成果が大いに期待できる反面、そのような専門家の事務処理能力には限界があると思われるからである。

第2節　第2期
──メキシコ国チアパス州先住民関連3団体に対するコーヒーの加工・焙煎およびコーヒーショップの開店・経営に関する技術協力事業

1．概要：事業の背景と必要性、問題の解決策

　第1期の JICA-FTP プロジェクトを通じて、焙煎技術の向上、焙煎設備の整備等に取り組んだ結果、受益者であるマヤビニックの収支はそれまでの赤字か

ら黒字を達成するに至ったものの、識字率や教育環境は依然、他行政区と比較
しても低い。生産者組合の発展に大きく影響する次世代に対する教育も大変重
要であり、組合としてもその必要性を強く認識しているが、十分な教育が受け
られる環境が整っておらず、たとえば中学校は車で1～2時間かかるところに
あるのみである。そのうえ、遠く離れた中学校に通っても大半は大都市では教
える能力が低いとみなされた教師であり、授業の質はきわめて低く、先住民に
対し失望感や差別意識を持っていることすらある。州政府は行政の役割を果た
す資金的余力はなく、教育環境は地域の人々による整備が必要とされる。

　これらの状況のさらなる改善には、これまでのコーヒー生豆の輸出、焙煎豆
の販売に加えて新しい方法で収益を拡大し、組合が主となり行政サービスの補
完を図る必要がある。その最も効果的な手段となりうるのがメキシコ国内にお
けるコーヒーショップの運営である。実際に、メキシコ国内におけるコーヒー
の需要は年々高まっており、コーヒーショップ店舗数の増加傾向が見られる。
しかし、これらのコーヒーショップを経営しているのは、米国の巨大企業やメ
キシコ国内の富裕層、いわゆるメキシコ国内の南北問題の「北」側に属する層
が大多数を占めている。メキシコ国内の「北」側が「南」に属するコーヒー生
産者協同組合から安価でコーヒーを買い取り、それを利益率の高いコーヒー
ショップの運営という形で収益を上げているのは、メキシコ国内における格差
の構造（国内の南北問題）を表しているとも言える。そして、そのような構造
を改善するためには、生産者（先住民）が直接経営し、フェアトレードの理念
にもとづく地産地消型のコーヒーショップを開店、運営する必要がある。コー
ヒービジネスにおいて最も収益を上げることができるフィールドは、焙煎豆の
販売に加えてコーヒーショップを運営しカップで提供することである。そこで、
本事業では、第1期で支援をしたマヤビニックを引き続き支援対象とし、コー
ヒーショップの運営を通じて高収益を得られることをめざす。

　他方、焙煎技術についても、有望な市場である米国への焙煎豆輸出を実現し、
自前のコーヒーショップを成功させるにはさらなる改善が求められる。そして、
焙煎豆の品質向上のためには一次加工についても、第1期で建設した加工施設
を利用した研修を実施し、各家庭での一次加工技術を向上させる必要がある。

　さらに、第1期ではチアパス州中部に位置するマヤビニックのみへの支援で
あったが、生豆輸出だけでなく、付加価値の高い高品質焙煎豆の国内外での販

売に進出しようとする団体は、チアパス州北部と南部にも存在する。そこで本事業では、マヤビニック以上に貧困度合いが強い同州北部の、イエズス会宣教団を母体とするバツィルマヤ有限責任会社を中心とするグループ[5]（以下、バツィルマヤ）、ならびに同南部にあるチアパス州シエラマドレ山脈エコ農民協同組合（以下、セスマッチ[6]）が参画する。バツィルマヤとセスマッチは、マヤビニックと生豆、焙煎豆の輸出に関する情報交換などにおいてすでに連携をとっている。また、両団体とも組合員の拡大に積極的に取り組んでおり、本事業に参画することで、受益者が拡大することはもちろん、本事業の波及効果を高めることにもつながる。

メキシコ側カウンターパートは、すでに6次産業化を構想しているバツィルマヤを除き、コーヒーショップを運営するにあたって必要なコーヒー抽出技術、経営ノウハウについての知識は皆無である。このため、本事業においては日本のコーヒーショップ経営のノウハウ、接客サービス、コーヒー抽出技術の研修を日本の店舗で行う。研修を通じて習得した技術・知識をもとに、メキシコ国内でコーヒーショップを出店するが、出店後も引き続き日本の専門家によるアドバイスを提供する。しかしながら、地元のコーヒー文化、消費者の嗜好、地域性に精通しているのはカウンターパートであり、出店地域の検討、店舗設計、メニュー構成等に「土地っ子」の知識・知恵を活用する必要があり、カウンターパートとの協議、合意形成が欠かせない。

最後に、自戒の念を込めて特記するが、第1期から第2期にかけて、FTP内部において問題が発生した。すなわち、本プロジェクトならびにフェアトレードの理念と実践をめぐって、協力企業やメンバー同士の意見衝突があり、第1期に協力していただいた大手企業や一部の専門家が第2期への参画を取りやめるという「突発事故」が起き、互助・共益よりも自社利益を優先する企業と連携を図ることの難しさを改めて知ることになったのである。大手企業の協力を得られなくなることは、研修や販路の拡大で大きな痛手を被ることを意味し、JICAの方も心配されたが、その後、労務問題が原因で「ブラック企業」として批判される大手協力企業と袂を分かつことになったのは、結果として、フェアトレード組織としてのFTPがフェアトレードの理念（周辺化された生産者に対する自立支援、長期的な対等な関係構築、結社の自由や良好な労働条件の保証など。詳しくは山本（2019）を参照）に誠実であることにつながったと評価できよう。

2．成果と課題 [7]

　第1に、プロジェクトマネージャーや現地調整員の交代等、FTP の支援体制構築に若干の遅れや不安定さはあったものの、生産工程改善のなかで計画されたビジュアルエイドの活用、3S（整理・整頓・清掃）、マニュアル化は3団体のすべてで実施、継続されている。アクションプランの作成とそのモニタリングの継続はなされていなかったものの、実際には、当初あげられたプランの通り実践されていることが確認された。また、身近なところから小さな気付きを具体化し、蓄積できるようになったことからも、「改善」の実践の意義が高いと言える。生産者が高品質コーヒーを飲んだことがないため——高品質コーヒーは輸出用で、生産者は売れ残ったくず豆を消費している——、生産者向けにカップテースティングを行い、品質への関心を喚起し、より高価に販売できることが分かり、栽培時も品質にこだわる農家が増えてきていることも、効果を生んだ活動の1つと言える。

　第2に、各組合が互いに学び合えたことが、3組合のいずれからも高い評価を得ていた。たとえば、マヤビニックはバツィルマヤから焙煎を学び、セスマッチから経営を学んでいる。セスマッチの焙煎担当者も「マヤビニックのような品質の焙煎コーヒーを作れるようになりたい」と発言していた。日本研修やメキシコでの合同研修会を通じて信頼を醸成したことが、対立の激しいこの地域での相互交流・相互学習を生むもとになったと思われる。

　また、いずれの組合でも組合員が増え、売上も増えているほか、バツィルマヤのコーヒー学校、セスマッチのコーヒーショップというように、自分たちの経験知を次につなげる事業を各々が計画しているほか、これまであまり接点のなかった政府関係機関や生活改善基金のような現地NGO との連携についても検討が進められている。

　「かわいそうな人たち」へのチャリティではなく、あくまでも商品力を高めることに集中したことがグッドプラクティスを生み出したものと思われる。そして、価格変動の大きい、世界の先物市場に左右される生豆のみに頼らない、独自に価格設定が可能な焙煎豆を主力とすることで経営の安定につながったと言える。特筆すべきは、マヤビニックの場合、コーヒーショップの従業員として組合員の子弟を雇用した結果、都会の中学・高校・専門学校・大学での勉学

を促進することにつながり、それぞれの人生の夢を実現する手段をもたらしたことである。

　課題としては、マヤビニックは利益のすべてを組合員に配分する仕組みをとっているため、次の活動につながる投資資金が蓄積されていないことが判明した。マヤビニックはスペイン語が母語ではなく、高等教育を受けた人材も限られ、計画を立てることがまだ苦手なこともあり、経営の持続性を担保するための組織変革が不可欠であろう。

　以上のように、FTP内部の組織作りや組合の経営にかかわる組織強化の観点からの課題は残るものの、先住民族の組合が自力でコーヒーショップを作って運営しており、循環型農業や地域の特産品開発等、より貧困度の高い地域で実践するモデルとしても確立し、ペルーなどの南米を対象とした南々協力へ活用することが考えられていた。

　本案件は大学の教員がゼミ生と共に企画し、そこに大小さまざまな民間企業等の専門家が参加し形成されたプロジェクトで、徐々に問題意識と行動を共にする人材が増えた。計画段階からFTPの顧問、理事として民間企業等の専門家が複数参加しているが、活動を行う上でさらに協力者が増え、組織の人的リソースが強化されたと言える。また、大学での授業、学会での発表、論文等を通じ、本案件が紹介されたほか、ゼミの卒業生がマヤビニック・コーヒーを販売する会社[8]を起業し、銀座三越等でコーヒーが紹介された。また、結果として国内外での広報活動も行われ、新聞、ラジオでも複数回にわたり紹介されたほか、JICA広報誌『JICA's World』や旅行ガイド『地球の歩き方』等にも掲載された。

　メキシコにとってコーヒーはよそから植えつけられたものだが、本案件の場合、単に日本側が押し付けたものではなく、協議を重ね、合意形成を図ることによって現地化することができた。その典型が、マヤビニック・コーヒーショップの店舗づくりで、日墨双方がブレーンストーミングを重ねて、店のコンセプトづくり（「最良のコーヒーを栽培、加工、焙煎し、カップで提供する」、「自分たちの生活の根っこであるコーヒー文化を発信する」）から、資金繰り、歩行者天国に的を絞った店舗探し、内装、運営までを相談し、プロジェクト終了時にはメキシコ側が完全に独り立ちして経営するまでになったのである。つまり既存のビジネスモデルであるスターバックス等を模倣したのではなく、自分たちの伝統

と誇りをもって、独自の考え方や味を生み出していったものであり、単なるコピーではないグローカリゼーションの事例と言える。

　上記と関連し、フェアトレードといえども、原料生産に留まり、その後の付加価値の創出や最終製品へのアクセスが限定的だったビジネスモデルを変革した。カップは原材料の100倍の価格がつくと言われる。この点、従来のフェアトレードへの挑戦という観点も本案件にはあり、畑からカップまで、end to endの価値連鎖（value chain）の普及が強く意識されていた。

　このように、市民の問題意識が周囲に波及し、さまざまな人を巻き込み、案件を実施し成果をだしており、市民参加の観点からも有効だったと評価することができる。

3. 提　言

⑴　「コーヒー学校」の設立による本モデルの普及・一般化

　本プロジェクト第3期ではメキシコ国内外の生産者がコーヒーの栽培から生豆の加工・焙煎、焙煎豆の抽出、コーヒーショップの経営までを学ぶことのできる「コーヒー学校」の設立をチアパス州政府に提案する予定であった。だが、FTPのスタッフ不足とチアパス州政府側の消極的な態度により、これは実現できなかった。チアパス州政府が消極的だったのは、その後のコーヒー政策からも明らかなように、病虫害に弱い有機栽培アラビカ種（レギュラーコーヒー用生豆）よりも、耐性のあるロブスタ種（インスタントコーヒー用生豆）の生産に特化し、多国籍企業との「連携」を強める意図があったと推測される。ただし、このような多国籍企業の「下請化政策」が本当に生産者のためになるのかどうかは、筆者自身だけでなく、メキシコ人専門家も疑問とするところである[9]。

⑵　カウンターパート内部における技術移転の担保

　日本研修を受けたカウンターパート側の人材が、その後退職したり、研修とは関係のない業務につくことがあり、カウンターパート内部における技術移転に支障を来すことがあった。このような事態を防ぐには、研修後一定期間、関連業務に従事するという契約書の締結のほか、業務内容と専門性に即した待遇改善が不可欠と考えられる。

(3)　持続性を担保するためのフォローアップの必要性

通算10年に満たない期間で6次産業化を達成したことは高く評価されるが、その持続性を担保するには、継続的なモニタリングとフォローアップが不可欠と考えられる。そのようなスキームが用意されていないのであれば、それを早急に検討する必要があろう。

第3節　その後の各カウンターパートとFTP

JICA-FTPプロジェクト終了後、さび病[10] という大きな災禍がチアパス州のコーヒー生産者全体を襲った。プロジェクトの現地調整員であった伊藤泰正氏によると、2013～14年度のマヤビニックの収穫は7割減、ヨモラテル（旧バツィルマヤ・グループ）はほぼゼロ、セスマッチも収穫7～8割減で、とくにコーヒーのモノカルチャーであったセスマッチは組合としてよく存続できたと言う。だが、2016年末現在、さび病の問題はほぼ解決し、この病気に耐性のある品種を栽培しつつある。このような状況にあって、各カウンターパートとFTPのその後の概況をまとめる。

1．マヤビニック

2013年3月のプロジェクト終了直後、2011年11月に開店したコーヒーショップの不明朗会計の問題が発生した。このため、店長が交代し、本部と有力支援者が経営に直接タッチするようになる。一時は閉店も検討されたが、伊藤氏を含む外部支援者（メキシコ人実業家）の助言と新組合長の「鶴の一声」により最低5年は継続することになった。コーヒーショップの経営はその後順調で、2015年に第1店舗を拡張し、2016年8月には第2店舗（豆売りとテイクアウト専門）を開店するほどに収益を伸ばしている（月間総売上げ20万ペソ以上）。収益増の原動力はメキシコ国内での焙煎豆販売で、2016年には年間45トン（全体の4割ほど）に達し、生豆輸出と国内焙煎豆輸出の割合を半々にするという経営目標に近づいている。

他方、プロジェクトマネージャーであった筆者の指示に基づく伊藤氏のロビー活動により、2015年に総額約1,000万円の外務省草の根・人間の安全保障無償資金協力（以下、草の根無償）を得て、新事務所兼工場を建設した。ただし、

建設費の全額を草の根無償で賄ったのではなく、フェアトレードプレミアム等の資金も使い、コーヒーラボは自前で設置している。このように、以前は課題とされていた、投資資金の蓄積も行えるようになっている。

　特筆すべきこととして、マヤビニックは、メキシコにおける農業生産者組合の6次産業化の成功事例として、メキシコ人の研究論文[11]で言及され、高く評価されている。組合員数も増加し、2016年末現在、その数は729名と、プロジェクト当初を270名ほども上回っている。課題の組織改革も、組合長・財務担当・書記という3役の任期が2年から4年に延長されると共に、同時に3役が交代するのではなく、時期をずらして交代することによって経営の継続性と長期的な経営戦略の立案・実施を担保している。長期的な経営戦略とは、前述した焙煎豆の国内販売の拡大、そしてハチミツやマカデミアナッツといった新商品の開発で、ハチミツはすでに商品化され、欧州に輸出し、国内でもコーヒーショップで販売されている。

　残された課題は、まだ外部からの支援を必要としていることから分かるように、真に自立・自律できる人材育成と組織作り、資金調達力にある。

2．ヨモラテル[12]（旧バツィルマヤ・グループ）

　プロジェクト終了後の2015年、コーヒーの栽培から精製・焙煎・抽出、コーヒーショップの経営までを学べる「コーヒー学校」を地元チアパス州北部チロンに開設した。また、コーヒー焙煎豆入りのチョコレート・ビーンを開発するなど、商品の多様化を実現している。このため、2014年に草の根無償2件で1,600万円の資金を得ている。1件は一次加工プラントの建設、もう1件はパーチメントから生豆にする二次加工プラント兼新事務所の建設で、その生産能力は年間150トンにまで高まった。そして、これまではイエズス会系の大学に出店していたが、2015年にはメキシコ市の非イエズス会系の大学に第4店舗を開店、経営的に安定し、その戦略である国内チェーン網の拡大を図ると同時に、オーナーの変更によってストップした米国レストラン・グループへの焙煎豆輸出に代わり、スペインへの輸出を実現させた。

　しかしながら、さび病の被害による影響は大きく、グループ内の生産者組合の収穫量では原料としての生豆供給が大幅に足りず、他の地域の生産者から買い上げる結果となり、組合員数も2017年現在約250名と、プロジェクト開始時

から30名ほど増えたにすぎない。このように、残された課題は、生産者組合の組合員の増加が伸び悩み、指導的役割を担う先住民が不足していることからも分かるように、先住民主体ではなく、イエズス会の貧困対策事業の枠組みを超えていない点にある。

3．セスマッチ

前二者の成功を見習い、プロジェクト終了後の2013年12月に、チアパス州都トゥクストラ・グティエレス市にコーヒーショップを自力で開店した。ショップは3年目に損益分岐点に達し、単年度の赤字を解消、州都に住む日本人を含めた常連客の支持を得ている。

コーヒーのモノカルチャーでありながら、さび病という大きな災厄を乗り越え、組合が存続できた理由は、農学士という専門家を多数抱えていたこと、生産者に対するマイクロクレジットの供給や強制貯蓄制度、自給用家庭菜園の促進など、実利を伴う連帯意識の醸成にあったと思われる。

なお、前二者と同様、伊藤氏の協力を得て、2014年に草の根無償（総額約400万円）を得て焙煎工場を改築している。

課題は、上記草の根無償の会計検査でトラブルが発生したことからも分かるように、事務処理能力に長けた人材が不足していること、そして組合の念願であるスペシャルティコーヒーとしてのブランド化にある。

4．FTP

会長であった筆者の定年退職に伴い、2016年3月に解散した。

JICA担当であった杉山世子氏は、前述のように、社会的企業[13]を2011年に設立し、プロジェクト協力企業であった名古屋の齊藤コーヒー株式会社（日本最大のコーヒー会社であるUCCグループの一員）と連携して日本への生豆輸入（マヤビニックだけでなく、セスマッチを追加）に尽力した後、2017年には自社単独での輸入を実現したほか、出身地である浜松市のフェアトレードタウン運動にも参画している。

協力企業であった齊藤コーヒーは、フェアトレードを促進するため、名古屋市のフェアトレードタウン実現に協力したほか、大日本印刷やNTTデータなどの大手企業やコメダ珈琲店の直営店にFLO認証のフェアトレードコーヒー

を提供している。

　現地調整員であった伊藤泰正氏は、筆者の要望に従いプロジェクト終了後の支援活動として、メキシコ国内でマヤビニックの焙煎豆、ヨモラテルの新商品であるチョコレート・ビーンをメキシコ在住の日本人家庭に販売するほか、セスマッチのコーヒーショップなどでサイフォンを使った抽出法の普及に努め、日本式コーヒー文化の伝道師となっている。

　総責任者であった筆者は、2016年3月末に慶應義塾大学を定年退職し、目下、フェアトレードの理論化を中心とする研究活動と大学院レベルのフリースクール「大地の大学」と居住地域での社会活動に専念している。

第4節　おわりに

　最後に、以上の経験と教訓に基づき、望ましい開発支援と日本におけるフェアトレード拡大のための若干の提言を行い、本章のむすびとしたい。

　(1)　ポリシーミックスによるロックイン効果とフォローアップの重要性

　JICA-FTPプロジェクト終了後、草の根無償を得ることによって、各カウンターパートの本プロジェクトへのコミットメントを強化できたことは特筆すべきことである。2つの異なる支援を組み合わせるといった、いわばポリシーミックスによってプロジェクトへのロックイン効果が得られ、カウンターパートのオーナーシップ意識の醸成につながったと考えられる。また、プロジェクト終了後も、伊藤氏、杉山氏、筆者が定期的に各カウンターパートを訪問し、モニタリングや支援・連携を継続しているというフォローアップの重要性も指摘したい。

　(2)　フェアトレード促進のために求められるドナー側の政策フレキシビリティ

　第2期の契約時には、農水省から日本の焙煎企業の利益に反するという理由でクレームがつき、FTPが直接、カウンターパートから生豆または焙煎豆を日本へ輸入しないという一札を入れることになった。このため、FTPは直接輸入するのではなく、協力企業と連携し、同企業が輸入するという「間接的」な手段をとらざるを得なくなった。フェアトレード促進という大義のためには、狭量な保護主義を再考する必要がある。

　(3)　企業との連携によるフェアトレードのための人材と社会的企業の育成

市民社会よりも企業が圧倒的な力をもつ日本においては、フェアトレードに理解・関心のある企業との協力・連携が、フェアトレード促進にとって不可欠である。そして、この協力企業との連携によって、豆乃木のようにまだ小さい種ではあるが、フェアトレードに関連する人材や社会的企業の育成も促進される。ただし、一般に、企業は自社利益を第1とするので、すでに述べたように企業との連携は簡単ではない。

　⑷　アカデミズムによる実践活動の評価とフェアトレード関連科目の設置

　マヤビニックの事例がアカデミズムで高く評価されたことは、関係者の自信と矜持につながっている。また、筆者のゼミを通じて卒業後もフェアトレードにかかわる人材が輩出したことは、フェアトレードの推進にとって大きな力となっている。しかしながら、アカデミズムによる支援はまだ不十分で、フェアトレードの理解と人材育成のため、同関連科目を大学内に設置することが強く望まれる。

　⑸　以上の結論としての産官民（学および市民社会）の連携

　JICA の技術協力事業は、技術と機材・設備のパッケージという優れた開発支援スキームであるが、残念ながら JICA にコーディネーション能力がなく、請負団体への「丸投げ」状態となっており、その請負団体にも企画・調整・実行能力に欠ける面が多いので、成功事例が少ないのではないかと思われる。JICA が進める官民連携については、民という意味が産業界に偏っており、学識経験者や市民団体を含む広い意味での民との連携を図り、本プロジェクトのように、企業の経営・販売戦略と JICA の開発支援戦略を整合的なものにすることが重要と考えられる。この点、繰り返しになるが、現地での豊富な経験や専門的知見を有する「学」および NPO を中心とする市民社会は両者を仲介する調整者としての役割が期待される。

【注】

1）本章の最終的な総括と提言は筆者の個人的見解であり、誤りがあるとすれば筆者個人の責任である。また、この場を借りて、本プロジェクトにかかわっていただいた JICA および FTP の皆様に改めて御礼申し上げる。

2）FTP については、山本（2009）を参照。

3）サパティスタ国民解放軍については、山本（2002）を参照。

4）Maya Vinic とはツォツィル語で「マヤ人」という意味。なお、マヤビニックの

詳細については、山本（2006）と山本（2013a）を参照。

5) 焙煎会社のバツィルマヤ（Bats'il Maya）有限責任会社、先住民協同組合のツン
  バルシタラー（Ts'umbal Xitalha'）、コーヒーショップを経営するカペルティック
  （Capeltic）株式会社の3団体から成る。このグループは、本プロジェクト開始前
  からコーヒーショップを経営するという構想を有しており、6次産業化という基
  本的な開発支援戦略は、このグループ、ならびにマヤビニックとの討議を経た結
  果である。なお、Bats'il Maya とは、ツェルタル語で「真のマヤ」という意味である。

6) セスマッチ（CESMACH）とは、Campesinos Ecológicos de la Sierra Madre de
  Chiapas（チアパス州シエラマドレ山脈エコ農民協同組合）の略称で、ケツァー
  ル鳥も住む環境保護地区に隣接することから、エコ意識と生豆の品質に強いこだ
  わりをもつ組合である。

7) 第2期の成果と課題は、当時JICA横浜国際センターの本プロジェクト担当者で
  あった押切真千亜氏による報告を、筆者の責任において加筆・編集したものである。

8) 2011年に設立された(株)豆乃木。詳しくは、http://www.hagukumuhito.net を参照。

9) 2017年1月6日、メキシコ有機食品認証機関（CERTIMEX）での聞き取り調査。
  ただし、2018年12月のチアパス州政府の政権交代によってコーヒー産業政策が大
  きく転換。2021年6月にはチアパス州コーヒー産業技術振興普及センター（略称
  City Café）が開設され、品質を重視、生産者が栽培から焙煎までの技術を学べる
  ようになった。

10) コーヒーの葉に黄色や赤いさびのような斑点がつき、葉が枯れ、光合成ができな
  くなる、東南アジア発の伝染病で直接または空気感染する。根本的な対策はなく、
  間引くか、耐性のある品種に植え替えるしか方策はないと言われる。チアパスへ
  は中米から感染が北上した。

11) Juan José Rojas Herrera, "Panorama general del cooperativismo en México",
  Estudios Agrarios, 2013.

12) Yomol A'tel とはツェルタル語で「協働」という意味。

13) 日本には社会的企業法はなく、ここでいう社会的企業とは、利益と社会貢献の両
  方を目的とした事業を営んでいる株式会社のこと。

【参考文献】

岩井克人・前田裕之『経済学の宇宙』日本経済新聞出版社、2015年

ウォーラーステイン、イマニュエル『入門・世界システム分析入門』（山下範久訳）
  藤原書店、2006年

鈴木紀「フェアトレード・チョコレートと持続可能な開発」『フェアトレードを学ぶ
  人のために』（佐藤寛編）世界思想社、2011年

廣田裕之『社会的連帯経済入門　みんなが幸せに生活できる経済システムとは』集広舎、2016年

間宮陽介『増補　ケインズとハイエク——＜自由＞の変容』ちくま学芸文庫、2006年

向井清史『ポスト福祉国家のサードセクター論——市民的公共圏の担い手としての可能性』ミネルヴァ書房、2015年

山本純一『インターネットを武器にした＜ゲリラ＞——反グローバリズムとしてサパティスタ運動』慶應義塾大学出版会、2002年

山本純一「コーヒーのフェアトレードの可能性と課題——メキシコ・チアパス州の2つの生産者協同組合を事例として」『グローバル・ナショナル・ローカルの現在』（野村亨・山本純一編著）、慶應義塾大学出版会、2006年

山本純一「開発支援とフェアトレードにおける中間組織の役割——FTPの活動を事例として」『協働体主義——中間組織が開くオルタナティブ』（田島英一・山本純一編著）、慶應義塾大学出版会、2009年

山本純一「メキシコ南部農村社会の内発的発展としてのフェアトレード——チアパス州先住民協同組合マヤビニックの成長の軌跡」『ラテンアメリカレポート』Vol.30、No.1、アジア経済研究所、2013年a

山本純一「メキシコ南部農村社会の持続可能な発展としてのフェアトレード——社会的企業バツィルマヤ・グループのバリューチェーン構築戦略を事例として」『アジアの持続可能な発展に向けて——環境・経済・社会の視点から』（厳網林・田島英一編著）、慶應義塾大学出版会、2013年b

山本純一「メキシコの連帯経済について——資本主義のオルタナティブとしての可能性」『季刊　ピープルズ・プラン』77号、2017年

山本純一「フェアトレードと市場の『正義』」『経済学のパラレルワールド——入門・異端派総合アプローチ』（岡本哲史・小池洋一編著）新評論、2019年

渡辺龍也『フェアトレード学——私たちが創る新経済秩序』新評論、2010年

第**8**章

フェアトレードにおける前払いの意義
——連帯型フェアトレード団体のラオスコーヒー事業の経過を踏まえて

箕曲在弘

要　約

　本章では東南アジアのラオス人民民主共和国のコーヒー栽培地域における農民協同組合とその組合を支援する日本のフェアトレード団体の事例をもとに、農家に対する前払いがいかなる意義をもつのかを検証する。一般的にフェアトレードと呼ばれる試みにおいては、最低保証価格やソーシャルプレミアムの重要性が繰り返し指摘されてきたが、前払いの意義ついてはあまり深く追求されていない。本章では具体的な現場における買取の事例を踏まえて、前払いは、収穫前の困窮期に農家の生活費や医療費を補助する役割があることを指摘する。一般的に公的な金融機関からの融資がおりにくい農家は、現金収入源の少ない雨季に米代が足りなくなったり、医療費が必要になったりした場合に、高利貸しに頼ることになる。この問題を防ぐために、収穫期前の前払いはきわめて重要である。

第1節　フェアトレードにおける「前払い」の位置づけ

　主に発展途上国に住む生産者や労働者の持続的な生活向上を支える貿易の仕組みであるフェアトレードには、さまざまな団体ごとの方針があり、どの団体にも共通する施策を取り出すのはきわめて難しい。しかし、一般的にフェアトレード製品の輸入団体に共通してみられるのは、輸出団体に対して通常の買取よりも優遇した条件を提示するということである（佐藤 2011）。具体的には、最低保証価格、ソーシャルプレミアム、前払いといった条件の提示が、これに

あたる。

　フェアトレードに携わる者にとって、これら３つの優遇買取の仕組みは身近なものである。だが、最低保証価格やソーシャルプレミアムに比べれば、前払いの意義はこれまであまり強調されてこなかったようにみえる。確かにこれまでも輸入団体による前払いは、公的な金融機関から融資が受けられない零細生産者や労働者に対して、原料購入費や人件費といった生産関連費用を賄うために支払われるサービスとしてとらえられてきた[1]。

　だが、この「前払い制度」を生産者の置かれた生活環境のなかに位置づけてみると、この他にもこれまで明らかにされてこなかった意義が見いだせるのである。本章では、コーヒーの買取において前払いを実施している団体の事例に即して、この「前払い制度」が生産現場においてどういった意味をもつのか、そしてそこに含まれる課題は何かといった問いを詳細に検討していく。

　本章の対象となるのは、東南アジアの内陸国ラオスのコーヒー生産地域である。ラオス南部のボーラヴェーン高原では、1920年代にフランス人の手によってコーヒーの苗木がもたらされて以来、徐々に耕地面積を拡大させていった。今日ではフランス開発庁とラオス農林省の開発プロジェクトの結果誕生した、コーヒーに特化した農民協同組合——ボーラヴェーン高原コーヒー生産者協同組合（CPC）[2]——や、ベトナム系ラオス人が経営するコーヒー専門の加工輸出業者——ダオフアン社——がある。

　一方、本章が取り上げるのは、ジャイコーヒー農民協同組合（JCFC）という農民が主導する団体である。筆者が買取のアドバイザーをしていた（株）オルター・トレード・ジャパン（ATJ）は、2010年よりこのJCFCから毎年コーヒーを買い取っている。以下では、まずJCFCの沿革から同団体とATJとの関係、そして両者が作り上げてきた買取の仕組みなど、前払いの意義を考えるうえでの前提となる情報を提示する。

第２節　ATJとJCFCの取引の背景

１．JCFCとATJの関係

JCFCはもともとアメリカ人が運営するジャイファウンデーションという財

団の支援により、2006年に設立された協同組合である（現在では同財団とJCFC の関係は解消されている）。一時期、FLO認証と有機認証の両認証を獲得し、フランスやニュージーランドにフェアトレードコーヒーを輸出していたが、2009 年には両認証は失効し、これらの国への輸出も停止した（このあたりの経緯は、箕曲〔2014〕を参照されたい）。

　JCFCとATJとの取引が始まったのは、2009年である。ATJは同年よりアラビカ種の原種とされるティピカという高値で取り引きされる可能性のある品種のみをJCFCを介して輸入するようになった。この時期にはすでにJCFCの売却先はATJのみとなっており、2017年4月時点でもJCFCのコーヒーの輸出先は、基本的にATJのみである。ATJは認証制度に頼らず、現地の農家の団体から直接買取していることから、「連帯型[3)]」のフェアトレードといえる。

　ATJはかつて経済評論家の内橋克人が、同一の使命（ミッション）を共有する人たちの自発的で、水平的な集まりである「使命の共同体」と高く評価した社会運動体である（内橋 1995）。フィリピンのバランゴンバナナをはじめ、インドネシアのエビ、パレスチナのオリーブオイルなど、どれも買い取るべき社会的な理由があるものばかりを扱っている。これらの製品はATJの株主である日本国内の生活協同組合と共同開発され、九州を中心に展開するグリーンコープや関東を中心に展開するパルシステムなどの生協に卸されている（ただし、ラオスのコーヒーは生協以外への販売が多数を占める。この点は後述する）。同社は、この活動の特徴を、大企業を介さず市民の手で安全かつ安心な製品の取引を実現するという意味で、「民衆交易」と呼んできた。

　筆者は2008年より現地でフェアトレードの生産者に対する影響を調査するフィールドワークを実施していたが、その関係でJCFCの関係者と知り合い、ATJとの間を仲介した。その結果、2010年よりATJ側からラオスコーヒー事業全体に係るアドバイスをするように打診を受け、2013年までは担当者の出張に同行していた。それ以降も、筆者はさまざまな形で同事業に対してアドバイスをしていた。

2．ATJとJCFCの買取の仕組み

　ATJによる買取の目的は、高品質で取り引きされるティピカを買い取ることにより、JCFCの協同組合としての組織基盤を強化し、組合員の生活を向上

させることにある。そのために、ATJ は以下の施策を取り入れている。

① 買取価格の直接交渉と前払い

第1の施策は、収穫前の時期における暫定的な買取価格の決定と前払いである。雨季の只中である8月、ATJ の担当者は現地を訪問し、JCFC 幹部と会い、来るべきシーズンの買付量や暫定的な買取価格などの詳細を話し合う。ここでの計画は JCFC の理事会を通して合意に至る。ここで暫定的な買取価格が決まると、ATJ 側はそのうちの70％分を前払いとして JCFC に送金する。JCFC 幹部は各単協の予定拠出量にしたがって、前払い金を分配する。

② 経営費と社会開発費の設定

ATJ の取組みは単に高品質なコーヒーを買い取ることだけを目的としているわけではない。同社は生産者が持続的な売却を可能にするために、豆代に加えて1kg あたり1,000キープ（約15円）の経営費と社会開発費をそれぞれ上乗せしている。

経営費は主に脱穀や選別にかかる諸費用（電気代や労賃）に使われる。一方、社会開発費は毎年、JCFC の理事会において用途が決められるが、加工に関連する用具が不足している単協に分配される。これまでには数か所に果肉除去機や灌漑水路など一次加工に関連する設備類の購入費用、JCFC の倉庫新設に係る費用などに使われてきた。この社会開発費は、FLO 認証制度におけるソーシャルプレミアムに相当する。

③ 現地団体の求めに応じたさまざまな支援

生産者の生活向上を支援するための施策は何も社会開発費だけに限らない。ATJ はこれまでにもさまざまな形で JCFC 側からの提案に応えてきた。たとえば、2011年と2012年には、合計20万本のティピカの苗木を組合員に提供するための資金を無利子で融資した。これは、3年間の返済期間を設定し、2015年に完済した。一方、2010年には既存の倉庫がおかれた土地のリース代が高額だったため、組合幹部が住む村の共有地に倉庫を移設することになった。そのための移設費を ATJ が拠出したこともあった。このように、毎年、ATJ は JCFC 側からの要望を訊き、そのなかで実現可能なものを精査し、できる限り対応してきた。このような支援の仕方は、両団体のパートナーシップに基づき実施されてきたものだといえる。

3. ATJ のラオスコーヒーの輸入量の変遷

　ラオス国内のコーヒー（アラビカ種）の総輸出量は例年増加傾向にあり、ラオスコーヒー協会の統計によれば、2015年は14,567トンであった。だが、ATJが買い取るティピカは希少種であり、栽培されている地域は限定され、その地域のなかでもティピカを栽培している農家は限定されている。したがって、ATJ の輸入量も決して多くはない。JCFC と提携した初年度の2010年度は17.6トン、その後少しずつ増加し、2013年度以降は毎年36トン程度を輸入している。

　ATJ 側はさらに多くのティピカを輸入したいのだが、生産地の気象条件の悪さにより収穫量が少なかったり、加工の手間がかかったりすることから、36トンを超える量を輸入することが難しい。先述した20万本の苗木が今後、育っていくことにより増産は可能ではあるものの、2014年1月の大霜害により半数近くが枯れたという情報もあり、劇的な増加は見込めない。

4. ATJ のラオスコーヒーの販売先

　先述の通り ATJ のラオスコーヒーは、これまで同社が扱ってきた製品とは異なり、結果として生協での扱い量は少なかった。その代わり、ラオスコーヒーは一般の焙煎業社、とりわけ ATJ の民衆交易の理念に共感する（株）キャメル珈琲が、輸入されるラオスコーヒーの大半を生豆の状態で購入している。同社はカルディコーヒーファームを全国に展開し、世界中のコーヒー豆やワインなどを販売している。一方、ATJ のラオスコーヒーは全国の自家焙煎業者に生豆で販売されたり、ATJ の関連NGO である APLA が運営するオンラインショップで焙煎豆の状態で販売されたりしている。このように ATJ のラオスコーヒーは、ATJ の他の製品とは異なった位置づけにあり、生協ではない一般的なコーヒー市場での販売が主である。

第3節　前払いの実際

1．前払い実施の背景

　2010年に JCFC とのパートナーシップを築くにあたり、JCFC代表のウアン氏の意見を聞きながら、買取方法を模索していた。その際、「ATJ基金」という名称で、雨季の困窮期に低利子で生活費を融資するプログラムを考えていた。このプログラムが必要な理由は以下の事情による。

　筆者はこれまでの現地調査から雨季の只中である８月頃には現金収入源がほとんどなく、多くの農家が困窮していることを突き止めていた（箕曲 2014）。コーヒーの収穫は乾季の数カ月の間だけであり、そこで得た収入を使って主食であるモチ米を１年分購入する。だが、雨季の間に米が尽きてしまう場合があったり、突発的に医療費が必要になったりする場合がある。

　これらの場合には、近隣のプランテーションなどに草刈りの賃金労働に出るか、親族から現金を譲り受けたりして対処する。それでも足りない場合は、仲買人から現金を借りるのである。だが、この仲買人の場合、月10％程度の金利がかかる。一般的には収穫期に返済することになるので、借りるのは数カ月間だが、それでもこの高利貸しの仕組みが農家をさらに困窮させているのである[4]。この問題を解決するために、ATJ が一定額の資金を JCFC に貸し出し、その資金をもとに生活に困窮する組合員に融資するというプログラムを実施しようとしたのである。だが、現実的には一般的な農家がこの仕組みを運用するのはきわめて難しく、しかも農家の必要としている額に対して ATJ側から拠出可能な資金の総額が少なかったため、断念せざるを得なかった。そこで、この代わりに、ATJ側から８月頃に豆代の一部を支払うというアイディアが出された。このアイディアがもとになり、ATJ の前払い制度がつくられた。

　もっとも、組合員側が拠出できる豆の量にしたがってもらえる金額が決まるため、必ずしも必要な額が行き渡るわけではないという難点はある。しかし、JCFC側での融資の審査、債務不履行への対応など管理コストがあまりかからないという利点は無視できない。実際、組合員側で困窮期に本当に必要な額がいくらかを明確に決めることはできないのだから[5]、必要額に応じて融資する

よりは、前払いのほうが効果的だろう。

2．前払い制度の変遷

ATJの前払い制度は、JCFCとの取引が開始した2010年度より開始した。当初は8月の買取価格が理事会で承認された直後に、豆代の50％分を送金していたが、紆余曲折があり、2013年度からは豆代の70％分となった。この変更には国際市場価格の変動が強くかかわっている。

2011年度はコーヒーの国際市場価格の上昇に伴い、ATJの買付額も上昇させることができた。だが、翌2012年度の国際市場価格は下落し、ATJの買付額も下げざるを得なくなった。先述の通り、ATJはJCFCの理事会において交渉の結果、買取価格を決める方式をとっているが、ここで組合員との合意が得られなかった。この結果、8月時点で買取価格を決定することができず、8月に暫定的な買取価格を決めた後、収穫期の12月の相場をみて最終的な買取価格を決めることにしたのである。つまり、組合員側としては8月より相場が上がる可能性に賭けたのである。したがって、2012年度は暫定価格の50％分を前払いすることとなった。

翌2013年度は、さらに交渉が難航してしまった。国際市場価格は前年度より若干下がったため、組合員側から買取価格の上昇を強く求められた。この結果、ATJ側は前払いの割合を50％から70％に上昇させる提案が出され、理事会でこの案が承認された。2013年度は暫定価格の70％分を前払いし、かつ12月時点での相場をもとに最終的な買取価格を決定することになったのである。これ以降、本稿を執筆している2017年時点までこの方法が踏襲されている。

3．組合員側が考える前払いの意義

ではこの前払い制度は、組合員にとってどのような意義をもつのか。JCFC副代表のカンプー氏は、ATJの担当者に代わって何度もこの前払い制度の意義を組合員に伝えている。その際に彼は「コーヒーの実が熟していないのに、彼らはお金をくれる。親族でさえこうしたことはできない」と繰り返し述べる。表現は毎回微妙に異なるが、本来こういった支援は親族が担うものだが、親族であっても収入が少なければ、このような支援はできない。この表現には、ATJは本来親族がすべきことを肩代わりしてくれているという意味が込めら

れている。

この前払い制度は、他のバイヤーとの違い——とりわけ ATJ と JCFC の買取の優位性——を主張する際に JCFC 幹部によって必ずもち出される。たとえば、冒頭で紹介した CPC の場合、支払いのタイミングは JCFC 同様 2 回だが、1 回目は収穫期、2 回目はその 6 カ月後である。1 回目は収穫期とはいえ、組合員は共同加工場に採れたコーヒーの実を搬入し、そこで単協の担当者が量を記録した後、週 1 回程度、銀行に行き、必要額を引き出している。組合員が報酬を得られるのはその後になるため、しばらく待たされることになる。農家はこの待ちの時間を嫌う。困窮している農家にとって、支払いが待たされるのは、生活に必要な品々が買えないことを意味する。したがって、現在 CPC に加盟しているのは、比較的金銭面で余裕のある世帯ばかりとなっている。

一方、仲買人の場合はコーヒーの実を売却するタイミングで報酬を受け取ることになる。早く報酬を得たい農家は、CPC よりも買値が安くても仲買人を優先する。しかし、仲買人の買取価格は一定ではなく、売却日によって異なる（基本的には収穫期開始時点から徐々に上昇し、最盛期を過ぎると下降する）。

いずれの買取方法も、収穫期より前に現金が渡されることはない。零細農家は、CPC には支払いが遅いという印象をもち、一般的に仲買人にはいくらくれるかその時にならないと分からないという印象をもつ。農家にとって前払いは、こういった他のバイヤーへの不満を解消する役目を担っている。

この前払い制度は、農家にとって毎年必ず一定額が雨季の困窮期にもらえるという安心感をもたらす。CPC に加盟できるくらい余裕のある世帯はまだしも、零細農家がこのような安定した収入を確保することは、きわめて難しい。そのなかで ATJ の前払い制度は、組合員に毎年一定額が手に入る安心感から、将来に対する計画を立てることを手助けすることに貢献しているのである。

4．ATJ側の資金のやりくり

では、ATJ はこの前払いの資金をどこから調達しているのか。ATJ は日本の金融機関から融資を受け、それを元手に JCFC に前払い資金を送金している。つまり、取引先の JCFC が、自らの組織が責任の主体となり国内外の金融機関から資金を調達できないために、ATJ が JCFC の代わりに資金を調達する役目を担っているのである。このような資金調達の肩代わりは、零細農家を支援

するフェアトレード団体にとって極めて重要である。

　もっとも、オランダのラボバンクやアメリカのルートキャピタルなどの海外の零細農家向けの金融サービスを利用すれば、ATJとの売買契約書を担保にJCFC側が比較的低金利で融資を受けられる。このように、日本国内の一般の金融機関の利用ではなく、さらによりよい方法はあるかもしれない。だが、現状でJCFC側はそのような書類作成能力がないため、ATJ側で資金を調達している。発展途上国の農家の組織をカウンターパートとする場合、最初から煩雑な書類作成能力のある人材を用意することができない可能性が高く、日本のフェアトレード団体側が現地の協同組合の人材を育てていくなかで、さまざまな選択肢を利用できるようにしていくことが肝要である。

5．前払いが抱える課題

　この前払い制度にもさまざまな課題がある。ここではこれまで前払い制度を実施してきて見えてきた課題を説明したい。

　①　拠出予定量に満たない場合の資金の回収

　前払いを受け取る前に、各組合員はその年の豆の予定拠出量を確定させる必要がある。その量に暫定価格の70％分を掛けた金額を受け取ることになる。だが、組合員が予定拠出量の70％以下しか生産できなかった場合、前払いを貰いすぎたことになり、後で幹部が回収しなくてはならなくなる[6]。仮に前払いが50％分であった場合、予定拠出量に多少満たなかったとしても問題ないが、70％分にすると回収のリスクが高まる。実際、毎年のように回収作業が行われており、JCFC幹部はこの相殺の計算を行い、単協長に回収の指示を出している。農家を相手に前払いの回収を行うのはきわめて難しく、幹部の頭を悩ませている。この結果、組合員側も実際の生産量が予定拠出量に満たないリスクを想定し、近年では、一部の組合員は8月の時点で確実に生産できるだけしか申告しないという傾向がみられるようになった。この傾向は筆者が聞き取りをしたごく一部の世帯にしかみられないが、もしこの傾向が広まっていくとすれば雨季の困窮期にせっかくもらえるはずの金額が少なくなってしまうことを意味している。

　ATJ側はできる限り50％分に戻したいと考えているが、多くの組合員はできるだけ多くを先にもらいたいと考えているために、なかなかこの割合が下げられない状況が続いている。

② 前払いでチェリー買いをする組合員

　JCFC は収穫したコーヒーの実（これをチェリーと呼ぶ）を各自で一次加工し
てパーチメントと呼ばれる豆の状態にしてから、JCFC に売却することを求め
ている。しかし、前払いによって資金を得た組合員のなかには、この資金を元
手にして収穫期に周囲の農家からチェリーを即金で買い付けて、自分で加工し、
「自分の豆」として JCFC に売却する者が出てきた。つまり、組合員が仲買人
化しているのである。

　いくつかの村を訪問している最中に、筆者はその村では採れないほどの量の
豆が JCFC に拠出されていることに気付き、確認したところ、このチェリー買
いが発覚した。チェリー買いの場合、買値は通常の仲買人と同額であったり、
それより若干高い程度であったりさまざまである[7]。いずれにせよ、一見する
とこれはチェリーで売る者に対する搾取であるようにみえる。事実、チェリー
で売却した者は、収穫期に即金で取り引きするため、2回目の支払いがもらえ
ない。2回目の支払い分はすべて加工した組合員の収入となるのである。

　ただし、このチェリー買いの問題は必ずしも批判されるべきものではないこ
とも分かってきた。この問題を JCFC 幹部に確認したところ、「拠出量が少な
い人は加工の手間を省きたいのでチェリーで買ってほしいという申し出がある。
収量が増えればパーチメント買いに切り替える」と回答した。確かに、幹部の
この発言は一理ある。実際、一部の農家から「加工には手間がかかるため、そ
れなりの量を拠出しなければ、割に合わない」という意見を聞いている。この
話を受けて、ATJ は、確かにチェリー買いであってもトレーサビリティがあ
ればよいという判断を下した。

6．前払いの派生的効果

　この前払いの仕組みは、ATJ と JCFC の間だけで完結するものではなく、
さらに広がりをもつようになった。2012年に冒頭で言及した大手コーヒー輸出
会社であるダオファン社が、JCFC と提携し、コーヒーの買取を開始した。同
社は日本の大手商社である丸紅に毎年数千トンの生豆を輸出している。この日
本への輸出にあたってはより一層品質が問われることから、日本への輸出経験
のある JCFC に相談があった。そこで、JCFC幹部は ATJ との間の取引の仕組
みを紹介し、前払いの意義を訴えた。その結果、ダオファン社の担当者は雨季

の困窮期に精米や有機肥料の先渡しをして、収穫期にその代金を回収するという前払いモデルを作り上げた。

ATJとの取引において対象となるのは200世帯ほどであるが、ダオフアン社の場合、2,000世帯ほどと規模が大きく、ATJの規模では実現できない社会的インパクトを創出した。このモデルで興味深いのは、ラオスの穀倉地帯であるサバナケート県の米の生産に特化した協同組合と提携し、そこから大量の米をJCFCの組合員に届けるという方式を採用している。米協同組合に対する支払いはダオフアン社が肩代わりをして即金で支払っている。このため、米協同組合にとっても大量の米の売り先を安定的に確保したうえで、報酬も遅延することなく得られるという利点があり、両協同組合に恩恵が得られる仕組みとなっている。

ただし、ダオフアン社のコーヒーの買取価格は国際市場価格に左右されるため、収穫期にならないと買値が分からない。しかも、価格はつねに変動する。このため、精米と有機肥料を先にもらいすぎ、翌年まで借金を抱えてしまう組合員が出てきてしまっているという課題が残っている。

7．前払いはアンフェアであるという考え方

このように前払いは課題こそ残っているものの、現地の生活環境が不安定で金融関連の制度が不十分であることを考えると、きわめて有効性のある施策である。だが、見方によってはこの施策が「アンフェア」であるとみなされることがある。2013年度よりJCFCは新たな顧客を得つつある。同年、アメリカ人の社会起業家T氏がJCFCのティピカの味の良さに魅せられて、現地でカフェを開き、JCFCを支援する活動を開始した。初年度は8トンの豆をアメリカのスペシャルティコーヒーを扱う業者に輸出したが、2014年度には交渉がうまくいかず輸出できなかった。翌2015年度は新たな業者に12トンを輸出している。

このT氏は、ATJ同様、現地の生産者に持続可能な生産ができるように支援することをめざしているが、ATJ側と考え方が異なる。中でももっとも考え方の異なる点が、「前払い」に対する評価である。T氏はティピカの品質を上げ、スペシャルティコーヒー業界で高い点数のつく豆が生産できれば、その分、価格を上昇させられると考えている。彼はラオスのティピカに、その潜在性があると見込んでいる。この方針にしたがうと、前払いは農家に対する品質向上の

インセンティブを削ぐ効果をもたらし、到底認めることはできないという帰結をもたらす。品質に関係なく買取金額を先に決めて、農家はその一部を先に受け取ってしまうと、努力して品質を上げる必要性がなくなり、品質の低下をもたらすからだという。

このT氏の意見は一理ある。ティピカという豆の性質上、一般の豆とは異なった価格帯で売ることが可能である。ATJもティピカという特殊な品種を扱っているということで、生協ではなく、自家焙煎業者などコーヒー業界向けにラオスのコーヒーを販売してきた経緯がある。その意味で、さらに品質を上げれば、品評会での評価も上がるはずだ。日本のコーヒー業界では、「フェアトレードは質が低い割には価格が高い」というイメージが流布しているとも聞く。もちろん、どの市場に売るのかによって変わってくるが、コーヒー業界向けに生豆を販売する場合には、「フェアトレードだから売れる」という状況は想定しにくく、品質の向上は欠かせない。

8．ATJとJCFCの今後の取組み

品質の向上が欠かせないからといって、筆者もATJ側も前払いをやめるべきだとは考えない。品質の向上と農家の生活向上は両立できるからである。JCFCとATJの取引開始から6年が経過し、7シーズン目に突入している。これまでは安定的に輸入量を確保し、買取の仕組みを安定化させ、日本国内でラオスコーヒーを認知してもらう活動に注力してきたが、その試みは十分に達成したといえる。筆者とATJも今後は、以下の2つの方向性を模索していくつもりである。

第1に、品質の向上である。そのために、組合員が拠出するコーヒー全体の品質を底上げしたい。一方で、品質の向上に寄与する土壌条件を備えた農園を確定し、選ばれた農園に対して集中的に加工工程の技術提供を行っていくことも同時に行っていく必要がある。この試みを通して、スペシャルティコーヒーと呼ばれる高価格帯で取り引きされるレベルにまで品質を高めていくことをめざす。第2に、コーヒーにのみ依存しない仕組みづくりである。具体的には、雨季の収入源を確保するなどの施策を講じるつもりである。その点で、アグロフォレストリーの考え方を導入するなど、やるべきことは無数にある。もしこの施策が成功すれば、前払いに頼らず、雨季の間に現金収入が得られることに

なる。つまり、一方ではティピカの高品質化をめざす試み、他方ではコーヒーにのみ依存しない生活をめざす試みを同時に進めるのである。筆者やATJはこれまでのJCFCとのパートナーシップを基盤にすれば、こういった新たな試みの実現可能性はきわめて高いと考えている。

第4節　フェアトレードにおける前払いの意義

　これまで見てきたように、最低保証価格やソーシャルプレミアムと同じくらい、農家に対する報酬の前払いは重要である。もちろん、買い取る製品の種類や生産者を取り巻く生活環境や既存の金融サービスの充実度にもよるが、生産者が必要なタイミングで支払いができるかどうかはきわめて重要なポイントだと考える。

　確かにこれまでにも国際フェアトレード機構（FI）の認証制度では、生産者組織の求めに応じて、60％までの前払いを買取業者に要求できることになっている。しかし、これは生産者組織に対して送金されるだけであり、この分の現金が末端の生産者にまでわたるかどうかまでは保証されていない。事実、同認証を受けているCPCは60％の前払いを得ているようだが、それは収穫期より前に生産者に支払われるのではなく、収穫期に生産者がチェリーを加工場に運んでから1週間程度後になってから受け取れる仕組みとなっている。これでは農家のニーズに応えられておらず、CPCへの加盟はある程度、金銭的に余裕のある層に限られている。したがって、この場で提案したいのは、生産者への前払いは、末端の生産者に彼らが望むタイミングで報酬が渡ったことを証明する受領書の回収を義務付けることを条件にするべきである。

　一方で、FIの認証制度は、ソーシャルプレミアムを生産者や労働者全体に恩恵が行き渡るような社会開発や技術支援のために使用することを求めている。一般的には共同加工設備の拡張や改善、村落内の教育や医療施設の拡充といった目的で使用されることが多いが、困窮者に対する融資を目的とした組合基金としても使うことができる。事実、CPCはこのような組合基金を創設している。だが、組合基金は組合内の管理者のマネージメント能力次第で有効に機能しなくなる恐れがある。たとえば、管理者による詐取の危険性、多くの組合員の融資の申請に対して管理者が適切に審査できない危険性などが考えられる（なぜ

あいつに貸したのに俺には貸さないのか、という不満にはどう対処するのか）。こういった煩雑なやりとりを避けるためには、これまで見てきたように農家が困窮するタイミングで豆代の前払いをするほうがよい。

　以上、フェアトレードにおける前払いの意義を確認してきた。もちろん前払い制度に課題がないわけではないが、一定の社会的環境のなかでは有効に機能する。いずれにせよ、地域ごとの社会関係や生活環境、金融サービスの充実度などを考慮せず、何らかの制度を、地域を超えて一律に当てはめるのは避けるべきである。ステークホルダーとなる人びととの不断の交渉のなかで、試行錯誤を重ねながら、相手の置かれた状況に合う方法を見いだしていくことが望ましい。そのためには取引の相手となる組織との長期的なパートナーシップは欠かせない。フェアトレード推進団体は、この交流のなかで相手との信頼関係を醸成していくことを通して、現地の状況に根差した買取の仕組みを作り上げていくべきである。

〔2022年9月時点における追記〕

　ATJの前払い制度は、2017年前半の本稿執筆時からいくらか変化している。2016年までは暫定価格の70％の前払いを支払うことになっていたが、2017年には暫定価格の設定を止め、1kgあたり15,000キープ（約187円）を雨季のあいだに支払うことにした。従来のように暫定価格のうちの一定のパーセントの金額を前払い額として組合員に提示する方法では、毎年前払い額が変動するため、現地で混乱が生じるようになった。この問題を解消するために、筆者はその年の暫定価格にかかわらず組合員に一定額を支払うという方法をATJに提案した。この変更以降、前払い額に関する混乱は生じていないようである。

　また、2019年からCPCも雨季の前払い制度を開始した。CPCの前払い制度は、JCFCのものより手が込んでいる。CPCは組合員から前払い希望の申し出を受けた後、雨季のあいだにCPCのフィールドスタッフが当該の組合員の農園を視察する。そこで果実のつき具合を確認し、その年の収穫期にどの程度の生産量を見込めるかを把握したうえで、組合員に一定額を支払う方法をとっている。これは規模の大きい組織だからこそ可能な方法である。この方法を採用することで、CPCは収穫期の支払額を超えて前払いするリスクを回避している。この結果、245ページに記したような、CPCは「支払いが遅い」という零細農家の印象は過去のものとなりつつある。CPCも雨季のあいだの現金の枯渇が、

零細農家の持続可能な農園経営に対する大きな障害になっていると認識したのだと思われる。

【注】

1) たとえば、ピープル・ツリーによる以下のサイトの記事を参照されたい。「フェアトレードのおしごと〜その5 経理・財務編〜」(http://ethical.peopletree.co.jp/archives/240 最終検索日 2017年1月23日)

2) 2007年の設立当初はボーラヴェーン高原コーヒー生産者集団協会(CPC)と名付けられていたが、2012年に改称した。

3) 国際フェアトレードラベル機構が提唱する認証制度に従って取引されるタイプのフェアトレードを「認証型」、生産者組織から直接買い付けるタイプのフェアトレードを「連帯型」と呼ぶ(渡辺 2010)。どちらも公正な貿易を希求する点では同じ目的を共有しているが、そのための方法が異なる。

4) 詳細な高利貸しの仕組みは箕曲(2014)を参照のこと。

5) 農家にとって医療費は立て替え払いができないのだから、請求がある前に現金を渡しておかねばならない。だが、農家側が請求以前にいくら医療費がかかるかを正確に予測するのは不可能だろう。米代だけならまだしも、生活費全般の支援となると医療費と同じことがいえる。

6) たとえば、A氏は200kgの豆を拠出予定なら、その量に暫定価格の70%分——仮に200円だったとする(話を分かりやすくするために日本円で表記)——を掛けて、40,000円を前払い分として受け取る。だが、結果的に100kgしか生産できなかった場合、問題が生じる。収穫期に決める最終価格が1kgあたり350円だったとしよう。すると、「100kg×350円＝35,000円」が最終的にA氏の受け取るべき金額となる。だが、すでに40,000円を受領しているので、差額5,000円をJCFC側に返却しなくてはならない。

7) 加工時の歩留まり率にもよるため正確な損失を明らかにはできないが、チェリーの価格はATJとJCFCの合意した買値の40〜65%程度だと推測している。

【参考文献】

内橋克人『共生の大地』、岩波書店、1995年

佐藤寛「グローバル化する世界とフェアトレード」佐藤寛(編)『フェアトレードを学ぶ人のために』世界思想社、2011年

箕曲在弘『フェアトレードの人類学——ラオス南部ボーラヴェーン高原におけるコーヒー栽培農村の生活と協同組合』めこん、2014年

渡辺龍也『フェアトレード学——私たちが創る新経済秩序』新評論、2010年

第9章

「南」の小規模農民の視点から見た
フェアトレード

・・・

要　約

インドおよびフィリピンで行った3つの事例研究に基づき、「南」の小規模農民の視点からフェアトレード運動の実情を報告し、生産現場で起こっている問題の解決・改善に必要な方策の提案を試みる。焦点を当てるのは、①認証取得の条件が小農の生計戦略と必ずしも調和しないこと、②「南」の農村で進行している社会変容、とくに非農業就業の増加と折り合いをつけることの必要性、③有機認証とのダブル認証が要求されることによって新たに生じる問題、④限られたフェアトレード市場をめぐってフェアトレード生産者グループ間で生じている国内および国際競争、以上4点である。

はじめに

日本の消費者や販売業者に対してフェアトレード運動についての理解、および協力（購買）を促すことは依然として重要課題に違いない。しかし、フェアトレードが「南の不利な状況に置かれている生産者や労働者により有利な交易条件を提供すること、および彼らの諸権利を保障することによって持続可能な開発に貢献する（WFTO & FLO, 2009, p. 4）」手段である限り、「南」の小規模農民がフェアトレードからどのように恩恵を受けているのか、あるいは受けていないのかを知らないままに消費者運動を推進するのはむしろ危険な行為であろう。もし小規模農民が裨益していなければ、フェアトレード運動の拡大は「南」の貧困削減に寄与することなく、単なるマーケティング手段として使われるだけにとどまるからである。

表9-1　事例研究の概要

	事例1	事例2	事例3
場所	インド・ケララ州	インド・アンドラプラデシュ州 (注)	フィリピン・ネグロス島
農民組織とフォーカス・グループ	1組合52グループのうち1グループ（13世帯）	1組合8支部のうち1支部の傘下3グループ（35世帯）	14組合のうち最古の1組合（73世帯）
農民組織の設立時期	2008年	2006年	1994年
調査時期	2008年11〜12月、2010年10月	2011年2〜3月	2011年7〜8月、2015年2月
認証の状況	有機認証、フェアトレード認証両方の取得をめざしている段階	フェアトレード認証を取得し、有機認証の取得をめざしている段階	有機認証、フェアトレード認証をともに取得済み
認証の対象作物	コーヒー	綿花	サトウキビ
フェアトレードのための外部からの支援	輸出向けのコーヒー生産および加工に係る各種支援	とくになし	とくになし
その他の農業支援	バイオ液体肥料の導入	非遺伝子組み換え種子の提供、フェアトレード・プレミアム	生産のためのローン供与、フェアトレード・プレミアム
事例研究の特定課題	農場全体の有機化とフェアトレード作物への特化の両立は可能か	遺伝子組み換え種子に、両認証はどのように作用するか	認証を用いた農業と生計多様化をどのように両立してきたか
原典	Makita (2011),Makita & Tsuruta (2017)	Makita (2012)	Makita (2016)

（注）調査時期当時。その後2014年に同州は2州に分割され、調査地はテランガナ州に属することになった。

　本章では、筆者が近年、3つの農民組織について行った事例研究に基づき、フェアトレードの生産現場の実情を報告し、フェアトレード運動の成功のために必要とされる方策について生産者側から提案したい。事例研究の概要および原典は表9-1の通りである。

第1節　小規模生産者の生計戦略とフェアトレード

1．生産現場で起こっていること

　事例1（インド・ケララ州）では、インドの某NGO（非政府組織）によって、丘陵地域で自然農法に近い農業を営んできた小農・零細農を有機認証の取得によって海外の有機農産物市場へつなごうとする試みが行われた。自然農法に近いとは言え、特定の作物に化学肥料を使用する小農がおり、完全な有機農業へ転換し維持するには具体的なインセンティブが必要だった。そのインセンティブとして想定されたのが、丘陵地域で伝統的に栽培されてきたコーヒーを「北」のフェアトレード有機市場へ輸出することである。コーヒーはフェアトレード市場で最大のシェアを占める農産品であり、有機に転換してから3年間を経なければ取得できない有機認証よりもフェアトレード認証は小農にとって取得がはるかに容易である。同NGOは対象農民に有機農業を奨励しつつ、コーヒーでフェアトレード認証を取得させることをプロジェクトの当面の目標とするようになった。輸出に適した品種の苗木の提供、コーヒーの加工施設の設置といった生産面の支援に加え、フェアトレードの便益を対象農民に実感させるために、認証を取得する前から市場価格より高い価格で彼らの収穫したコーヒーの実を買い付け始めたのである。

　しかし、コーヒーの輸出に向けて多額の費用をかけた結果は、同NGOが想定したものとは異なった。同NGOが市場価格よりも高く買い付けてくれることに当初は興味を示した農民たちだったが、彼らの関心は長く続かなかった。そこには小農特有の理由があったのである。

　第1の理由として、限られた面積で耕作を行う小農は、年間収入額を最大にするよりも通年で現金収入を得られる方をより重視することが挙げられる。すべての区画を合わせても所有面積が0.5エーカーに満たないある小農は、コーヒー栽培に特化することに対し次のように難色を示した。

　「いくらコーヒーを高く買ってくれるとわかっても、このような狭小な土地で、これ以上コーヒーの木を増やす余地はない。コーヒーは年一回しか収入をもたらさない。その一回の収入のために、他の作物を減らすことはできない」

第2の理由は、コーヒーが重要な商品作物なだけに、コーヒー畑は彼らの唯一の資産だという事実に起因する。貧しい農民が緊急に多額の現金を必要とする場合、この唯一の資産をリースに出すのが彼らの取る典型的な戦略だった。同NGOがプロジェクトに参加する農民を募った際、「コーヒーの売り先はすでに固定されているから」という理由で参加できなかった零細農が多かったという。さらに、一旦は同NGOに販売を約束した農民のなかからもコーヒーの実を提供できなくなった者が現れた。

　「今季は、地元のある仲買人にコーヒー畑をすべてリースに出してしまった。収穫時期の4カ月前に医療費を支払う必要が生じて、リース料を現金で受け取った。例年と同じように自分のコーヒー畑の世話をしているし、収穫作業もするけれど、収穫した実の全量はその仲買人のところへもっていくことがすでに決まっている」

　コーヒー畑をリースすることは、彼らが借金を免れる唯一の方法だと言ってよい。小農の組合を組織しても、多くのメンバーがこのような戦略を取ることがあるならば、コーヒーの収穫をフェアトレード市場に安定的に供給することは不可能である。

　第三に、新しい商品作物としてゴムの木に関心が集まり始めていたこともコーヒーに専念できない理由だった。同NGOがこの地域でコーヒーのプロジェクトを始める前、コーヒーの価格が史上最低値を記録した時期があった。その頃、貧しい部族民に対する福利厚生の一環として政府からゴムの苗木と化学肥料が無償で配布されたために、コーヒーの面積を減らして新たにゴムの木を植えた小農が少なからずいた。フェアトレードコーヒーのプロジェクト開始以降、まだゴムは収穫期を迎えていなかったが、ゴムの市場価格が好調に推移していたこと、そしてゴムの樹液は通年で収穫可能なことから小農の関心はゴムに留まり、コーヒーに再び関心を向けさせることが困難だったとみられる。

　事例1においては、当初の対象農民がフェアトレードに適した作物（コーヒー）を安定的に供給できないことが顕著となった。その結果、同NGOが選択したのは、コーヒーの実の販売により関心をもち、かつ安定して供給できる農民を組織化することだった。当然ながら、そのような農民は比較的大規模なコーヒー畑を有し、政府から福利厚生のためにゴムの木などもらう必要もなかった農民ということになる。

2．対応策の提案

　「北」のフェアトレード市場に輸出するには安定供給が必須だが、安定供給が困難であることは小農・零細農の特性である。フェアトレード生産者組合に中農・大農を入れて小農を押し出す結果に終わるのなら、発想を転換して、小農から構成される組合が同じ地域の非組合員（中農・大農）からも買い付ける方式を認めてもよいのではないか。非組合員は、新たな販売経路という便益を得るなら（買付価格は組合員と同一）、売上に応じて組合に支払われるソーシャルプレミアム（奨励金）を組合員のみが使用することに不満は持たないであろう。筆者は実際に、インドの別の地域で非組合員からもカカオを買い付けて組合員の収穫分と合わせて出荷しているフェアトレード生産者組合に出会っている。それを知った当初は、認証を受けていない産品がフェアトレード商品として出まわるのは不正だと思ったが、後になって小農の組合を守る１つの知恵であることに気付いた。このような措置を認証システムの外で行わなければならないことの方がむしろ問題であろう。小農によるフェアトレード生産者組合を地域全体で支援する仕組みが求められている。

第2節　農村社会変容とフェアトレード

1．生産現場で起こっていること

　同じ事例１のなかで、平均的な自給農民と対照的にフェアトレード市場への販売に意欲的だったのが、非農業活動を主な収入源としつつ農業も行う兼業農民だった。農外収入がある分、専業農民のように多様な作物を作付けることに拘わっていない。代表的な商品作物であるコーヒーの実を加工の手間をかけずにより高値で一括して同NGOへ販売できることは、兼業農民には好都合だったのである。しかし、非農業の仕事で多忙な彼らにとって有機農業を実践するのは難しく、同NGOが最終的にめざしていたフェアトレード有機市場への輸出を達成する上で兼業農民の存在は一方で阻害要因となった。「南」の農村で顕著に進行している非農業活動の増加は、フェアトレードやその他の農業認証を導入する際に十分に考慮すべき事象である。

組合が一括して買い付けて加工を行うという利便性をうまく活用できたのが、事例3（フィリピン・ネグロス島）のサトウキビ生産者組合である。同組合は、サトウキビ農園で雇用されていた労働者に耕地を分配する農地改革プログラム（1988年より施行）の受益者によって組織された組合である。同プログラムの開始からすでに20年以上が経過していたが、農園主の抵抗が長らく続いており、対象の組合員たちに正式な土地所有権はいまだ渡っていなかった。この間、組合員は農園主にリース料を支払い続けていたのである。生産性の高いサトウキビ生産を継続するために一定面積以上の経営規模が求められること、そして土地所有権を獲得するには個人よりも団体で交渉する方が効果的であることから、組合として共同耕作地を経営してきた。この共同耕作地から最大の収益を上げられるように、某NGOの支援によりサトウキビの有機栽培が導入された。一般に個々の自営農が足並みを揃えて有機農業を実践するのは困難だが、共同耕作地での決定は円滑に実行され、順調に有機認証を取得、その後フェアトレード認証も取得し、「北」のフェアトレード市場、有機市場へ砂糖を輸出してきた。

　有機産品の輸出は同組合員の生計に貢献したが、これまで長期にわたり共同耕作地のリース料を支払い、さらに土地所有権を得た後も取得料の分割払いを続けるのは組合員にとって大きな負担である。ほとんどの組合員世帯が共同耕作地からの収入以外に収入源を確保しようと努力するのは自然なことである。農地所有者になるために農業以外の仕事をしなければならないとは皮肉な話だが、筆者の調査時点で、実に組合員世帯の92％がすでに共同耕作地における農業以外の仕事を第1の収入源としていた。これらの収入源には、個人の土地所有権取得を目的とした耕地のリース、運転手、小売店経営の他、フィリピン国内外への出稼ぎも含まれ、組合の利益の分配を受け取りに年一回だけ帰省する組合員もいた。

２．対応策の提案

　「南」の小農の多くが兼業となっている今日、非農業活動と認証を用いた農業を両立させる工夫が必要とされている。事例3の組合では、農業と非農業の両方の経済活動を必要とする理由（土地所有権の取得）が存在していたので両立が可能になったとも言えるが、同組合が両立のためのメカニズムを有していた点に注目したい。メカニズムの1つは、表9-2に示すように、生計手段の多

表9-2　生計多様化レベル別に見た組合員世帯の組合からの便益（事例3の場合）

組合員の生計多様化レベル	享受している便益
レベル1：共同耕作地における農業を主な収入源とし、必要に迫られて農閑期に他の副収入を探す	①組合からの配当金 ②共同耕作地での農作業に対する賃金 ③組合が供与するマイクロクレジット ④組合内の追加的業務（水牛の飼育、有機肥料づくり等）の優先的割り当て ⑤組合員の子どもを対象とした奨学金の優先的受給
レベル2：共同耕作地に加え、個別に耕作地をリース	①組合からの配当金 ②共同耕作地での農作業に対する賃金^(注1) ③組合が供与するマイクロクレジット ④個別耕作地向け生産ローン^(注2)
レベル3：個別に耕作地をリース、さらに幅広く非農業ビジネスを営む	①組合からの配当金 ②組合が供与するマイクロクレジット ③個別耕作地向け生産ローン^(注2)

（注1）共同耕作地と個別耕作地の両方で農作業を行っているため、レベル1の組合員が受け取る金額の年間総額よりも少なくなる傾向がある。賃金単価は同一。

（注2）NGOから同組合に対する支援。

表9-3　生計多様化レベル別に見た組合員世帯の分業体制（事例3の場合）

組合員の生計多様化レベル	農作業の主な担い手		非農業活動の主な担い手
	共同耕作地	個別耕作地	
レベル1	組合員世帯主および他の世帯員	なし	組合員世帯主および他の世帯員（農業休閑期のみ）
レベル2	組合員世帯主および外部から雇用した労働者^(注)	組合員世帯主および他の世帯員	他の世帯員（通年）
レベル3	外部から雇用した労働者^(注)	外部から雇用した労働者	組合員世帯主および他の世帯員（通年）

（注）共同耕作地の農作業は、レベル2の組合員から見ると部分的に外部労働者に依存しているが、レベル3の組合員から見ると全面的に外部労働者に依存している。

様化レベルにかかわらず、共同耕作地に基づく組合活動から全組合員世帯が何らかの便益を得られるように運営されていたことである。非農業収入が少ない者は組合内で優先して仕事を得られ、非農業部門の多様化が進んでいる世帯は組合からの利益を非農業活動の投資にまわすことが可能になっていた。もう1つのメカニズムとして、組合員の非農業活動への従事レベルに応じて、共同耕作地へのかかわり方を変えられたことを指摘できる（表9-3）。組合員で賄えない農作業を外部からの雇用労働で補うことにより、組合員全世帯が共同耕作地の経営と個別の仕事を両立できたのである。

　すべての農村で事例3と同じ両立のメカニズムを再現することは不可能だが、フェアトレード認証を用いて農業を続けたいという共通の意思がある限り、組合活動への複数の参加方法（異なる便益、異なる組合費等）を設けることで兼業農民と専業農民の両方が1つの組合を通じてフェアトレードから便益を得ることは可能であろう。また、兼業農民がフェアトレード生産者組合を組織する場合、共同耕作地の運営は組合員個々の生計多様化との両立を可能にする1つの手段になりえるだろう。

第3節　生産者に要求される有機とのダブル認証

1．生産現場で起こっていること

　近年、フェアトレードの生産現場で顕著に見られる現象が、フェアトレード認証だけでは販売が難しく、他の認証、とりわけ有機認証とのダブル認証をバイヤー側から生産者側に要求されるようになったことである（たとえばBowes & Croft, 2007）。このダブル認証は、認証料を二重に払わなければならないという生産者側の金銭的負担に加え、両認証が相互に作用し合うことにより単独認証の場合には起こらない問題を引き起こす可能性がある。事例3では共同耕作地という特殊性が手伝い、フェアトレード認証よりも先に有機認証を取得できたが、多くの小農グループの場合、有機認証の取得にはより時間がかかり、フェアトレード認証の方が比較的早く取得できる。小農グループが先に有機認証を取得できた場合は、すでにフェアトレード認証の環境面の基準を満たしているので有機認証がフェアトレード認証の取得を促進することはあっても妨げるこ

とはまずない。しかし、フェアトレード認証を先に取得し、その後に有機認証をめざす場合はどうだろうか。事例1のように最初のフェアトレード認証をめざす段階でつまずく場合もあるが、フェアトレード認証の取得が有機認証の取得に必ずしも役立つとは言えないようである。

　事例2（インド・アンドラプラデシュ州）は、綿花を商品作物とする小農を組織しフェアトレード有機市場への輸出をめざした事例である。筆者の調査時点では、すでにフェアトレード認証を取得し、有機認証取得をめざしている最中であった。インドの綿花栽培の特徴の1つは遺伝子組み換え種子（以下BT種子）が栽培地の約9割までに普及していることである。BT種子については環境・生態面から激しい批判がある一方で、「より高い生産性を上げることによって小農を支援する」と支持する研究者もいる。しかし、BT種子が急速に普及したのは農民自身が選択した結果ではなく、BT種子の製造・販売に携わる企業のマーケティングの成果だと言われている。このような状況下で、市場には出回っていない非BT種子を小農に提供し綿花の有機栽培を奨励しようとするのは、大海に落とした一滴のごとく最初から勝負の決まっている試合だったのかもしれない。プロジェクト開始後3年間、有機栽培を継続できた者はごくわずかで、有機栽培に希望をもって着手した農民の大半はBT種子を用いた従来通りの栽培に戻っていったのである。

　有機認証を取得するまでの転換期間は綿花を有機プレミアム価格で売ることができないので、転換期間の有機栽培を継続させるためのインセンティブとして導入されたのがフェアトレード認証だった。有機への転換完了前にフェアトレード認証を取得できた背景には、BT種子を全面的に禁止している有機認証とは異なり、フェアトレード認証がBT種子に反対を唱えるもののBT種子の混入を阻止するために厳密な検査までは行わない、という些少に見えて実は決定的な両認証の違いがあった。

　綿花の市場価格が高値で推移していたのでフェアトレードの最低価格保証制度が農民の関心を引くことはなかったが、ソーシャルプレミアムは農民にとって魅力的だった。まず、プレミアムを基金とし、農民が有機栽培用の非BT種子を購入するための無利子ローン制度がつくられた。各シーズンの始めに必要となる種子等、投入財にかかる費用は小農の家計を圧迫し、借金の原因となる。現金を使わずに綿花種子を入手でき、収穫後に無利子で返済すればよいという

この制度は対象農民から歓迎された。残りのプレミアムも有機肥料づくり、給水パイプ、有機殺虫剤の散布機の購入等に使われ、総じてフェアトレード・プレミアムは有機栽培の促進のために使用されたと言ってよい。

しかし、予期せずして、プレミアムはBT種子の普及にも加担することになったのである。一般に、種子の販売価格には現金払いと収穫後の付け払いの二通りの設定がなされる。後者は利子の分だけ高くなるが、作付け前に資金が不足する小農は後者を選ばざるを得ない。事例2の対象農民は、フェアトレード・プレミアムの無利子ローンを利用して非BT種子を入手したことにより節約できた資金をBT種子の「現金」購入にまわしたのである。つまり、フェアトレード認証のお蔭で彼らはBT種子を以前よりも容易に購入できるようになったのである。さらには、プロジェクトで配布された非BT種子を転売してその利ざやでBT種子を購入する者、プレミアムで購入した殺虫剤の散布機にBT種子用の農薬を入れて使用する者も現れた。事例2では、フェアトレード認証が有機認証の取得を妨げる結果となり、ダブル認証には至らなかった。

2．対応策の提案

BT種子の普及は決してフェアトレード運動が望むものではないが、このような形でも小農の経済支援にフェアトレードが役立っていないとは言えない。しかし事例2では、プロジェクトの実施機関が有機栽培の実施を不可能と判断し、フェアトレード認証も含めてプロジェクトを打ち切ることになった。このダブル認証プロジェクトの失敗の経験は、両認証の違いを改めて浮き彫りにする。有機認証は農民が土地をどのように使うか、農業慣行に焦点を当てており、一方、フェアトレード認証は対象作物からいかに利益を上げるか、所得創出に関心があるのである。両方の認証に優劣があるわけではなく、等しく重要な目的を有している。しかし、2つの異なる目的をマーケティング手段として安易に合体させれば生産現場で混乱を招くことになる。各々の認証の出発点であるフェアトレード運動、有機運動の異なる意義をバイヤーおよび消費者に対して再教育することが必要なのではないだろうか。

事例1でも明らかになったように、第三者が貧しい農民を支援する方法として農業認証を導入する場合、同じ小農でも属する生産者グループあるいは社会によって、めざすべき認証が異なることに注意しなければならない。各々のグ

ループ・社会の特性を見極めて最適な認証、もしくは認証の組み合わせを導入することが重要である。そして、バイヤー主導ではなく生産者主導で認証を選択するならば、認証取得のみを支援するのではなく、販売経路につなぐところまで支援することが不可欠となる。

第4節　フェアトレード生産者間の競争

1．生産現場で起こっていること

　事例3において、農地改革の受益者が土地所有権を取得するために農業だけでなく非農業活動への多様化を必要とすることに触れたが、農業と農業以外の生計手段を両立させなければならないもう1つの理由が存在した。同組合員にとってサトウキビ以上に収入をもたらしてくれる商品作物が現状ではなかったが、サトウキビのモノカルチャーの将来は決して明るくないことも組合員は理解していたのである。組合から買い上げたサトウキビの加工および砂糖製品の輸出を担当するスタッフは次のように話した。

　「組合は、共同耕作地から、可能であれば組合員の個別耕作地からも、より多くのサトウキビを我々（認証を取得している加工・販売企業）に売りたいと考えている。しかし我々はフェアトレード有機砂糖製品の輸出を拡大する上で2つの大きな困難に直面している。1つは我々の製糖工場の容量に限界があること。もう1つは、ブラジルのような主要の砂糖生産国から輸出される同種の有機砂糖との競争がどんどん激化していることだ。フェアトレード市場においてもフィリピンのような小国は、国際市況に影響力をもち、より安価で生産できる大規模生産国にはとても太刀打ちできない。だから、我々が組合から今より多く買い付けることも、より高値で買い付けることも難しい。当然、各組合が組合員の人数を増やすことも難しい」

　組合員各自は、共同耕作地のサトウキビ栽培を認証を用いて最大限に活用しつつ、同時に、それが不可能となる将来に備えて生計手段の多様化を図ってきたという訳であった。

　砂糖はフィリピンの重要な輸出品目だが、フィリピンは世界の砂糖生産のわずか1％しか担っていない小国である（FAO, 2010）。フェアトレードといえど

も資本主義経済の枠組みで売買が行われている限り、競争を避けられない現実がある。組合員はサトウキビ生産者組合から売上利益およびその他の便益を得られる限りはフェアトレード認証を利用し続けるだろうが、フェアトレード市場での競争に負け続けることになれば認証料を払う意味を失う。筆者は「フェアトレード認証は取得したけれど販路が見つからない」という声を「南」の小農グループから度々聞いている。その背景には、限られたフェアトレード市場に向けて、多くのフェアトレード生産者が国内および国際間の競争を繰り拡げている現状がある。バイヤーや消費者側からはすべて同じに見えるフェアトレード市場だが、生産者側では見えない力関係が働いている。

2．対応策の提案

生産者グループ間の競争を緩和し、より多くの小農がフェアトレードから裨益できるようにするには、フェアトレード市場を総体的に拡大する努力が依然として必要ではある。しかし、フェアトレード市場が大きくなっても、あるいはフェアトレード市場が主流になればなるほど、価格や品質の点で市場の要求も増えてくる。ダブル認証もそのような要求の１つである。品質が劣る生産者グループへの総合的な農業支援、有機認証取得のための支援（転換期間の金銭的補助を含む）など、フェアトレード認証単独ではなく、他の援助スキームと併せて導入することが必要となるであろう。

資本主義経済のアンチテーゼとして始まったはずのフェアトレード運動だが、その運動から裨益するために小規模生産者が資本主義の要求に益々応えていかなければならないとは何とも皮肉な話である。アンチテーゼという運動の本来の姿に戻るならば、フェアトレードだけは徹底して保護貿易の方向へ進んでもよいのではないだろうか。たとえば、フェアトレードに参加するバイヤー側の条件として、弱小生産国、弱小生産者グループからの買付割り当て量を設定することが考えられる。

第5節　おわりに

フェアトレード運動から「南」の小規模生産者が裨益するにはフェアトレード認証の取得が必要とされている。「運動」が「認証」という形を取ることによっ

て、生産現場ではさまざまな問題が生じている。本章では、認証取得の条件が小農の生計戦略と必ずしも調和しないこと、「南」の農村で進行している社会変容、とくに非農業就業の増加と折り合いをつけていくことの必要性、有機認証とのダブル認証が要求されることによって新たに起こる問題、限られたフェアトレード市場をめぐってフェアトレード生産者グループ間で生じている競争、以上4点を報告し、それぞれの問題の解決、改善に役立つと思われる方策の提案を試みた。フェアトレード認証の目的は、これまで資本主義経済あるいはグローバル経済から十分に恩恵を受けられなかった小農が恩恵を受けられるようにすることだが、上記の問題はすべて、小農が資本主義経済の枠組みに組み込まれることによって起こっている問題である。これらの問題に対処できなければ、フェアトレード認証もやはり小農を資本主義経済から押し出し、従来から資本主義経済に参画できていたアクターだけに利用されるシステムとなってしまうだろう。フェアトレード運動の実験期間を終えた今、再び出発点に戻って、運動をどのように実践していくのかを再考する時期に来ている。

【参考文献】

Bowes, J. & Croft, D. 2007. Organic and Fair Trade crossover and convergence. In S. Wright & D. McCrea (eds.), *The Handbook of Organic and Fair Trade Food Marketing* (pp. 262-283). Oxford, UK: Blackwell Publishing.

FAO (Food and Agriculture Organisation of the United Nations). 2010. *FAO Statistical Yearbook 2010*. Rome: FAO.

Makita, R. 2011. A confluence of Fair Trade and organic agriculture in southern India. *Development in Practice* 21(2), pp. 205-217.

Makita, R. 2012. Fair Trade and organic initiatives confronted with Bt cotton in Andhra Pradesh, India: A paradox. *Geoforum* 43(6), pp. 1232-1241.

Makita, R. 2016. Livelihood diversification with certification-supported farming: The case of land reform beneficiaries in the Philippines. *Asia Pacific Viewpoint* 57(1), pp. 44-59.

Makita, R. & Tsuruta, T. 2017. *Fair Trade and Organic Initiatives in Asian Agriculture: The Hidden Realities*. London and New York: Routledge.

WFTO (World Fair Trade Organization) & FLO (Fairtrade International). 2009. *A Charter of Fair Trade Principles*.

第**10**章

コミュニティ開発としてのフェアトレード への取組み

....

第1節　ネパールにおけるフェアトレード活動と東日本震 災復興支援について

土屋春代

1．設立経緯と活動内容

　ネパリ・バザーロの活動は、ネパールの子どもたちの教育支援を目指しスタートした。しかし、教育を受けられないのは学校の有無ではなく、貧困が原因、つまり親に仕事がないためであり、ネパールの人々が本当に必要としているのは寄付ではなく仕事の機会と分かり、「エイドよりトレード」の考え方で、1992年に（有）ネパリ・バザーロを設立した。

　1996年からの10年以上にわたる内戦状況の中でもネパリは現地のしかも奥地での活動を続けてきた。取扱いは現在もなお、ネパールを対象として活動しており、服及びハンディクラフト製品と食品の取扱比率は半々となっている。ネパリは設立当初から服を主要アイテムにしようと力をいれてきた。その理由は、マーケット側としては、①売れる、②リピーターがつく、③利益率が比較的高いことである（但し、原材料費の値上がりで次第に利益率は低下し、売上も減少してきている）。生産者側の理由としては、①裾野の広い産業、多種の仕事が生まれる、②手仕事が多い、それゆえ小資本で済む。③女性が多く関われるの

で女性が収入を得られるようになる。④大企業の現地工場の細かい分業体制と違い、一人の人が一着全体を縫うようにしているため女性たちに技術が身につくようになる、⑤環境への負荷が少ない。現地の農家が生産した自然素材を使用するようにしているため、⑥農家の収入向上につながる。つまりフェアトレードで扱う服は「農産物」であるという考え方をとっている。

ネパールでの服づくりにとって大きな課題は、①テキスタイルの種類がないことである。コットンの平織のみで、それゆえデザインの幅が限られる、②マーケットに合った技術がない。ミシンの操作という基本技術のみで、応用ができない。③情報がない。それゆえ付加価値がつけられない、といった点である。現地における服の課題改善のために、次のような対応を行ってきた。①テキスタイルの種類を増やし、質を上げる。②縫製と裁断の技術指導をする（専門家を派遣）。③企画開発力の強化を行う。それにはブランド展開と立体裁断パターン製作が必要である。服はデザインが命であり、ブランド展開としては、ふくよか型の服・中型の服・細身型の服などいくつかのブランドを開発してきた。④素材開発も重要で、そのため紙布や柿渋の開発を行ってきた。⑤修理と染め直し、リメイクにも取り組んできた。⑥素早いフィードバックで品質改善にも取り組んでいる。

過剰、不良在庫ゼロを目指し、利益率を維持し、価格を抑える必要がある。売り切るリスクはネパリ側が負う。出荷・検品も自分たちで行っている。専門家を現地に派遣したり、現地の生産者（女性たち）を日本へ1カ月招聘し、日本で生産現場を見学してもらったり、販売現場に立ち会ってもらったり、縫製や裁断などの技術研修をしている。そうしたさまざまな取組み努力を行ってきた（現在は過剰在庫・不良在庫ほぼなし）。

ネパールとの取引はハンディクラフトから始まったが、食品取引は村人から頼まれたコーヒーの買い取りから始まった。栽培しても市場がなく、切り倒している現状を知った。ハンディクラフトだけでは生産地が都市部に偏りがちとなる。農村部での貢献ができると考え引き受けることにした。

1994年9月に第1回目600キロを輸入した。これがネパールからの正式なコーヒー輸出第1号であった（日本の貿易統計に掲載された）。これを日本で焙煎し、「ヒマラヤン・ワールド」と命名した。しかしその後のネパールとのコーヒー取引は、仲介人との闘い、情報隠しなどなどさまざまな妨害にもあい大変苦労

した。

1998年には西ネパール・グルミ郡生産者団体と長期契約を締結した。2000年には念願の有機認証を取得した。2005年に韓国のNGOビューティフルストア財団を紹介し、取引を始めた。2009年にはグルミとのコーヒー取引をビューティフルストアへ譲り、新たな活動拠点をグルミからシリンゲへ移した。シリンゲはカトマンズから車で8～9時間もかかるところで、ブランド名を「シリンゲ村物語」として発売した。

ネパリ・バザーロは生産者と共に、生産者を育ててきた。他との取引が可能となる、いわゆる「生産者の卒業」を歓迎している。生産者がネパリの手助けを必要とせず独立したビジネスを行うことができることを歓迎する。このように独立した生産者団体の中には、今では2棟の大きなビルを所有し、NGOから脱皮し企業へ成長したところもある。この企業は労働者たちが株主となっている。

ネパリとして大切にしていることとしては、次の3つがあげられる。

① 共に生きるための仕事（「共生き（ともいき）貿易」、「パートナーシップ・トレード」と呼んでいる）であること。作る人、売る人、使う人、皆が喜ぶ関係づくりであること。

② 一人ひとりとの関わりを大事にし、規模を追求しない。自分たちは規模を大きくしないということ。小さいところとつながり、きめ細かく付き合っていくということを大切にしている（現在のネパリ・バザーロの売り上げは約1億2,000万円）。

③ 生産者は北極星であるということ。常に生産者を軸に考える。5～10年先の生産者のことを考えながら活動すること。

2. 東日本大震災（2011年3月11日）の支援活動

ネパリ・バザーロは東日本大震災の復旧・復興に深く関わってきた。その関わり方は、フェアトレードを通したさまざまな経験が役に立つことになった。

元スタッフの実家（釜石市）が被災したため、2011年3月27日に現地にかけつけ、炊き出しと、物資の配布をした。炊き出しは公的避難所1カ所、物資支援は公的避難所3カ所、私的避難所2カ所、釜石市災害支援センターと協力して行った。その後、毎週のように現地に通い支援を続けた。それは、現地に行って見

たこと、感じたこと、あまりにも悲惨な状況と被災地域の広大さ、ボランティアの少なさに長期継続支援が必要と感じ決意した。

　支援内容は、生活基本セットの提供から始めた。生活に必要な基本セットを箱に詰め、写真とメッセージをつけてお届けした。生活セット263、布団セット206、衛生セット146、食品セット90 などを届けた。石巻市、陸前高田市などの沿岸部の自宅避難者、避難所から自主退出した方たち、津波で全て流された方たちが主たる対象であった。

　その他さまざまな取組みを行った。宮城県東鳴子温泉への「日帰り温泉ご招待」を企画し毎回約50人ずつご招待した。鳴子公民館を休憩場所、食事場所とし、周辺の旅館で入浴していただき手料理でおもてなしをした。2011年5月29日から2017年6月25日まで計20回実施した。2013年からは福島第一原発事故で避難を余儀なくされた方たちのご招待を継続的に行っている。飯舘村の方たちとは2017年4月に帰村された方たちを訪ねるなど交流が深まっている。

　また、温泉招待時には、緩和ケア支援センターはるかの「ほなみ劇団」にも出演してもらった。「ほなみ劇団」は、穂波の郷クリニック（宮城県大崎市）で、2005年7月開設の在宅療養支援診療所内にある。「あきらめない」、「つながる」、「在宅を支える」を理念として、“つぶやき”から“希望”へをテーマとしている。穂波の郷クリニック内にある緩和ケア支援センターはるかの患者、家族、スタッフによる劇団で、劇を通して学校や地域にも発信しながら、最期まで自分らしく、夢を叶えるコミュニティ緩和ケアを目指している。

　学校支援として、石巻市北上町吉浜小学校の避難所から通う子どもたちへ、体操服、半袖シャツ、ハーフパンツ、長袖上着、ジャージパンツ、赤白帽子などを支援した。「文具支援」では、石巻市役所に各種申請に来られる市民の方々への文具支援を行った。

　東松島市老人介護NPO「すみちゃんの家」の再建支援も行った。仙石線東名駅側にあったデイサービスとグループホーム再開である。システムキッチン2式、冷蔵庫3台、洗濯機2台、電子レンジ4台、オーブントースター3台、コーヒーメーカー1台、ベッド7台、布団7組などの支援。震災当時29名のお年寄りは、施設職員の必死の介助で無事避難できていた。その後、低体温症のため避難所でお2人が亡くなった。さらに地域イベントへの応援参加やカレー（ネパールのフェアトレードカレー）の提供なども行った。

「電気敷毛布支援」も釜石、陸前高田、石巻、東松島に計900枚提供した。仮設住宅にはお年寄りが多く、震災前から電気毛布を使用しており、簡単で便利、電気代の安い電気毛布を希望しておられたからである。仮設住宅はどこも買い物など不便な立地が多い。

こうした支援活動を通じて陸前高田の方々との出会いがあった。在住外国人の方に対する一時帰国支援を行った。フィリピン人の妻の方々の一時帰国である。これはネパリのお客様からの支援要請を受けて行ったものである。陸前高田市役所健康推進課への活動支援として、老人の生活不活発病予防のためのさまざまな測定器支援も行った。また、障がい者施設開所支援も行った。パソコン３台（ノート２台、デスクトップ１台）、プリンター、付属機器一切、６人掛ダイニングセット３セット、文房具多数を提供した。

その後、緊急復旧支援から仕事の機会創出、つまり復興支援事業へと移っていった。フェアトレード団体としての20年間にわたる活動で築いたマーケットと開発手法を活かして支援を開始したのである。

3.「椿油プロジェクト」の取組み　〜Kūne（クーネ）誕生〜

陸前高田市で北限の椿「気仙椿油」の復活を目指して、新設作業所の事業支援とともに地域の復興支援として取り組んだ。地域の伝統を守りつつ、将来世代へ資源を残す事業である。障がい者の仕事づくりとして最適な搾油機械を探し山口県萩市へ。椿油で名高い利島と出会うこととなった。地元の椿の実だけでは製品の安定供給ができず、利島に応援要請した。利島から、三宅島、神津島ともつながった。被災地だけでなく、離島支援ともなっていった（有人離島432、無人島6,415）。

製油所開所式間近の2012年10月中旬、障がい者施設が突然仕事をキャンセルしてきた。機械提供と販売応援でスタートしたが、製油所建設から運営まで、やむをえずネパリの新規事業として全責任を負うことになった。一作業所に止まらぬ、地域に開かれた事業所としてスタートすることにはなったが。

こうして、2012年11月製油工房「椿のみち」の業務がスタートした。生しぼり椿油（食用）の製造販売の開始である。製油工程は障がい者の仕事として考案したので、手作業と工程数が多く、これが世界一の品質につながった。しかし、それは同時にハイコストにもつながった。工程は、①実の選別、②実を洗っ

て乾燥させる、③粉砕、④殻を取り除くと同時に再選別、⑤圧搾、⑥濾過、⑦低温殺菌、⑧壜詰、⑨ラベル貼り、といったものである。

　生しぼり椿油は売れば売るほど赤字となり、椿油プロジェクトとして経営的に自立を図るため、美容油として有名なことから化粧品の開発に着手した。2013年1月に化粧品製造を決意し、OEM工場を探した。OEM（original equipment manufacturer）とは、他社ブランドの製品製造である。コスメはさまざまな素材を入れるとより効果を上げることから被災地の特産品で加えられる素材を探し、三陸わかめ（宮古市）と北限のゆず（大船渡市）のエキス、海水塩（野田村）、そして、アルコールも奥州市の米から造られる天然エタノールを入れた。更にネパールのハチミツも加えたいと欲張って製造引受先を探したところ、あまりに持込素材が多いため引受先がなく、やっと1社みつけることができ、天然成分たっぷりで保湿効果抜群、専門家も絶賛する高品質コスメが誕生した。その化粧品が「クーネ」である。2013年5月からサンプル製作を開始。大手生協、共同購入会などへの販売を目指し、ネパリらしい化粧品とは何かの模索が続いた。ネパリの目指す「共に生きる社会」の"共に"はエスペラント語で"クーネ"。これをブランドネームにした。

4. 岩手北部・野田村へ 「山葡萄プロジェクト」を復興の柱に

　クーネの素材の塩の産地、野田村では塩の販売先より、特産品の山葡萄の市場開拓が急務と知った。満蒙開拓団の引揚者たちが故郷に戻れず、野田村の荒野を開拓し辛酸をなめつつ長年改良を重ね三陸の厳しい気候を活かし、日本一と評される糖度の高い山葡萄を栽培し続けてきた。しかし、高齢化と後継者不在、市場がなく取引価格も低迷し、廃業を余儀なくされる事態となっていた。一般の葡萄の数倍と言われるポリフェノールを含み、鉄分、カリウムも豊富で健康にもよい山葡萄を生かし、東日本大震災で岩手県北最大の被災をした野田村の復興に寄与できる産業をと、ワイン醸造とワイナリー開設を提案し2015年3月、山葡萄プロジェクトを立ち上げた。2016年10月、開所式典を行い醸造を開始した。ワイナリーができたことで栽培を諦めかけていた農家たちも希望を見出し、継続しようと気持ちを奮い立たせ頑張っている。仕事がなく村を離れざるを得ない若者が多い中、貴重な雇用機会ともなった。この事業を成功させるには支援者を募り共に歩むことと考え、会員制度を立ち上げた。700名近い会員と2,500

万を超える資金が集まり順調にスタートした。この取組みは三陸沿岸各地で復興を目指す人々のモデルともなっている。

5．沖縄へ　〜「カカオプロジェクト」始まる〜

　ネパールから長年輸入していたチリの通関手続きが毎回困難を極めていたが、近年、コストと手間と時間があまりにもかかるようになり限界を感じ、止む無く国産チリに切り替えることになった。国内でチリを調達するなら生産者を沖縄で探したいと思った。中学生の頃、ネパールの子どもたちの過酷な状況を知り開始したボランティア活動の中で返還前の沖縄と出会い、その後の沖縄のさまざまな苦難に心を痛め個人的に細々と支援していたが、ネパールや東北被災地と仕事で関わり製品開発をしてきたように沖縄とも仕事でつながりたいと思っていたからである。

　東北支援を通じ、災害や過疎、貧困など国内のさまざまな問題改善にもその土地の産物を生かした製品開発が有効で、国内版フェアトレードの必要性、重要性を痛感していたので沖縄と関わるならチリだけでなく、新しい産業となり得るものを考えたいと思った。

　そして、沖縄本島北部で地域の障がい者の就労支援を目指す農産物栽培加工会社を経営する女性起業家と出会った。理念を同じくするその会社からチリを購入しようと、2017年2月現地を訪問した。栽培している畑と加工場を見学し、色々話す中で沖縄の新たな産業としてカカオを栽培し国産チョコレートを作ろうと一致し「カカオプロジェクト」を立ち上げた。2017年8月にカカオの種を蒔いた。台風が多く冬場の低温が心配な沖縄ではハウス栽培となる。事業資金を山葡萄の時のように会員制度をつくって集め、皆で10年後に実がなりチョコレートができるのを楽しみに待ちたい。将来に夢があること、共に夢を追う仲間がいることは素晴らしいことだと思う。岩手の生産者を訪ねるツアーが好評だ。沖縄にも広げ、各地の宝と課題を共有し、支え合い共に生きるネットワークを築きたい。そして、それは更なるパワーを生み出し、いつかネパールにも波及、貢献できると思う。これらの活動の長期継続のために若い人々に経営に参画してもらい、次世代の経営基盤をしっかり固めていきたいと思う。

第2節　東ティモールにおけるフェアトレードのコミュニティ展開

井上禮子

　パルシックは、市民のための情報提供や政策提言活動などを行うNGOとして日本でも代表的なNGOの1つであるPARC（アジア太平洋資料センター、1973年設立）のフィールド活動をする民際協力部門が、分離され、2008年に設立された団体で、民際協力とフェアトレードを中心に具体的な支援・協力活動を行っている。現在はシリア難民への支援事業に力を入れている。生命や暮らし、尊厳が脅かされた人々に寄り添い、必要な支援を行いつつ、その人々が支援に依存するのではなく自立できるために国境を超えて協力していこうという考え方で、フェアトレードはその重要な手段の1つである。

　東ティモールでは、住民投票で独立支持が多数を占め、インドネシア軍による住民への暴力が激化した1999年から活動を始め、2002年の独立と共に自立支援の一環としてコーヒー（カフェ・ティモール）のフェアトレードの取組みを開始し、その後、2008年から女性の生活向上支援、2012年から森林保全型農業支援、つづいて水利改善事業を行っている。同じく内戦を経験したスリランカでは紅茶生産者支援を行い、フェアトレードのウバ紅茶、アールグレイ紅茶を取り扱っている。その他の支援事業として、マレーシアで沿岸漁民によるマングローブ植林支援、パレスチナ支援を行っている。また、2011年の東日本大震災に際しては、宮城県石巻市北上町十三浜地域での農業・漁業復興活動も実施しており、その一環として地域で生産されたワカメなどの販売も行った。

　フェアトレードは国際市場で競争できる品質の高い作物（たとえばコーヒー）の生産・加工に関する技術指導、先進国市場での販売努力を行うのみならず、各農家に対して自給作物の生産促進を含む農業の多角化にも取り組む。その多角化努力は、女性の自立支援を中心に、コミュニティの形成へと向かうことになる。

　以下に、東ティモールにおけるパルシック（PARCIC）の活動のうち、フェアトレード活動を通したコミュニティ開発の事例を報告する。

1. コーヒー農民の支援とフェアトレード

　パルシックは2002年の東ティモールの独立にともない、生まれたばかりの国への経済的支援の一環としてアイナロ県ウマベシ郡のコーヒー生産者協同組合コカマウと協働してフェアトレードコーヒーの開発に取り組んできた。ポルトガルによる植民地時代からコーヒーが唯一の輸出産品であり、山間部では唯一の現金収入源だったからである。コーヒーの木から摘み取った実（チェリー）をそのまま売っていた農民たちに、機材を提供し加工技術を伝えることを通じて農家の収入を増やすと同時に質の高いコーヒー生産を開始した。パルシックはこのコーヒーを「カフェ・ティモール」のブランド名で、フェアトレードコーヒーとして日本で販売している。農薬や化学肥料を使わず、日本のJAS有機認証も取得している（コーヒーの果肉は有機堆肥にしている）。コカマウは年間130トン前後のコーヒーを生産するようになった。

　フェアトレードを進めるために、まず個別にコーヒーの加工をしていた小規模農民に協同組合を組織してもらい、協力し合って品質を改善する活動に着手した。独立以前のインドネシア施政下、スハルト政権の下では、協同組合とは政府の意向を伝える下部組織として機能してきたという歴史があるので、独立間もない時期には、東ティモールで協同組合について話しても反発を受けることが多く、協同組合の意味を伝えるのに3～4年もかかった。2002年に国としての主権を獲得し、憲法を始めとして法制度を少しずつつくってきた東ティモールでは当初は組合法もなかったが、2004年にようやく協同組合法ができ、政府にも担当部署ができたことが追い風になった。今ではやっと本来の意味の協同組合として定着し、フェアトレードコーヒーも軌道にのるようになってきた。現在組合に参加している世帯数は640世帯強で、対象となる家族を含めると約3,500人がこのフェアトレードコーヒーの売り上げで生活している。組合として品質改善に取り組み、あるいは政府が行う東ティモール・コーヒーのプロモーションにも参加し、東ティモールにおけるコーヒー産業の担い手の1つとして存在を示すようになってきている。

2. 森林保全型農業と水事業——コミュニティ開発

　国としての経済、社会の形成の過程はなかなか人々が期待するようには進ま

ず、とくにパルシックが事業地としているアイナロ県マウベシ郡という山間部では、電気も、水も来ないという状況のなかで若者は都市に出て行って仕事を求めることになる。パルシックとしてもコーヒーの支援だけではなく、コーヒーを生産している農家のコミュニティを取り巻くさまざまな課題にともに取り組まざるを得なかった。

2012年から、孤立した山間部での農業が環境を保全しつつ循環できることをめざして、森林保全型農業の推進を開始し、薪使用量削減計画に取り組んだ。具体的には、ロケットストーブや各種改良かまどをつくり、さらにバイオガスの導入をすすめてきた。家畜の糞を原料にしてメタンガスを得る。バイオマス燃料のために豚の酪農を指導し、家畜と糞の増産を図ってきた。

とくに一世帯向けの小規模で安価なバイオガス設備を開発した。1日の原料投入量は牛糞だと牛1頭分で4人家族が1日生活するのに必要なガスを得ることができる。地域の農家の人々の理解を得るため、見学会やワークショップを根気よく行ってきた。薪を絶やさず獲得し運ぶ仕事や雨で薪が濡れるのを心配するのは女性の過酷な仕事の1つであったが、その必要がなくなる。また、植樹・植林（果樹、コーヒーの木、日陰樹など）を行い、森林を拡げていく活動も行っている。

東ティモールでははげ山が多い。そのため雨期には川の流れが急になって、通学できず、雨期が終わっても子どもたちは学校に戻らずドロップアウトしてしまう要因となっている。そこで2012年から取り組んだ事業は、上記のように養豚を奨励し、豚の糞を収集し、それをバイオガスとしてエネルギー（燃料）とする。そして果樹を植え、養蜂を行いハチミツを収穫するという、地域の人々が地域の環境を守りながら生活を改善することをめざした。このサイクルのなかでバイオガスは軌道にのったが、問題は豚にしっかりしたものを食べさせないと糞もいいものが出ないということだった。そのためキャッサバ生産を促進し、人間の食料とすると同時に、残ったものを豚の餌として提供し、よい糞を出してもらおうということになった。家畜の糞によるバイオガスは、煮炊きのガスとして使われている。山間部には電気・ガスはまったくないので、これまではエネルギーとして薪を使い、そのため森林が伐採され続けてきて、そのためはげ山になってきたのである。バイオガス利用によって薪の消費が減り、森林保全につながっている。

同時にこうした事業も貧しい農家の収入向上をともなって初めて農民たちの協力が得られる。具体的には、養蜂や養豚で、養豚では放し飼いではなく、豚舎づくりを指導し、子豚を肥育し販売して現金収入を得るようにする。豚舎での飼育方法、給餌方法、病気対策のトレーニングや、販売の情報提供を行っている。

　養蜂は、日本の養蜂家を招いてみつ蜂の生態調査やハチミツの元となる蜜源植物の調査を行い、また木材を使った巣箱（重箱式巣箱）を作成し、集落内に設置、また丸太を使った分蜂群捕獲用待ち箱（ブンコ）の作成・設置をすすめている。現在のところやっとではあるが10箱の養蜂箱が誕生している。

3．女性の生計向上と地元市場の開発

　他方で、フェアトレードによるコーヒー収入が増えているにもかかわらず、生活はよくなっているようにみえなかったことを変えていくためにはどうしたら良いかということを考え続けた。コーヒーは主要収穫物であるため、家長（男性）が扱い、家長に現金が入り、家長が使うことになることが一因であると考えた。東ティモールでは、男がお金をもつと、第1にお酒（ヤシ酒）、第2にタバコ、第3に博打（闘鶏）となりがちである。女性にお金が入ると子どもを学校に行かせたい、そのために子どもに診療を受けさせるということが優先される。つまり女性にお金が渡る仕組みをつくることが生活の改善にむすびつくことを私たちはコーヒー事業を実施する過程で学んできた。

　そこで女性たちが地元の農産物や水産物を材料にして商品をつくるという事業を本格的に開始した。東ティモールが1999年の混乱から独立国となって10年余の間に多くの国際機関が女性たちへの技術指導を行った。2012年に私たちは東ティモール各地のそうした女性グループを訪ねて調査したが、経済活動として継続できているところは少なかった。その原因は交通インフラなどの整っていない東ティモールにおいては、第1に女性たちがマーケットにアクセスできないからである。貧しい東ティモールにおいて国内市場はほぼ首都のディリとなるが山のなかの農村女性にとってディリは遠い。ディリの町は、独立から10年余に各種の公共投資もあって、スーパーマーケットやモールなどもできている。農村部にも小さなキオスなどはあるが、そこで売られているのはほとんど安価なインドネシア製の油や砂糖、あるいはコーヒー産地でさえもネスカ

フェなどの国際産品である。農村から首都までの輸送手段が限られている上に、食品などを長距離輸送するためにはパッケージも必要だが、東ティモールではビンもプラスティックの箱や袋も生産されていないのでインドネシアや中国からの輸入となる。そこで私たちは、東ティモール各地の女性グループをネットワークして、こうした問題を共同で解決する仕組みづくりを開始した。農村の女性たちがつくっている産品を、市場で売れる商品へと品質改善し、それを市場へつなげる仕組みづくりである。市場も3段階で考える必要がある。まず村の市場などの地元市場、次いで首都を中心とした国内市場、そして国際市場である。コーヒーや紅茶など植民地時代からのモノクロップは最初から海外市場につなげていかざるを得ない。ヨーロッパ市場などのために生産を開始しているので、国内市場では吸収できないからである。これをフェアトレードとして持続可能な交易にしていく。しかし、女性たちの自立という意味では、自分たちで売りに行ける地元市場は重要である。

現在、東ティモール各地で16の女性グループが活動をしている。試行錯誤しながら特産品を決め、販売先やパッケージを決め、価格計算して、女性たちが収入をえることができ、同時に東ティモールで販売しても売れるような価格を決めた。女性たちに会計やグループとして活動できるための研修も重ねてきた。商品も多岐にわたってきた。ピーナツの産地ではピーナツバターをつくる。何

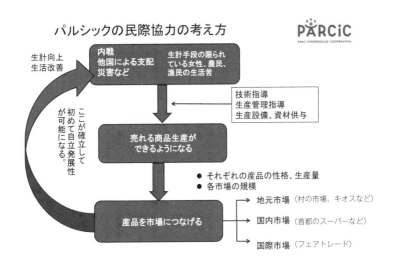

度も試作を重ね、香ばしいピーナッツバターができるようになった。果物の産地ではイチゴを始めとする果実のジャムをつくり、甘みを抑えているのでディリに住む外国人の間でも好評を博している。ハチミツも生産量が限られているので販売するとすぐに売り切れてしまうほどディリのスーパーマーケットでも人気を博している。

ココナツの粉をまぜたクッキーや、ある地域のお母さんの極秘のレシピでつくったバナナチップスなどは地元市場でも人気を博している。

もともと近代的な医療が入る前の東ティモールで使われていた薬用の葉や香りのよい花などを乾燥させてつくったハーブティーは今、レモングラス、ハイビスカス、月桃など5種類をつくっていて、きれいなパッケージに入ってフェアトレード商品として日本市場で販売すると同時にディリに住む外国人や富裕層を対象として販売している。誰でもすぐにつくれるハーブティーはなかなか地元市場では販売できない。

パルシックのフェアトレード・コーヒー（カフェ・ティモール）やハーブティー（アロマ・ティモール）の背景には、コーヒーの生産技術や協同組合の運営向上への手助けのみならず、こうした地域の女性グループの形成を通じたコミュニティ開発、コミュニティづくりへの道筋があり、日本のいまだ見えてはいないコミュニティと将来的にはつながりあっていくことが望まれる。逆に日本の私たちが東ティモールの人々からコミュニティづくりを学ぶことがあってもよいのではないかと考える。

第3節　バングラデシュ・ネパールにおけるフェアトレード石けん開発

平澤志保

1. 歴史と活動概要

シャプラニールは1972年設立の国際協力NGOで、バングラデシュとネパールで活動をしている。1974年にはバングラデシュの農村で女性たちの収入向上のために協同組合を結成し、手工芸品づくりの研修を行って日本への輸入・販売を開始した。当時の日本にはフェアトレードという言葉はまだなかったが、

これがシャプラニールのフェアトレード、「クラフトリンク」の始まりとなった。現在生産パートナー団体（取引関係にある団体）はバングラデシュに6団体、ネパールに5団体あり（2017年度時点）、これらパートナー団体を介して現地生産者とつながっている。クラフトリンクは、これらのパートナー団体と共に、生産者のことを第一に考えた活動を行っている。継続的な手工芸品の発注と適正な賃金の支払いにより生産者のより良い生活をめざすことはもちろんのこと、生産者が仕事を通じて自信や尊厳を取り戻すことが重要な意義の1つであると考えている。販売形態として、①国内のショップなどへの卸（約400店）、②カタログ、インターネット販売、③委託販売、④シャプラニール自らのイベント出店などがある。とくに委託販売制度を行っている点が特色で、大学祭などでの学生による出店や幼稚園のバザーでの父兄による販売など、多くの市民にフェアトレード商品の販売に参加してもらう仕組みとなっている。

　年商は概ね5,000万〜6,000万円ほどである（2017年度時点）。取扱品目はバングラデシュの特産品であるジュート（黄麻）を使用した商品や、ベンガル地方で母から娘に受け継がれてきた伝統刺しゅうのノクシカタを施した商品などのクラフト類（手工芸品）が中心で、物づくりにおいて、①伝統と文化を尊重する、②生産者の身近にある素材を使う、③手仕事の良さを生かす、ということを大切にしている。

2．フェアトレード石けん——She with ShaplaNeer（Sheソープ）
——開発のきっかけ

　前述の通り、従来クラフトリンクでは手工芸品を取り扱ってきたが、2010年より新しく石けんの開発を開始した。"She"という、まさに「生産者＝彼女たち（She）」が主役の石けんブランド開発のきっかけは、バングラデシュのパートナー団体から「夫に頼らずに生計を立てたいという女性たちと石けんづくりを始めたので、シャプラニールに手伝ってほしい」という依頼がきたことだった。彼女たちはもともと生活のために売春をせざるをえなかった女性たちだった。石けんの取り扱いは手工芸品と違い、肌に直接つけるものなので、安全面でより大きな責任が求められ、薬事法など法的規制への対応も必要である。他方、日本では不景気にもかかわらずオーガニック化粧品の販売が伸びており、シャプラニールとしては手工芸品の売上が伸び悩む中、フェアトレードを知らない

人々も顧客として取り込める商品をつくりたいという思いが強く、またリピート購入の期待ができる製品をつくりたいということから、石けんを開発することを決定した。バングラデシュとネパールで石けんをつくっている団体４団体を訪問し「経済的・社会的により厳しい状況にある人たちに配慮する」というシャプラニールの理念に基づき検討を重ねた結果、バングラデシュとネパールの各１団体ずつと開発を行うこととなった。１つはバングラデシュのマイメイシンという地域の「セイクレッド・マーク」というグループ、もう１つはネパールの奥地（カトマンズからジープで北西14時間程）にあるピュータン郡の「ジムロック・サボンファクトリー」というグループである。マイメンシンの生産者たちは、さまざまな事情により売春をして生計を立てざるを得なかった女性たちであり、ピュータンの生産者たちは現金収入を得る機会の少ない村で夫が出稼ぎに行ったまま帰ってこない、あるいは出稼ぎ先からの送金がない、など厳しい状況に置かれていた女性たちである。彼女たちと共に日本で販売できる高品質な石けんの開発に取り組む挑戦が始まった。

３．Sheソープの開発着手──発売開始まで

2009年の企画決定後、まずは現地で生産していた石けんをクラフトリンクのお客様など約20名にモニタリングをお願いしたところ、「臭い」、「油が浮いている」、「溶けてしまう」、「300円以上では買えない」、「虫が混ざっていた」、「肌がごわごわする」などの意見があった。ゼロからというよりマイナスからのスタートであった。

専門家と共に現地に行ってみると、生産プロセスにおいて実に多くの問題が存在したが、生産者の女性たちと話し合いながら、彼女たちの前向きな姿勢を反映して改善が進められた。たとえばレシピ通りに材料の正確な分量を量るためにより良い計量器具を導入したり、石けんを熟成するための保管庫の衛生面を徹底したりするなど、地道な改善を重ねていくことで見違えるような見事な石けんが生産されるに至った。

石けんづくりの技術指導は太陽油脂株式会社に、石けんのブランディングに関しては一般社団法人セルザチャレンジに協力をお願いした。太陽油脂は日本で約70年前から天然油脂を原料とした無添加石けんの開発、製造を手掛けている会社である。セルザチャレンジは障がい者の自立支援を目的とした商品開発

を行っている法人で、「女性たちのために、一緒に手伝ってもらえないか」とサポートを依頼したところ、いずれもボランティアで快く引き受けてくれたのである。

こういった開発メンバー、技術者、ブランディング・広報・デザインの担当者が揃い、「ブランド感」や「商品の見せ方」、「この商品を通して何を伝えたいのか」などを決めるために一緒に生産現場を訪問した。生産者と会い状況や背景を見てもらいながら、どのようなブランドにするかを現地で話し合いつくりあげていった。フェアトレードをテーマにして、NGOの1つの商品を他セクターと協働で開発した事例となった。

ブランドコンセプトとしては、"She"、つまり女性の生産者たちを主役として全面に押し出すことを決め、ブランド名にもこれを用いた。ブランドミッションとして、「より貧しくよりアクセスの悪い遠隔地で、経済発展や開発から取り残され、厳しい状況にある女性たちをサポートすること」を打ち出した。バングラデシュとネパールともに、南アジア固有の自然素材を用いることにもこだわった。

石けんの品質だけではなく、石けんの形やデザイン、パッケージにもこだわった。バングラデシュとネパールでバラバラだった形を統一し、洗練されたイメージの長方形のデザインにした。パッケージは実際に生産現場を訪れたデザイナーによるもので、作り手の女性たちが本当にやりがいをもって石けんづくりに取り組んでいることを知り、「彼女たちが誇りに思えるようなパッケージデザイン」をめざした。商品の顔となる上箱のデザインはブランドの主役である"She"＝女性たちの笑顔のイラストになった。

この石けんの開発にかかる費用はJETROから助成を受けた。2010年度開発輸入企画実証事業（500万円）に採択されたことによって、技術指導のため太陽油脂の技術者や、パッケージ開発のためセルザチャレンジの専門家を現地に派遣することができた。また、他にもサンプルをつくって輸入する費用やチラシやパンフレットをつくる費用などに充てた。こうして完成したフェアトレード石けんは2011年2月の東京インターナショナル・ギフト・ショーに出展し、お披露目をすることとなった。

そして2011年5月の期間限定販売を経て、7月に本格的な販売を開始した。広報は専用のweb、ツイッター、ブログ、フェイスブックなどを立ち上げ積

極的に発信を行った。また、今までの手工芸品はカタログとインターネットのみで広報をしていたが、初めてブランドとして展示会に出展した。女性誌や、環境系の雑誌への掲載依頼も積極的に行った。伊勢丹の新宿店など百貨店でも取扱いをしてもらった。今まで以上に「どういう人がつくっているのか」を丁寧に説明するよう心がけた。

4．品質改良とシリーズ展開

2011年の販売開始後もしばらくは品質が安定せず頭を悩ませることも多かったが、翌年度（2011年度）もジェトロの同事業に採択され、品質のさらなる向上、生産体制の整備に取り組むことができた。中でも技術者の現地再訪による生産者への直接の指導が品質の安定化に大きな成果をあげた。

さらに、より良い石けんをつくるために生産者の日本への招聘も行った。太陽油脂株式会社の工場見学をして品質管理の勉強をしたり、伊勢丹の売り場やフェアトレードショップの見学をして日本で販売をしている人、購入している人たちから実際に話を聞く機会を設けたりした。彼女たちには講演もしてもらい、生産者の生活が石けんを日本で販売することによってどのように変化したかなど、日本の消費者にフェアトレードの意義を伝える機会となった。これらのことを含め、ジェトロ事業からの助成がなければ、本企画もこれほどのスピードで成功を収めることはできなかったであろう。

Sheソープの販売開始以降3年間で32,750本、2,718万円を売り上げ、販売店は150店、記事掲載された雑誌は60カ所にのぼった。

5．生産者へのインパクト

石けんづくりにより安定的な収入を得られるようになり、生産者たちの生活は大きく改善した。賃金を子どもの教育費に充てるようになった生産者も多い。また、「自分に自信をもてるようになった」、「自分の仕事を誇りに思っている」という声を聞くことができるようになった。女性の家庭内での地位も向上し、コミュニティのなかでも高品質な石けんをつくって日本へ輸出しているということで有名になっている。日本でこのプロジェクトは「ソーシャルプロダクツ・アワード」（2013年第1回／一般社団法人ソーシャルプロダクツ普及推進協会）を獲得したが、この受賞への現地生産者たちの喜びは大きかった。

人数としては、バングラデシュの生産者は3人から21人体制となり、生産者各人の収入も当初の月1,000タカ（約1,000円）から5,000タカに上昇した。一方、ネパールは開発当初から3人体制での生産が続いており、安定的な生産体制が確保できていないことや、村に仕事を必要とする女性が多くいる中で生産者を増やすことができていないことが課題となっている。

6．今後の課題

　今後の課題は、ネパールの生産体制を軌道に乗せること、原材料価格の上昇の問題などがある。国内では販売本数をいかに今後も増やしていくかが課題である。新規顧客の開拓と共に、関連商品の開発を進めている。母の日用、クリスマス用などのギフト向け商品の他、ソープディッシュ（石けん置き）、リピーター向け簡易パッケージ、などの開発を行っている。

　2015年には、ネパールの生産者グループから、生産者の仕事を増やすために新しい商品として、村でとれる素材を使ったリップバームをつくりたい、そのための指導をしてほしい、という提案があった。リップバームは石けんづくりに使用する身近な材料をベースに比較的シンプルなレシピでつくることができること、石けん以外の新しい商品を開発することで日本でも新しい販路を拡げるチャンスにもなることから、開発を決意した。そのための資金調達方法として、クラウドファンディングを活用し、約240名の支援者から250万円以上の寄付を集め、現地出張費等に充てて開発をスタートした。Sheソープ開発時と同じ専門家の協力を得て、サンプルのやり取りや技術指導などの試行錯誤を経て、商品が完成し、2017年9月に She with ShaplaNeerブランドの新たなシリーズとして「Sheリップバーム」の販売を開始した。このリップバームの発売を契機としてSheブランドの販路を拡大し、販売数を伸ばすことでバングラデシュ、ネパールの生産者へ安定的な発注を行い、彼女たちが石けんやリップバームをつくりながら家族を支え生活していくことを応援していきたい。

日本のフェアトレードの認知率と市場規模

第11章

フェアトレードと倫理的消費の 10 年
──全国調査から明らかになったその動向

渡辺龍也

要　約

　フェアトレードと倫理的消費の研究と推進活動に長年携わってきた筆者は、2012年を皮切りに2015年、2020年、2022年と断続的に「フェアトレードと倫理的消費に関する全国調査」を行ってきた。そのうちフェアトレードについては、その意味を正しく理解している人がこの10年の間に5割ほど増えて40%近く（意味を類推できた人を含めると60%近く）に達し、かなり広く認知されるようになったことが明らかになった。特徴的なのは環境問題に関わるものとして理解する人が増えたこと、店頭でフェアトレード製品を目にして知るようになった人が多くなったこと、そしてスーパーで購入する人が増えたことである。社会と環境に配慮した倫理的消費については、今日では6割近くの人が実践していて、中でも10代〜20代の若年層と60代〜70代の高年齢層が積極的なことが分かった。また、この10年の間に環境面への関心と比較して社会面への関心が相対的に強まってきたことが特筆される。

　なお、本稿で比較、分析の対象とする過去10年の調査実施概要は文末に示した[1]。また、本テーマについては過去2回論説として発表しているので、関心のある方は参照して頂けると幸いである[2]。

第1節　フェアトレード

1．フェアトレードの知名度

　各回の調査ではまず、フェアトレードという言葉が日本国内においてどの程度知られているのか、その「知名度」を調べてきた。ここで言う「知名度」とは、フェアトレードという言葉を見聞きしたことがある人の割合のことを指す。最新の2022年3月時点の調査では、フェアトレードの知名度は表11-1の通りだった。

表11-1　フェアトレードの知名度（2022年）

フェアトレードという言葉を	全体		男女別 (%)		年代別 (%)						
	人	%	男	女	10代	20代	30代	40代	50代	60代	70代
見聞きしたことがない	486	46.8	49.7	43.9	41.5	46.5	43.3	46.6	48.2	47.5	50.3
一度は見聞きしたことがあるがその意味までは知らない (a)	133	12.8	12.0	13.5	6.2	16.5	14.7	10.4	15.5	14.1	9.4
何度か見聞きしたことはあるがその意味までは知らない (b)	123	11.8	11.8	11.8	13.8	10.2	14.0	11.9	9.5	10.7	13.8
見聞きしたことがあり、その意味も多少は知っている (c)	227	21.8	18.8	24.8	21.5	19.7	20.7	25.9	20.8	23.2	19.5
見聞きしたことがあり、その意味もよく知っている (d)	70	6.7	7.6	5.9	16.9	7.1	7.3	5.2	6.0	4.5	6.9
知名度　(a + b + c + d)	553	**53.2**	50.3	56.1	58.5	53.5	56.7	53.4	51.8	52.5	49.7

　調査対象者全体で見たフェアトレードの知名度は、表11-1のaからdまでの回答をした人が占める割合で、2022年は53.2％だった。男女別では男性の50.3％に対して女性は56.1％と、女性の方が高かった。年代別では10代が58.5％と最も高く、70代が49.7％と最も低かった。全体としては、若い年代になるほど知名度が高くなる傾向が見られる。

　今回の結果を過去の調査結果と比較してみよう（表11-2）。比較にあたっては、2012年と15年は60代までを対象としていたことから、2020年と22年についても70代を除外した60代までの数値を用いることにする（60代までに限った数値は今後「補正値」と呼ぶ。略して⑪）。補正後の2022年のフェアトレードの

表11-2　フェアトレードの知名度（経年変化）

知名度の変化	2012年	2015年	2020年㊟	2022年㊟	10年間の増減 a		10年間の増減 b	
全　体	50.3	54.2	54.3	53.9	3.6	↑	—	
男	47.4	55.3	54.4	51.6	4.2	↑	—	
女	53.1	53.1	54.3	56.2	3.1	↑	—	
10代	64.6	61.5	63.4	58.5	− 6.1	↘	—	
20代	54.9	55.2	59.9	▶ 53.5	− 1.4	↘	− 11.1	↘
30代	50.0	56.5	48.6	▶ 56.7	6.7	↑	1.8	↑
40代	46.3	60.0	55.8	▶ 53.4	7.1	↑	3.4	↑
50代	46.9	50.5	53.0	▶ 51.8	4.9	↑	5.5	↑
60代	48.6	46.6	51.7	▶ 52.5	3.9	↑	5.6	↑
70代	—	—	43.0	▶ 49.7	—		1.1	↑

注）矢印で示した増減 b は、2012年の一つ下の年代との比較

知名度は全体で53.9％、男性が51.6％、女性が56.2％となり、2020年は全体で54.3％、男性が54.4％、女性が54.3％だった。

　これを見ると、2012年からの10年間でフェアトレードの知名度は3.6㌽上昇したものの、2015年以降は知名度が上がらず横ばい状態にある。男女間の知名度の差は、2020年には縮小（むしろ逆転）したが、2022年には再び拡大した。年代別では、10代と20代で低下した一方で、他の年代では上昇した（中でも30代、40代で上昇幅が大きかった）。そのため、2012年には10代と60代の間で16㌽もあった知名度の差が、2022年には6㌽差へと大幅に縮小した。このようにフェアトレードの知名度に関しては年代間の差が縮小し、平準化してきたのがこの10年間の大きな変化ということができる。

　10代と20代で知名度が低下した理由については別途詳細な調査を行う必要がある。ただ、日々学生と接してきた者としては、1）この10年間で国外のことよりも国内や身近なこと、社会的な問題よりも個人的な趣味等に関心が向く「内向き志向」が強まっていること、2）グローバルな課題としてはSDGsや気候危機などが若者の関心をひきつけていること、3）それらに関連して（＋近年のコロナ禍も手伝って）10年前は多くの大学に存在したフェアトレード・サークルが数を減らし、キャンパス内外へのフェアトレードの普及を図る「まちチョ

コ」活動等も下火になっていること、などが理由として考えられる。

　最初の調査から10年経ったことで、どの年代の人たちも一つ上の年代に移行したことから、2012年の一つ下の年代と比較することで、各年代が10年前よりもフェアトレードという言葉を見聞きするようになったか否か、変化を知ることができる。

　表11-2の矢印および「増減b」がその変化を示したもので、今日の30代以上では各年代で知名度が上昇した（＝10年前よりもフェアトレードという言葉を見聞きするようになった）。それに対して、唯一今日の20代（＝10年前の10代）だけ知名度を大きく（11.1ポイント）落としていることが目を引く。その理由も詳しく調べる必要があるが、ここで「20代」は20〜29歳が調査対象であるのに対して、「10代」は15〜19歳しか調査対象でないことや、高校や大学時代に授業その他でフェアトレードという言葉に触れた時は覚えていたものの、進学や就職をしてさまざまな経験や出会いをしたり、仕事に追われたりする中で記憶が薄れてしまったことが考えられる。

2. フェアトレードの認知率

　フェアトレードという言葉を見聞きしたことがあっても、フェアトレードの意味を正しく理解しているとは限らない。そこで、どれくらいの人が正しく理解しているかを知るべく、2012年来の一連の調査では「見聞きしたことがある」と答えた人たちに対していくつかの選択肢を示し、その中からフェアトレードと関わりが深いと思う言葉を選んでもらうことで把握する方法を取ってきた。そうして明らかになった「正しい理解者」が調査対象者全体に占める割合をフェアトレードの「認知率」と呼ぶ。その2022年の調査結果が表11-3である[3]。

　フェアトレードは、第一義的には発展途上国の貧困削減を目的としているものの、環境問題にも取り組んでいることから、「貧困」ないし「環境」を選んだ人を正答者（フェアトレードの意味を正しく理解している人）としてきた。その正答者数（403人）が調査対象者全体に占める割合を算出すると38.8％で、これが2022年時点でのフェアトレードの認知率となる（2020年は32.4％）。また、フェアトレードという言葉を見聞きしたことがある人に占める正答者の割合（＝正答率）は72.9％だった。

　なお、今回の調査で「その他」と回答した人の中には「貿易」と答えた人が

表11-3　フェアトレードの認知率（2022年）

フェアトレードと関わりが深い言葉は？	全体		一度は見聞きしたが意味は知らない		何度か見聞きしたが意味は知らない		見聞きしたことがあり、意味も多少は知っている		見聞きしたことがあり、意味もよく知っている		正答数（3＋4）／認知率	
	回答数	％	回答数	％	回答数	％	回答数	％	回答数	％	正答数	％※
1. 株　式	50	9.0	20	15.0	17	13.8	11	4.8	2	2.9		
2. 金　融	54	9.8	18	13.5	19	15.4	16	7.0	1	1.4		
3. 貧　困	299	54.1	49	36.8	53	43.1	149	65.6	48	68.6	299	28.8
4. 環　境	104	18.8	28	21.1	25	20.3	43	18.9	8	11.4	104	10.0
5. 医　療	8	1.4	4	3.0	2	1.6	1	0.4	1	1.4		
6. メディア	6	1.1	1	0.8	2	1.6	1	0.4	2	2.9		
7. スポーツ	4	0.7	2	1.5	－	－	1	0.4	1	1.4		
8. 車／タイヤ	9	1.6	3	2.3	－	－	2	0.9	4	5.7		
9. その他	19	3.4	8	6.0	5	4.1	3	1.3	3	4.3		
総計	553		133		123		227		70		403	38.8
正答数／正答率	403	72.9	77	57.9	78	63.4	192	84.6	56	80.0		

※　ここでの％は調査対象者全体（1,039人）に占める割合

3人いた。これも正答とすると正答者数は406人（認知率39.1％）となる。さらに今回と2020年は「フェアトレードという言葉を見聞きしたことがない」と答えた人にも同じ質問をした。今回は見聞きしたことがないと答えた人が486人いたが、そのうち121人が「貧困」、84人が「環境」を選び、1人が「その他」で「フェアな貿易」と記述していた。これらの人も加えれば正答者数は612人で、認知率は58.9％となる。

　ちなみに2020年は、「見聞きしたことがない」人のうち45人が「貧困」、31人が「環境」を選択していたので、両者を加えると正答者数476人、認知率38.7％となる。従って、たとえ見聞きしたことがなくてもフェアトレードが貧困や環境に関わる言葉だと類推できる人が2年間で大幅に増えたことになる。また、「見聞きしたことがある」人のうち「環境」を選んだ人は、2020年が全体の4.2％だった（ちなみに2012年は2.4％、2015年は4.0％）のに対して2022年は10.0％へと2倍以上に増えていて、それが認知率の押し上げに大きく寄与していた。「意味まで知らない」人や「見聞きしたことがない」人になるほど「環境」を選ぶ割合が増えているのも特徴的である。

以上が認知率の全般的な把握および分析だが、以下では男女別、年代別、教育歴別、収入別、地域別といったさまざまな角度から認知率を分析していく。

男女別
　まず、男女で認知率がどう違うかを示したのが表11-4 である（カッコ内は男女別の調査対象者数）。これを見ると、女性の方が男性より認知率が7ポイント近く、正答率も5ポイント近く高く、フェアトレードをより正しく理解していることが分かる。「多少は知っている」、「よく知っている」と答えながら間違えた人の割合は男性の方がずっと多く、誤った理解ないし「知ったつもり」の傾向が男性には強いようである。

表11-4　フェアトレードの認知率（男女別、2022年）

フェアトレードと関わりが深い言葉は？	一度は見聞きしたが意味は知らない		何度か見聞きしたが意味は知らない		見聞きしたことがあり、意味も多少は知っている		見聞きしたことがあり、意味もよく知っている		計	
	男	女	男	女	男	女	男	女	男 (515)	女 (524)
1. 株　式	12	8	9	8	8	3	1	1	30	20
2. 金　融	6	12	12	7	10	6	1	–	29	25
3. 貧　困	24	25	28	25	57	92	25	23	134	165
4. 環　境	13	15	11	14	19	24	5	3	48	56
5. 医　療	2	2	–	2	–	1	–	1	2	6
6. メディア	1	–	1	1	1	–	1	1	4	2
7. スポーツ	0	2	–	–	–	1	–	1	2	2
8. 車／タイヤ	2	1	–	–	–	2	3	1	5	4
9. その他	2	6	–	5	1	2	2	1	5	14
総計	62	71	61	62	97	130	39	31	259	294
正答者（3+4）	37	40	39	39	76	116	30	26	182	221
正答率	59.7	56.3	63.9	62.9	78.4	89.2	76.9	83.9	70.3	75.2
認知率									35.3	42.2

年代別
　次に年代別に見た認知率が表11-5 である（カッコ内は年代別の調査対象者数）。これを見ると10代と40代〜60代で40％を超え、他の年代より高くなっている。

表11-5　フェアトレードの認知率（年代別、2022年）

フェアトレードと関わりが深い言葉は？	年 代 別 (%)						
	10代(65)	20代(127)	30代(150)	40代(193)	50代(168)	60代(177)	70代(159)
1. 株　式	2	13	10	12	5	1	7
2. 金　融	4	7	8	8	8	12	7
3. 貧　困	23	34	44	63	50	49	36
4. 環　境	4	7	13	17	18	24	21
5. 医　療	1	1	2	1	–	1	2
6. メディア	–	2	2	–	1	1	–
7. スポーツ	–	1	3	–	–	–	–
8. 車／タイヤ	1	2	2	–	1	1	2
9. その他	3	1	1	2	4	4	4
総計	38	68	85	103	87	93	79
正答者（3+4）	27	41	57	80	68	73	57
正答率	71.1	60.3	67.1	77.7	78.2	78.5	72.2
認知率	**41.5**	**32.3**	**38.0**	**41.5**	**40.5**	**41.2**	**35.8**

　20代は認知率、正答率ともに最低で、フェアトレードへの関心が薄かったり「うろ覚え」だったりする人たちが多いことが窺える。高年齢層（特に60代以上）では環境問題と関わりが深い言葉と理解する人の割合が多いのが見て取れる。

教育歴別

　教育歴によって認知率等に違いは出てくるのだろうか。表11-6 は教育歴（最終学歴ないし在学中）別の認知率、正答率、それにフェアトレードの知名度を示したものである（カッコ内は教育歴別の調査対象者数。「その他」が3人いるが省略する）。これを見ると、いずれの指標も教育歴が上がるにつれて数値が上昇するという強い相関関係があり（一般に相関係数が0.7以上の場合、強い正の相関関係があると見なされる）、中でも高等専門学校・短大以上と専修学校／各種学校以下との間に大きな落差があることが分かる。

表11-6　フェアトレードの認知率（教育歴別、2022年）

教育歴	全体	中学 (40)	高校 (336)	専修／各 種 (84)	高専・短 大 (119)	大学 (414)	大学院 (43)	相関係数
認知率	**38.8**	**22.5**	**32.4**	**29.8**	**47.1**	**43.5**	**53.5**	**0.934**
正答率	72.9	60.0	69.4	64.1	76.7	75.9	74.2	0.808
知名度	53.2	37.5	46.7	46.4	61.3	57.2	72.1	0.943

収入別

　次に、収入（生計を共にしている家族全体の年収）別の認知率等を示したのが
表11-7 である（カッコ内は収入層別の調査対象者数）。ここでは知名度との間で
強い相関関係が、認知率との間でかなりの相関関係が観察されるが、正答率で
はほとんど相関関係が見られない。

表11-7　フェアトレードの認知率（収入別、2022年）

年収	全体	200万 円未満 (156)	200～ 300万円 (122)	300～ 400万円 (183)	400～ 500万円 (141)	500～ 600万円 (98)	600～ 750万円 (103)	750～ 1000万 円(133)	1000万 円超 (103)	相関 係数
認知率	**38.8**	**32.7**	**36.1**	**36.1**	**41.8**	**46.9**	**34.0**	**40.6**	**46.6**	**0.630**
正答率	72.9	68.9	72.1	72.5	77.6	82.1	72.9	66.7	72.7	0.032
知名度	53.2	47.4	50.0	49.7	53.9	57.1	46.6	60.9	64.1	0.747

職業（雇用状況）別

　職業（雇用状況）別の認知率等を示したのが表11-8 である（カッコ内の数字は
各職業別の調査対象者数）。これを見ると、専業主婦／主夫と非正規雇用者で認
知率や正答率が高くなっている。特に、正規雇用者よりも非正規雇用者の方が
知名度、認知率、正答率の全てで上回っていることは、自らと同様に弱い立場
にある人々への関心が強いことを反映していると考えられる。他方で、フェア
トレードという言葉を最も見聞きしている（＝知名度が高い）生徒／学生の正
答率が最も低いのは意外である。

表11-8　フェアトレードの認知率（職業別、2022年）

職業別	全体 (1039)	正規雇用 (331)	非正規雇用 (182)	自営／自由業 (72)	生徒／学生 (73)	専業主婦／主夫 (196)	無職／年金生活 (192)	その他 (13)
認知率	**38.8**	**34.1**	**42.3**	**34.7**	**39.7**	**44.9**	**39.1**	**23.1**
正答率	72.9	66.3	81.1	71.4	64.4	77.2	75.0	75.0
知名度	53.2	51.4	52.2	48.6	61.6	58.2	52.1	30.8

地域別

　全国を6つの地域に分けた時の地域別の認知率、正答率、知名度を示したのが表11-9である（カッコ内は地域別の調査対象者数）。これを見ると、中部地方以東の東日本で認知率が全国平均を上回り、近畿地方以西の西日本で全国平均を下回っている。正答率、知名度でもほぼ同様の「東高西低」の傾向が見られる。

表11-9　フェアトレードの認知率（地域別、2022年）

地域別	全国 (1039)	九州・沖縄 (119)	中国・四国 (90)	近畿 (170)	中部 (187)	関東 (355)	北海道・東北 (118)
認知率	**38.8**	**34.5**	**31.1**	**31.2**	**40.6**	**44.8**	**39.0**
正答率	72.9	80.4	65.1	67.1	77.6	73.3	70.8
知名度	53.2	42.9	47.8	46.5	52.4	61.1	55.1

　過去の調査との比較

　最後に、2012年から22年までの調査結果を比較し、経年変化を見てみよう（表11-10）。

表11-10　フェアトレードの認知率（経年変化）

認知率の変化	2012年	2015年	2020年(補)	2022年(補)	10年間の増減 a		10年間の増減 b	
全　体	**25.7**	**29.3**	**34.2**	**39.3**	**13.6**	↑	—	
男	22.8	26.8	32.1	35.3	12.5	↑	—	
女	28.5	31.7	36.3	43.4	14.9	↑	—	
10代	27.8	34.6	43.9	41.5	13.7	↑	—	
20代	26.2	23.3	30.3	▶ 32.3	6.1	↑	4.5	↑
30代	28.0	32.4	33.0	▶ 38.0	10.0	↑	11.8	↑
40代	27.4	35.0	33.9	▶ 41.5	14.1	↑	13.5	↑
50代	23.0	27.8	33.8	▶ 40.5	17.5	↑	13.1	↑
60代	23.0	24.9	34.6	▶ 41.2	18.2	↑	18.2	↑
70代	—	—	22.8	▶ 35.8	—		12.8	↑

注）矢印で示した増減bは、2012年の一つ下の年代との比較

　まず、全体としてフェアトレードの認知率は2012年以降着実に上がり続け（2019年は32.8％）、10年間で13.6ポイント上昇した（ないし1.53倍になった）ことが分かる。ちなみにここには掲げていないが、「正答率」も2012年の51.0％が2015年54.0％、2019年60.9％、2020年62.9％、そして2022年には73.0％へと上昇し続けていて、フェアトレードという言葉を見聞きした人たちの間で正しい理解が年々広がっていることを示している。

　男女別では、女性の認知率が2012年以来一貫して男性を上回り、2022年にはその差が拡大した。

　年代別では、知名度の場合とは違って各年代で10年の間に認知率が上昇した。ただ、上昇幅は40代以上で大きかったのに対し、20代と30代では小さかった。その理由は、2022年の調査で20代と30代の正答率が低かったことに求めることができよう（表11-5参照）。いずれにしても、結果として50代～60代の認知率が20代～30代を上回るという逆転現象が10年の間に起きた。10年前の一つ下の年代と比較すると（増減b）、全年代で認知率が上昇している。10代の人たちの間で10年後にフェアトレードの知名度が下がったにもかかわらず認知率が高まったことは、その間に正しく理解する人が増えたことを意味していよう。

　地域別の認知率についても10年間の変化を見てみよう。2022年の調査結果を前3回の結果と比較したのが表11-11である。

表11-11　フェアトレードの認知率（地域別の経年変化）

認知率の変化	全国	九州・沖縄	中国・四国	近畿	中部	関東	北海道・東北	西日本平均	東日本平均
2012年　(a)	**25.7**	20.2	20.6	22.2	28.6	28.7	26.6	21.2	28.3
2015年	**29.3**	30.9	20.0	25.1	32.8	33.0	25.6	25.6	31.6
2020年㊙	**34.2**	28.2	28.3	32.5	38.5	35.2	37.8	30.1	36.6
2022年㊙ (b)	**39.3**	32.7	30.7	33.6	40.1	45.1	42.0	32.6	43.1
差（b−a）	**13.6**	12.5	10.1	11.4	11.5	16.4	15.4	11.4	14.8

　まず過去10年の動向を見ると、各地域とも10年の間に認知率が上昇し（＋10.1ポイ〜16.4ポイ）、一部の地域・時期を除いては年を追うごとに上昇してきている。地域別では、関東と北海道・東北地方で10年間の上昇幅が大きかった。中部地方以東の東日本と近畿地方以西の西日本の二地域に分けて東西を比較すると、各年とも東日本の認知率の加重平均値の方が高く、「東高西低」の傾向がこの10年間で強まっていることが分かる[4]。

3．フェアトレードを知ったきっかけ

　フェアトレードを認知している（正しく理解している）人たちは、どのようにしてフェアトレードを知るようになったのだろうか。そのきっかけを尋ねた設問への回答が表11-12 である。なお、フェアトレードを認知している403人のうち、回答したのは333人（男145人、女188人）だった。

表11-12　フェアトレードを知ったきっかけ（2022年）

フェアトレードを知ったきっかけ	全体		男		女	
	回答数	%	回答数	%	回答数	%
新聞やテレビ、ラジオを通して	① 151	45.3	① 75	51.7	① 76	40.4
本（電子書籍を含む）や雑誌を読んで	⑤ 10	3.0	⑤ 6	4.1	⑤ 4	2.1
インターネットのサイトや記事を見て	③ 55	16.5	② 25	17.2	③ 30	16.0
SNSやブログを通して	6	1.8	4	2.8	2	1.1
学校／大学の授業や活動を通して	④ 23	6.9	④ 11	7.6	④ 12	6.4
自分の子どもや孫から聞いて	2	0.6	2	1.4	–	–
友人／知人／同僚／家族から聞いて	4	1.2	1	0.7	3	1.6
店頭でフェアトレード製品／産品を見て	② 74	22.2	③ 16	11.0	② 58	30.9
通販カタログや広告を見て	3	0.9	2	1.4	1	0.5
イベントやセミナーで見聞きして	2	0.6	1	0.7	1	0.5
その他（具体的に）	3	0.9	2	1.4	1	0.5
計	333		145		188	

　この結果を見ると、全体としては伝統的なマスメディアである新聞／テレビ／ラジオを通してフェアトレードを知った人が最も多く、次いで店頭、インターネット、授業、本／雑誌の順だった。SNSやブログを通して知った人は思いのほか少なかった。男女別では、男性は新聞／テレビ／ラジオの比重が大きく（半数超）、インターネットを通して知った人も多い。一方、女性は店頭でフェアトレード製品／産品を見て知ったという人が男性の3倍近くと際立って多い。年代によってフェアトレードを知るきっかけは異なるのだろうか。それを知るために年代別で分析したのが表11-13である。

表11-13　フェアトレードを知ったきっかけ（年代別、2022年）

フェアトレードを知ったきっかけ（%）	10代	20代	30代	40代	50代	60代	70代
新聞やテレビ、ラジオを通して	22.7	21.2	45.8	27.9	55.2	66.1	60.0
本（電子書籍を含む）や雑誌を読んで	9.1	6.1	2.1	1.5	3.4	1.7	2.2
インターネットのサイトや記事を見て	9.1	9.1	14.6	29.4	10.3	15.3	17.8
SNSやブログを通して	－	12.1	－	1.5	1.7	－	－
学校／大学の授業や活動を通して	59.1	24.2	4.2	－	－	－	－
自分の子どもや孫から聞いて	－	－	－	－	－	1.7	2.2
友人／知人／同僚／家族から聞いて	－	6.1	2.1	1.5	－	－	－
店頭でフェアトレード製品／産品を見て	－	18.2	27.1	35.3	25.9	15.3	15.6
通販カタログや広告を見て	－	－	－	1.5	1.7	－	2.2
イベントやセミナーで見聞きして	－	－	2.1	－	1.7	－	－
その他（具体的に）	－	3.0	2.1	1.5	－	－	－

　この表から分かるように、新聞／テレビ／ラジオをといった伝統的なメディア（マスコミ）の占める割合はやはり50代以上の年代で多い。一方10代では「学校／大学の授業や活動を通して」が6割近くと圧倒的に多く、20代では「SNSやブログを通して」が他の年代よりずっと多かった。そのほか、40代でインターネットと店頭の割合が多くなっている。

　最後に、10年前と比べてフェアトレードを知るきっかけがどのように変化したのかを見てみよう（表11-14）。

表11-14　フェアトレードを知ったきっかけ（経年変化）

フェアトレードを知ったきっかけ（％）	2012年 (a)	2015年	2020年㊟	2022年㊟ (b)	増減 (b-a)
新聞やテレビ、ラジオを通して	35.5	35.9	40.4	43.1	**7.5**
本（電子書籍を含む）や雑誌を読んで	8.3	6.7	6.2	3.1	**-5.2**
インターネットのサイトや記事を見て	19.2	15.6	13.8	16.3	**-2.9**
SNSやブログを通して	–	0.6	1.7	2.1	**2.1**
学校／大学の授業で聞いて	6.5	8.6	9.6	8.0	**1.5**
自分の子どもから聞いて	–	–	0.6	0.3	**0.3**
友人／知人／同僚／家族から聞いて	5.4	6.7	2.0	1.4	**-4.0**
店頭でフェアトレード製品／産品を見て	14.9	15.2	21.5	23.3	**8.4**
通販カタログや広告を見て	2.9	4.4	1.7	0.7	**-2.2**
イベントやセミナーで見聞きして	2.2	2.5	0.8	0.7	**-1.5**
その他	5.1	3.8	1.7	1.0	**-4.0**

　これを見ると、10年前に比べて明らかに増えたのは「店頭」や「新聞／テレビ／ラジオ」を通してだった。逆に減少したのは「本・雑誌」、「友人／知人／同僚／家族」、「インターネット」を通してだった。デジタル化社会の中で、インターネットやSNS等を通して知る人が増えるものと予想されたが、日々の買い物や伝統的なメディアを通して知る人が増えていたのは意外ではある。インターネットは自分が関心のある事柄を知るために利用することが多く、SNSも「エコーチェンバー現象」という言葉があるように、同じような価値観を持った者同士で交流し、共感し合うメディアであることから、そもそもフェアトレードへの関心や共感を有しない人は、それらの媒体を通してフェアトレードに接する機会がかなり限られたものになると推察される。そうした点で、今日を代表するこの二つのコミュニケーション・ツールは、フェアトレード普及の観点からは少なくとも20代を除いてあまり有効とは言えないようだ。

4．フェアトレード製品の購入

　フェアトレードの知名度や認知率は上昇しているが、それに伴ってフェアトレード製品／産品（以下フェアトレード製品と略す）を購入する人も増えているのだろうか。それを知るべくフェアトレードを認知している人に購入経験の有

表11-15　フェアトレード製品の購入経験（2022年）

フェアトレード製品の購入経験		全体		男		女	
		333人	%	145人	%	188人	%
買ったことがない	見たことも、購入／試食したこともない	89	26.7	46	31.7	43	22.9
	見たことはあるが、購入／試食したことはない	100	30.0	49	33.8	51	27.1
	購入／試食したことはないがもらったことはある	21	6.3	6	4.1	15	8.0
	計	210	63.1	101	69.7	109	58.0
買ったことがある	試しに購入／飲食したことがある	64	19.2	22	15.2	42	22.3
	年に1回の割合で購入／飲食している	9	2.7	3	2.1	6	3.2
	年に2〜3回の割合で購入／飲食している	20	6.0	6	4.1	14	7.4
	年に4〜6回の割合で購入／飲食している	11	3.3	6	4.1	5	2.7
	月に1回の割合で購入／飲食している	12	3.6	4	2.8	8	4.3
	月に2〜3回の割合で購入／飲食している	3	0.9	–	–	3	1.6
	週に1回以上の割合で購入／飲食している	4	1.2	3	2.1	1	0.5
	計	123	**36.9**	44	30.3	79	42.0
	調査対象者全体に占める割合		**11.8**		8.5		15.1
	反復購入者（年1回〜毎週買う人）	59	**17.7**	22	15.2	37	19.7
	〃　　（買ったことがあるうちの割合）		**48.0**		50.0		46.8

無や頻度を尋ねた結果が表11-15である。なお、「購入」にはカフェやレストランでの飲食も含まれる。

　これを見ると、まずフェアトレードを認知している人の中で実際にフェアトレード製品を購入したことがある人は、「試しに」も含めて36.9％と4割に満たない。

　男女別で見ると、女性（42.0％）の方が男性（30.3％）よりも購入行動に出ていることが分かる。ただ、女性の場合は買うにしても試し買いや年2〜3回以下の人が多く、実際に買う段になると女性の方がシビアであることが窺える[5]。

　購入したことがある人が調査対象者全体(1,039人)に占める割合は11.8％だった。ただし、「フェアトレードという言葉を見聞きしたことがない」と答えた人の中にも買ったことのある人が14人いて（試し買いが3人、年1回が4人、年

2～3回が4人、年4～6回が1人、月1回が1人、週1回以上が1人）、その人たちも含めると13.2％となる。

　同じく「買う」と言っても、「試し買い」では積極的な購入とは言い難い。そこで、試し買いを除いた「反復購入者（年1回以上買う人）」はどのくらいいるのかを見ると、フェアトレード認知者全体の17.7％、買ったことがある人のうちの48.0％だった。

　次に、過去10年の調査結果を比較してみよう（表11-16）[6]。

表11-16　フェアトレード製品の購入経験（経年変化）

フェアトレード製品の購入経験		2012年		2015年		2020年㊋		2022年㊋	
		276	%	315	%	354	%	288	%
買ったことがない	見たことも、購入／試食したこともない	92	33.3	100	31.7	111	31.4	72	25.0
	見たことはあるが、購入／試食したことはない	73	26.4	70	22.2	112	31.6	90	31.3
	購入／試食したことはないがもらったことはある	13	4.7	12	3.8	28	7.9	17	5.9
	計	178	64.5	182	57.8	251	70.9	179	62.2
買ったことがある	試しに購入／飲食したことがある	43	15.6	51	16.2	66	18.6	58	20.1
	年に1回の割合で購入／飲食している	12	4.3	27	8.6	3	0.8	8	2.8
	年に2～3回の割合で購入／飲食している	13	4.7	17	5.4	15	4.2	16	5.6
	年に4～6回の割合で購入／飲食している	12	4.3	18	5.7	6	1.7	8	2.8
	月に1回の割合で購入／飲食している	4	1.4	10	3.2	6	1.7	9	3.1
	月に2～3回の割合で購入／飲食している	–	–	3	1.0	4	1.1	3	1.0
	週に1回以上の割合で購入／飲食している	3	1.1	2	0.6	3	0.8	7	2.4
	その他	11	4.0	5	1.6	–	–	–	–
	計	98	35.5	133	42.2	103	29.1	109	37.8
	調査対象者全体に占める割合		9.1		12.4		9.9		12.4
反復購入者（年1回～毎週買う人）		44	15.9	77	24.4	37	10.5	51	17.7
〃　　（買ったことがあるうちの割合）			44.9		57.9		35.9		46.8

これを見ると、フェアトレードを認知している人の中で「買ったことがある」人の割合は、2012年から15年にかけて増えたあと減少したものの、22年は12年をやや上回る水準へと持ち直した。「調査対象者全体に占める割合」や「認知者に占める反復購入者の割合」、「買ったことがある人に占める反復購入者の割合」といった指標も同様の動きを示している。

2020年の諸指標が落ち込んだ原因は経済的なもの――前年に平均年収が7年ぶりに減少に転じ、消費税も増税――が大きかったと思われる。年収500万円未満の層で購入者がかなり減少（特に反復購入者が大幅減）したことにそれは如実に現れている。

その後新型コロナウイルスが蔓延したことで諸指標はさらに悪化すると思われただけに、今回持ち直したことは意外ではある。一つ考えられるのは、今回質問の仕方を変えたためフェアトレードを認知している人の一部（17%）が回答しなかったことの影響である。そのうち81%はフェアトレードという言葉を見聞きしたが意味までは知らない人たちで、フェアトレード製品を積極的に買うとは考えにくい。もし、その人たちが回答していれば、諸指標も下がったと推定される（回答した人のうち、見聞きしたことがあっても意味を知らない人の割合は46%どまりだった）。ただ、そのことが「持ち直し」を打ち消すほどになるかどうかは定かでない。

5. フェアトレード製品の購入先

次にフェアトレード製品／産品を購入したことがある人に、購入先（カフェやレストラン等での飲食を含む）を問うた。その結果（および2012年からの変化）を示したのが表11-17 である。各年の左側の数字は実数、右側はフェアトレード製品の購入者に占めるパーセンテージを示す（なお2020年はこの質問をしていないため、2019年の調査結果を掲載した）。

表11-17　フェアトレード製品の購入先（経年変化）

フェアトレード製品の購入先 （複数選択可）	2012年 98人	%	2015年 133人	%	2019年 154人	%	2022年⑱ 109人	%
フェアトレード・ショップ	② 20	20.4	⑤ 17	12.8	⑧ 15	9.7	④ 17	15.6
有機食品／製品店	① 22	22.4	① 31	23.3	② 30	19.5	③ 25	22.9
自然食品／製品店	8	8.2	④ 19	14.3	④ 23	14.9	② 28	25.7
健康食品／製品店	4	4.1	5	3.8	7	4.5	6	5.5
エスニック・ショップ	⑧ 9	9.2	12	9.0	⑦ 17	11.0	⑦ 11	10.1
スーパー	④ 16	16.3	② 29	21.8	① 49	31.8	① 41	37.6
コンビニ	6	6.1	3	2.3	4	2.6	⑧ 10	9.2
デパート	7	7.1	⑧ 13	9.8	12	7.8	8	7.3
生協	⑤ 14	14.3	7	5.3	14	9.1	9	8.3
その他の商店	7	7.1	⑥ 16	12.0	14	9.1	5	4.6
カフェ／レストラン等	③ 17	17.3	⑦ 15	11.3	③ 27	17.5	⑤ 14	12.8
勤務先の売店・食堂・カフェテリア等	1	1.0	–	–	4	2.6	1	0.9
学校／大学	1	1.0	4	3.0	6	3.9	–	–
イベント会場	⑦ 12	12.2	8	6.0	⑥ 19	12.3	3	2.8
インターネット通販	⑤ 14	14.3	③ 21	15.8	⑤ 22	14.3	⑤ 14	12.8
カタログ通販	5	5.1	5	3.8	6	3.9	2	1.8
自動販売機	–	–	–	–	1	0.6	1	0.9
その他	6	6.1	3	2.3	4	2.6	–	–

　これを見ると、フェアトレードの専門店であるフェアトレード・ショップが2012年の2位から15年は5位、19年は8位へと順位を下げていたが、22年は4位へと持ち直した。一方でスーパーは、2012年の4位から15年は2位、そして19年、22年には1位に躍り出て、そのシェアも37.6％へと高まった。スーパーと同様に身近なコンビニも今回8位にランクインした。

　有機食品／製品店、自然食品／製品店、さらにエスニック・ショップも有力ないし安定した販売ルートで、中でも自然食品／製品店は2位、シェア25.7％へと大きく伸びた。一方、カフェ／レストランとインターネット通販は伸び悩

んでいる。

　注目されるのは学校／大学という答えが今回一つもなかったことである。2018年に静岡文化芸術大学が日本初のフェアトレード大学に認定されて以来、これまで国内に4校のフェアトレード大学が誕生している[7]。にもかかわらず今回学校／大学という回答がゼロだったということは、フェアトレード大学のような一部の熱心な大学は別として、既述した通り学生によるフェアトレード普及活動が全般的に低下していることや、コロナ禍でオンライン授業が広がり、学校や大学へ行く機会そのものが少なく（時には皆無に）なったことが要因として考えられる。

6．フェアトレード製品の年間購入額

　フェアトレード製品を購入している人たちには、年間どのくらいの額を購入にあてているかを尋ねた。その結果が表11-18である。

表11-18　フェアトレード製品の年間購入額（2022年）

年間購入額	全　体		男		女	
	123	%	44	%	79	%
500円未満	11	8.9	3	6.8	8	10.1
500円〜1,000円未満	53	43.1	15	34.1	38	48.1
1,000円〜2,000円未満	21	17.1	10	22.7	11	13.9
2,000円〜3,000円未満	15	12.2	7	15.9	8	10.1
3,000円〜5,000円未満	7	5.7	2	4.5	5	6.3
5,000円〜1万円未満	9	7.3	3	6.8	6	7.6
1万円〜2万円未満	5	4.1	3	6.8	2	2.5
2万円以上	2	1.6	1	2.3	1	1.3
加重平均年間購入額	2,700円		3,300円		2,400円	

　これを見ると、最も多いのは500円以上1,000円未満（全体の4割強）、次いで1,000円以上2,000円未満で、3,000円未満が全体の8割以上（81.3%）を占めている。加重平均をして一人当たりの年間購入額を算出すると約2,700円だった[8]。男女別で見ると男性の方が1,000円以上3,000円未満の層が女性より多く（48%対24%）、加重平均額でも女性より4割程多く支出していた。先に、いざ購入

となると女性の方がシビアなようであると指摘したが、そのシビアさはここにも現れている。

　過去10年の間に年間購入額がどのように変化したのかをまとめたのが表11-19である（2020年はこの質問をしていないので2019年の結果を掲載する）。

表11-19　フェアトレード製品の年間購入額（経年変化）

年間購入額	2012年		2015年		2019年		2022年㊟	
	98	%	133	%	154	%	109	%
500円未満	16	16.3	17	12.8	32	20.8	11	10.1
500円〜1,000円未満	30	30.6	42	31.6	49	31.8	48	44.0
1,000円〜2,000円未満	18	18.4	23	17.3	29	18.8	18	16.5
2,000円〜3,000円未満	13	13.3	20	15.0	20	13.0	13	11.9
3,000円〜5,000円未満	8	8.2	12	9.0	12	7.8	7	6.4
5,000円〜1万円未満	7	7.1	11	8.3	9	5.8	5	4.6
1万円〜2万円未満	2	2.0	8	6.0	−	−	5	4.6
2万円以上	4	4.1			3	1.9	2	1.8
加重平均年間購入額	3,100円		2,800円		2,100円		2,600円	

　これを見ると、加重平均購入額が2012年の約3,100円から19年の約2,100円までに減少したあと、2022年には約2,600円へと持ち直した。この10年間の変化は表11-16 で見たフェアトレードの購入経験の変化とほぼ軌を一にしている。2022年に持ち直した件については質問方法の変更が影響している可能性が排除できない。

　購入額が最も多い「ボリュームゾーン」は2012年以来500円以上1,000円未満で変わらないが、2022年にはこの層が大幅に増えた。一方、1,000円以上1万円未満の４つの層（いわば「中間購入層」）に着目すると、４つの層のパーセンテージとも2022年は他のどの年よりも少なくなっていて、図11-1 が示すように中間購入層が細って少額購入層と高額購入層が増える二極分化の傾向が窺われる（先に説明した60代以下のフェアトレード認知者で回答しなかった人がもし回答していれば、少額購入層の割合が上昇し、二極分化の傾向はより強く出ていたと思われる）。

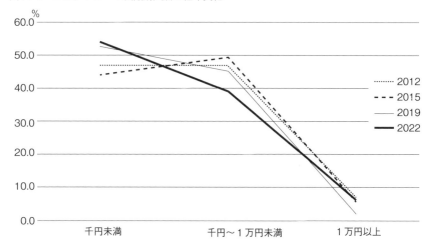

図11-1　フェアトレード製品購入層の経年変化

.... 2012
‑‑‑‑ 2015
—— 2019
━━━ 2022

千円未満　　　　　　千円〜1万円未満　　　　　1万円以上

第2節　倫理的消費への関心と認知率

　フェアトレードは、社会（生産者、労働者、顧客、取引先・サプライヤー、地域社会など）や環境に配慮した倫理的（エシカル）消費の一形態でもある。倫理的消費の動きは世界的には1980年代から顕著になり、その後利潤追求を第一とし社会や環境への影響を軽視する「新自由主義」に根差したグローバリゼーションが進展するに従って、社会・環境の重視を訴える一種の対抗運動として倫理的消費は広がってきた。

　その倫理的消費は日本においてどの程度浸透しているのだろうか。　倫理的消費に対する市民ないし消費者の意識と行動について2012年から調査してきた結果を以下に分析する。

1．倫理的消費の関連用語の知名度

　まず、倫理的消費に関連する言葉がどの程度知られているか（＝知名度）を概観しよう。関連用語としては、フェアトレード、エシカル、サステナブル／サステナビリティ、エコ／エコロジカル、ロハス、オーガニック、アニマルウェルフェア／アニマルライツ、ダイバーシティ、SDGs、ESG の計10語を選び出

した。フェアトレードの場合と同様この10語についても、その言葉を「見聞きしたことがない (a)」、「一度は見聞きしたことがあるが、その意味までは知らない (b)」、「何度か見聞きしたことはあるが、その意味までは知らない (c)」、「見聞きしたことがあり、その意味も多少は知っている (d)」、「見聞きしたことがあり、その意味もよく知っている (e)」の5択の中から選んでもらった。そのうち「見聞きしたことがある人たち (b+c+d+e)」の割合をその言葉の「知名度」とする。2022年の各語の知名度を示したのが表11-20である。

表11-20　倫理的消費関連用語の知名度（2022年）

知名度	全体	男	女	10代	20代	30代	40代	50代	60代	70代
エシカル	**33.8**	29.9	37.6	26.2	39.4	45.3	39.9	30.4	28.8	23.3
サステナブル	**73.8**	69.3	78.2	63.1	67.7	76.7	71.0	73.8	80.2	76.7
エコ／エコロジカル	**80.6**	79.0	82.1	69.2	71.7	79.3	76.7	81.5	89.3	87.4
ロハス	**56.5**	51.5	61.5	16.9	33.9	56.0	63.7	64.3	67.8	61.6
オーガニック	**86.8**	84.1	89.5	69.2	78.0	87.3	83.4	85.7	93.2	98.7
アニマルウェルフェア	**28.9**	27.6	30.2	16.9	31.5	26.7	35.8	25.0	22.0	37.1
ダイバーシティ	**69.0**	69.5	68.5	49.2	54.3	68.7	70.5	73.2	76.3	74.8
SDGs	**85.3**	84.9	85.7	78.5	82.7	86.0	85.5	84.5	87.0	88.1
ＥＳＧ	**29.6**	33.8	25.6	12.3	29.1	32.0	35.2	25.0	29.9	32.7
フェアトレード	**53.2**	50.3	56.1	58.5	53.5	56.7	53.4	51.8	52.5	49.7
平均（単純平均値）	**59.7**	58.0	61.5	46.0	54.2	61.5	61.5	59.5	62.7	63.0

　これを見ると、知名度が最も高い言葉はオーガニック（86.8％）で、次いでSDGs、エコ／エコロジカル、サステナブル／サステナビリティ、ダイバーシティの順に知名度が高かった。一方「エシカル」は38.8％にとどまり、馴染みのある言葉になっているとは言い難い。

　特筆すべきなのは「SDGs」である。エコやロハス、フェアトレードといった言葉よりも使われ始めた時期が遅いにもかかわらず、今や85.3％もの人が見聞きする「時代を象徴する言葉」となっている。多様性を意味する「ダイバーシティ」もまた比較的最近の言葉にもかかわらず知名度が高い。それらに比べ

ると、「アニマルウェルフェア」や「ESG（環境、社会、企業統治の重視）」はまだまだ社会に根付いた言葉とはなっていない。

　男女別では、総じて女性の方がエシカルに関連する言葉を多く見聞きしていることが分かる。例外は ESG とダイバーシティで、ともに投資や企業経営に関連して良く使われる言葉であることから男性の間で知名度が高いと思われる。年代別では、10語の知名度を平均すると 70代、60代の高年齢層で高く、10代、20代で低くなっている。個々に見ると、エシカル、ESG、フェアトレードは中年齢層以下での知名度が高く、エシカルは 30代、ESG は 40代、フェアトレードは 10代で最も高くなっている。

〈過去の調査との比較〉

　倫理的消費関連用語の全国調査は株式会社デルフィスが 2010年から 14年にかけて 4 回行っている。調査数・対象（1000人規模・15～79歳）や回答の選択肢もほぼ同じであることから [9]、筆者が行った 2020年と 22年の調査と共通する 5語について経年変化を見てみよう（表11-21）。

表11-21　倫理的消費関連用語の知名度（経年変化）

知名度の経年変化	2010年	2011年	2012年	2014年	・・	2020年	2022年	2022年/2010年
フェアトレード	44.0	46.5	49.8	48.3	・・	52.6	53.2	**1.2**
エシカル	13.5	11.1	13.2	12.5	・・	23.0	33.8	**2.5**
ロハス	82.1	80.6	76.8	70.5	・・	58.7	56.5	**0.7**
サステナブル	27.2	24.3	27.5	24.9	・・	38.0	73.8	**2.7**
エコ	97.6	97.5	96.2	88.4	・・	74.5	80.6	**0.83**

　ここでも目を引くのが「サステナブル／サステナビリティ」の知名度の飛躍的な上昇で、2010年に比べて 2.7倍、この 2 年だけでも 2 倍近くに跳ね上がっている。先に SDGs（サステナブル開発目標）という言葉の広がり／浸透を目にしたが、正に「サステナブル」が今日最大のキーワードになっているということができる。

　「エシカル」もまた、現在の知名度が 33.8％とは言え、2010年の 2.5倍、20年と比べても 1.5倍近くに上昇していて、サステナブルと並んで今日を象徴する

言葉になりつつあると言って良いだろう。

2．エシカルラベル／マークの知名度

　次に倫理的な基準を満たしたエシカルな製品がどれだけ知られているか、代表的な 10 のエシカルラベル／マークの知名度について見てみよう。各エシカルラベル／マークを示した上で、「1．見たことがない」、「2．見たことはあるが意味は知らない（＋このマーク／ラベルがついたものは買ったことがない）」、「3．見たことはあるが意味は知らない（＋このマーク／ラベルがついたものを買ったことがある）」、「4．見たことがあり意味も知っている（＋このマーク／ラベルがついたものは買ったことがない）」、「5．見たことがあり意味も知っている（＋このマーク／ラベルがついたものを買ったことがある）」の 5 つの選択肢から選んでもらい、2〜5 を選んだ人の割合を知名度とした。そうして得た各エシカルラ

表11-22　エシカルラベル／マークの知名度（2022年）

エシカルラベル／マークの知名度	見たことがない	見たことはあるが意味は知らない（＋買ったことがない）	見たことはあるが意味は知らない（＋買ったことがある）	見たことがあり意味も知っている（＋買ったことがない）	見たことがあり意味も知っている（＋買ったことがある）	知名度
有機JASマーク	60.3	10.6	16.4	2.8	10.0	**39.7**
FLOラベル	81.4	4.7	4.1	3.9	5.8	**18.6**
WFTOラベル	82.3	5.8	5.5	2.8	3.7	**17.7**
エコマーク	21.8	13.9	27.5	7.5	29.3	**78.2**
RAラベル	79.2	6.8	6.6	2.5	4.8	**20.8**
エコサートラベル	88.9	3.7	2.8	2.0	2.6	**11.1**
FSCラベル	80.7	5.9	7.0	2.1	4.3	**19.3**
MSCラベル	86.8	4.2	4.3	1.8	2.8	**13.2**
GOTSラベル	90.2	3.2	3.0	1.3	2.2	**9.8**
RSPOマーク	91.0	3.2	2.6	1.7	1.4	**9.0**

各ラベル／マークの説明
有機JASマーク	：JAS法に基づく日本の有機認証マーク
FLOラベル	：国際フェアトレードラベル機構のフェアトレード認証ラベル
WFTOラベル	：世界フェアトレード連盟のフェアトレード認証ラベル
エコマーク	：日本の環境マーク
RAラベル	：アメリカ発のレインフォレスト・アライアンスの環境（＋社会）ラベル
エコサートラベル	：フランス発の有機／フェアトレード認証ラベル
FSCラベル	：持続可能な木材／木工製品認証ラベル
MSCラベル	：持続可能な海産物認証ラベル
GOTSラベル	：オーガニックコットン認証ラベル
RSPOマーク	：持続可能なパーム油製品認証マーク

ベル／マークの知名度を一覧にしたのが表11-22 である（表中の数字はすべて％）。

　この表を見ると、最も知名度が高いのがエコマークの78.2％で、次いで有機JASマークが39.7％と高く、やはり日本独自の２つのエシカルマークがよく知られている。国際的なエシカルラベル／マークとしてはRAラベルの知名度が最も高く、次いでFSCラベル、FLOラベル、WFTOラベルの順となっているが、いずれも20％程度にとどまっている。

　どのラベル／マークをとっても、意味まで知っているという人は「見たことがある」人全体の最大52.3％（FLOラベル）から最小32.2％（有機JASマーク）にとどまる。意味まで理解して購入している人の割合はエコラベルの29.3％が最大、その他は10％以下で、エシカルラベル／マークの有無が消費者が買い物をする時の主要な判断材料になっているとは言い難い。

　次に男女別、年代別の知名度を見てみよう（表11-23）。これを見ると、日本独自のエコマークと有機JASマークは明らかに女性の間での方が知名度が高い

表11-23　エシカルラベル／マークの知名度（男女別、年代別、2022年）

エシカルラベル／マークの知名度	全体	男	女	10代	20代	30代	40代	50代	60代	70代
有機JASマーク	**39.7**	34.6	44.8	44.6	44.1	46.7	45.1	35.1	29.9	37.1
FLOラベル	**18.6**	19.6	17.6	44.6	22.8	14.7	19.7	17.9	7.9	19.5
WFTOラベル	**17.7**	18.1	17.4	27.7	18.9	13.3	18.1	13.7	13.0	25.8
エコマーク	**78.2**	71.3	84.9	80.0	89.8	88.7	85.0	79.2	70.6	57.2
RAラベル	**20.8**	21.7	19.8	23.1	24.4	23.3	27.5	17.3	15.3	16.4
エコサートラベル	**11.1**	11.8	10.3	15.4	14.2	10.0	11.4	8.3	5.6	16.4
FSCラベル	**19.3**	18.1	20.6	53.8	27.6	22.7	19.2	10.7	12.4	12.6
MSCラベル	**13.2**	14.2	12.2	18.5	18.1	12.0	15.5	8.3	6.8	17.6
GOTSラベル	**9.8**	11.5	8.2	7.7	15.0	6.7	9.8	7.7	5.1	17.0
RSPOラベル	**9.0**	10.3	7.6	7.7	13.4	7.3	10.9	5.4	5.6	12.6
平均（単純平均値）	**23.7**	23.1	24.4	32.3	28.8	24.5	26.2	20.4	17.2	23.2

※「濃い網掛けと太字」は各カテゴリーで最多の年代、「薄い網掛け」は各カテゴリーで２番目に多い世代であることを示す

が、FSCラベルを除く他のラベル／マークは男性の間での方が高い。全10種類のラベル／マークの中ではエコマークと有機JASマークが市場に一番よく出回っていることから、日常的に買い物をする女性がこれら２つのマークを見かける機会が多いと思われる。

　年代別では、10代と20代で知名度が高く、学校や大学でエシカルラベルやマークについて学ぶ機会が多いことがその背景にあると思われる。また、全体として年代が上がるほど知名度は下降していて、FSCラベルとエコマーク、有機JASマーク、RAラベルでその傾向が強い。60代で知名度は「底」を打ち、70代で上がっているが、日本独自で歴史もあるエコマークと有機JASマークの知名度が両年代で低いのはやや意外な結果である。

　以上の10種類のラベル／マークのうち、有機JASマークからMSCラベルまでの８種類は、2012年から知名度を調べてきているので、2012年以降の変化を追ってみよう（表11-24）。

　これを見ると、2012年から22年にかけて日本独自の有機JASマークとエコ

表11-24　エシカルラベル／マークの知名度（経年変化）

知名度の経年変化	2012年	2015年	2020年㊟	2022年㊟	2022年/2012年
有機JASマーク	43.2	43.1	39.1	40.2	**0.93**
FLOラベル	13.7	14.8	19.8	18.4	**1.34**
WFTOラベル	17.2	17.9	21.0	16.3	**0.94**
エコマーク	82.7	82.4	79.7	81.9	**0.99**
RAラベル	11.0	14.5	22.4	21.6	**1.96**
エコサートラベル	5.8	9.4	12.3	10.1	**1.74**
FSCラベル	9.8	11.8	17.7	20.6	**2.10**
MSCラベル	10.4	12.5	12.3	12.4	**1.19**
平均（単純平均値）	24.2	25.8	28.0	27.7	**1.14**

マークは知名度がやや低下しているのに対して、WFTOラベルを除く他の国際ラベル／マークの知名度は上昇している。中でも、FSCラベルとRAラベルは知名度が倍増した。全体として見ると、この10年間のエシカルラベル／マークの知名度の伸びは緩慢で、エシカル消費を促進するツールにまでなりえていないのが実情である。

3.「エシカル」への関心と実践

　今回は、調査対象者全体が「エシカル」についてどの程度関心があり、実践しているかを探った。それにあたっては、エシカルとは「環境や社会（働く人、ものづくりをする人、弱い立場にある人、地域社会など）に配慮した消費や生活のこと」を意味すると説明をした上で、そうしたエシカルな消費や生活への関心や実践の有無を尋ねた。その結果が表11-25である。

　これを見ると、まず関心もなく、実践もしていない人が全体の2/3近く（63.8％）

表11-25　「エシカル」への関心と実践（2022年）

「エシカル」への関心と実践（％）	全体	男性	女性
10年以上前からエシカルな消費や生活に関心があり、実践もしている	**2.9**	2.3	3.4
10年以上前から関心はあるが、実践はしていない	**1.7**	1.9	1.5
5年〜10年ほど前から関心があり、実践もしている	**2.9**	4.1	1.7
5年〜10年ほどから関心はあるが、実践はしていない	**2.0**	2.1	1.9
3年〜5年前ほどから関心があり、実践もしている	**2.7**	2.1	3.2
3年〜5年前ほどから関心はあるが、実践はしていない	**6.2**	5.8	6.5
コロナ禍をきっかけに関心を持ちはじめ、実践もするようになった	**5.9**	5.6	6.1
コロナ禍をきっかけに関心を持つようになったが、実践はしていない	**11.9**	8.5	15.3
特に関心はなく、実践もしていない	**63.8**	67.4	60.3
関心がある人	**36.2**	32.6	39.7
実践している人	**14.3**	14.2	14.5

を占めている。それは、そもそも「エシカル」という言葉を見たことも聞いたこともない人の割合（66.2％）とほぼ一致している。エシカルな消費や生活を実践しているのは7人に1人（14.3％）で、関心があっても実践していない人が2割程度（21.8％）いる。

　関心を持つようになった時期で見ると、10年以上前が4.6％、5年〜10年前が4.9％、3年〜5年前が8.9％、コロナ禍以降（調査時点で2年以内）が17.8％となっていて、ここ数年でエシカルへの意識が高まってきたことが分かる。

男女別では、女性の方がエシカルへの関心は高い（特にコロナ禍以降に大幅増）が、実践となると男女差はほとんど見られない。年代別は表に掲げていないが、70代は関心ありが48.4%、実践しているが23.3%と、他の年代よりも明らかに高くなっている。

4．「エシカル」に関心を持った理由

エシカルに関心がある人は、なぜ関心を持つようになったのだろうか。その理由として11の選択肢の中から最大5つを選んでもらった結果が表11-26である（回答者数は191人）。11の選択肢は以下の通り。

1．地球温暖化が進み、異常気象が頻繁（ひんぱん）起きるなど危機的な状況にあるから
2．川・海・大地の汚染、森林・生物多様性の喪失をはじめとする自然の破壊が進んでいるから
3．プラスチックごみや廃棄物・化学物質・放射性物質などが環境に深刻な影響を与えているから
4．障害者や非正規労働者・ひとり親家庭・被災者など弱い立場にある人たちが厳しい状況に置かれているから
5．農林水産業や中小企業、商店などの零細な事業者が厳しい状況に置かれているから
6．貧困・飢餓、児童労働、非人間的な労働などの問題が国内・国外を問わず深刻な状況にあるから
7．家畜やペットをはじめとする動物の福祉や権利の問題が重要性を増しているから
8．コロナ禍によって今まで見えていなかった社会や環境の問題が表面化してきたから
9．自分や家族の健康・安全が脅かされているように感じるから
10．子どもや将来の世代により良い未来を残したいから
11．その他

これを見ると、選択肢4～6の「社会問題」よりも、1～3の「環境問題」を理由として挙げる人が多く、環境問題の深刻化がエシカルへの関心を高めていることが窺われる。

男女間にそれほど大きな違いはないものの、動物の福祉／権利について女性の方がずっと関心が高い一方で、子どもや将来世代への配慮については男性よりも低い点が注意を引く。年代別の分析は各年代の母集団が小さく有意味な比較が難しいためここでは割愛する。

表11-26 「エシカル」に関心を持った理由（2022年）

「エシカル」に関心を持った理由（%）	全体	男性	女性
1. 地球温暖化の進行	**57.1**	52.6	61.5
2. 自然破壊の進行	**53.9**	55.8	52.1
3.プラゴミ・廃棄物・化学物質・放射性物質等の深刻な影響	**56.0**	50.5	61.5
4. 弱い立場にある人たちが置かれた厳しい状況	**25.7**	22.1	29.2
5. 零細な事業者が置かれた厳しい状況	**12.6**	14.7	10.4
6. 貧困・飢餓、児童労働、非人間的な労働等の問題の深刻化	**31.4**	25.3	37.5
7. 動物の福祉／権利の問題	**16.2**	10.5	21.9
8. コロナ禍に伴う社会・環境問題の表面化	**15.2**	20.0	10.4
9. 健康・安全への脅威	**13.6**	11.6	15.6
10. 子どもや将来の世代への配慮	**22.5**	25.3	19.8
11. その他	**1.0**	1.1	1.0

5．エシカルな実践

　エシカルな意識や関心の有無は別として、どのような「エシカルな実践」をどの程度行っているかを探るため、10のエシカルな行動を示して実践の有無／程度を調査対象者全員に尋ねた。回答は、1．常に行っている、2．頻繁に行っている、3．時々行っている、4．あまり行っていない、5．全く行っていない、の5つの選択肢から選んでもらった。その結果が表11-27である。

　これを見ると、最も多く実践しているのは（常に〜時々の計）「電気、水、エネルギーなどを節約する」で、それに「必要な量だけ買う／使う」、「大事にして長く使う／壊れたものや破れたものは直して使う」、「使い捨て商品やすぐゴミになりそうなものを買わない／使わない」が続き、日常的に手軽に実践できる行動が多い。「常に」実践している行動に限ると、「徒歩や自転車・公共交通機関を使って移動する」が3番目に多くなっている。

　それらに比べ、9から10の「より能動的な」エシカル行動——エシカルな消費や生活、企業活動を社会に広げる行動——を実践する人たちは2割程度にとどまっている。深刻な環境問題を引き起こすとして近年クローズアップされ

表11-27　エシカルな実践（2022年）

エシカルな実践（%）	常に	頻繁に	時々	あまり	全く	常に～時々
1. 電気、水、エネルギーなどを節約する	39.7	20.3	23.8	9.0	7.3	**83.7**
2. 徒歩や自転車・公共交通機関を使って移動する	27.2	16.9	22.5	16.1	17.2	**66.7**
3. （ムダやゴミが出ないように）必要な量だけ買う／使う	28.6	27.4	26.6	9.0	8.5	**82.6**
4. プラスチック製品を買わない／使わない	6.0	9.0	26.2	37.8	21.0	**41.2**
5. 使い捨て商品やすぐゴミになりそうなものを買わない／使わない	21.6	23.0	25.4	19.1	11.0	**70.0**
6. 大事にして長く使う／壊れたものや破れたものは直して使う	25.1	23.4	28.7	12.6	10.2	**77.2**
7. 不要になったものを人に譲る／リサイクルに出す	14.0	16.1	28.7	22.1	19.2	**58.7**
8. どこで、どのようにして作られたものなのかを確認しながら買う	7.6	9.8	23.6	33.4	25.6	**41.0**
9. エシカルな消費や生活について発信する／身近な人に話す	5.4	4.7	12.3	28.5	49.1	**22.4**
10. 小売店や企業にエシカルな製品やサービスを提供するよう求める	5.6	4.7	11.3	25.3	53.1	**21.6**

ている「プラスチック製品」を避ける人も4割となっている。

　総じて、多少とも エシカルな実践をしている人（「全く行っていない」と答えた人を除いた数）の割合は全体の77.8％となる（10行動の単純平均値）。それに対し、先の「3.『エシカル』への関心と実践」の設問でエシカルを実践していると答えた人の割合は14.3％に過ぎなかった。その違いは、先の設問が抽象的だったことに起因すると思われる。つまり、具体的にどのような行動がエシカルに該当するか(特にエシカルな購入も実践に該当すること)が理解されていなかったため、自分は実践していないと判断した人が多かったと推察されるのである。

　紙幅の関係で男女別、年代別の調査結果は示せていないが、男性では「徒歩や自転車・公共交通機関を使った移動」をする人が多く、女性では「使い捨て商品やすぐゴミになりそうなものを買わない／使わない」人が男性より圧倒的に多いのが特徴的である。年代別では、70代が最も多くエシカル行動を取っていて（1、3～6、8で最多）、それに50代、60代が続いている。40代は「人に譲る／リサイクル」が最多である。注目すべきは9と10の「能動的行動」で20代（33％）が最多、次いで10代（30％）に多いことである。

6．エシカル製品の購入

　それでは、日本の消費者は日常的にどのような倫理的（エシカル）消費を行っているのだろうか。19 の製品カテゴリーに分けて日頃どのようなエシカル製品を購入しているかを聞いた結果が表11-28 である（複数回答）。

表11-28　エシカル製品の購入（2022年）

日頃購入しているエシカル製品	全体		男		女	
	回答数	%	回答数	%	回答数	%
フェアトレード製品／産品	⑨ 83	**8.0**	⑧ 36	7.0	⑧ 47	9.0
環境に配慮している（エコな）製品／産品	③ 213	**20.5**	③ 88	17.1	② 125	23.9
リサイクル製品／産品	② 245	**23.6**	② 125	24.3	④ 120	22.9
エシカル・ファッション／ジュエリー	29	**2.8**	20	3.9	9	1.7
有機（オーガニック）製品／産品	⑥ 139	**13.4**	⑥ 60	11.7	⑥ 79	15.1
自然（ナチュラル）製品／産品	⑤ 185	**17.8**	⑤ 78	15.1	⑤ 107	20.4
スローフード	51	**4.9**	21	4.1	30	5.7
ベジタリアン／ヴィーガン食品	31	**3.0**	9	1.7	22	4.2
動物福祉に配慮した食品／製品	37	**3.6**	10	1.9	27	5.2
地元で作られた製品／産品（地産地消）	① 352	**33.9**	① 140	27.2	① 212	40.5
産地直送（援農を含む）の製品／産品	④ 207	**19.9**	④ 84	16.3	③ 123	23.5
障害者の人たちが作った製品／産品	⑦ 90	**8.7**	⑨ 35	6.8	⑦ 55	10.5
被災地の人たちが作った製品／産品	⑩ 67	**6.4**	28	5.4	39	7.4
受刑者の人たちが作った製品／産品	33	**3.2**	14	2.7	19	3.6
児童労働を使っていない製品／産品	14	**1.3**	8	1.6	6	1.1
寄付つき商品	61	**5.9**	20	3.9	⑨ 41	7.8
再生可能なエネルギー（自家発電を含む）	⑧ 86	**8.3**	⑦ 47	9.1	39	7.4
環境や社会に配慮した企業が発行する株式	37	**3.6**	22	4.3	15	2.9
環境や地域社会に配慮した旅行	22	**2.1**	11	2.1	11	2.1
その他	1	**0.1**	1	0.2	−	−
計	1,983	**190.9**	857	166.4	1,126	214.9
購入・利用したことがない	423	**40.7**	237	46.0	186	35.5

これを見ると、まず何かしらのエシカルな購入をしている人は616人（1039人－423人）で全体の59.3％と、日本の消費者の約6割がエシカル消費を行っている。一人当たりの選択数は1.91（1983／1039）で、平均して2つのカテゴリーのエシカル製品を購入していることになる（「購入・利用したことがない」人を除いてエシカル購入を実践している人に限れば一人当たり3.2カテゴリーになる）。

　エシカル購入で最も多いのは「地産地消（33.9％）」で、次いで「リサイクル」製品、「エコ」な製品となっている。「産地直送」、「自然（ナチュラル）」、「オーガニック」製品も10％台と比較的多い。

　男女別では、まずエシカル購入を実践している人の割合は女性の方が高い（男性の1.2倍）。一人当たりの選択数でも男性が1.66（実践者に限れば3.08）であるのに対して、女性は2.15（実践者に限れば3.33）で、やはり女性の方が多くなっている。男性はリサイクル製品の購入が地産地消と並んで多いほか、再生可能エネルギー、環境・社会に配慮した企業が発行する株式、エシカル・ファッション／ジュエリーの購入が、絶対数でも％でも女性より多い。一方で女性は地産地消が4割を超えているほか、エコな製品、産地直送、自然（ナチュラルな）製品、オーガニック製品、障害者の人たちが作った製品、フェアトレード製品等の購入が男性よりも多く、全体として食品ないし日用品類のエシカル購入や社会的・経済的な弱者が作った製品の購入が目立っている。

　次に年代別で分析したのが表11-29である。

表11-29　エシカル製品の購入（年代別、2022年）

日頃購入しているエシカル製品（%）	10代	20代	30代	40代	50代	60代	70代
フェアトレード製品／産品	12.3	9.4	10.0	6.7	8.3	5.6	6.9
環境に配慮している（エコな）製品／産品	23.1	15.7	17.3	14.5	14.3	22.0	38.4
リサイクル製品／産品	23.1	15.0	22.7	20.7	23.8	24.3	34.0
エシカル・ファッション／ジュエリー	6.2	7.1	4.7	0.5	1.8	2.3	0.6
有機（オーガニック）製品／産品	12.3	15.0	7.3	6.7	16.1	14.1	22.6
自然（ナチュラル）製品／産品	16.9	12.6	13.3	8.8	19.0	20.9	32.7
スローフード	1.5	1.6	1.3	3.1	5.4	7.3	11.3
ベジタリアン／ヴィーガン食品	4.6	4.7	2.7	2.1	1.8	2.8	3.8
動物福祉に配慮した食品／製品	7.7	3.9	3.3	2.6	3.6	2.8	3.8
地元で作られた製品／産品（地産地消）	18.5	15.0	22.7	26.4	36.3	44.1	61.0
産地直送（援農を含む）の製品／産品	9.2	8.7	10.7	14.5	22.0	32.2	32.7
障害者の人たちが作った製品／産品	3.1	3.9	4.7	5.2	8.3	11.3	20.1
被災地の人たちが作った製品／産品	1.5	4.7	1.3	2.6	6.5	10.2	15.1
受刑者の人たちが作った製品／産品	-	2.4	0.7	1.0	3.6	3.4	9.4
児童労働を使っていない製品／産品	1.5	2.4	0.7	0.5	1.2	1.7	1.9
寄付つき商品	4.6	4.7	2.7	5.7	5.4	8.5	8.2
再生可能なエネルギー（自家発電を含む）	12.3	9.4	7.3	4.7	4.8	7.9	15.1
環境や社会に配慮した企業が発行する株式	1.5	3.1	3.3	3.1	3.0	4.5	5.0
環境や地域社会に配慮した旅行	4.6	2.4	0.7	1.6	1.2	2.3	3.8
その他	-	-	-	0.5	-	-	-
計	164.6	142.5	138.0	131.6	186.3	228.2	326.4
購入・利用したことがない	50.8	55.1	50.0	49.7	37.5	34.5	15.7

　年代別では、エシカル購入を実践している人が20代で最も少なく（44.9％）、年代が上がるに従って増えていき、70代では84.3％に達している。一人当たりの選択数（計を100で割った数）も50代以上で多く、70代と20代では2倍以上の開きがある。

　10代は購買力が低い割には一人当たりの選択数が20代～40代よりも多く（＝それらの年代よりもエシカル消費に積極的）、「フェアトレード製品」、「動物福祉に配慮した製品」、「環境や地域社会に配慮した旅行」で最多である。20代は「エシカル・ファッション／ジュエリー」、「ベジタリアン／ヴィーガン食品」、「児

童労働を使っていない製品」で最多で、10代、20代は新しいタイプのエシカル
消費をリードしていると言える。

　全体として、10代〜20代および60代〜70代がエシカル消費に旺盛で、30代
〜50代が低調という「U字カーブ」を描いているのが年代別で見たエシカル消
費の特徴ということができる。

　今回とほぼ同内容の質問はこれまでの調査でも行っている。各回に共通する
8つの選択肢に絞って回答数のパーセンテージの変化を追ったのが表11-30 で
ある。

表11-30　エシカル製品の購入（経年変化）

エシカル購入の経年変化（%）	2012年	2015年	2020年 (補正値)	2022年 (補正値)	2022年 /2012年
フェアトレード製品／産品	3.4	5.3	7.9	8.2	**2.38**
環境に配慮している（エコな）製品／産品	25.3	19.9	22.5	17.3	**0.68**
リサイクル製品／産品	14.1	12.2	26.3	21.7	**1.54**
有機（オーガニック）製品／産品	13.7	15.3	15.3	11.7	**0.86**
自然（ナチュラル）製品／産品	27.0	24.6	15.7	15.1	**0.56**
地元で作られた製品／産品	27.0	24.7	27.9	29.0	**1.07**
産地直送の製品／産品	17.7	16.4	15.6	17.6	**1.00**
障害者の人たちが作った製品／産品	3.3	3.1	6.9	6.6	**2.03**

　これを見ると、この10年間で最も増えたのはフェアトレード製品で（2.38倍）、
次いで障害者の人たちが作った製品（2.03倍）、リサイクル製品（1.54倍）となっ
ている。一方で自然（ナチュラル）製品は大きく減少し（44%減）、環境配慮製
品も32%減となっているのが注目される。

　ちなみに、エシカル消費をしていない人に理由を尋ねた別の質問では、「特
に理由はない（58.7%）」、「もともと関心がないから（18.1%）」、「本当にエシカ
ルなのかどうか分からないから（8.8%）」、「エシカル製品／サービスは価格が
高いから（8.6%）」の順に多かった。

7．モノやサービスを購入／利用する時に重視していること

　エシカルな消費に積極的かどうかは、モノやサービスを購入／利用する時に
何を重視するかによって左右されると考えられる。そこで購入時／利用時に重

視すること（＝判断基準）を、11の選択肢の中から重視する順に5つ選んでもらった。その結果が表11-31である。

表11-31　購入／利用時に重視していること（2022年）

購入／利用時に重視していること（%）	全体						男性		女性	
	1位	2位	3位	4位	5位	ポイント	1位	ポイント	1位	ポイント
値段が手頃ないし安いかどうか	**44.8**	13.6	9.8	7.2	7.2	**65.8**	53.0	71.8	36.6	60.0
品質／性能／味が良いかどうか	**23.5**	38.4	12.0	5.8	3.9	**64.5**	20.2	63.4	26.7	65.6
デザイン／見た目が良いかどうか	**3.3**	8.8	15.2	6.6	7.7	**23.6**	3.1	26.1	3.4	21.2
安全かどうか／健康に良いかどうか	**12.1**	13.5	17.4	15.8	6.4	**40.9**	9.1	37.9	15.1	43.9
使い勝手／使い心地が良いかどうか	**4.5**	9.9	19.5	20.3	15.3	**35.4**	3.1	33.0	5.9	37.7
環境に配慮したものかどうか	**0.9**	0.9	3.0	5.0	6.3	**6.6**	1.0	5.7	0.8	7.5
社会（働く人等）に配慮したものかどうか	**0.3**	1.2	1.3	3.5	2.9	**3.9**	0.6	5.5	0.0	2.4
自分の価値観に合うものかどうか	**5.5**	4.3	7.4	11.0	13.4	**20.5**	4.7	18.0	6.3	22.9
特典（ポイント等）があるかどうか	**0.6**	1.4	1.7	3.8	7.2	**5.7**	0.8	6.2	0.4	5.3
長く使えるかどうか	**2.4**	3.2	7.3	13.5	16.9	**18.1**	1.9	16.5	2.9	19.7
自分の好きなブランドかどうか	**2.2**	1.0	0.9	2.5	6.0	**5.7**	2.5	6.4	1.9	5.0

　これを見ると、日本の消費者が最も重視しているのは、1位選択でも総合ポイント[10]でも「価格（値段）」で、次いで「品質／性能／味」、「安全／健康」であることが分かる。それらに加え、「使い勝手」や「デザイン／見た目」、「自分の価値観」、「長く使える」が相対的に多くなっている。

　その一方で重視の度合いが低いのが「環境配慮」と「社会（働く人、ものづくりをする人、弱い立場にある人、地域社会などへの）配慮」で、1位選択ではともに1％に満たない。この二つは2位選択で選ぶ人もわずかで、3位選択以降で多少増える程度である。

　この結果からは、日本では購入や利用をするにあたって今なお価格、品質、安全、使い勝手、デザイン等の「自己利益」を判断基準にする消費者が非常に多く、環境や社会への配慮といった「利他性」ないし「エシカル性」を判断基準にする人はまだまだ少数派ということになる（5位選択までを含めて「環境」を選んだ人は全体の16％、「社会」を選んだ人は9％）。

　男女間に大きな違いはないが、男性が女性以上に価格重視なのに対して、女

性は男性よりも品質や安全／健康を重視している。また、男性の方がどちらか
というとブランド指向、デザイン指向が強く、女性の方が使い勝手や長く使え
るかという実利指向が強いことが窺える。

　この表にはないが、年代別では「環境配慮」が70代（12.3ポイ）、10代（8.3ポイ）、
20代（7.2ポイ）、60代（6.6ポイ）の順に多く、「社会配慮」は10代（8.3ポイ）、20代（6.6ポイ）、
70代（4.8ポイ）、60代（4.0ポイ）の順で、若年層と高年齢層で高いという結果が出た。
ここでも、60代以上と20代以下でエシカル性が強い「U字カーブ」を見ること
ができる。

　買い物をする時に何を重視するかという質問はこれまでの調査でも行ってき
た。そこで、2012年以降の調査で共通する6つの選択肢について10年間の変
化を追ってみよう（表11-32参照）[11]。なお、2012年の調査では重視している順
に3つまで選んでもらっていたので、他の調査年についても3位までの選択数
をもとに総合ポイントを算出してより正確な比較ができるようにした（22年に
ついてはさらに60代までの補正値を用いた）。

表11-32　購入／利用時に重視していること（経年変化）

購入時／利用時に重視していること	2012年		2015年		2019年		2022年(補)		差（2022-2012）	
	1位%	ポイント	1位%	ポイント	1位%	ポイント	1位%	ポイント	1位%	ポイント
価　　　格	45.8	72.9	44.8	66.8	48.9	69.8	48.4	51.1	**+2.6**	**-21.8**
品　　　質	31.4	60.8	30.5	62.0	32.4	62.5	22.4	44.2	**-9.0**	**-16.6**
デ ザ イ ン	13.3	31.5	11.3	30.3	7.1	23.7	3.8	13.4	**-9.5**	**-18.0**
ブ ラ ン ド	2.6	11.2	3.4	13.8	3.2	14.9	2.6	3.1	**+0.0**	**-8.0**
環 境 配 慮	0.3	1.7	0.4	1.4	0.2	1.8	0.8	1.8	**+0.5**	**+0.0**
社 会 配 慮	0.0	0.3	0.3	0.7	0.8	1.3	0.3	1.3	**+0.3**	**+1.0**

　これを見ると、2012年から22年の間に「価格」は1位選択では微増だが、
3位選択までの総合ポイントでは20ポイ以上も減らしている。「品質」、「デザイン」、
「ブランド」も同様に総合ポイントを落としている。一方、「環境配慮」は1位
選択が0.5%、総合ポイントが0.03増、「社会配慮」も1位選択が0.3%、総合
ポイントが1.0増だった。6つの共通選択肢以外の選択肢の違いが影響してい
る可能性は排除できないが、価格、品質、デザイン等の「自己利益」重視の判
断基準が弱まる中で、「利他性／エシカル性」重視の判断基準が相対的に強まっ

てきたのがこの10年の大きな変化と言える。

8．好感が持てる企業

　購入／利用する時に何を重視するかとともに、どのような企業に対して好感が持てるかも日本の消費者の「エシカル度」を知る目安となる。そこで11の選択肢を示して好感が持てる順に5つまで選んでもらい、加重平均して総合ポイントを算出した結果が表11-33である。

表11-33　好感が持てる企業（2022年）

好感が持てる企業	全体						男性		女性	
	1位	2位	3位	4位	5位	ポイント	1位	ポイント	1位	ポイント
消費者や顧客を大切にする企業	**59.3**	11.9	5.4	4.6	5.2	**75.0**	58.1	72.8	60.5	77.1
株主を大切にする企業	**3.1**	7.1	3.9	3.1	4.0	**13.2**	5.8	19.3	0.4	7.1
従業員を大切にする企業	**15.7**	28.3	15.0	6.7	6.4	**51.3**	15.0	50.8	16.4	51.9
下請け企業や納入業者を大切にする企業	**2.3**	7.2	15.8	14.0	7.7	**24.7**	2.9	26.8	1.7	22.6
地域社会を大切にする企業	**3.1**	10.7	13.8	13.4	13.4	**27.9**	3.9	28.0	2.3	27.8
途上国の生産者や労働者を大切にする企業	**1.5**	2.7	6.9	8.1	9.9	**13.1**	1.7	13.1	1.3	13.1
ハラスメントを許さない企業	**3.3**	4.8	6.5	9.0	7.5	**16.1**	2.9	15.1	3.6	17.1
多様性を大切にする企業	**1.9**	4.5	5.5	9.2	8.8	**14.3**	1.0	12.3	2.9	16.2
環境を大切にする企業	**5.1**	6.2	7.6	9.4	11.3	**20.6**	3.5	17.5	6.7	23.7
社会貢献に積極的な企業	**4.3**	6.1	7.6	9.2	11.7	**19.8**	4.5	17.1	4.2	22.4
その他	**0.4**	0.1	0.2	0.1	0.1	**0.6**	0.8	1.3	0.0	0.0

　これを見ると、1位選択では「消費者や顧客を大切にする企業」が6割近くの支持を集め、最も好感度が高い。次いで高いのが「従業員を大切にする企業」で、以下選択数が少なくなる中で「環境を大切にする企業」、「社会貢献に積極的な企業」の好感度が比較的高かった。

　総合ポイントでは、上位2つの企業の順位は変わらないものの、3位には1位選択で6番目だった「地域社会を大切にする企業」が入り、4位には1位選択で8番目だった「下請け企業や納入業者を大切にする企業」が入った。

　男女別では、男性で「株主を大切にする企業」の好感度が高く（1位選択で3番目）、「下請け企業や納入業者を大切にする企業」も高い一方で、「環境を

大切にする企業」、「多様性を大切にする企業」、「ハラスメントを許さない企業」の好感度が低く、女性ではその逆になっている。

　年代別に見た時はどうだろうか。それを示したのが表11-34である。これを見ると、「消費者や顧客」、「地域社会」、「環境」を大切にする企業や「社会貢献」

表11-34　好感が持てる企業（年代別、2022年）

好感が持てる企業	10代	20代	30代	40代	50代	60代	70代
消費者や顧客を大切にする企業	56.0	71.0	68.4	77.7	79.5	79.0	79.4
株主を大切にする企業	15.1	15.0	15.2	14.1	11.0	12.8	10.8
従業員を大切にする企業	41.8	53.7	57.5	52.3	51.5	49.0	48.6
下請け企業や納入業者を大切にする企業	21.8	20.2	29.1	26.7	21.3	24.6	26.4
地域社会を大切にする企業	17.2	22.7	26.5	27.4	28.8	32.2	31.2
途上国の生産者や労働者を大切にする企業	12.0	17.3	15.5	12.3	10.2	14.7	11.4
ハラスメントを許さない企業	25.8	21.7	18.5	17.5	14.2	9.7	13.0
多様性を大切にする企業	30.2	22.5	12.1	12.6	10.5	13.1	10.6
環境を大切にする企業	22.8	15.3	14.0	16.7	22.3	25.9	27.4
社会貢献に積極的な企業	22.5	13.5	16.0	16.1	20.7	23.1	27.2

に積極的な企業に好感を持つのは50代以上の高年齢層が多い。一方、「ハラスメント」を許さない企業や「多様性」を大切にする企業に好感を抱くのは10代、20代に多く、30代では「従業員」や「下請け企業や納入業者」を大切にする企業の好感度が高い。

　「好感が持てる企業」についてはこれまでも調査を行っている。2012年、15年と、2020年、22年では選択肢に違いがあるため正確な比較は難しいが[12]、この10年間の大まかな変化は知ることができる。各年の調査でほぼ共通する8つの選択肢への回答を比較したのが表11-35である。

表11-35　好感が持てる企業（経年変化）

好感が持てる企業	2012年		2015年		2020年 ㊟		2022年 ㊟		差（2022年 -2012年）	
	1位	ポイント	1位	ポイント	1位	ポイント	1位	ポイント	1位	ポイント
消費者や顧客を大切にする企業	39.0	(63.2)	37.5	(61.8)	54.4	73.8	58.6	74.2	6.3	N.A.
	13.3	(38.1)	9.4	(38.1)						
株主を大切にする企業	1.1	6.2	1.5	9.0	4.3	22.6	3.3	13.6	2.2	7.4
従業員を大切にする企業	7.1	27.6	8.4	28.8	20.2	60.9	16.3	51.8	9.2	24.2
下請け企業や納入業者を大切にする企業	0.7	5.0	0.4	8.1	3.0	34.3	2.5	24.4	1.8	19.3
地域社会を大切にする企業	1.6	16.7	2.0	13.8	4.5	32.0	2.8	27.0	1.3	10.4
生産者や労働者を大切にする企業	2.8	19.0	3.3	23.6	1.5	11.8	1.8	13.6	-1.0	-5.4
環境を大切にする企業	5.6	27.0	3.6	22.9	4.2	20.1	4.4	19.4	-1.1	-7.6
社会貢献に積極的な企業	5.9	28.3	3.6	22.9	4.2	17.4	4.1	18.5	-1.8	-9.9

注）2012年と15年の「消費者や顧客を大切にする企業」は、上段が「消費者に良質な製品／サービスを提供している企業」、下段が「消費者に安い製品／サービスを提供している企業」。差（2022-2012）のうち1位選択肢の％は、2012年の上段と下段を足し合わせた数字と比較している（ポイントは計算不能のため N.A. としている）。

　これを見ると、「消費者や顧客を大切にする企業」の好感度が最も高い点は10年間変わっていない。大きく変わったのは「従業員を大切にする企業」と「下請け企業や納入業者を大切にする企業」の好感度が大幅に上昇したことで、働く人や下請け等の弱い立場にある人や企業を大切にしない企業を快く思わない消費者が増えていることを物語っている。「地域社会を大切にする企業」も同様に好感度を上げた一方で、「社会貢献に積極的な企業」は好感度を下げている。それは、企業が社会を"チャリティ"の対象にして貢献する時代は過ぎ、地域社会とともに成長する企業（いわゆる CSV ＝共通価値の創造）が評価される時代に入ったことを示すものと言えよう。年代別で見た時に高年齢層の間で社会貢献に積極的な企業の好感度が高いのに対して若年層では低いことにも時代の変化が見て取れる。なお、「生産者や労働者を大切にする企業」の好感度が低下しているが、それは、2020年と22年の調査では「生産者や労働者を大切に」の前に「関わっている途上国の」という限定句を付けたことが影響していると思われる。

　10年間の変化として意外なのは「環境を大切にする企業」の好感度が下がっ

ていることである。その理由としては、今や企業が環境を大切にするのは"当たり前"化していて、環境配慮が好感度を上げる要素になりにくくなっていることが考えられる。

9．エシカルな意識と行動

　最後に、エシカルな意識と行動について包括的な 10 の質問をし、それぞれについて「よくある／よく思う」、「時々ある／時々思う」、「あまりない／あまり思わない」、「ない／思わない」の四択で答えてもらった結果が表11-36 である。

表11-36　エシカルな意識と行動（2022年）

エシカルな意識と行動	全体						男	女
	よくある／思う(a)	時々ある／思う(b)	あまりない／思わない	ない／思わない	(a)＋(b)%	ポイント	ポイント	ポイント
① 今の消費や生活の仕方を変えないと、子どもや将来世代の生活や環境が悪化していくと思う	260	529	174	76	75.9	34.8	27.7	41.8
② 自分や家族の生活を維持することに精一杯で、社会や環境への影響のことまで考えられない	192	451	304	92	61.9	-16.7	-15.1	-18.2
③ 働く人や下請け業者、地域社会などを大切にする企業のモノやサービスは積極的に買っている	53	391	426	169	42.7	-12.8	-14.9	-10.9
④ 働く人や下請け業者、地域社会などを大切にしない企業のモノやサービスは買わないようにしている	77	352	431	179	41.3	-13.6	-15.0	-12.3
⑤ 環境や生態系を大切にしている企業のモノやサービスは積極的に買っている	58	415	410	156	45.5	-9.2	-15.3	-3.1
⑥ 環境や生態系に大切にしない企業のモノやサービスは買わないようにしている	71	384	423	161	43.8	-10.5	-14.3	-6.9
⑦ 自分で買って所有するのではなく、レンタル（借用）したり、人とシェア（共用）したりしている	42	212	396	389	24.4	-42.3	-41.8	-42.7
⑧ 以前よりも使い捨て商品を買わなくなった、ないしモノを大事に長く使うようになった	182	506	244	107	66.2	19.8	8.3	31.1
⑨ 消費者が「責任ある消費」をおこなっていけば、環境や社会をよい方向に変えていけると思う	163	547	221	108	68.3	21.0	10.6	31.2
⑩ 経済的な余裕のあるなしに関係なく、消費そのものを減らそうとしている	143	513	267	116	63.1	14.4	4.5	24.2
総合平均ポイント（①～⑩のポイントの単純平均値）						-1.5	-6.5	3.4

注）「ポイント」は各質問への回答を加重平均した数値。（「よくある／よく思う」×2＋「時々ある／時々思う」－「あまりない／あまり思わない」－「ない／思わない」×2）／1039／2×100 で算出）。なお質問②は非エシカルなベクトルを有した質問であるため＋と－を入れ替えて算出した。全員が「よくある／よく思う」を選択すれば＋100ポイント、逆に全員が「ない／思わない」を選択すれば－100ポイントとなり、ポイントが＋側に振れればエシカルな意識や行動が強く、－に振れればエシカルな意識や行動が弱いことを意味する。

この表から分かる通り、10 の選択肢の中では「今の消費や生活の仕方を変えないと、子どもや将来世代の生活や環境が悪化していく」と思う人が 4 人に 3 人（75.9％）と最も多かった。また、68％超の人が「消費者が『責任ある消費』をおこなっていけば、環境や社会をよい方向に変えていけると思う」と考えている。このように、今後の社会や環境のことを考えると消費や生活の仕方を変える必要があるというエシカルな意識を 7 割前後の日本人が共有していることが今回の調査で明らかになった。

　約 7 割の人たちがエシカルな意識を持つようになる一方で、生活を維持することに精一杯で社会や環境への影響のことまで考えられない人も 6 割超と多い（約61.9％）。詳細に調べると、①の将来世代や環境のことを意識する人のうちの 48％が、また⑨の責任ある消費は社会や環境を良くできると思う人のうちの 61％が、生活維持に精一杯で社会・環境影響のことまで考えられないと答えていて、エシカルな意識と生活維持との間で「板挟み」状態にあること、ないし「無い袖は振れない（生活に余裕がなければエシカルについて深く考えられない）」状況にあることも同時に浮き彫りになったと言えよう。

　具体的なエシカルな消費行動としては、使い捨て商品を買わなくなった／モノを大事に使うようになった、消費そのものを減らした、という行動が 6 割超と多い。社会や環境を大切にする企業のモノ／サービスを積極的に買ったり、大切にしない企業のモノ／サービスを買わなかったりしている人は過半数に達してはいないが、4 割を超えている。

男女差

　エシカルな意識や行動は男女間に差があるのだろうか。まず、総合平均ポイントを見ると、男性−6.5 に対して女性は3.4 で、全体として女性の方が「エシカル度」が高い。個々の意識、行動でも、「生活の維持で精一杯」と「レンタルやシェア」以外は女性の方がエシカル度が高い。とりわけ「将来世代や環境に対する意識」、「責任ある消費」、「消費そのものの削減」で高く、女性の方が社会や環境に対する意識や責任感が強いと言える。

年代差

　エシカルな意識や行動は年代によっても違いがあるのだろうか。10代から70代までの各年代のポイントを示したのが表11-37である。

表11-37　エシカルな意識と行動（年代別、2022年）

エシカルな意識と行動（ポイント）		10代	20代	30代	40代	50代	60代	70代
①	今の消費や生活の仕方を変えないと、子どもや将来世代の生活や環境が悪化していくと思う	22.3	19.7	31.7	26.9	39.0	36.7	57.9
②	自分や家族の生活を維持することに精一杯で社会や環境への影響のことまで考えられない	-6.2	-23.2	-18.0	-20.5	-21.7	-16.9	-4.4
③	働く人や下請け業者、地域社会などを大切にする企業のモノやサービスは積極的に買っている	-22.3	-23.6	-23.0	-18.7	-2.7	-14.7	7.5
④	働く人や下請け業者、地域社会などを大切にしない企業のモノやサービスは買わないようにしている	-29.2	-28.0	-20.0	-16.8	-5.1	-13.6	5.0
⑤	環境や生態系を大切にしている企業のモノやサービスは積極的に買っている	-20.8	-23.6	-20.7	-17.6	2.4	-12.4	19.5
⑥	環境や生態系に大切にしない企業のモノやサービスは買わないようにしている	-16.9	-22.4	-18.0	-20.7	-2.7	-9.0	11.0
⑦	自分で買って所有するのではなく、レンタル（借用）したり、人とシェア（共用）したりしている	-20.0	-28.0	-37.7	-40.2	-44.6	-54.5	-53.5
⑧	以前よりも使い捨て商品を買わなくなった、ないしモノを大事に長く使うようになった	13.8	-2.4	4.3	11.4	30.1	22.6	50.9
⑨	消費者が「責任ある消費」をおこなっていけば環境や社会をよい方向に変えていけると思う	15.4	4.3	7.7	11.1	29.5	23.2	49.7
⑩	経済的な余裕のあるなしに関係なく、消費そのものを減らそうとしている	-5.4	2.4	5.7	4.1	22.3	19.5	39.0
総合平均ポイント		-6.9	-12.5	-8.8	-8.1	4.6	-1.9	18.3

これを見ると、総合平均ポイントで測った「エシカル度」は総じて50代以上で高く、40代以下で低くなっている。70代は「生活の維持で精一杯で考えられない」と「レンタルやシェア」を除く項目で最も高く、50代がそれに続いている。20代から50代の「働く世代」ないし「子育て世代」では、「生活の維持に精一杯で考えられない」が多い。「レンタルやシェア」は年代が下がるにつれて実践者が多く、10代で最多となっている。そのほか10代は、「使い捨て商品を買わない／モノを大事に長く使う」、「責任ある消費によって社会・環境を良くできる」、「環境を大切にしない企業のモノやサービスは買わない」において20代～40代よりも前向きである。

　全体として50代以上と10代で比較的「エシカル度」が高く、20代から40代にかけて低いという「U字カーブ」がここでも見られる。

　社会や環境を大切にする／大切にしない企業のモノやサービスを買う／買わないについては、類似の質問を2012年と15年にもしている。聞き方（設問）が多少違うため[13]、厳密な比較はできないが大まかな傾向は読み取れるので、この10年間の変化を見てみたい（表11-38）。

表11-38　エシカルな意識と行動（経年変化）

エシカルな意識と行動（%）	2012年	2015年	2022年 ⑭	2022年／ 2012年
働く人や下請け業者、地域社会などを大切にする企業のモノやサービスは積極的に買っている	8.9	11.0	40.6	**4.5**
働く人や下請け業者、地域社会などを大切にしない企業のモノやサービスは買わないようにしている	12.1	14.6	39.5	**3.3**
環境や生態系を大切にしている企業のモノやサービスは積極的に買っている	50.1	46.4	42.2	**0.84**
環境や生態系に大切にしない企業のモノやサービスは買わないようにしている	25.8	22.6	41.5	**1.6**

　この表を見ると、2012年から10年間で、環境に配慮した企業のモノ／サービスを買う人が減少した（−16%）のに対して、社会に配慮した企業のモノ／サービスを買う人は大幅に増えていて、企業の社会配慮の有無が消費者の購買行動に大きく影響するようになったことが分かる。

　また、社会や環境を大切にしない企業のモノ／サービスを買わない人の割合

も増え、大切にする企業のモノ／サービスを積極的に買う人の割合と肩を並べるようになったのも大きな変化である。従来日本の消費者は「ボイコット（不買）」的な行動には消極的とされてきた。確かに不買「運動」のような表立った広がりは乏しいものの、個人レベルで非エシカルな企業を忌避する傾向が確実に強まっているようである。

第3節　まとめ

　以上、さまざまな観点から日本におけるフェアトレードと倫理的消費の現状と過去10年の変化を分析してきた。以下にその要点をまとめる。

フェアトレード

　まず、フェアトレードという言葉の知名度は10年間で上昇し、53.2％となったが、その伸びは緩慢なもの（3.6ポイント増）にとどまっている。男女間に大きな差はないが、年代別では10代～20代で知名度が低下した一方で他の年代では上昇したことで年代による差が縮小した。

　フェアトレードの認知率は38.8％となり、10年間で13.6ポイントの大幅な上昇（5割増）を見せた。それは、フェアトレードという言葉の意味を正しく理解できる人の割合（正答率）が10年前の51％から73％へと大幅に上昇したことによる。中でも、環境問題に関わる言葉として理解する人が増えたこと（とりわけ高年齢層で）が認知率上昇に大きく寄与していることが明らかになった。

　フェアトレードという言葉を見聞きしたことがなくても貧困ないし環境に関わる言葉だと"類推"できた人も4割以上いた。それらの人も含めた広い意味での認知率は58.9％に達し、今日では6割近い人がフェアトレードが何のための活動か何となくを含め理解していることになる。

　男女別では、女性の方が知名度、認知率、正答率全てで上回っていた。年代別では10年前よりも全年代で認知率が上昇し、中でも50代～60代の伸びが著しかった。その結果、50代～60代の認知率が20代～30代を上回る逆転現象が起きた。

　教育歴別では、高学歴（特に高専・短大以上）なほど認知率が高く、世帯収入別では高収入になるほど認知率が高くなる傾向が見られる。そうした傾向は

日本だけでなく他の欧米諸国でも観察されている（女性の認知率が高いのも同様）。職業別では、正規雇用者よりも非正規雇用者の方が知名度、認知率、正答率全てで上回っていて、自らと同様に弱い立場にある人々への関心が強いことを反映していると考えられる。

　最後に地域別では、中部地方以東の東日本と近畿地方以西の西日本地域に分けると、2012年以降どの年の調査でも東日本の方が認知率が高く、その「東高西低」の傾向はこの10年で強まっていることが明らかになった。

　フェアトレードを知ったきっかけとしては、新聞／テレビ／ラジオを通してが最多で、次いで店頭、インターネット、授業、本／雑誌の順だった。男性は新聞／テレビ／ラジオ（半数超）、インターネットが多く、女性は店頭が多かった。10年前と比べると、明らかに増えていたのは店頭や新聞／テレビ／ラジオで、逆に減少したのは本・雑誌や友人／知人／同僚／家族、インターネットだった。インターネットは自分の関心事を知るのに使うことが多く、SNSも「エコーチェンバー現象」を指摘されていて、今日を代表するこの二つのコミュニケーション・ツールは、フェアトレードを広く普及する観点からはあまり有効とは言えないことが示された。

　次に、フェアトレード製品の購入経験の有無と頻度についてだが、フェアトレードを正しく理解している人（＝認知者）でもフェアトレード製品を購入したことがあるのは36.9％（試し買いを除くと17.7％）で、調査対象者全体では11.8％にとどまる。男女別では、やはり女性の認知者の方が男性よりも4割近く多く購入行動に出ているが、実際に買う段になると男性よりもシビアである（購入金額が少ない）ことが分かった。過去10年の変化を見ると、購入したことがある人は2012年から15年にかけて増えたあと20年に減少し、22年には持ち直した。ただ、22年に質問の仕方を変えたことが影響している可能性があり、どれだけ持ち直したかは定かではない。

　フェアトレード製品の購入先としては、2012年に4位だったスーパーが15年は2位、19年、22年には1位となり、そのシェアも37.6％へと拡大した。自然食品／製品店も2012年の9位から22年には2位、シェア25.7％へと"躍進"した。2012年に1位だった有機食品／製品店は3位へと順位を下げつつもシェア22.9％で有力な購入先の座を維持している。フェアトレードの専門店であるフェアトレード・ショップは2012年の2位から15年5位、19年8位と苦戦していたが、

22年は４位へと持ち直した。カフェ／レストランとインターネット通販は伸び悩んでいる。

　最後にフェアトレード製品を購入する人の年間購入額だが、最も多いのは500円以上1,000円未満（全体の４割強）で、3,000円未満で８割以上を占めている。一人当たりの加重平均購入額は、2012年の約3,100円から19年は約2,100円まで減少した後、22年には約2,600円へと持ち直した。ただし、ここでも22年の質問方法の変更が影響している可能性が排除できない。2012年以降のもう一つの変化としては、中間購入層が細って少額購入層と高額購入層が増える「二極分化」の傾向が窺われることが挙げられる。

倫理的消費

　まず、倫理的（エシカル）消費に関連する言葉の知名度だが、オーガニックが最も高く、次いでSDGs、エコ／エコロジカル、サステナブル／サステナビリティ、ダイバーシティの順となった。特筆すべきはSDGsで、言葉が使われ始めた時期が他より遅いにもかかわらず、今や85％もの人が見聞きする「時代を象徴する言葉」となっている。SDGsと意味が重なるサステナブル／サステナビリティも2010年に比べて2.7倍、この２年でも２倍近くへと飛躍的に知名度を上げている。ダイバーシティもまた比較的最近の言葉にもかかわらず知名度が高くなっている。

　一方で「エシカル」は38.8％にとどまり、馴染みのある言葉になっているとは言い難い。ただ、2010年の2.5倍、20年と比べても1.5倍へと知名度が高まっていて、時代を象徴する言葉になりつつあると言って良いだろう。男女別では女性の方がエシカル関連用語を多く見聞きしていて、年代別では70代、60代の高年齢層で知名度が高く、10代、20代で低い。エシカル、ESG、フェアトレードは中年齢層以下（エシカルは30代、ESGは40代）で知名度が高く、フェアトレードは10代で最高となっている。

　倫理的消費をあと押しする役割が期待されるエシカルラベル／マークでは、エコマークの知名度が断然高く、次いで有機JASマークと、日本独自の２つのエシカルマークがよく知られている。国際的なエシカルラベル／マークとしてはRAラベルの知名度が最も高く、次いでFSCラベル、FLOラベル、WFTOラベルの順だが、いずれも20％程度にとどまっている。ラベル／マークの意

味まで理解して購入している人は、最大のエコラベルでも29.3％、その他は10％以下で、消費者が買い物をする時の主要な判断材料になっているとは言い難い。全体として年代が上がるほど知名度は下がっていて、10代と20代で知名度が高いのは学校や大学で学ぶ機会が多いことが背景にあると思われる。

　過去10年の変化を追うと、有機JASマークとエコマークという国内マークの知名度がやや低下した一方で、一部を除き国際ラベル／マークの知名度は上昇している。全体としては10年間のエシカルラベル／マークの知名度の伸びは緩慢で、エシカル消費を促進するツールにまでなりえていないのが実情である。「エシカル」の意味を説明した上で、どの程度エシカルに関心があり、実践しているかを問うた質問では、3人に2人が関心もなく、実践もしていないと回答した。エシカルに関心を持つようになった人はコロナ禍以前とコロナ禍以降ではほぼ同数で、この2〜3年で多くなっていることが知れる。男女別では女性の方が関心が高く、年代別では70代が関心、実践とも他の年代よりも明らかに高かった。

　エシカルに関心を持った理由を尋ねる質問では、「社会問題」よりも「環境問題」を挙げる人が多かった。エシカルな実践としては、やはり電気、水、エネルギーなどの節約といった日常的に手軽にできる行動が多い。男女別では女性の方が多く行動に出ていて、年代別では70代がもっとも積極的で50代、60代がそれに続く。特筆すべきなのは10代、20代の若い世代で、「エシカルな消費や生活について発信する／身近な人に話す」や「小売店や企業にエシカルな製品やサービスを提供するよう求める」といった、より能動的なエシカル行動に出る人たちが約3割と、他世代（2割程度）よりもずっと多かった。

　エシカルな実践としての「エシカル購入」では、まず何かしらエシカルな購入をしている人が6割いることが分かった。先の「エシカルに関心もなく、実践もしていない人が2/3近く」という回答結果と矛盾しているように見えるが、エシカルの実践という質問が抽象的過ぎて何を指すのか分かりにくかったこと、エシカル製品の購入が「実践」にあたると認識されなかったことが理由と思われる。エシカル購入で最も多いのは地産地消で、次いでリサイクル、エコな製品、産地直送、ナチュラルな製品、オーガニックの順だった。男女別では、女性の方がエシカル購入に積極的で（男性の1.2倍）、食品ないし日用品類のエシカル購入や社会的・経済的な弱者が作った製品の購入が多い。年代別では、10代〜

20代および60代〜70代がエシカル消費に旺盛で、30代〜50代が低調という「U字」型の分布が見られる。10代、20代は、フェアトレード、動物福祉、環境・地域社会に配慮した旅行、エシカル・ファッション／ジュエリー、ベジタリアン／ヴィーガン食品、児童労働を使っていない製品など、新しいエシカル消費をリードしている。

　この10年で最も増えたのはフェアトレード製品の購入（2倍超）で、次いで障害者の人たちが作った製品、リサイクル製品などだった。一方で自然（ナチュラル）製品は大きく減少し（44％減）、環境配慮製品も32％減だった。

　エシカル購入の有無や頻度は、モノやサービスの購入時に何を重視するかという価値観に左右される。そこで何を重視するかを聞いたところ、「価格（値段）」が1位選択で45％と断然多く、次いで「品質／性能／味」、「安全／健康」、「使い勝手」や「デザイン／見た目」が多かった。それに対して「環境への配慮」と「社会への配慮」は、ともに1位選択で1％未満、2位選択もわずかで、3位選択以降で多少増える程度だった。このように、価格や品質など自分にとって利益になること＝「自己利益」を判断基準にする消費者が圧倒的に多く、環境や社会への配慮といった「利他性」ないし「エシカル性」を判断基準にする人は一握りという結果だった。

　男女では、男性が女性以上に価格重視なのに対して、女性は男性よりも品質や安全／健康重視であることが分かった。年代別で「エシカル性」を見ると、環境配慮では70代、10代、20代、60代の順に多く、社会配慮では10代、20代、70代、60代の順に多かった。先に見たエシカル購入の場合と同様に、若年層と高年齢層でエシカル性が高い「U字カーブ」がここにも現れている。

　過去10年の変化を見ると、「価格」は1位選択では微増だが、3位選択までの総合ポイントでは20ポイント以上も減少した。「品質」、「デザイン」、「ブランド」も同様に総合ポイントが下がった。一方で「環境配慮」は1位選択が0.5％、総合ポイントが0.03増、「社会配慮」は1位選択が0.3％、総合ポイントが1.0増だった。確かに「利他性／エシカル性」重視の判断基準は横ばいに近い微増ではあるものの、価格や品質等の「自己利益」重視の判断基準が弱まったことで、相対的に重みを増したのがこの10年の大きな変化と言える。

　どのような企業に好感を持つのかも、消費者の価値観を測る物差しとなる。1位選択では「消費者や顧客を大切にする企業」が最多の6割近くの支持を集

め、次いで「従業員を大切にする企業」、「環境を大切にする企業」、「社会貢献に積極的な企業」の順だった。総合ポイントでは3位に「地域社会を大切にする企業」（1位選択で6番目）、4位に「下請け企業や納入業者を大切にする企業」（1位選択で8番目）が入った。

男性では「株主を大切にする企業」の好感度が女性よりも高く、「下請け企業や納入業者を大切にする企業」も高かった。女性では「環境を大切にする企業」、「多様性を大切にする企業」、「ハラスメントを許さない企業」の好感度が男性よりも高かった。50代以上の高年齢層は「消費者や顧客」、「地域社会」、「環境」を大切にする企業や「社会貢献」に積極的な企業に好感を抱き、10代、20代は「ハラスメント」を許さず「多様性」を大切にする企業への好感度が高いなど、価値観の違いが明らかになった。働き盛りの30代では「従業員」や「下請け企業や納入業者」を大切にする企業の好感度が高かった。

過去10年を振り返ると、「消費者や顧客」を大切にする企業の好感度が最も高い点に変化はないが、「従業員」や「下請け企業や納入業者」を大切にする企業の好感度が大幅に上昇していた。それは裏返せば、働く人や下請け等の「弱い立場にある人や企業」を大切にしない企業に不快感を抱く消費者が増えていることを示している。「社会貢献に積極的な企業」と「環境を大切にする企業」の好感度が10年間で下がったことは意外に思えるが、CSVが重視される今日「社会貢献」のアピールは時代遅れで、「環境配慮」も当たり前になってきたことが理由として考えられる。

最後に「エシカルな意識と行動」について包括的な質問をしたところ、提示した10の選択肢の中で「今の消費や生活の仕方を変えないと、子どもや将来世代の環境や環境が悪化していく」と思う人が4人に3人と最も多く、「消費者が「責任ある消費」をおこなっていけば、環境や社会をよい方向に変えていけると思う」と考えている人も7割近くに上ることが分かった。一方で、「自分や家族の生活を維持することに精一杯で、社会や環境への影響のことまで考えられない」という人も6割超と多く、エシカルな意識と生活維持との間で「板挟み」状態、ないし「無い袖は振れない」状況にあることも浮き彫りになった。具体的なエシカルな消費行動としては、使い捨て商品を買わなくなった／モノを大事に使うようになった、消費そのものを減らした、という行動が6割超と多かった。社会や環境を大切にする企業のモノ／サービスを積極的に買ったり、

大切にしない企業のモノ／サービスを買わなかったりしている人は過半数に達してはいないが4割を超えた。

　男女別では女性の方が「将来世代や環境に対する意識」、「責任ある消費」、「消費そのものの削減」等を選ぶ人が多く、社会や環境に対する意識や責任感が男性よりも強いと言える。年代別では、総合平均ポイントで測った「エシカル度」が50代以上で高く、40代以下で低い傾向が見られた。20代から50代の「働く世代」ないし「子育て世代」では、「生活の維持に精一杯で考えられない」人が多かった。10代は「使い捨て商品を買わない／モノを大事に長く使う」、「責任ある消費によって社会・環境を良くできる」、「環境に大切にしない企業のモノやサービスは買わない」等において20代〜40代よりも前向きで、全体として50代以上と10代で比較的「エシカル度」が高く、20代から40代にかけて低いという「U字カーブ」がここでも見られた。

　過去10年間では、環境に配慮した企業のモノ／サービスを買う人が減ったのに対して、社会に配慮した企業のモノ／サービスを買う人は大幅に増えた。社会や環境を大切にしない企業のモノ／サービスを買わない人の割合も増え、大切にする企業のモノ／サービスを積極的に買う人の割合と肩を並べるようになった。

第4節　結語

　フェアトレード、およびフェアトレードを含む倫理的（エシカル）消費が日本社会でも広がりを見せていることは確かである。ただ「広がり具合」から言うと、フェアトレードの場合、フェアトレードという言葉を見聞きしたことがある人の割合が2012年からの10年間で3.6％ポイント増にとどまり、緩慢なペースであることは否めない。ただ、言葉を見聞きしたことがない人でも貧困や環境の問題に関わる言葉だと類推できる人が4割以上いて、そうした人たちも含めると日本人の6割近く（58.9％）がフェアトレードが何のための活動か"分かっている（何となくを含め）"と見なすことができる。また、言葉としてだけでなくフェアトレードの意味まで正しく理解する人が増えたことで、フェアトレードの認知率は10年間で5割上昇した。

　この10年間の主だった変化としては、①中高年齢層でフェアトレードとい

う言葉を聞いたり、その意味を理解する人が増えたこと、②フェアトレードという言葉を見聞きした人の中でその意味を正しく理解する人が増えたこと、③環境問題に関わる活動であると考える人が増えたこと、を挙げることができる。フェアトレードを広める上では、どのような手段ないしメディアを通して広めるかが重要になってくる。この10年でフェアトレードを知るきっかけとして明らかに増えたのは「店頭」と「新聞／テレビ／ラジオ」だった。「SNS」も増えてはいるものの、メジャーなきっかけ／手段と呼ぶには程遠い。一方で減少したのは「本・雑誌」、「友人／知人／同僚／家族」、「インターネット」だった。また、フェアトレード製品の購入ルートとしては「スーパー」の比重が年々高まり、今日では4割に迫ろうとしている。

　以上を総合すると、インターネットやSNSに頼るよりも、マスコミの関心を引いたり、店（特にスーパー）にフェアトレード製品の取り扱い求めたりすることの方がフェアトレードの普及には有効と言えるだろう。

　エシカル関連用語では「SDGs」が今や85％もの人が見聞きする言葉になっていることが明らかになった。また、「サステナブル／サステナビリティ」、「ダイバーシティ」、さらには「エシカル」も知名度を上げている。そうした「時代のテーマ」に寄せてフェアトレードを発信することも効果的だろう。既にSDGsに関連づけた発信は行われているが（それがフェアトレード＝環境問題という理解の増加につながった可能性もある）、今まで以上に時流に合わせたフレッシュな切り口から発信していく必要があると思われる。

　倫理的（エシカル）消費の方はどうだろうか。まず、何かしらエシカルな購入（＝消費）をしている人は6割程いることが今回の調査で分かった。年代別では、10代〜20代および60代〜70代がエシカル消費に旺盛で30代〜50代が低調という「U字」型の分布が見られた。10代〜20代は新しいタイプのエシカル消費を牽引していることも目を引く。この10年間では、フェアトレード製品や障害者の人たちが作った製品、リサイクル製品などの購入が増えた一方で、自然（ナチュラル）製品や環境配慮製品の購入は減っていた。

　消費を超えたエシカルな実践としては、電気・水・エネルギーの節約といった日常的に手軽にできる行動が多く、50代以上に実践者が多い。特筆すべきは、10代〜20代の若い世代がエシカルについて発信したり、店や企業にエシカルな製品・サービスを提供するよう求めたりと、他世代よりも能動的、積極的な行

動に出ていることである。

エシカルな消費行動に出るかどうかは消費者の価値観によって左右される。モノやサービスを購入／利用する時に何を重視するかを尋ねた質問に対しては、価格や品質、デザインなど「自己利益」重視の答えが圧倒的に多く、社会や環境への配慮という「利他性」ないし「エシカル性」を重視する答えは一握りに過ぎなかった。ただし過去10年の変化を見ると、利他性／エシカル性重視が微増だった一方で自己利益重視は減少していて、利他性／エシカル性重視が"相対的"に強まっていることが明らかになった。それが今後"絶対的"にも強まっていくのかどうかが注視される。またこの設問でも、社会配慮・環境配慮の回答が60代以上と20代以下に多いという「U字」型の分布が見られた。

消費者の価値観を「好感が持てる企業」という別の物差しで測ると、消費者・顧客を大切にする企業、従業員を大切にする企業に好感が集まった。年代別では、50代以上で消費者・顧客／地域社会／環境を大切にする企業や社会貢献に積極的な企業の好感度が高く、10代～20代ではハラスメントを許さない企業、多様性を大切にする企業の好感度が高いといった違いが見られた。過去10年を振り返ると、消費者・顧客を大切にする企業が最も好感されていることに変わりはないが、従業員や下請け企業・納入業者を大切にする企業は好感度を大幅に上げ、社会貢献に積極的な企業や環境を大切にする企業の好感度は落ちていた。それは、通り一遍の社会貢献や"当たり前"になった環境配慮よりも、「人や弱者」を大切にする企業に人々が好感を寄せるようになったことを物語っている。

エシカルな意識と行動についての最後の包括的な質問では、7割前後の人が「今の消費や生活の仕方を変えないと子どもや将来世代の生活や環境が悪化していく」、「消費者が『責任ある消費』をおこなっていけば環境や社会をよい方向に変えていけると思う」という答えを選択していて、今日の消費のあり方の問題点や責任ある（≒エシカルな）消費の変革力を多くの人が認識していること、換言するとエシカルなマインドを持っていることが明らかになった。

実際に社会や環境を大切にする企業のモノ／サービスを積極的に買ったり、逆に大切にしない企業のモノ／サービスを買わなかったりといったエシカルな消費行動に出ている人は、過半数には至らないものの4割を超えている。全体として50代以上と10代で「エシカル度」が比較的高く、20代から40代にかけて低いという「U字カーブ」がここでも見られた。

この10年間の変化としては、環境に配慮した企業のモノ／サービスを買う人が減ったのに対して、社会に配慮した企業のモノ／サービスを買う人が大幅に増えた。また、社会や環境を大切にしない企業のモノ／サービスを買わない人の割合も増え、大切にする企業のモノ／サービスを積極的に買う人の割合と肩を並べるようになった。

　以上を総合すると、エシカルな意識や価値観がこの10年で強まっていることは間違いない。エシカルは社会と環境の"両輪"から成り立っているが、これまで日本では「環境」の側に重心が偏っていた。それがこの10年で「社会」の側も重視されるようになり、"両輪"とも地に着いたバランスの良いエシカルへと変化しつつあると言えよう。また、エシカル消費には社会・環境に配慮した製品やサービスを意識的に買う「バイコット」と、配慮に欠けた製品やサービスを意識的に避ける「ボイコット」があるが、これまで日本で乏しかった「ボイコット」が静かに広がっていることも最後の設問から明らかになった。

　今回の調査では「U字カーブ」が随所に見られた。エシカルな意識や行動が（高年齢層と並んで）10代〜20代の若い世代で高いないし活発なことは、「希望の光」を見出すようで心強い。とは言え、若い世代に託すだけでは30代〜50代の現役世代として責任ある姿とは言えない。ただ、「生活の維持に精一杯で社会や環境への影響のことまで考えられない」という答えが6割超に上り、とりわけ（20代を含む）現役世代にその答えが多いという現実を直視する必要がある。その冷徹な事実は、「ゆとりある生活」の実現なしにはエシカルな社会の実現も「夢物語」に終わりかねないことを示唆している。今はエシカルな意識が高い若い世代も、ひとたび「ゆとりのない生活」という坩堝の中に身を投じれば、エシカルな"初心"を持ち続けることは困難であろう。やはり、エシカルな社会の実現のためには、普通に働けば憂うことなく暮らしてゆける「公正な分配」、「フェアな経済」の実現が欠かせないのである。

1) 各年の調査実施概要

 2012年調査：3月9日〜12日に全国の15〜69歳の男女1076人を対象にインターネット上で実施（委託先：マクロミル社）

 2015年調査：6月26日〜7月7日に全国の15〜69歳の男女1076人を対象にインターネット上で実施（委託先：マクロミル社）

 2020年調査：3月10日〜12日に全国の15〜79歳の男女1229人を対象にインターネット上で実施（委託先：GMOリサーチ社）

 2022年調査：3月9日〜10日に全国の15〜79歳の男女1039人を対象にインターネット上で実施（委託先：GMOリサーチ社）

 2019年3月〜4月に筆者も参加して全国の15〜69歳の男女1108人を対象にインターネット上で実施した調査(委託先：マクロミル社)についても必要に応じて比較、分析の対象とする（調査主体は立命館大学の大野敦准教授）。

 なお本稿は、2021年度東京経済大学個人研究助成費（助成番号21-35）による全国調査を基にした研究成果である。

2) 渡辺龍也（2013年）、「フェアトレードと倫理的消費（Ⅰ）〜全国調査が明らかにするその動向〜」、『現代法学』第25号、pp. 135-174、および渡辺龍也（2021年）、「フェアトレードと倫理的消費（Ⅱ）〜全国調査が明らかにするその動向〜」、『現代法学』第40号、pp.95-144。

3) 2020年から「8.車／タイヤ」と「9.その他」を選択肢に追加した。それは、カー用品チェーン店が2014年から中古バイクの買取でフェアトレードという言葉を使い始め、タイヤの取引でも一部でフェアトレードという言葉が使われているためである。

4) ここに示した東西の平均値は人口を加味した加重平均値。

5) 年代別は、各年代の母集団が小さく有意な比較が困難なため掲載していないが、50代が最も購入行動に出ていた。年収別では、フェアトレード製品／産品が割高なことを反映してか、購買行動は年収にほぼ正比例していた（相関係数0.877）。

6) 2012年〜15年の調査では、「年に2〜3回の割合」は「半年に1回の割合」、「年に4〜6回の割合」は「3か月に1回の割合」、「週に1回以上の割合」は「毎週」という選択肢だった。

7) フェアトレード大学とは、大学、フェアトレード推進学生団体、学生自治会（に準ずる組織）の三者が協働してキャンパスの内外にフェアトレードを広める運動で、日本では5つの基準を満たす必要がある。詳細は、https://fairtrade-forum-japan.org/fairtradeuniversity/domestic-standard を参照のこと。

8) 加重平均は、各購入額層の中間値（500円未満は250円、500円以上1,000円未満は

750円、1,000円以上2,000円未満は1,500円等、ただし2万円超は3万円）を用いて算出した。

9) それぞれの言葉について、「知らない」、「聞いたことがある程度」、「なんとなく知っている」、「意味まで理解している」の4択で聞いている。

10)「（総合）ポイント」は1位から5位までの回答を加重平均した値。計算式は、（1位選択数×5＋2位選択数×4＋3位選択数×3＋4位選択数×2＋5位選択数×1）／回答者数／5 × 100で、最大値が100、最小値が0となる。

11) 2012〜19年の調査では、22年の調査と共通する6つの選択肢のほかに、「流行」、「評判」、「国産か否か」、「地元産か否か」を提示していた。なお、「価格」、「品質」、「デザイン」、「ブランド」は、2012〜19年の調査で各年ともその順で総合ポイントが高かった。

12) 主な違いは、①2020年、22年の調査に入れた「ハラスメント」と「多様性」が以前はなく、逆に以前あった「社会的に名前が通っている」、「グローバルに進出／展開している」、「業績やマーケットシェアを伸ばしている」、「情報公開に積極的」がなくなった、②2020年、22年は「消費者／顧客を大切にする」とした選択肢が、以前は「消費者に安い製品／サービスを提供している」と「消費者に良質な製品／サービスを提供している」の二つに分かれていた、③2020年、22年の「関係する途上国の生産者や労働者を大切にする」という選択肢は、以前は「生産者や労働者の生活に配慮している」だった、の3点。

13) 2012年、15年の選択肢は、「生産者、労働者、下請けなどの生活に配慮している企業の製品を意識的に購入した」、「生産者、労働者、下請けなどを不当に扱っている企業の製品を購入するのをやめた」、「環境に配慮している企業の製品を意識的に購入した」、「環境に悪影響を及ぼしている企業の製品を購入するのをやめた」で、それぞれに該当する場合選択してもらった（複数選択）。

第12章

日本のフェアトレード市場調査 2015 報告(1)

増田耕太郎

はじめに

　（一財）国際貿易投資研究所と（一社）フェアトレード・フォーラムは、日本のフェアトレード市場に関する調査を実施した。調査は小売店を対象にした小売店調査と、輸入卸売りを行っている輸入卸売事業者を対象にした日本のフェアトレード市場規模の調査からなる。回答事業者のなかには小売店調査と輸入卸売事業法人調査の双方に回答した事業者も含まれている。

　日本のフェアトレード市場に関する調査を2007年に行っているので、この分野における調査として2回目にあたる。前回の調査と比較は難しいものの、日本のフェアトレード市場の調査結果を紹介する。

第1節　日本のフェアトレード市場

1．フェアトレード商品の販売

⑴　回答小売店の属性～フェアトレード商品を扱う店が広がっている

　フェアトレード商品を販売する小売店（412店舗）を対象にフェアトレード商品の販売状況を調べている（有効回答数　57）。

　小売販売店の中心的な形態を尋ねたところ（複数の回答の選択可）、約半数に近い45.6% が『①フェアトレード専門店』と答えている。『②衣料品店』、『③雑貨店』、『④食品店』等の回答も少なくなく、フェアトレード商品を扱う店が『フェアトレード専門店』ではないさまざまな小売店に広がりを見せているこ

とを示唆している。また、『⑧その他』を選択した回答者は『リユース・リサイクルショップ』、『地産品、障がい者自立支援を目的とした商品販売』、『生協の店』など、さまざまである。このことからも、フェアトレード商品を販売する小売店は多様化し広がりをみせていると考えても間違いがない。

(2) 回答小売店のフェアトレード商品の販売状況～小規模のフェアトレード
　　専門店から売上額が大きい中規模店等に広がる
　　回答を得た小売店の売上額と売上額に占めるフェアトレード商品の比率（「フェアトレード商品取り扱い（販売）比率」）を図示したものが図12-1である。フェアトレード商品取扱い（販売）比率が100％ないし高い小売店がフェアトレード専門店である。
① 多くのフェアトレード専門店の売上額は数百万円以下の小規模である。
　　ただし、前回調査に比べると、100万円前後の売上額の小規模の店が少なくなり、全体として売上額が多い方向にシフトしている傾向がみられる（図12-1　A参照）。そのことから、フェアトレード専門店の売上規模が高まる状況を示唆している。

表12-1　回答小売店の中心的な形態（複数回答）

中心的な形態	回答数	比率（%）
① フェアトレード専門ショップ	26	45.6
② 衣料品店	10	17.5
③ 雑貨店	15	26.3
④ 食品店（健康食品店・自然食品店）	12	21.1
⑤ カフェ・レストラン	7	12.3
⑥ 産直（コミュニティ・ショップ）		
⑦ 通販ショップ（オンライン・ショップ）	7	12.3
⑧ その他	20	35.1
有効回答数	57	

一方、フェアトレード専門店を営んできた各地の小規模事業者のなかには『経営が苦しい』『高齢者となり店舗経営が続けられない』等さまざまな理由から廃業した（あるいは廃業の予定）との報告が寄せられている。

② フェアトレード専門店ではなく、取扱比率が10％以下の小売店からの回答も目立つ。売上額が数百万円から数千万円とフェアトレード専門店より大きい小売店が多い（図12-1　B参照）。このタイプの小売店は前回調査に比べても多く、新たにフェアトレード商品を扱い、品揃えを図る店が増加している可能性を示唆している。

③ 年商1億円を超える売上額をもつ中・大規模店でもフェアトレード商品を扱っている。ただし、取扱い比率は小さい（図12-1 C）。

④ 「カフェ」の併設等、売上額が比較的大きいコーヒーを提供する小売店は57店舗中7店舗であった。カフェを併設している小売店の売上は比較的大きく、カフェが売上増加につながっている。なお、この回答には輸入卸売事業者が直営等で運営する店舗が含まれていない。

　売上額が大きい小売店に、自治体が運営する公共施設、第3セクターが運営する「道の駅」が含まれている。それらは、集客力が大きい等からフェアトレード販売比率が小さくてもフェアトレード商品の販売額は大きくなる。

　今後は、a）フェアトレード商品を扱う店が増えること、 b）フェアトレード専門店の売上額が増えていくこと、c）フェアトレード専門店でない中・大型小売店のフェアトレード販売比率が高まること、等が望まれる。

(3)　回答小売店のフェアトレード商品の販売見通し～2016年度も増加ないし横ばいを見込む

　回答を得た小売店の2016年（度）の販売見通しを尋ねた結果、売上額は前年（2015年（度））に比べ、『横ばい』ないし『増加』との意見が大勢を占めている（図12-2）。

　この傾向は、売上額の大小、フェアトレード商品の販売比率に関係なく、共通している。

　そのことから、フェアトレード商品の販売は日本の消費者に受け入れられ定着しているとみている。

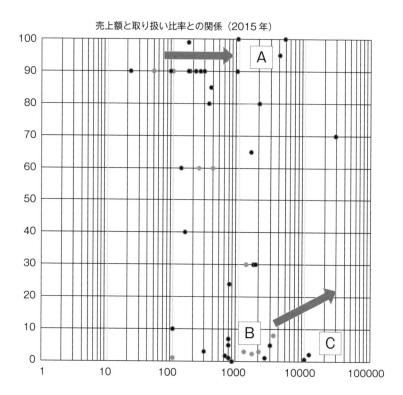

図12-1 売上額とフェアトレード商品の取扱い比率との関係（2015年）
（注） 縦軸：フェアトレード商品取扱い比率：フェアトレード商品の販売が売上高に占める割合（％）
横軸：フェアトレード商品の売上額（2015年（度））

（4） フェアトレード認証商品の販売状況～認証商品を扱う店が過半数を超えている

　フェアトレードの認証商品を扱っているかどうか尋ねたところ、有効回答の小売店51店舗のうち、33店舗（64.7％）が認証商品を販売している。

　フェアトレード商品の売上高に占める認証商品は数％から100％まで多様である（表12-2参照）。

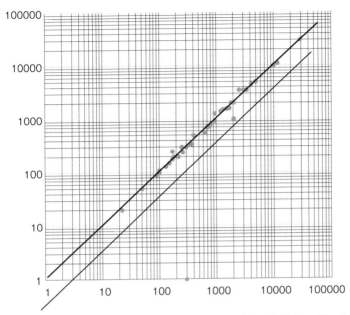

図12-2　小売店の販売見通し（2016年）～「横ばい」ないし若干の「増加」を見込む
（注）　横軸：2015年実績、縦軸：2016年販売見通し
　　　　横軸・縦軸ともに対数目盛　（単位：万円）

　(5)　フェアトレード認証商品以外の認証商品の販売状況～フェアトレードラ
　　　　ベル以外の認証商品を扱う小売店が過半数を超えている
　フェアトレードラベルの認証以外の認証のある商品を扱っているかどうか
尋ねたところ、有効回答の小売店50店舗のうち、38店舗（76.0%）が、認証の
ある商品を販売している（表12-3参照）。ただし、WFTO（World Fair Trade
Organization）は商品認証ではない。

2．フェアトレード商品の輸入・卸売からみた日本のフェアトレード 小売市場

　フェアトレード小売店調査の結果を踏まえ、フェアトレード商品の輸入・卸
売にかかわる事業者の62法人を対象にアンケートを実施し、27法人から回答
を得た。

表12-2　認証商品の販売状況

中心的な形態	回答数	比率（%）
1）国際フェアトレードラベル機構（「F1」）の認証商品を取り扱っている	33	64.7
（取り扱っている）		
1％以下	5	9.8
1〜5％以下	3	5.9
5〜10％以下	4	7.8
20％以下	3	5.9
50％以下	2	3.9
60％以下	1	2.0
100％以下	2	3.9
無回答	13	25.5
2）取り扱っていない	18	35.3

（注）　有効回答数　51

表12-3　フェアトレード認証商品以外の認証商品の販売状況

	回答数	比率（%）
1）取り扱っている	38	76.0
WFTO	10	20.0
有機JAS	6	12.0
その他		
Organic Cotton Label		
Rain Forest Alliance		
GOTS認証（オーガニックコットン認証）		
Fair Trade Forum India		
FTF		
等		
2）取り扱っていない	12	24.0

（注）　有効回答数　50

　前回は回答法人の日本のフェアトレード市場における占有率（シェア）を推測し、日本全体の市場規模とした。今回は、回答を得た事業者の合計額にとどめ日本全体の規模の推計は行っていない。

(1) 回答事業者（27法人）の合計額は265億円

2015年（年度）における　回答事業者（有効回答数：24）をもとにしたフェア
トレード小売市場規模（小売レベルの売上額）は265億円である。前回調査との
厳密な比較はできないものの、日本のフェアトレード小売市場が、2009年当時
に比べ拡大していることは間違いがない（表12-4）。

(2) 食料品が約9割。なかでもコーヒーが約64%

商品別内訳をみると、食料品が約9割。なかでもコーヒーが約64%を占める。
この結果は、小売市場調査の結果でも食料品の売上げが大きい傾向があること
と符合している。なかでも、コーヒー豆の物品販売だけでなく、カフェ等によ
る飲食サービスによる効果による（表12-5）。

表12-4　小売市場規模調査の概要

	今回調査	【参考】　前回調査
調査の対象年（年度）	2015年(度)	2009年（度）
規模	約265億円 回答事業者の売上額をもとに集計	約73億円 回答を得た事業者が占める割合を想定し全国規模を推定
有効回答数	24 （注）回答を得た事業者の売上額をもとに小売市場価格を試算した。全国規模の推計をしていない	7 （注）回答を得た7事業者の合計額は、日本全体のフェアトレード小売販売額の8割を占めると仮定し、全国規模の販売額を試算

【回答事業者】（五十音順、ただし、小売市場規模の合計額には＊印の法人を除く）
青柳コーヒー、(特)アジア女性自立プロジェクト（AWEP）、(特)アジア日本相互交流センター
（ICAN）、（公社）アムネスティ・インターナショナル日本、（合）In-Heels、（特活）WE21ジャ
パン、（特活）ACE、（特活）幼い難民を考える会＊、（株）オックスファム・ジャパン＊、（株）
オルター・トレード・ジャパン（ＡＴＪ）、（株）ココウエル、（有）シサム工房、（特活）シャ
プラニール＝市民による海外協力の会、（公社）シャンティ国際ボランティア会（SVA）、（有）
スロー、（株）ゼンショーホールディングス、（株）プレス・オルターナティブ、（株）チー
ムオースリー、フェアトレード・ドリップパック・プロジェクト、（有）ネパリ・バザーロ、（特
活）パルシック（PARCIC）、（合）パレスチナ・オリーブ、（特活）ピース・ウィンズ・ジャ
パン、（株）フェアトレードカンパニー（People Tree）、（特活）フェアトレードラベル・ジャ
パン（FLJ）、ラ・カンビータ、（株）LUSH（ラッシュジャパン）＊

表12-5　小売市場規模（合計額および分類別内訳）

	金額	比率（%）
2015年度　（合計額）	約265億円	100.0
（うち）	約239億円	90.1%
a)　食料品	約170億円	63.9%
（うち）　コーヒー	約13.9億円	4.7%
b)　衣料品	約8.3億円	3.1%
c)　クラフト類	約5.7億円	2.1%
d)　その他		

（注）　前回調査は食料品（79.2%）、衣料品（10.7%）、クラフト類（8.6%）である。

　なお、フェアトレードラベル・ジャパン（FLJ）のデータをもとに認証商品の市場規模をみると、食料品＋コーヒーの割合が大きく、コーヒーが最大であることが分かる（図12-3参照）。コーヒーの販売数量推移をみても、コーヒーが堅調に推移している（図12-4）。

　(3)　アジア地域からの仕入れが主
　フェアトレード商品の主な輸入先はアジア地域である。回答を得た17法人のうち15法人がアジア地域をあげ、10法人はアジア地域からの輸入が100%である。ただし、前回調査と比べるとアフリカ、中南米地域からの輸入比率が高まり、結果としてアジア地域の輸入シェアが下がっている。このことは、フェアトレード商品の仕入れ先の多様化が進んでいることを示している。

　(4)　2016年（年度）の売上は、「増加」ないし「横ばい」を見込む
　2016年（年度）の売上見通しについては、回答事業者数（17）のうち14法人が増加ないし横ばいを見込んでいる。この結果は、小売店での回答と同様の意見でないことから、日本のフェアトレード市場は、今後も堅調に推移するものと思われる。
　品目別にみると、16法人中8法人が食料品の販売増加を見込んでいる。一方、クラフト類は、回答10法人中1法人が販売増加を見込んでいるが、他の9法人は「横ばい」（6法人）ないし「減少」（1法人）である。

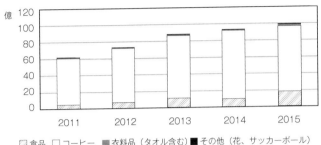

図12-3　認証商品の市場規模の推移（単位億円）
出所：フェアトレードラベル・ジャパン（FLJ）

（5）フェアトレード商品の流通経路

　フェアトレード商品の輸入・販売経路（流通経路）は、外国から日本にもち込まれるフェアトレード商品の輸入をもとに大別すると4系統に分類できる。

a）フェアトレード輸入卸売事業者の類型

　次の4つのタイプに分けることができる。

　第1は、認証商品でないフェアトレード商品を主に輸入・販売している事業者である。回答を得た事業者の大多数を占める。独自の流通経路を構築し販売している。

　第2は、フェアトレード認証商品の輸入。日本ではフェアトレードの認証機関の（特定活動法人）フェアトレードラベル・ジャパン（「FLJ」）からライセンシーを受け認証商品を輸入し販売する。その輸入状況は、FLJの公表資料から知ることができる。認証商品の小売市場規模（推定小売額）は100億円（2015年実績）である。2007年当時は9.84億円だったので、8年間に約10倍の増加になっている。

　なお、最近の認証商品の規模は図12-6のとおりである。

　　第3は、WFTO（世界フェアトレード機関）の商品認証制度の商品を取り扱う事業者（団体）である。

　2013年にそれまで団体認証制度のみであったWFTOが新たに衣料品・クラフト類を中心に商品認証制度を導入し、日本でも2014年頃から商品認証を取

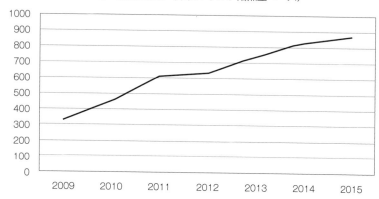

コーヒー販売量推移（単位：トン、焙煎豆ベース）

図12-4　日本の認証商品の販売推移
（図12-4-1）　コーヒー（認証商品）販売量の推移
出所：フェアトレードラベル・ジャパン（FLJ）

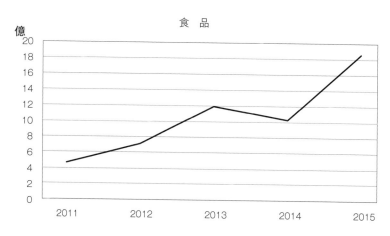

食 品

（図12-4-2）「食品〜　コーヒーを除く」の認証商品の販売推移（単位億円）
出所：フェアトレードラベル・ジャパン（FLJ）

表12-6　フェアトレード商品の地域別仕入先

	金額	比率（%）	備考
2015年度　（合計額）	約265億円		
地域別仕入先の回答法人の合計額	約123億円	100%	有効回答事業者の17法人の合計額
（内訳）①アジア	約45.6億円	37.2%	15法人（アジアからの仕入れが100%の法人：10）
②アフリカ	約32.7億円	26.7%	3法人
③中南米	約37.5億円	29.2%	4法人
④中近東	約0.2億円	0.2%	2法人
⑤太平洋・島嶼	―		
⑥その他	約8.3億円	6.8%	3法人

表12-7　2016年（年度）の見通し

	増加	横ばい	減少
2016年（年度）の売上見通し	7	7	3
（うち）			
a)　食料品	8	5	3
コーヒー	4	5	1
b)　衣料品	3	4	1
c)　クラフト類	1	6	3
d)　その他		7	2

（注）　小売店調査でも同様の結果である（「横ばい」ないし若干の増加）図12-2参照）

得あるいは仕入れる輸入・卸団体が登場し始め、日本市場でも販売されるようになっている（WFTOの団体認証では認証ロゴを団体の広報資料等には使用できるが、商品には貼付できない。新たな商品認証は商品に認証ロゴを貼付できる）。

　同WFTOの商品認証制度による認証商品の日本市場での販売額（WFTO認証）は、2015年には約15億円で全体の約6％に相当する。前述のとおり、前回2007年の日本のフェアトレード市場規模は約73億円であり、うちFI認証品は13.55であったが、今回（2015年）は38.7%とシェアは倍以上に伸びている。ま

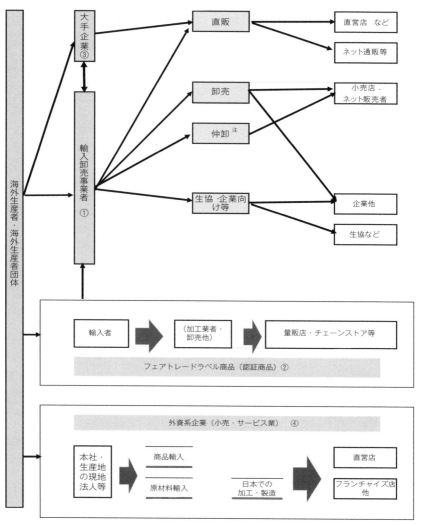

注 小売市場規模の推計には、輸入卸売団体間における販売額も重複分を除外
同様に、フェアトレードラベル認証商品の販売による重複分を除外している

図12-5　フェアトレード商品の販路イメージ

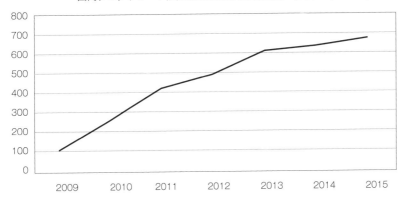

国内フェアトレード認証製品推定市場規模推移（2009年＝100）

図12-6 認証商品の市場規模の推移
出所：フェアトレードラベル・ジャパン（FLJ）

億円

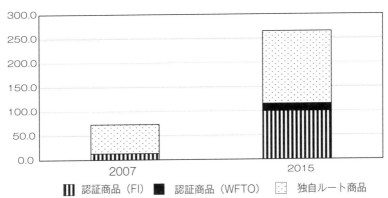

Ⅲ 認証商品（FI）　■ 認証商品（WFTO）　⠋ 独自ルート商品

図12-7 回答事業者の販売状況（（「認証商品」／独自ルート商品）別）
（注）回答事業者数が異なるので、販売額の比較はできない。

た、WFTO認証品の登場（6％）で、認証商品比率は合計44.7％と半分近くに迫ってきている。

WFTO認証品は、日本でも2016年以降認知が広がり、今後2017年以降次第に増えていくのではないかとみられる。

なお、FI認証商品の小売販売推計額はFLJが毎年公表しているが、WFTOの小売販売推計額は公表されていないため、本調査に基づく推計額である。

第4に、認証された商品ではなく、自ら輸入し自社の販路を活用している大手企業がある。なかでも、小売店等を持つ流通・飲食サービス店は店舗数が多いので、自社およびフランチャイズ契約の全店舗であつかうと、フェアトレード商品の小売市場規模が拡大する。今回の調査は（株）ゼンショーから回答を得た。ゼンショーの店舗数は4,800を超え、全店舗でコーヒーを提供していることがフェアトレード商品に占めるコーヒーの割合が高い要因となっている。

第5は、外資系多国籍企業である。調査結果に影響を及ぼす売上規模とみられるが、外資系ボディケア製品の企業（例えば、The Body Shop、Lush、L'OCCITANE など）各社の販売状況等の具体的な数値は入手できなかった。

b）仲卸事業者の役割

輸入卸売事業者同士あるいは輸入卸売事業者から仕入れて小売店に卸売をする『仲卸』機能の役割が高まっている。

表12-8　輸入卸売事業者からの仕入れ先および販売（仲卸）先の事業者数

取引先数	輸入卸売事業者からの仕入	輸入卸売事業者向け仲卸
	回答事業者数	回答事業者数
1事業者	8	1
2事業者	6	2
3事業者	0	2
4事業者	2	2
5事業者以上	1	2
最大事業者数	5	9

（注）　回答には具体的取引先を明示したほかに、主な取引先のみを記入した回答がある。
　　　　一般商事企業等フェアトレード商品の輸入卸売事業者でないものを除く
　　　　「外国のフェアトレード団体」の記入は、1事業者と数えている
　　　　仕入には「共同仕入れ」を含み、大学、高校、イベントによる委託販売等を含まない

小売店の立場からみると、個々の輸入卸売事業者との取引口座を開かず、さまざまな商品の仕入れができること（『フェアトレード商品の品そろえ』の増加）、輸入卸売事業者の立場からみると、取扱商品を増やすことで販売額を増やすことで経営安定化を図る効果があることから、小売店および輸入・卸売事業者の双方にメリットがある。

表12-9　輸入卸売事業者の事業コンセプト　　（複数回答）

事業のコンセプト	事業者数
①　フェアトレード	20
②　自然・健康商品	7
③　エスニック	2
④　エコ関連（オーガニック等）	10
⑤　産直／コミュニティ	9
⑥　カフェ（併設）	1
⑦　エシカル	12
⑧　その他	8

（注）「⑧その他」は、事業者の事業目的に即したもの

また、フェアトレード商品を扱ってこなかった「問屋」機能をもつ卸売企業が参入している。このことにより、フェアトレード商品を販売する「小売店」が増えている可能性がある。

c）その他、回答事業者の特性

回答を得た事業者の事業コンセプトを尋ねたところ（複数回答）、「フェアトレード」が最多（回答数20）であった。次いで「エシカル」、「エコ関連（オーガニック等）」と続く。「その他」は、NGO等の事業者が設立目的を記入している。

d）（参考）　認証商品と非認証商品（独自ルート）の販売

回答事業者数は2007年の7、2015年の24である。そのうち、1事業者が認証商品の認証機関（FLJ）で、残りがWFTOの認証商品を扱う事業者を含むFLJ以外の事業者で、2007年は6、2015年は23である。このため単純に比較できない。

次の点が指摘できるだろう。

• 日本のフェアトレード市場は拡大していると推測しても間違いではない。

- 認証商品の方が伸びが大きく、認証商品のシェアが高まっているとみても、間違いではないだろう。

〔プレスリリース〕　　　　　　　　　　　　　　　　　　　2017年3月7日

日本のフェアトレード市場調査2015

（一財）国際貿易投資研究所　フェアトレード調査研究委員会
（一社）日本フェアトレード・フォーラム

　（一財）国際貿易投資研究所と（一社）日本フェアトレード・フォーラムは、このほど日本のフェアトレード市場規模調査を実施した。調査はフェアトレード商品を扱っているとウェッブ上等で表示しているフェアトレード専門店などを中心とした小売店（以下「小売店」）を対象にした仕入先調査および営業状況と、それらから得られたフェアトレード商品の輸入・卸売事業者を対象にした日本のフェアトレード商品市場規模の調査からなる。本調査は2007年調査に続く第2回目である。

<<2015年の日本のフェアトレード商品市場規模は265億円以上、事業者が増加>>

　日本の輸入・卸売事業者から得られた（有効回答数24）2015年[*1]のフェアトレード商品の販売額合計（小売価格ベース）は、約265億円である。2016年の販売見通しは、小売店および輸入・卸売事業者とも、前年に比べ「増加」ないし「横ばい」との回答が多く、フェアトレードの商品販売は堅調であるとみている。

　2007年の前回調査ではフェアトレード商品市場規模は推定73億円であり、この8年間に3.6倍以上に伸びたといえる。前回調査で調査対象とした輸入・卸

【注】
*1）歴年と年度の回答が混在しているが便宜的に「年」に統一

売業者は 43 団体[*2)]、うち 18 団体からの回答とフェアトレード製品の認証機関である NPO 法人フェアトレード・ラベル・ジャパン（FLJ）のデータを元に市場規模を推定した。今回の調査では調査対象となった輸入・卸売事業者は 61 団体、うち 24 団体の回答と FLJ のデータの合計のみで 265 億円となっている。事業者数が増えたことが市場拡大の要因のひとつといえるが、前回・今回とも回答した事業者（10 団体）のみの売上を比較しても 8 年間で 1.6 倍に伸びている。

　なお、前回・今回とも、調査データに影響を及ぼす売上規模とみられる外資系ボディケア製品の企業数社からはデータ非公開として回答を得られていない。そのため本調査で表すフェアトレード商品市場は主に、食品および衣料品、クラフト製品のものである。

<<認証制度が市場拡大を牽引>>

　フェアトレード商品には、国際基準に基づき第三者監査・認証を受けた「認証商品」と、事業者自身が生産者から消費者にいたるまでフェアな取引であることを確認し、保証する「独自ルート商品」とがある。265 億円のうち、フェアトレード認証商品は、国際フェアトレードラベル機構（FI）の国際基準に基づく認証商品（以下「FI 基準による認証商品」が 100 億円（小売価格ベース））で全体の約 38％、世界フェアトレード機関（以下「WFTO」）の認証商品が 15 億円で約 6％を占め、この 2 つの制度による認証商品の比率が半分近くに迫っている[*3)]。FI 基準による認証商品の市場規模が 2007 年の 10 億円から 10 倍に伸びていることが、全体の伸びを牽引している。その背景には、大手企業のみならず中小規模の事業者を含め、さまざまな規模・業態の企業や団体が認証取得に取り組んでいることがある。

<<「コーヒー」が牽引、衣料品、クラフト品も堅調な伸び >>

　商品別では、食料品が 90.1％（販売額 239 億円）と圧倒的シェアを持ち、前回

【注】
*2) 前述の小売店対象に行った仕入先調査に加え、ITI 独自の調査で事業者を選出
*3) FI および WFTO 以外のフェアトレード認証商品については本調査では把握できなかった。また、「独自ルート商品」は、事業者が WFTO の 10 基準にのっとり、かつその現地活動をウェッブ等で公開しているものを対象とした。

調査時（同58億円）から4.1倍に伸びている。うちコーヒーは全体の63.9%（同170億円）も占める。コーヒー豆の販売だけでなくカフェの併設や大手の飲食チェーン等の店舗内でのサービスが寄与している。衣料品（シェア4.7%）は8億円から14億円（1.8倍）、クラフト類（同3.1%）は7億円から8.3億円（1.3倍）と、シェアは小さいものの堅調に伸びている。

<<裾野広がるフェアトレード>>

　輸入・卸売事業者の増加は、ネット販売の普及により販路確保のハードルが下がっていることも貢献しているとみられる。これにともない、小売店は多様な業者から仕入れが可能となり、輸入・卸売事業者間あるいは仲卸売の役割が高まっている。さらに、小売店も多様化しており、「フェアトレード専門店」のみならず、「衣料品店」、「雑貨店」、「食品店」等に加えて「リユース・リサイクルショップ」、「地産品、障がい者自立支援を目的とした商品販売」、「生協の店」などが報告されている。

以　上

■調査実施（調査票の送付）は2016年9月～11月で12月前半まで回収に努めた。
報告責任者：増田耕太郎（研究会委員／（一財）国際貿易投資研究所 客員研究員）
　　　　　　長坂　寿久（研究会座長／（一財）国際貿易投資研究所 客員研究員）

第13章

日本のフェアトレード市場調査 2015 報告(2)
——店舗（ショップ）と輸入・卸団体からの声（記述回答の分析）

森田　恵

要　約

　日本国内におけるフェアトレードの認知度は、確実に向上している。しかし、それはフェアトレード従事者が期待したほどの購買行動にはつながっていない。持続的かつ効果的なフェアトレード運動を進めていくためには、運動を支える各アクター間の横のつながりを深め、より一層の認知度向上努力とフェアトレード運動の本質的理解を促進する工夫が必要とされている。

はじめに

　今回の調査結果が網羅する範囲は限定的なものではあるが、全国でフェアトレード運動を担っている店舗（ショップ）、輸入・卸団体のみなさんから寄せられたコメントから、「日本のフェアトレードの発展のための取組みと課題」、および近年国内でも注目され始めてきた「フェアトレードタウンの認知度と期待される役割」について紹介する。

第1節　フェアトレードの発展のための取組みと課題

　コメントは自由記載とし、小売店舗向けには「フェアトレードの発展のための取組みや課題」と「フェアトレードタウンの認知度およびタウン運動に対する印象、期待や役割について」について、また輸入・卸団体向けにはこれに加えて、「フェアトレード関連のキャンペーン・イベントについて」の項目を設けた。コメント記入件数は、輸入団体27回答のうち23件、小売店舗57回答のうち38

件であった。

結論としては、フェアトレードの認知度は確実に向上しているが、売上げに対する効果は緩慢で、期待したほどの購買行動につながっていないことが見えてきた。

認知度アップの背景には、教科書や入試問題への掲載など、学校の授業での取り上げが進んだ点がまず挙げられる。これらは地道なフェアトレード団体・小売店などの取組みの成果であるが、同時に特筆すべきは、大企業の参入やフェアトレードラベルの影響力の大きさであろう。

認知度アップと市場の拡大、これらと運動の継続性や純粋性との両立、という課題の共有と解決のために、対話の場やネットワークを求める指摘が目立った。また国内外の震災支援に対するフェアトレード団体の取組み、地産地消や国内フェアトレードへの広がりなど、フェアトレード運動の深化と展開の様子も伺い知ることができた。回答の分析は以下のとおりである。

1．認知度は確実に向上

輸入・卸団体、小売店ともに、ここ10年ほどで以前より認知度は上がったとの声が多く挙げられている。その背景としては、中学校の教科書や大学のセンター試験問題への掲載の増加や授業での取り上げなどにより、学生／若年層の取組みが増加していること、フェアトレードラベル商品を中心としたイオンなどの量販店やベン＆ジェリーなど大手企業の参入により、以前よりフェアトレード商品を目にする機会が増えたこと、手軽に買うことのできるチョコレートなど消費財にフェアトレード商品が増えたこと、「ザ・トゥルーコスト」など映画を通じてフェアトレードを考える場が増えたこと等の記載があった。

2．認知度アップによる売上げ効果は緩慢

しかしながら、認知度は上がったものの、「きわめてスローペースで小売店の立場からそれほど期待するものはない」、「ビジネスとして大きな広がりはみられない」とのコメントにみられるように、思うように売上げにつながっていないというのが大半の小売店の印象である。また「地方では言葉すら知られていない」など地域間格差も依然としてみられるが、メディアや全国展開の量販店参入により、地方にあってもフェアトレードを紹介しやすい土壌ができつつ

あるようだ。このように「大手企業によるフェアトレード商品の取り扱いや取組みを見るようになり、言葉としての認知度はかなり上がっている」として大企業参入が認知度アップに貢献していることは共通の認識となっている。

一方、こうした大手企業やラベル中心の動きに対しては、「『広告』『宣伝』面が強くなっており、イメージ戦略ではないか」と危惧する見方や、「フェアトレードであることの価値や物づくりの過程に対しての意思表示として、フェアトレードを選択していただくことはまだ少なく感じています」など、フェアトレード運動の本質の理解につながりにくいと懐疑的な声もあった。また、フェアトレードラベルの浸透と相まって「ラベルのないものをフェアトレードだと言い切れないジレンマを抱えることになる」、「プレミアム制度がもたらすプラス面もあると思いますが、認証ラベル取得のハードルの高さが、草の根で支える団体と生産者の足かせになっていることも事実」などと、認定にこだわらず長年継続している NGO による生産者支援という日本におけるもう1つのフェアトレードの側面への影響を心配する意見もある。「日本式の生産者パートナーとの信頼関係でつくられる製品を信頼しているので、大変な努力をして商品開発をしているフェアトレード団体を応援している」という姿勢の店舗も健在だ。

ただし今回の調査では、参入企業の多くが、主にフェアトレードラベル認証製品の販売を中心に行っているため、これら企業の状況については、フェアトレードラベル・ジャパン（FLJ）から小売推計値の回答を一括して得ている。そのため企業には個別の調査票を送付しておらず、ラベル商品を扱う企業の個々の声の集約は十分にできていない。したがって今回は、小売店や輸入・卸団体中心の回答となっていることに留意する必要がある。

認知度アップが小売店の売上げにつながらない理由としては、「買いたいと思っても近くの店で売っていない」というアクセスの課題、「フェアトレード商品は高い」と言わしめる品質やデザインもしくは、それらと価格とのバランスなど商品自体の魅力の課題、「フェアトレードの意味を理解していない方は高いと敬遠する傾向」とのコメントが示すように、フェアトレードの理解促進へのアプローチの課題、「バーゲンもするネット通販や卸団体の直売」との競合関係により、小売店における価格競争力の弱さと店舗規模の課題などが挙げられる。

アクセスの課題については、大手量販店などの進出で、ある程度解決されつ

つある。しかし、取り扱い分野がチョコレートやコーヒーなど食料品が中心で、品数が限られており、「買いたいものがどこでも手に入る」状況には、まだ届いていない。フェアトレードタウンの取組みのある地域などでは、フェアトレードのショップMAPを作成し、アクセスの利便性を図っているところもある。

　商品自体の魅力の課題については、消費者の性向も常に変化する中で尽きることのないテーマである。前回調査時に比べ、出店基準の厳しい百貨店でも販売展開が進み、ファッション雑誌や一般雑誌にも掲載される機会が増えた現状を鑑みると、商品の品質、デザインは共に向上しているといえる。フェアトレードを担う団体・小売店自身も、寄付的感覚や地縁人縁に依存した販売方法だけでは運動を維持できないことから、既存の市場の枠組みのなかで、いかに商品を手に取ってもらい、購買につなげるかについて、たゆまぬ努力を続けている。商品の魅力を重視している団体・小売店は、フェアトレードの付加価値がなくても一般市場との競争力を保つことが、経営を安定させ間接的にフェアトレード運動を支えることにつながるというアプローチ方法を重視しているという傾向もみられる。

　また、「大きなNGO団体を通さず、個人単位で扱う量のフェアトレードの取組みをする小さなブランドが増えてきた」との小売団体からの情報にもあるように、フェアトレードビジネスの業態自体の変化も注目すべき点である。今回は回答頂けなかったが、WEBサイトの商品情報が非常に洗練されており、デザイナーズブランドとしてのクオリティを充分保ちつつ、小規模ながら生産者と消費者をつなげている小売店も多くみられた。

　フェアトレードに限らず国際協力の現場においても、個人の思いで立ち上げて着実に現地とつながる活動を始めている若年層の起業家が増えている。彼らは、設備投資を要しないフェイスブックやブログなどのSNSを駆使しながら、現地の情報を即座に伝え、また商品情報もビジュアルに同世代の消費者層を意識したスタイルの情報提供を自在に行うことができている。メールや郵送、FAXといった従来型の調査方法では、残念ながらこうした動きを実態的に把握することは困難で限界があり、今後の課題である。

　しかし、若年層がこうしたアクションを起こす背景としては、高校や大学など早い時期から、フェアトレードについて触れ、その必要性を理解する機会を得ていた可能性がある。これは、輸入団体や小売店による地道な目に見えにく

いフェアトレードの開発教育的な活動の成果ともいえるのではないだろうか。

　フェアトレードの理解を促進するためのアプローチの課題については、従来型の「興味をもってもらえるように1軒ずつ開拓していくことが大事ですので、聞いて頂けるような説明をできるようにする」という小売店ならではの広報の重要性は各自の現場で保持しつつ、「個別に活動していてきめ細かい対策を続けているのは素晴らしいと思いますが、一方『フェアトレード』というもののPRは不足していると思う」、「世のなかの大きな流れとしてはまだまだ『安い方がいい』という人々が多く」とのコメントが示すように、個別の取組みだけでは成果も限定的になってしまい現状から抜け出すことが難しい。

　こうした中、テレビや新聞などマスメディアを活用した「プロモーション」や「一般向けのフェアトレードの説明（キャッチコピー的なもの）やパンフレットの作成」、「団体同士の横のつながり」を強化することで、「大々的なキャンペーンやロビー活動」などに期待が寄せられている。財源についても、「クラウドファンディングや企業のCSR財源の活用」など具体的な提案もある。こうした運動を展開させていくには、これらの声を集約しアクションを構築するための受け皿的な役割／機能が必要になってきている。

　また、上記以外の外的要因として「国内経済の低迷」、「非正規雇用が拡大し若い世代の購買力が落ちている」、「消費税、円安、現地価格の上昇で商品の値上げ」による相対的な割高感、「日本の災害によって、自分を守るのに精一杯になってしまい、周りを見る余裕がなくなってきてしまっている」などの内向き感も、売上げの伸び悩みに大きく影響を及ぼしていると思われる。

　WFTO（世界フェアトレード機関）も2013年にフェアトレード製品の認証開始を決定した。これにより、フェアトレードラベルでは、製造工程の複雑さゆえに原則対象外となっている衣料品やクラフト類についても、フェアトレード団体はWFTOの認証制度を活用することができる環境となった[注]。今後の動きについて注目したいというコメントも複数あり、国内のフェアトレード関係者が常に世界の動きも視野に入れながら、運動として事業を実施していることが窺われる。まだ今後のWFTO認証商品の認知度がどの程度広がるかは未知数であり、「認証の有無にかかわらず、背景に共感できる製品をしっかりと販売できる場をつくっていくことも大切」ととらえる小売店もある。

（注：原料のオーガニックコットンについては認証カテゴリーがあるため、国際フェ

アトレード認証ラベルの付いた衣料品もある）

3. フェアトレードの運動性の確保

　「遠い国への思いやりと近くの人たちへの思いやりが同時に自然とできるような文化が育てばいい」、「貧困撲滅や厳しい生活をしている人々の生活向上の一手段であることをとらえると、1つの社会運動の側面をもっている」、「難題を連帯で改善していくことを常に念頭におき進んでいきたい」、「私たちの小さな行動によって、見えない世界の小さな生産者の暮らしに思いを馳せ、より公平な世界を求める人が少しでも増えていくことを願って、これからも細々ながら活動を続けようと思っています」、「地域に誇りをもち地域のために働く人材を育成すること。便利とリスクを選び直す」、「地産地消などもそうですが、たとえば取引先（流通業者や包材関連の会社など）との関係性もお互いに対等で信用に基づく付き合いを重視したい」、「消費者に対するフェアネスを強調」、「根幹である『生産者が合意した公正な金額での取引』という部分への認知度がまだ低い」、「途上国の方々の現状、直接のつながりからフェアトレードの根本を啓発、推進すべき」、「フェアトレード運動は若者が元気になる」、「フェアトレードは世界を知るきっかけづくり、生活を見直すきっかけづくり、おかげさまで生きているという感謝の気持ちも出てくるきっかけづくりだと思う」、「まず身の回りから地域、市町村、とできるだけ振り回されずに、美味しく楽しく正しく暮らせる人が増えればいい」、「なぜフェアトレードが必要なのかを伝えることが、今後大切と考えている」、「原材料の一部がフェアトレードというだけで安全性や質を問わない物もあるので、意味が失われないようにしていきたい」

　以上は、コメントとして寄せられたフェアトレード実践者の熱い思いである。輸入・卸団体、小売店ともにフェアトレードを運動としてとらえ、生産者の経済的自立を常に念頭に置き、よりよい社会や世界を追求していこうとする気概にあふれている。

　一方、経営的視点からみると、フェアトレード商品の導入を社内で決定した以上、目標とした売上げを確保し継続的に販売をしていくことが当然ながら求められる。そのために、顧客に対するPR、他商品との差別化をいかに図るかという販売戦略に取り組むことが、特に規模の大きな企業にとっては、「広告」、「宣伝」、「イメージ戦略」とみられている部分である。ある企業担当者によると、

社内でのフェアトレードの理解にも濃淡があり、他部署の同僚から純粋に社会的意義を追い求められる環境にあることを羨ましいと思われたりもするケースもあるようだ。

　回答結果から、地域の小規模店舗も全国展開の企業も、フェアトレードの認知度アップと普及が必要という大きな方向性は共有しているということができる。ただ広めるプロセスとして、フェアトレードのしくみや生産者の状況などをあわせて伝え、フェアトレードの必要性への理解を促すという運動性の側面への力の配分度合いについて、相違がみられるということであろう。

　これは、販売体制や消費行動を考えれば、出てきて当然の違いであるといえる。地域の店舗のように一人ひとりの接客に丁寧に対応しながらフェアトレードを伝えていくやり方は、集客数が一日数百から数千人に上り、滞留時間も異なる量販店などで、地域の小店舗と同様に行うことは非常に困難である。それが、フェアトレードラベルという識別記号をもとに買っていただくというビジネススタイルが合理的な選択肢として存在し、拡大している理由でもある。企業側も、伝わらなくて構わないと思っているわけでは決してない。量販店などは、集客力、イベントスペースの確保などの利点を活かして、輸入団体との協働イベントを実施して、フェアトレードの理解を深める努力をしているところもある。

　大切なのは、運動を進めるアクター間の情報交換と対話を進め、それぞれの利点を生かしながら補完的な役割を果たし、フェアトレードの共通の目標をめざして協働することではないだろうか。

　こうしたネットワーク化のニーズに対応しようとする動きの１つが、フェアトレードラベル・ジャパン（FLJ）の取組みである。FLJ は、フェアトレードへの理解・共感・信頼を高め、社会に幅広く受け入れられるためにも、フェアトレード自体の透明性や客観的かつ明確な基準が重要であるとの認識で認証ラベル運動を推進している。

　具体的には、毎年日本でフェアトレード認証に取り組む企業・団体が参加する「年次ステークホルダー会合」を開催し、生産者からの報告、フェアトレード普及のための取組み事例や課題の共有、ディスカッションを通し、企業間の連携促進や新たなフェアトレード商品化など議論することで、フェアトレードの取組み拡大を促進している。こうした場づくりのなかから、新たなフェアトレードの担い手企業の手が上がり、その活動を支える情報および人的ネット

ワークが構築されていくだろうことは想像に難くない。

　同時に、市民や企業人への普及啓発イベントも随時開催しており、フェアトレード学生団体などと協働で、ワークショップなどを通じて世界の課題を理解し、フェアトレード認証のしくみや企業の取組みを紹介している。またフェアトレードタウン運動についても、フェアトレードの普及・浸透には非常に有効で重要な運動であると位置づけている。たとえば逗子がタウン認定された際も、フェアトレードを扱う企業と推進組織をつなぎ、コラボ商品の協働開発の支援を行っている。

　このように、FLJ はフェアトレードを「知る」ことから「伝える」、「買う」、「企業で取り組む」ことへの段階的なアクションを意識しながら、しかるべき役割を担っている数少ないネットワーク組織の1つといえる。

　もう1つネットワーク組織の役割を果たしうるのが、日本フェアトレード・フォーラム（FTFJ）である。もともとはフェアトレードタウン運動を推進するための組織であったが、2014年にフェアトレード全体の普及と推進をめざす組織として再編されている。

4．フェアトレードの深化と新たな展開

　今回新たに見えてきた動きとしては、従来のフェアトレード以外の分野と関係性の広がりが現実的に出てきたことである。1つめは、東日本大震災を始めネパール、熊本など続いたここ数年の震災支援をフェアトレード団体が積極的に行ってきた点である。2つめは、地産地消の概念を共有しながら活動を展開する店舗が増え、地域とのかかわり方が多様化しつつあるという点である。3つめは、「エシカル」という流れである。

　東日本大震災はフェアトレード業界にも影響が大きく、消費者の意識が国内に向き、来店者数の減少や売上げの減少というマイナス要因をあげた店舗も少なくない。一方で、売上げの一部を寄付に回したり、被災地とのコラボ商品開発を進めたりと、さまざまな形で震災復興支援が展開された。その後続いたネパールや熊本の災害においてもノウハウが蓄積され、支援活動が実行に移されている。また熊本地震の際は、日本で最初のフェアトレードタウンの地でもあり、被災したフェアトレードショップの商品を引き受け、代わりに販売しようという声が全国から集まった。既存のネットワークがあればこその相互扶助力

の現れである。これはフェアトレードが普及するということが、その基本精神の1つである「他者への共感力」の醸成をもって、社会全体のレジリエンスを高める可能性があることを示唆している。

　また地域とのかかわり方の進展については、フェアトレードタウン運動の動きが挙げられる。これについては後述するが、それ以外にも食品などを扱う店舗・団体においては、フェアトレード運動は地産地消の概念と共に、地域の活性化と一体化のものであるとの認識が進んでいる。北海道の陸別町では「道の駅」においてフェアトレード商品を販売している団体もあり、地域内のみならず、地域を訪れる人をもフェアトレードにつなぐことができる。こうした取組みが事例共有により拡がっていくことを期待したい。地域と海外のいずれにおいても、「つながり」を実感し、「見える化」することが、フェアトレードの深化と地域社会への運動の還元につながる一歩である。

　ここ数年ではあるが、「エシカル」という言葉をよく耳にするようになった。国連が主導する世界の課題を共有しアクションを求めるSDGs（持続的な開発目標）の目標12においても、「持続可能な消費と生産のパターンを確保する」が掲げられ、消費というアクションから世界の問題解決にアプローチしようとする「エシカル」の姿勢は、フェアトレード運動と親和性が高いものである。消費者庁も平成27年から「倫理的消費」調査研究会を立ち上げ議論を行っている。そのメンバーである一般社団法人エシカル協会の末吉代表理事は、同協会のWEBサイト上で「消費しているモノの生産背景を知ることは、（中略）世界中で今緊急課題とされている『貧困問題』、『人権問題』、『気候変動』を解決するための、大事なきっかけとなる」とエシカル消費について説明をし、「フェアトレードもエシカルな消費の1つ」と謳っている。今回回答を得た輸入・卸団体のなかでも、表現として「エシカルファッション」とフェアトレードを併用しているところもある。大きな枠組みでフェアトレードの認知度を上げるチャンスとして、エシカルと銘打ったイベントに出店している団体もある。一方で、フェアトレードとの違いや位置づけについて、共通の理解がないため、同一視されることに懸念を示す意見もある。「『ロハス』のように『エシカル』もまた一過性のブームに終わってしまった場合に、フェアトレードを道連れにしたくない」という長年運動を積み上げてきた実践者の声もある。

　これらの動きは、今後の方向性を慎重に注視しながら、関係者間の対話や協

働を進めることで、より大きな社会運動や変化につながる可能性もあるだろう。

第2節　フェアトレード関連のキャンペーン・イベント

　フェアトレードの認知度を上げるためには、日常的な販売活動以外の取組みが必要になってくる。近年では、5月のフェアトレードデーおよびフェアトレード月間、バレンタインデーなど年間を通じて開催されるイベント・キャンペーンが定着してきた。また、アースデーやエシカル、オーガニック関連など社会貢献性のある外部イベントへの出店で、より広い一般市民の目に触れる機会を積極的につくっている団体も見られ、多いところで年間60回ほど出店している。以下はイベントの事例である。

＜フェアトレードの理解促進＞
• 世界フェアトレードデー、フェアトレード月間
• 映画上映会「ザ・トゥルーコスト」
• 生産者および事業担当者による報告会
• 国際交流協会など行政との協働
• 現地スタディツアー
• 団体訪問者の受け入れ
• ワークショップやお話し会、フェアトレード・フォーラムの開催
• フェアトレードMAP の作成・発行
• フェアトレード関連書籍や情報コーナーを店内に設置
• フェアトレード川柳の公募と表彰
• フェアトレードパーティ
• フェアトレードタウンのイベントへの参加・出店

＜販売促進・財源確保＞
• アースデーやエシカルフェスタ、フェアトレードマルシェなどへの出店
• ギフトショーなど展示会への参加
• 百貨店の催事出店
• 1日ショップ

- ギャラリーで製品販売に合わせたフェアトレード工場の写真展
- デザイナーとの新作発表会
- フェアトレード・ファッションショー
- 取扱店店頭での試飲販売会
- 店頭で、生産地や生産コミュニティについて紹介するプロモーション
- ギフトセットの販売
- クラウドファンディングを活用した商品開発費の調達

＜人材育成＞
- 学校での授業、講演
- 大学生との協働
- 国際会議への参加
- スタッフ総動員で接客、イベント、店舗演出を通じてフェアトレード事業の舞台裏をお客様と共有

＜フェアトレードの深化＞
- 国内外の震災復興支援（コラボ商品開発、被災地復興支援トラスト）
- ネットワーキング
  ①チョコレートの普及推進団体によるネットワーク（小売店と協働の展示会やチョコを使ったコース料理の提供イベント、SNS投稿キャンペーンの実施）
  ②フェアトレード・ラベル・ジャパン（年次ステークホルダー会合における企業・団体間の情報共有や商品開発、フェアトレード推進の取組み）
- 自社助成金による国際会議費用支援

第3節　日本におけるフェアトレードタウンの認知度と期待される役割

　フェアトレードをまちぐるみで応援しようというフェアトレードタウン運動は、2000年に英国で始まって以来、世界35カ国に広がり、タウン認定数は2,079地域（2022年9月）となっている。

1．フェアトレードタウンの認知度

　今回の調査では、輸入・卸団体は回答した20団体すべてがフェアトレードタウンの存在を知っており、8割が内容も理解していた。一方、小売店では、内容を理解しているところは半数にとどまり、2割は今回の調査で初めて聞いた、と回答している。国内に3例しかまだないという現状（2017年1月調査時。2022年9月では6例に増加）からすれば、無理もない数字かもしれないが、こうしたフェアトレード運動の動きを、小売店同士で情報として共有できる横のつながりやしくみの不在が影響している面もあるかもしれない。

2．フェアトレードタウン運動に対する印象、期待や役割

　まず輸入・卸団体は、フェアトレードタウン運動に対して、地域活性化、地産地消との連動、国際理解教育、消費者リテラシーの推進、フェアトレードの普及・浸透と市場拡大などに果たす役割を期待する声が多く寄せられている。

フェアトレードタウンの認知度

	卸団体（回答数）	小売店（回答数）
初めて聞いた	0	14（23%）
聞いたことがある	4（20%）	12（26%）
内容も知っている	16（80%）	27（51%）

　タウン運動の特徴の1つは、これまでの特定の関心層にとどまりがちだったフェアトレードの活動範囲と比べて、行政や企業、学校や一般市民などを協働相手として幅広く巻き込むことが前提となっている点である。そしてさらに、それぞれのアクターがフェアトレードタウンの推進を通じてつながりあい、支えあうことで、地域の活性化を促進するというねらいがある。また、こうしたつながりの拡大により、たとえば市役所内では来客用職員用にフェアトレードコーヒー・紅茶を提供するなど、公的な場でのフェアトレード商品の導入や、学校給食へのフェアトレード食材の導入など、フェアトレード商品の販売拡大

に結び付けたいという期待も当然ながら大きい。

「フェアトレードタウンであることが1つのブランド」になることを期待する声もある。そのためには何が必要なのだろうか？

フェアトレードのネットワークが広がるということは、さまざまな分野からの注目が集まるということでもあり、これまで以上にフェアトレード自体に対する透明性や客観的かつ明確な基準、およびフェアトレードタウンの認定基準や更新手続きの公正性の確保が求められている。また、フェアトレードの一般市民への浸透のために、わかりやすさ、手に取りやすさを重視しすぎて、「生産者に寄り添う」というフェアトレードの本来の視点が希薄になるのではとの懸念がここでも示されている。

行政機関がフェアトレード運動に加わることで、市民のフェアトレードに対する信頼性が高まり、またアクセスの難しい学校関係にも教育委員会を通じてのアプローチが可能になるなど、タウンであるからこそ得られるメリットは大きい。

次に小売店の回答について、タウン認定地域とそれ以外に分けて振り返る。まずタウン認定地域以外の小売店のフェアトレードタウンに対する印象は、総じて肯定的である。やはりフェアトレードの認知度アップへの期待が大きい。次に行政との連携の有効性、企業との協働への期待やタウン宣言された都市に対する地域力への評価などプラスイメージがある。一方、懐疑的な回答は全体の2割強見られた（肯定的意見との複数回答あり）。内容はタウン自体を否定するものではないが、タウンの認定基準6が示す「自治体による支持と普及」、つまり議会の決議と首長の宣言を要するという点が、実際の認定準備プロセスにおける高いハードルであるという意見である。その他、タウン認定の効果が、運営にかかる時間や労力に見合うものかどうかが不明である、現状の店舗経営で手一杯でありそれ以上の取組みが難しいなどのコメントがあった。

ではタウン認定の効果について、すでにフェアトレードタウンになっている地域では、どう捉えられているのだろうか？

タウン認定地域の小売店からの回答は7件で、肯定的回答が4件、懐疑的回答が3件であった。肯定的な主な回答としては、当初の期待通り、認知度アップや市民運動の盛り上がり、行政への連携効果などが挙げられている。一方、懐疑的な回答としては、認知度や議会は期待したほど変わっていない、地域内

店舗の売上につながっていない、等である。フェアトレードタウンは国内でま
だ限られた事例しかなく、経過年数も短いため効果をはかるには時期尚早であ
ることも鑑みる必要がある。

　さらに詳しくみると、運営に直接かかわっている店舗ほど、タウン運動の有
効性を実感している傾向がある。つまり、運動に対する成果をより身近に感じ
れば感じるほど、認定プロセスや他団体との折衝に求められる煩雑さなどのマ
イナス面は、相殺されていくものであるとも考えられる。そうだとすれば、フェ
アトレードタウンの推進組織に、いかに多くの小売店を能動的に、成果を実感
できる形で巻き込んでいけるかという組織運営の工夫が、認定後のタウン運動
の次なる課題解決の１つになるかもしれない。

　「どのくらいの生産者が、世界にフェアトレードタウンが生まれたことを一
緒に喜んでいるのだろう」

　こうした問題提起を挙げた団体があった。すなわち、フェアトレード運動お
よびタウン運動の担い手がどれだけ、その本来の目標まで見据えた活動を実践
できているのかという、真摯で核心を得た投げかけである。

　この点にフォーカスすると、市場拡大、販路拡大に貢献する企業やフェアト
レードラベルの方が、生産者に対する効果について言及しやすいのかもしれな
い。タウン運動を進めることが直接的に、売上アップにはつながっていない現
状の中、しかし少なくともタウン運動は「フェアトレードを足元から拡げる取
組み」であり、立ち位置としては、これまでフェアトレードに触れる機会の無
かった地域の商店、行政機関、学生、高齢者などへの認知と理解の裾野を拡げ
る「場づくり（環境整備）」としての役割になるだろう。すぐに成果は見えずとも、
その地域でフェアトレード起業家が生まれたり、商店や企業それぞれの専門領
域におけるフェアトレードの協働など、新たな展開の可能性を有している。

　「タウンになったことを世界中の生産者と共に喜ぶことができる、そんな運
動であればいいなと願っています」と先ほどの問題提起をした団体は締めくくっ
ている。

第４節　結びにかえて

　フェアトレードのビジネスモデルの難しさは、ビジネスの持続性の根拠をど

こに求めるかではないだろうか。それを運動への理解度に求めるのか、販売実績に求めるのか、またそれを支えるのがラベルなのか、市民運動なのか、企業なのか。これらは当然のことながらオール・オア・ナッシングの選択の問題ではなく、対話を根気強く続けながら、ゆるやかでも枠を超えた横のつながり／ネットワーク化を進めることに見いだすほかはない。

　広く発信力と商品提供力をもつ企業と、対面でフェアトレードの本質について丁寧な理解を促すことのできる小売店、生産者団体と直接のパイプをもち、現地の情報をより詳しく提供することのできるフェアトレード団体、それを特定のエリアながら各アクターを繋げる場づくりとしてのフェアトレードタウン運動、さらにダイナミックにそれらをアドボカシーやキャンペーン、ロビー活動などで大きなうねりとして仕掛けていくネットワーク組織など、相互の利点を生かした補完作業により、市場拡大とフェアトレードの背景にある構造の理解と問題解決能力を同時に醸成していくことがめざすべき姿のように思われる。

　とりわけ、こうしたしかけづくりをするさまざまなレベルでのネットワーク的な役割が、運動の行方を左右する重要なカギとなる。そうした大小さまざまな人・モノ・情報の相互作用のなかで、地域においてはコミュニティ開発としての、より広範囲においては社会運動としてのダイナミズムが生まれてくるはずである。

　最後に、今回の調査でもう1つ留意すべき点は、「小さな小売店としては苦戦を強いられる」、「気持ちだけでは難しい」など、前回と変わらない厳しい経営状況を反映するコメントに加えて、「最近は、フェアトレード自体に期待感が薄くなっています」とわずかながら、運動の継続に対する諦観が見え始めている点である。

　回答を頂いた店舗・団体は調査対象全体のなかでも、フェアトレードの取組みを積極的にとらえていることが推察できるため、今回無回答だった店舗の届かない声を考えると、市場規模の拡大や認知度の上昇だけでは結論付けられない、まったく楽観視できない状況が垣間見られる。市場や社会状況のわずかな変化の影響を受けながら、希望と諦観の両側をぎりぎりの状態でいったり来たりしているのが、日本のフェアトレードの取組みのもう1つの現状ではないだろうか。

　だからこそ、そうした厳しい中で、希望を繋げながら運動に取り組んでいる

仲間の声を共有することで、本報告がフェアトレードを果敢に担う誰かを支える一助になることを願う。

［フェアトレード認知度のアップデート情報についての参考文献］
渡辺龍也「フェアトレードと倫理的消費（Ⅱ）」（2021年、『現代法学』第40号）
一般社団法人日本フェアトレード・フォーラム/科研費基盤B（研究代表者：大野敦）
　　共同調査「フェアトレードに関する意識・行動調査（2019）」（一般社団法人日本フェ
　　アトレード・フォーラムWEBサイト「調査研究」）
大野敦「認知度調査から見る日本のフェアトレード運動に対する一考察」（2019年、『立
　　命館経済学』第68巻第4号）
逗子市では、無作為抽出の市民2000人を対象に毎年アンケート調査を実施しているが、
　　フェアトレードタウンに認定された2016年以降、フェアトレードについての認知
　　度に関する項目（3項目）を挿入している（逗子市『まちづくりに関する市民意
　　識調査報告書』、逗子市HP参照）。

日本のフェアトレードへの取組みのための政策提言

第14章

日本のフェアトレードへの取組みのための政策提言

とりまとめ 長坂寿久

要 約

　本調査研究委員会の研究を通して、政策提言について議論し、とりまとめた。委員共通の認識は、政府はその通商政策においてフェアトレードをコア政策の1つとして明確に位置づけるべきであるという点である。通商政策として位置づけることは、開発協力（ODA）政策、中小企業育成策、教育政策等々においてフェアトレードは重要な役割を担うものとして位置づけられることになろう。政策提言として、大まかには次の点が指摘できよう。

(1) 国際的合意である2030年へ向けた「SDGs（持続可能な開発目標）」への本格的な取組みの一環としてフェアトレードを位置づけること

(2) フェアトレード団体を貿易主体として能力強化する支援を行うこと

(3) 途上国のフェアトレード生産者の能力向上のためのODAの一層の活用を行うこと

(4) 中小企業の海外（途上国での製造業）進出支援に当たってはフェアトレード支援（専門家派遣、認証取得等）をとくに注目して行うこと

(5) フェアトレードに取り組む日本企業に対する「社会貢献支援」へのインセンティブの付与（税制優遇措置等）を行うこと

(6) 地域における中小企業支援策としてフェアトレードを取り入れること

(7) 自治体におけるフェアトレードタウンへの取組み促進と支援を本格化すること

(8) 消費者向けのフェアトレード（倫理的消費）の啓発活動（啓発セミナーの開催等）の実施、支援を強化すること

第1節　全セクター向け提言（本政策提言の根幹）
——SDGs のローカルアジェンダ化とフェアトレード

　今後の日本の通商政策等の策定において、最も基本的かつ重要な認識は、SDGs への視野である。SDGs の目標達成のためには、政府・自治体、企業、市民社会（NPO および市民）の全セクターがとくに責任を負っている。本報告書で提示する基本的政策提言は、「SDGs のローカルアジェンダ化」にある。

　世界は多くの課題に直面している。貧困、地球温暖化、経済のグローバリゼーションを通した格差の拡大、医療の不備、難民問題、石油依存社会の終焉（ピークオイル）等々、そして人権、さらに戦争。これら課題への対応として、2030年までに世界がパートナーシップを組んで一定の解決を図るべく、2015年の国連総会で合意した SDGs（エス・ディ・ジーズ／持続可能な開発目標=Sustainable Development Goals）によって取り組んでいくことを決意している。

　2000〜2015年の MDGs（ミレニアム開発目標）は主に開発途上国の貧困、格差などを打破することを目的に設定（7目標）されたものであったが、SDGs は世界の環境、社会、経済の3分野を網羅し、途上国のみならず先進国も国内問題として取り組むべき国際社会のユニバーサル（普遍的）な目標（17目標）となっているのが特色である。すなわち、SDGs への取組みは、国際的な国際協調・協力による取組みであるが、途上国支援のみならず、先進国も国内の課題にも同時に取り組むことを求めるものとなっている。

　これらの世界の課題は、国家レベルでの課題であることはもちろんだが、同時に各々のローカル（地域）が直面している課題でもあり、ローカル（自治体）でもしっかり取り組むべきである。

　1992年にブラジルのリオデジャネイロで開催された地球サミットにおいて採択された地球環境問題に取り組む「行動計画（リオ宣言）」には、各国内の地域でも行動するよう「ローカルアジェンダ」が策定、推進され、これに基づき日本の自治体でも取組み計画を策定したところもかなりあった。今回の SDGs にはそうしたローカルアジェンダによる取組みは提示されていないが、リローカリゼーション（地域回帰）の時代へ向けて、私たちは世界と国家と地域の課題を同時的に取り組んでいく姿勢が求められている。

日本政府は、2016年5月、G7伊勢志摩サミットの議長国としてイニシアチブをもつ必要もあり、総理大臣を本部長、全閣僚を構成員とする「SDGs推進本部」を設立している。また、作業部門の包括会議として、全政府作業部門と非政府ステークホルダーによって構成される「SDGs推進円卓会議」を設置した。円卓会議は2回の会議を経てSDGs実施方針案を作成、パブリックコメントを募集し、『SDGs実施方針』を策定した。

　発表された『指針』には、「これまでとは異なる決意をもって、大胆かつ変革的な手段をとる」と書かれ、大いに期待したくなる姿勢となっている。しかし、『SDGsを達成するための具体的施策』においては、貧困と不平等・格差問題を含め、特段の目新しさに欠けると批判されている。

　SDGsは、地球の課題を世界のすべてのセクターを糾合して、未来への危機感を込めて作成したものであるだけに、企業にとっては国際貢献、社会貢献の最も重要なテキストであるだけでなく、世界でビジネスを拡げる大きなチャンスをもたらすテキストでもある。

　SDGsの主要な実施主体の1つである企業の取組みについての行動指針として「SDGsコンパス（Compass）」が提供されている。SDGsから理解すべきことは、世界の現場のニーズを理解することであり、それに向かって自社の技術、ノウハウ、サービス、マーケティング力、資金などをどのように集中させるかということであり、それによって地球の課題へ対処しうるCSR（企業の社会的責任）的評価のみならず、長期的なビジネスチャンスの開発をもたらすことになるのである。そして、日本にとっても、SDGsは未来への大きなチャンスである。

1. SDGsとフェアトレードとローカル

　私たちはSDGsを全国的／地域的なものにするために、SDGsをローカルアジェンダとしても認識し、中央政府や大企業のみならず、各地で対応が語られ取り組まれる必要があると考える。

　私たちはまずSDGsの17の目標を、各地域において、自治体、NPO（市民団体）、商工会、企業、そして私たち市民自身が読み込み、熟議し、取り組むべき課題を設定していくことが必要となっている。私たちは自分たちのローカルの現状を分析し、世界の現状を分析し、双方の解決に向けて取り組む決意をすることである。それによって、私たちは自分たちの地域の問題をより良く知ることが

できるし、より良く取り組めることになろう。そして、地域から世界とつながることによって、世界と自分たちの地域の問題に対して対処し、一層課題解決へ向けて加速できるはずである。

　SDGsのローカルアジェンダ化を通して、その1つの有効なツールとしてフェアトレードは重要な意味と役割を担いうるであろう。SDGsの全17項目においてフェアトレードは、直接的・間接的に関わるが、とくに以下の8目標に直接的なかかわりがある（FTAO[1]作成資料から）。

《SDGsへのフェアトレードの直接的取組み》

目標1（貧困をなくそう）：フェアトレードは、疎外された生産者と労働者の権利と生活を保障することを目的とする、「貧困に取り組む貿易パートナーシップ」である。

目標2（飢餓をゼロにする）：フェアトレードのバイヤーが提供する取引条件は、生産者と労働者を持続可能な生活ができるようにするものとなっている。

目標5（ジェンダー平等）：フェアトレードは熟練の仕事や指導的ポジションから見離なされている女性などのグループに対して機会を提供する。女性は男性と同等の仕事に対して対等の支払いが行われると共に、生産やフェアトレード取引などから得られる恩恵の使途の意思決定に全面的に参加することができる。

目標8（働きがいも経済成長も）：フェアトレードの取引条件は、適切な労働条件の遂行、価格と支払い条件の相互の合意、過重な労働時間をもたらさずに生産できる十分な時間的配慮などについて書面による契約書をベースに取引されている。

目標10（人と国の不平等をなくそう）：フェアトレードは国際貿易に一層の公平性を求める活動である。先進国と同様、グローバル・サウスにおいて一層の持続性と正義を求めるものである。途上国においてこそ一層の変化が必要である。

目標12（つくる責任つかう責任）：フェアトレードは消費者が持続可能な選択をするよう求める。それによって生産者に対して持続可能な生産の仕組みを実現できるよう、フェアな価格の支払いを保証するものである。

目標13（気候変動に具体的な対策を）：フェアトレードは、持続可能な農業生産

を促進し、気候変動に対応して、ネガティブな影響を減少するよう、小規模生産者にその対応方法を提供する。

目標17（パートナーシップで目標を達成しよう）：フェアトレードは、市民、政府・自治体、消費者、生産者・企業を巻き込み、貿易を通して変化と持続可能な発展を求める貿易パートナーシップである。

　本調査研究委員会として、SDGs に真剣に取り組むための方策として、「フェアトレード」の視点から、以下のとおり対政府、対自治体、対企業、対市民団体の各セクター別に大胆かつ変革的な手段としての新しい政策提言を行うこととする。SDGs の 17目標は以下の通りである。

〈持続可能な開発目標（SDGs）（2016～2030）〉

目標1．あらゆる場所のあらゆる形態の貧困を終わらせる

目標2．飢餓を終わらせ、食料安全保障および栄養改善を実現し、持続可能な農業を促進する

目標3．あらゆる年齢のすべての人々の健康的な生活を確保し、福祉を促進する

目標4．すべての人に包摂的かつ公正な質の高い教育を確保し、生涯学習の機会を促進する

目標5．ジェンダー平等を達成し、すべての女性および女児の能力強化を行う

目標6．すべての人々の水と衛生の利用可能性と持続可能な管理を確保する

目標7．すべての人々の、安価かつ信頼できる持続可能な近代的エネルギーへのアクセスを確保する

目標8．包摂的かつ持続可能な経済成長及びすべての人々の完全かつ生産的な雇用と働きがいのある人間らしい雇用（ディーセントワーク）を促進する

目標9．強靭（レジリエント）なインフラ構築、包摂的かつ持続可能な産業化の促進及びイノベーションの推進を図る

目標10．各国内及び各国間の不平等を是正する

目標11．包摂的で安全かつ強靭（レジリエント）で持続可能な都市および人間居住を実現する

目標12. 持続可能な生産消費形態を確保する

目標13. 気候変動及びその影響を軽減するための緊急対策を講じる

目標14. 持続可能な開発のために海洋・海洋資源を保全し、持続可能な形で利用する

目標15. 陸域生態系の保護、回復、持続可能な利用の推進、持続可能な森林の経営、砂漠化への対処、ならびに土地の劣化の阻止・回復及び生物多様性の損失を阻止する

目標16. 持続可能な開発のための平和で包摂的な社会を促進し、すべての人々に司法へのアクセスを提供し、あらゆるレベルにおいて効果的で説明責任のある包摂的な制度を構築する

目標17. 持続可能な開発のための実施手段を強化し、グローバル・パートナーシップを活性化する

（出所）外務省ホームページ

第2節　政府への提言

主たるポイントは以下のとおりである。

(a) 日本の通商政策、開発政策等にフェアトレードを明確に位置づけること ——自由貿易一本やりではなく、格差や社会不安を招かないような、経済的・社会的公正に配慮した通商政策を採ること。

(b) SDGs の達成にフェアトレードが大きな貢献ができることを認知し、フェアトレードの推進・促進を政府の通商政策や開発協力政策等に位置づけること ——たとえば、その具体策の1つとして、フェアトレードの普及・啓発・基準維持機能をもつ中間支援組織（FTFJ／後述）への支援を行うことなど

(c) フェアトレードを含む「社会的企業」の推進・促進を、産業政策の1つの柱として位置づけること ——たとえば、フェアトレードを含む社会的企業へのソフトローンの供与や税制優遇措置、貿易保険の適用等

(d) 消費者教育推進法に則って消費者市民教育を推進すること

1．2020東京オリンピック・パラリンピックとフェアトレード

　2020年の東京オリンピック・パラリンピックにおいて、フェアトレード商品の全面的な優先調達を図ること（選手村や迎賓館などでのフェアトレードのコーヒー、紅茶、バナナ、砂糖等々の提供など）。なお、フェアトレードのみならず、フェアトレード以外のエシカル（倫理的）商品の調達も優先させるようにすべきである。

　こうした措置は、2012年のロンドンや2016年のリオのオリンピック・パラリンピックをはじめ、サミットなどの国際会議で各国ですでに導入されてきている。

　ロンドン市は大会前に、国際的な基準に沿って認定されるフェアトレードタウンになっており、大会では国際フェアトレード基準を調達コードのベースとした初の大会となった。リオデジャネイロ大会でもフェアトレードは最も象徴的に優先調達された商品となり、しかも大会開催中の8月12日にフェアトレードタウン宣言都市と認定され、オリンピック会場を背景に式典が行われた。

　しかし、東京大会に向けては、こうした取組みが非常に遅れており、2017年初め時点まで依然明確な基準は提示されてこなかった。まして、2020年に東京都もフェアトレードタウン宣言を行うことが望まれるが、そうした動きは依然みられないようである。日本フェアトレード・フォーラム（FTFJ）や日本エシカル推進協議会等のNPO（市民団体）が取組みへの加速化を運動し、具申をしているが、どこまで届いているかは不明瞭な感がある。

　大会組織委員会は、2016年1月に「持続可能性に配慮した運営計画フレームワーク」と「持続可能性に配慮した調達コード 基本原則」を提示し、パブリックコメントを求め、1年後の2017年1月に「持続可能性に配慮した運営計画」を発表、そして同年3月にやっと「持続可能性に配慮した調達コード」（第1版）を出し、その時に農産物などの調達基準を公表した。とくにフェアトレードに直接的にかかわる農産物については、「持続可能性に配慮した農産物の調達基準」として8項目が提示された。

　その内容は第1章第7節のとおりだが、フェアトレード商品は海外調達の場合の国際認証商品の1つとして例示されただけであり、ロンドンやリオ大会のように、特段の優先取り扱いの対象となったわけではない。

なお、フェアトレード商品とは何かについて、日本においては特別の配慮が必要である。ロンドンとリオ大会では、FI（国際フェアトレードラベル機構）およびWFTO（世界フェアトレード機関）の認証スキームが持続可能性の調達条件を満たすものとして認めているが、日本ではその他に日本フェアトレード・フォーラム（FTFJ）が認めるフェアトレード団体の商品（第3カテゴリー）も対象として認定すべきである。

　日本では当局が調達コード案としてパブリックコメントを求めた提案をみると、たとえば、「サプライチェーンにおいても本調達コード並びにトレーサビリティおよび透明性の確保に努めるよう求める」という言い方をしている。サプライチェーン全体への目配りを掲げたことは高く評価したいが、「確保に努める」という書き方では努力規定にとどまり、「努力はしたが実現できなかった」という結果になりかねない。このような「〜努める」や「〜すべきである」といった文言は「〜しなければならない」（義務的文言）へ修正されなければならない、とFTFJは主張している。調達者がサプライチェーン全体に責任を負うのは今や世界の潮流ないし「常識」となっていて、現状では「努める」や「すべきである」という表現は、世界に通用するものではなく、国際的な批判を浴びる恐れもあろう。

　また、調達コードでは、人権や労働に「悪影響」のない物品・サービスの調達について、社会的・経済的に弱い立場に置かれた途上国の生産者や国内の障がい者等が生産する物品を優先的に調達する「ポジティブ・チェック」を採用する必要があるが、後者は2013年に施行された「障害者優先調達推進法」に合致するものであり、海外産品に関しては零細な生産者・労働者に配慮したフェアトレード商品を優先することが適切といえる。

　ロンドン、リオとステップしてきた世界と地球のためにより良きものを調達する国際運動としてのフェアトレード調達の気運が、東京でステップアップされず、削がれないよう政府は特別の配慮を行う必要がある。それは主催都市である東京都自身が自覚すべきことでもある。

2．政府によるフェアトレード公共調達政策の導入

　EU（欧州連合）を含む欧州の国々では、グリーン調達のみならず、フェアトレード調達もすでに行っている。2020年オリンピック・パラリンピックへ向け

て、今後政府自身がフェアトレード商品の公共調達政策を導入していくことが必要である。

　公共調達は、政府・自治体（行政）にとって、持続可能な生産とサービスへの需要を増大させるための有力なツールである。EU はすでにフェアトレード公共調達のための EU 指令を出しており、EU としてはフェアトレードをSDGs の目標に沿った公共調達の具体的措置として積極的に進めている。

　FTAO（フェアトレードの EU ロビー事務所）は、フェアトレードは、「とくに南の国々において疎外された状況におかれている生産者や労働者に対して、よりよい貿易条件と権利の保証を提供している。フェアトレードのバイヤーによって提供される貿易条件は、生産者や労働者に対して、経済的・社会的・環境的生き方についての日々のニーズへの対応のみならず、将来へ向かい改善できる条件を提供し、持続可能な生活の維持を可能にするものである」から、フェアトレードの公共調達は必須であると指摘している。

　また、政府関係組織や公共施設等でのフェアトレードの使用、販売、提供などを広く心掛けることが必須である。これらは公共調達など法的な措置を必要とするものではないため、そうした問題意識があれば直ちに実施可能でありうるものである。

3. 開発協力とフェアトレード——ODA によるフェアトレード支援の強化

　途上国のコミュニティ開発およびコミュニティビジネス開発において、フェアトレードビジネスモデルは、ODA 活用型プロジェクトとして最も親和性あるものの 1 つであるといえよう。

　フェアトレードの目的は、開発途上国の農家など生産者を含むコミュニティの人々にエンパワーメントがつくことを目的とする活動である。エンパワーメントとは、自分の（地域の）ことは自分たちで考え解決できる能力をもつことである。

　WFTO（世界フェアトレード機関）のフェアトレード基準10項目にあるように、価格条件（適正な価格での仕入れ、最低保証価格、前払いなど）以外に、長期的な取引関係、環境や伝統文化を大切にする、技術移転、民主的運営、教育の向上、コミュニティ投資の促進（ソーシャルプレミアムを使った学校建設、井戸、診療所、公民館等々の建設など）、生産の多角化、コミュニティビジネスの育成、等がある。

フェアトレードの場合、市場とはまずは日本や欧米などを中心とする先進国（国際市場）であるが、現在のフェアトレードはそれ以外に、地元市場、国内市場、他の途上国市場向けも対象となっており、拡がってきている。こうしたフェアトレードビジネスモデルの多角性・広がりを踏まえ、開発協力／ODA政策の一環として、フェアトレードについて以下の政策導入が求められる。

⑴　JICA、JETRO等によるフェアトレード支援事業の拡充
　JICAの草の根事業が日本のフェアトレード団体であるパルシック、FLJ、オルター・トレード・ジャパン、シャプラニールなどのフェアトレード開発事業にも提供されているが、以前にはJETROの途上国ビジネス支援事業（開発輸入企画実証事業）のなかでも、日本のフェアトレード団体の事業を多く採択し成果を上げてきていた。
　たとえば、シャプラニールのバングラデシュ・ネパールでの石けん開発をはじめ、ピープル・ツリー（フェアトレードカンパニー）、FLJ（フェアトレードラベル・ジャパン）、オルター・トレード・ジャパンなどのフェアトレード事業なども、専門家派遣を中心とする支援事業は、フェアトレードによる途上国ビジネスの推進へ大きな成果をあげてきた。このJETRO事業は現在は中断されているが今後再開し、さらに拡充されることが望まれる。JICA、JETROとも、フェアトレードへの支援事業をさらに拡充し、積極的に支援を続けることが望まれる。

⑵　フェアトレード事業への資金的支援の拡充
　フェアトレード事業にはさまざまな側面において、ODA資金の供与やソフトローンの提供、貿易保険の適用などが必要となっている。緊急かつ主なものとしては以下が指摘できる。
　1）仲買機能強化への金融支援の広がりを
　フェアトレードのシステムをより農家の生活に密着したものに改善していくために、その1つとしてフェアトレードの仲買機能を強化する必要がある。仲買（買取）機能の強化とは、地域の仲買業者が行っている機能をフェアトレード団体もできるだけ持てるようにすることである。
　それは、1つは前払いである。フェアトレードは現地生産者が原材料確保や生活安定のために、必要に応じ一定比率の前払いを行うビジネスモデルとなっ

ている。そのためフェアトレードの輸入・卸し団体にとっては前払いのための資金確保が必須である。

2つは買取時での即金支払い機能の強化である。支払いをコーヒー豆納入時に即金で行うシステムへ近づけていくことである。

3つは、緊急時の生活資金の提供（金貸し機能の強化）である。仲買人がそうした金融機能を主として果たしているが、フェアトレードも病気や緊急生活費（お米代など）等への対応に果たすべき役割が期待されている。生産者（農家）にとっては、病気や飢饉などの緊急時における生活費の確保が重要な関心事である。

4つは、農家は収入向上を図るために加工技術の向上を図る必要から（チェリーからの加工など）、機械機器の購入を行いたいと考える時にも、資金が必要となる。途上国の農家はそうした際に対応できるよう、多様な資金源（現金収入など）の確保を踏まえて納入先を決めている。これら緊急時の資金需要へ対応することも、フェアトレードにとっては重要な課題となっている。

途上国の貧困層に対するマイクロクレジット事業に対して日本はODAを供与してきているが、この視野・範囲を拡げ、こうしたフェアトレード対象農家向けの資金をODAの一環として体系的に供与する仕組みの導入が必要となっている。

2）有機認証等ダブル認証取得支援

フェアトレード商品は、有機認証も取得しているケースが多くなっている。現在ではフェアトレード基準への適応と同時に有機認証の取得は国際的な流れとなっている。しかし、途上国の生産者の有機認証取得には、よりハードルの高い有機転換の途中で脱落し、両認証を諦めることになる小農も多い。取得できた場合もダブル認証料の負担が大きい。

そのため、当初はしっかりした農業指導、取得手続き支援、取得資金の支援などが必要となっている。

なお、有機認証に限らず、フェアトレード生産者にとって、フェアトレード以外にもう1つ別の認証を取得することは非常に有効である場合があり、組合・農家側のニーズに基づき、適切なもう1つ別の認証取得への支援を行うことは有効であろう。

3）農村社会のトータルな生活向上策への資金支援

途上国の換金作物栽培農家が抱える生活上のリスクには、気象や土壌といった生態的基盤に由来するリスクと市場価格の変動に由来するリスクがある。フェアトレードはこれらのリスクのうち、直接的には後者にしか対応できない。そこで、フェアトレードにかかわる諸団体は、生産者が前者のリスクに対応できるよう、フェアトレードとは直接関係のない農村開発の試みを支援していく仕組みをつくる必要に直面している。

　対応としてたとえば、単一換金作物に依存しない多様な生業を維持・発展させていく試み、収量低下時の保険サービスの充実などである。後者については、輸入会社からの送金額の一部を一括して差し引く方式などが考えられるが、基本的にはこうした新しいリスクに対応する農業支援政策と資金支援の導入が必要となっている。

(3)　JICAプロジェクトのスムースな展開へ
1）プロジェクトの変更への柔軟な対応を
　フェアトレードを含む開発協力支援には、事前の実施計画を途中で修正する必要があるケースは多くありうる。それは現地側のニーズに沿おうとする場合には、とくにそうした対応が必要となるケースが多い。こうした途上国の事情に対応できるよう、実施計画の年度途中での修正をもっと柔軟に認める対応を導入することが求められている。
2）終了時評価から毎年度評価へ
　JICAプロジェクトの評価は終了時評価となっている。支援プロジェクトに対して、JICA が資金を提供し、最終年次に現地を訪れ評価を行うという形をとっている。たとえば、フェアトレードが対象となる草の根技術協力事業の場合、真に成果を上げるためには、終了時評価ではなく、JICA自身が初年度から現地訪問を含め、ある程度プロジェクト自体に関与し、JICA－支援団体－被支援者との間の密なコミュニケーション（相互批判も含む）を図るコラボレーション（協働）型の体制づくりが必要である。こうした体制をとることによって、たとえば上記のような場合も、被支援者のニーズの変化に沿ったより有効なものへ柔軟な対応が可能となるであろう。
3）事務所雇用・会計処理支援を
　援助プロジェクトを受託する支援団体（NPO、大学などの専門家集団など）は

資金に限度があるため事務員を雇用することができず、会計処理と3カ月ごとの報告書作成が大きな負担となっている場合が多い。そうした場合には、事務員雇用のための特別予算枠を認めるとか、煩雑な会計処理自体をJICA側でも負担するような仕組みを導入することが望まれる。

4）三セクター協働システムの構築へ――官民連携／官学連携からNPOを
  含む三者連携へ

　JICAの技術協力事業は技術と機材・設備のパッケージという優れた開発支援スキームであるが、残念ながらJICAのコーディネーション能力が充分でなく、請負団体への「丸投げ」状態となっており、その請負団体にも企画・調整・実行能力に欠ける面が多いので、成功事例が少ないのではないかとみられている。

　JICAが進める官民連携については、民という意味が産業界に偏っており、学識経験者や市民団体（NPO等）を含む広い意味での民との連携を図り、NPO等がもつ現地情報・体験・専門知見と、企業の経営・販売戦略と、JICAの開発支援戦略を整合的なものにするところまで達していない。「学」を含むNPOを中心とする市民社会が両者を仲介する調整者としての役割が期待されるし、その役割を果たすことは現在のNPOの実力をもってすれば可能でありうる。つまり、JICAや企業の援助関係者に、NPO・学への一層の理解と姿勢の変化を望みたい。

　また、開発途上国でのインキュベーション事業には、産業界のノウハウ、JICAの資金協力、支援団体（NPOなど）の現地情報・人脈を有機的に結合することが不可欠である。今後こうした三者協働プロジェクト体制の仕組みを確立し強化していくことを提案したい。三者協働プロジェクトによって、現地生産者の日本での長期研修など本格的な支援体制の構築も一層可能となっていくであろう。

　市民社会（NPO）よりも企業が圧倒的な力をもつ日本においては、たとえばフェアトレードに理解・関心のある企業との連携が、フェアトレード促進にとって不可欠である。この企業との連携によって、フェアトレードに関連する人材や社会的企業の育成も促進されるであろう。

(4)　地域の中小企業支援策とフェアトレード
　日本のODAをビジネス育成的および中小企業支援型の取組みとドッキング

させる仕組みを導入・強化する措置の１つとして、日本のフェアトレードビジネスの育成を図ることが望ましい。

　日本の地域の中小企業支援策の一環として、地域の自治体、市民団体（NPO等）、商工会等と連携して、地域の中小企業等が開発途上国のコミュニティと共に、フェアトレード商品の開発を行うための支援（ODAの供与、具体的には専門家派遣、フィージビリティ調査等の支援）を行う仕組みを導入する。その際同時に、後で述べるフェアトレードタウン運動への支援などと連携して実施していく体制づくりが必要となる。

⑸　日本のフェアトレード団体の育成

　日本のフェアトレード市場は国際的な視野からみると依然きわめて小さく、地域のフェアトレードショップの経営者はその持続性に苦慮しており、フェアトレード専門団体（途上国からの輸入・卸団体）も資金繰りに苦慮している。また、日本ではフェアトレード事業を推進する団体として日本フェアトレード・フォーラム（FTFJ）があるが、専従スタッフはなく、事務局機能にも苦労している。

　開発協力にかかわる団体（NPO・NGO）の多くが今後のフェアトレードへの取組みに関心をもっている。これらの活動を抑制しているのが販売の伸び悩みなどによる資金繰りの問題であり、フェアトレード団体やフェアトレードショップへの継続的な支援（助成など）の必要を物語っている。

　ビジネスと開発協力との合体によるコミュニティ開発推進の有効な手段として、フェアトレードへの支援策を本格的・総合的に検討、導入すべきである。フェアトレードは開発協力のなかでも市民（コミュニティ）をベースとしたビジネス開発を伴うものでもあり、ビジネスモデルを通じた２国間の地域交流へと導く可能性をもっている。日本は開発協力と地域の活力と市民の活力をドッキングしうる有効な手段として、フェアトレードへの支援策を本格的・総合的に検討、導入すべきである。

　この点では、具体的には当面以下のような支援が求められる。

　1）日本のフェアトレード団体の自立（自律）支援

　日本のフェアトレード業界を育成支援することは、国際的な潮流としても求められている(EU各国はフェアトレードを支援する体制を導入している。前記のフェ

アトレード調達や補助金の供与など）。

　当面の支援策としては、日本においてはとくに、日本のフェアトレード団体のネットワーク組織（FTFJ／日本フェアトレード・フォーラム）の活動を支援するための助成、すなわち事務所運営支援と共に、事業支援として日本のフェアトレード市場調査、フェアトレードショップへのコンサルタント事業、学生を含むフェアトレード普及事業、人材育成支援などを行うため、日本のフェアトレード市場が形成され自立運営が可能となるまでの、たとえば5カ年支援計画の導入などを図るべきである。

　2）フェアトレード商品の卸展示販売センター（施設）の設置

　国内でフェアトレードビジネスに取り組もうとする団体やショップや市民に対して卸し機能を統合するような施設を開設し、流通支援策を導入する。オランダでは政府資金の援助を得てこうした卸展示販売センターを設置し、効果をあげている。

第3節　地方自治体への提言

　主たるポイントは以下のとおりである。

（a）自治体の国際交流／国際協力政策の重要なツールの1つとしてフェアトレードを明確に位置づけること
（b）フェアトレードの理念に立脚した地域内フェアトレードを推進する（社会的／経済的弱者の自立支援、地産地消等）
（c）消費者教育推進法に則って消費者市民教育を推進すること

　なお、FTAOでは、フェアトレードをSDGsの地域化（ローカルアジェンダ化）に取り組むための手法として、①公共調達、②地域経済開発、③国際協力、④啓発活動、⑤多様な主体の参加（マルチステークホルダー・エンゲイジメント）、の5点を提言している。

　これらを推進するために、とくに地域における自治体、市民、企業、大学、学校が中心となって取り組んでいくことが必要である。

1．フェアトレードタウンへの取組み支援

　地方自治体による開発協力への取組みは、欧州の諸都市では非常に活発に行われている。地方自治体は上下水道をはじめコミュニティの生活基盤を支える仕組みを運営しており、自治体はそれらを包括的・全体的に支援できる総合的技術ノウハウとそれを推進できる体制とをもっている。そのため地方自治体による開発協力は、非常に有効かつ活発なものとなっている。

　地方自治体にとって、フェアトレードの推進は新しい意義をもたらしている。自治体の開発協力としてフェアトレードは有効なツールであり、世界とつながった新しいコミュニティづくり運動として、「フェアトレードタウン」運動が国際的に展開されている。また、フェアトレードを通じた国内のコミュニティビジネスの可能性が拡がっているのである。

　「フェアトレードタウン」運動は、2000年に英国のガースタングから始まった。またたく間に全英各地に広がり、欧州各国に広がり、今では米国、カナダ、オーストラリア、ニュージーランド、日本などの先進国のみならず、開発途上国にも波及している国際的な運動となっている。

　国際的なフェアトレードタウンの基準として、日本では6基準が設定されているが、その1つに「議会での決議と首長の支持声明」がある。2011年に熊本市が日本で初めてのフェアトレードタウンとなり、2015年に名古屋市が認定され、逗子市が2016年、浜松市が2017年、札幌市、いなべ市（三重県）が共に2019年に認定されている。これに続きフェアトレードタウンになろうと市民団体が立ち上がり、活動をしているものとしては、垂井町（岐阜県）等々すでに15カ所以上に及ぶとみられている。

　フェアトレードタウンになるためには6つの基準を満たすべく活動を続ける必要がある。今後は次第に多くの自治体でこうした市民活動が盛り上がっていくと思われる。自治体がフェアトレードタウンに対して積極的な姿勢をみせることが、地域の国際化、世界とつながるまちづくり、そしてローカルビジネスにも結びつく時代になろうとしている。

　市民が立ち上げるフェアトレードタウン活動に対しては、自治体としてさまざまなツールを使って支援し、展開していくことが望まれる。それは世界とつながる市民自治のまちづくりに貢献するであろうし、地域の社会的・経済的活

性化に貢献するであろう。

2. 地域の活性化へつなげる——社会的活性化と経済的活性化

　地域の活性化のためにフェアトレードへの取組みは重要な意味をもつように
なってきている。とくにフェアトレードタウンへの支援・取組みをはじめとす
る地域における市民活動の展開による地域の社会的活性化のみならず、地域の
中小企業、商店街、市民団体等によるフェアトレード商品開発を契機として、
これらが多様な関係者が連携して取り組むことによる地域経済の活性化にも有
効なものとなっている。こうした場合の中小企業の取組みには、ODA などの
供与の仕組みの導入によっても支援されるべきである。

3. 自治体のフェアトレード公共調達政策

　自治体としてフェアトレードへの支援策を明確に国際的にメッセージ化する
措置をとる手段としては、地方都市条例などでフェアトレード推進条例を作成
することである。EU を含め、欧州では多くの国・自治体ですでに導入が行わ
れており、フェアトレード商品は公共調達の対象となっている。

　また、EU の公共調達規則は、公共調達手続きにおいて、社会・環境への配
慮をより統合できるという観点から、調達当局は労働やサービスなどに関して
特別基準や条件などを設定することができるものとなっている。急な調達率の
達成が難しい場合は、たとえば 5 カ年計画など、特定のフェアトレード商品や
時間的スケールでの導入措置をとっていくのもよいであろう。

　さらに、持続可能な公共調達を促進するネットワークに参加すること、それ
によって、持続可能な調達としてのフェアトレード調達を支援するための良き
取引や政策イニシアチブをいつもアップデイトするようにすることができるで
あろう。日本にはまだこうした役割を担っている機関／団体はなく、FTFJ が
その役割を担うべきであるし、そのための FTFJ 育成支援が（上述のように）
必要となっている。ネットワークへの参加には、現在のところ、FTFJ への参
加の他に、国際的なネットワークとしての、フェアトレードタウン国際ネット
ワークへの参加や、FTAO への登録、情報収集などが考えられる。

4. 自治体関係内でのフェアトレード商品の使用・販売等

自治体の組織内（事務所）やその他国際交流会館、美術館等の公共機関・施設でのフェアトレード商品の使用・販売・提供。また、フェスティバルや展示会、その他自治体主催のイベントなども同様である。

5．自治体職員のフェアトレード研修

フェアトレードへのコミットメントを強くもっていることを示すと共に、スタッフ（職員）に対して適切な研修を受けさせるなどを行う。

6．地域タスクフォースの創設

持続可能な調達のための地域タスクフォースの創設を行う。このタスクフォースのなかには、調達政策に持続的発展のアプローチをもたせるため、フェアトレードの専門家も含むが、同時に国際的な社会正義、雇用問題、社会的包摂、環境・気候変動、地域経済開発、調達などの専門家を含むのがよいであろう。

7．地域での啓発活動を活発に行う

地域のフェアトレードのアクター（生産者、団体、市民等）のパートナー性を高め、それによってフェアトレード基準による調達を奨励、支援するための啓発活動やキャパ.シティビルディングを行う。

8．新しい姉妹都市提携と市民活動

欧州では姉妹都市提携は、継続的な活動を展開してきた市民活動団体から自治体の支援を求める要請があったものについて議会決議を経て締結されるケースがほとんどで、しかも開発途上国との提携が中心である。それは自治体のもっている水道・下水等々の運営機能は開発協力にきわめて対応できる適切なものだからである。

フェアトレードタウンを通じた姉妹提携も今後国際的に増えていくであろう。この点で、日本でもフェアトレードタウン運動を通じて、フェアトレードを通じた姉妹提携が展開されていくことが望ましい。また、市民による途上国での現地のフェアトレード活動の展開を見学・勉強するスタディツアーの開催は非常に有効であり、自治体も何らかの支援策を導入するのがよいであろう。

第4節　企業／産業界への提言

1．企業によるフェアトレード取扱いの拡大を

　CSR（企業の社会的責任）経営の導入によって、日本企業によるフェアトレードの取扱いも次第に増えてきてはいるが、欧米にみられるほどのダイナミズムには欠けており、一層の取扱いが望まれる。ただし、コーヒーやチョコレートなどでは、品質などでプレミアム商品として扱われており、急速に伸びてきているが、その他の品目ではまだきわめて限定的である。

　また、気候変動や新興国での需要拡大などから、コーヒーやカカオなどの原料不足のリスクに直面する恐れもあり、企業にとって原料調達戦略の一環としてフェアトレードを位置づける必要のある状況となっている。

　現在、日本企業によるフェアトレードへの取組みについては、概ね以下の4つのパターンがみられる。

①社内使用型——社内訪問顧客や社員への提供・社員販売、社員食堂等で使用
②FLJ（FI）認証品の輸入・加工・卸し型——流通パターンとして、「生産者／輸出業者→輸入業者／加工メーカー（焙煎）／卸し→小売網が典型で、しかもコーヒーのケースが典型的である。
③プライベートブランド型——認証を受けているが自社ブランド商品を開発している型
④系列内販売型——FI（FLJ）の認証型ではなく、フェアトレード基準に従うよう努力しつつ生産者と直結した自社独自の仕入れ経路を開拓し、自社の系列内に卸して販売するケース

　日本企業も欧米と同様、フェアトレードの認証商品（FIおよびWFTO）の活用を通してフェアトレードの取扱いを増やしてきているが、欧米企業程のダイナミズムはまだみられない。企業にとって認証制度の活用は企業自身が途上国のフィールドにおいてフェアトレード活動に直接取り組む必要がなく、また取

扱商品がフェアトレードであることを企業自らが証明する必要がないため、企業にとっては簡便に扱うことができるからである。

　企業がよりフェアトレードに近づくために、まずは「倫理的貿易の全社的推進」に取り組むのが望ましい。市民社会をパートナーとして、フェアトレード、ないしサプライチェーンの公正化を含む倫理的貿易を全社的に推進する。フェアトレードは倫理的貿易の一環であり、倫理的商品（消費）はより厳しい基準に基づくフェアトレードに至る入り口となっている。

2．地域貢献計画の策定による現地の地域密着型CSR（企業の社会的責任）の推進

　アジアなど開発途上国で展開する日本企業にとっては、現地密着型の地域貢献計画（プログラム）を策定する必要のある時代となっている。それには具体的には、現地でのフェアトレード団体との連携を通した新商品開発や、その商品開発を通した日本からの技術協力・機械輸出・商品輸入、あるいは現地国内市場への販売へと展開が可能となり、現地密着型を確固としたものにすることができるであろう。

　また、この取組みは、CSV（共有価値の創造）の理念に立つもので、国内外の生産者の生活基盤やサプライヤーの能力を向上させることになる。これはフェアトレードによるプレミアムの提供を通してエンパワーメントの向上に貢献することをさらに意識することになり、そしてさらに一層の技術支援、品質向上、収入の安定化などへの直接的支援の提供に努力することにつながるであろう。

3．フェアトレード団体との連携および他企業との連携

　企業がフェアトレードに取り組むに当たっては、社内体制の構築と共に、フェアトレード団体等との協働やコンサルによる取組みが望ましいであろう。また、社内体制のなかに、フィールドとの付き合いを内部化することを展開していくのが望ましい。それによって企業にとっても学ぶものが多く（理解の促進）、かつ将来の事業展開の可能性を開くものになりうると期待できるからである。

　また、国内でフェアトレードを扱っている企業間の連携も有意義である。FLJ（フェアトレードラベル・ジャパン）では、認証に参加している企業の担当

者間の交流会を非公式に行っているようで、相互の情報交換や協働イベントの開催などで成果をあげている。

４．業界として公正／倫理的な取引に関する行動規範を策定する

国際的には多くの産業界が公正／倫理的な取引行動規範を策定しており、多くの日本企業もそれに参加している。日本的な取引慣行を踏まえた日本的な公正／倫理的行動規範を日本企業（産業界）がつくり上げていく動きがさらに明確になっていくことを期待したい。ちなみに金融機関はフェアトレードを含む社会的企業にソフトローンを供与するなどの規範の設定が行われてもよいであろう。

そして、そうした企業（産業界）の動きと政府政策（税制優遇措置など）とを合体させて、企業のCSRへの取組みを始めとするフェアトレードや倫理的商品開発・貿易の活発化を支援、促進することも可能であろう。

第5節　市民社会（NPO）（とくにフェアトレード団体）への提言

１．フェアトレード関係市民団体の連携と協働キャンペーン

現在では日本フェアトレード・フォーラム（FTFJ）が日本のフェアトレード推進団体として設立されているが、日本のフェアトレード市場の小ささ故か、団体として活発な活動展開ができるほどの予算を獲得できず、苦慮している。そのためこの団体育成のための公的な支援が現在では必要としているのが実状であるが、今後のフェアトレード活動の一層の活発化に向けて、さらなるフェアトレード関係団体の連携が必要である。

また、日本のフェアトレード団体を支援するために、企業の参画を求めるのは今後当然であるが、学識経験者（大学・高校・中学・小学校などの教員）の参画も非常に重要なものとなっている。さらに、フェアトレードタウン活動を展開する地方自治体との連携も重要な課題である。

そうした連携によって、全国的／地域内の協働キャンペーンの展開も企画したい。

2．フェアトレードの普及・啓発のための各セクターへの働きかけ

具体的には以下のような働きかけが必要であろう。
①公正な貿易の実現を目ざして、政府・議員に働きかける——フェアトレード議員連盟の設立への働きかけ、エシカル消費議員連盟、SDGs議員連盟などとの連携など
②政府・自治体に対して消費者市民教育推進の働きかけ、協力を行う
③企業活動の公正化・倫理化に向けた働きかけ、協力を行う

第6節　教育と人材育成への対応

1．消費者教育、開発教育（グローバル教育／多文化共生教育）への取組みとして——世界の課題への入口としてのフェアトレード

　フェアトレードへの関心は国際的に高まっている。日本でもフェアトレードタウン活動の動きとして地域に波及し始めていると共に、これまで若い世代では大学生が主たる関心層だったが、今では高校生に、さらに中学生・小学生まで降りてきている感じがある。
　高校において、フェアトレードを活用した商品開発を地域の人々の協力を得て行い、学園祭などで販売などの活動が起こり始めている。高校生がフェアトレード関連商品開発を行った事例としては、愛知県の南陽高校（コーヒー、和菓子開発など）、山口県の宇部高校（クッキー開発）、静岡県の駿河総合高校（コーヒーなど）、滋賀県の立命館守山高校（ココナツオイルリップなど）等々がある。これらには文科省のプロジェクトであるSGH（スーパーグローバル・ハイスクール）と関連がある学校もある。

2．人材育成——国際人材の育成としてのフェアトレード

　国際人材の育成が論じられているが、フェアトレードへのかかわりを通した開発教育、多文化共生教育、グローバル教育の強化は大きな成果が期待できるであろう。日本全体の大学・高校・中学・小学校において、フェアトレードとのかかわりを踏まえたグローバル教育の強化に取り組む必要がある。とくに現

地へのスタディツアーを含む体験教育は一層意味のあるものとして評価されている。

　また、社会人についても、生涯学習の一環であろうと、体系的な学習・研修機会の提供がますます求められ、必要とされる時代となっている。

3．現地への若者の派遣とフェアトレードビジネスモデル
──若者の活力と才能の活用と地域の中小企業との連携

　若者を現地体験型で派遣する制度として、海外には海外青年協力隊、国内には地域おこし協力隊制度がある。フェアトレードの商品開発のための若者の現地派遣制度の導入が求められる。またそれは日本国内の地域の中小企業との連携による商品開発支援と連携されたものであると一層効果的であろう。地域おこし協力隊制度では、北海道陸別町でのフェアトレード商品の開発成功事例も報告されている。

　実際に商品開発の可能性を高めるために、NPO・NGO活動に参画して、あるいは数カ月間かけて現地NGOを訪問し、現地研修を行いつつ、ニーズ開発調査を行い商品開発アイディアを模索する。それを日本の地域企業や中小企業研修などと結びつけて、試作品の制作までを図る仕組みをつくる。

　帰国後の商品開発支援体制として、商品開発プロセスのなかで、商品開発アイディアを検討する場を設定する。地域商工会・自治体、国内NPO、JICA、JETROなどでのアイディアを議論する場を設定する。さらに、①現地資源の活用、②現地生産の可能性、③現地の社会的課題解決型商品、④現地販売型、⑤日本・近隣国・生産国の都市での販売型（フェアトレード型）、等多角的な検討を行う。

　なお、シニア層の有効活用もさらに推進される必要がある。

4．消費者教育の視点から

　消費者教育法への対応による、市民社会教育の観点からも、フェアトレードは有効なツールである。その点でも地域のフェアトレードタウン運動は非常に有効であろう。現地スタディツアー（現地視察団派遣）の促進策などもその一環として効果的であろう。

　こうした教育を通して、世界の実態や仕組みを知ることの意義と共に、生活

実感としては依然として存在するフェアトレードは「高くて品質が劣る」とい
う思い込みの打破、「品質が優れ適正（フェア）な価格」という正しい認識へ
の転換を図る啓発なども行われる必要がある。

第7節　セクター間協働の推進

　市民団体（フェアトレード団体／国際協力NGO／労働組合等）・企業・政府の三
セクターによる協働の倫理的貿易推進の仕組みを創設し、メディアとも連携し
ながら、さらに活発な啓発事業の推進が行われることを期待したい。

【注】
1) FTAO "Localising the Sustainable Development Goals（SDGs）through Fair
　　Trade" から引用（説明部分）。FTAO（フェアトレード・アドボカシー・オフィス）
　　は、FI・WFTO・WFTOヨーロッパ合同のEUロビー事務所）

★本政策提言は本研究会での議論を踏まえているため、現時点（本改訂版）では改
　訂せず収録。

あとがき

　本書は、(一財) 国際貿易投資研究所 (以下ITI) での 2016年 6 月〜2017年 3 月の約 1 年間にわたる「フェアトレードビジネスモデルの新しい展開」調査研究プロジェクトでの研究をベースとしたものである。関東地域のフェアトレード研究者の方々にお集まりいただき、各々の研究内容の報告と議論の場として研究会を設定したもので、毎回、まさにフェアトレードの深さとダイナミズムを感じさせる、興味尽きない研究会が続いた。

　本研究プロジェクトは、(一財) 貿易・産業協力振興財団の助成を得て行われた。2014〜2019年度まで以下のような研究プロジェクトを実施した。報告書は (一財) 国際貿易投資研究所の「調査研究シリーズ」にて無料で検索できる。

No.95：途上国・新興国との新たな互恵ビジネス促進のための日本のベンチャーエコシステムの革新と創造〜海外との接合のために求められるイノベーションとビジネスモデル〜 (2019年度)

No.83：日本の地域活性化を促す途上国との互恵ビジネス開発〜越境ビジネスモデルによる SDGs協働アプローチへの提言 (2018年度)

No.66：地域経済自活力回復のためのリエコノミー (再構成) モデルの調査研究報告書〜グローバル化を取り込んだ地域活力の興隆〜 (2017年度)

No.45：フェアトレードビジネスモデルの新しい展開 (2016年度)

No.22：開発途上国のコミュニティビジネス開発と日本の対応 (2015年度)

No.6：中小企業の参入を促す BOPビジネスモデルの調査報告書 (2014年度)

　本書は 2018年に初版を出し、19年に増刷され、今回 3 刷の申し出に、相談の上改訂版とすることとした。フェアトレード業界も世界の最先端を走っており、制度的にも多くの新しい展開があるからである。そのため第 1 章は大幅な改訂に努力した。今さらながら初校を書くような時間と努力が必要であることを改めて認識した。また、他の筆者の方々も増刷と改訂の間で苦しまれたことと思い、適切なご対応に感謝申し上げたい。とくに渡辺龍也氏には、10年間に渡るアンケート調査の総纏め草稿の収録を快諾いただき感謝したい。

いつもながら大江道雅氏に大変お世話になった。大江氏に 最初にお世話になったのは、2008年『日本のフェアトレード―世界を変える 希望の貿易』で、次いで 2009年『世界と日本のフェアトレード市場』（共に長坂寿久編著）であった。この両書とも、ITI において 2004年から毎年開催 してきたフェアトレード研究委員会による研究成果の報告書を中心とするものであった。しかしこれ以降、長坂の単著で 5 冊もお世話になっており、本書で 8 冊目となるものだった。15年のお付き合いの間に、大江氏は社長となられ、巻末のクレジット欄には、発行者としてお名前が並んでいる。何ともうれしいお付き合いであると感謝したい。また、初版では清水　聰氏に編集をお世話になった。今回も引き続き編集をしてくださった。執筆者が多い編著は編集作業がいかに大変かを知るものとして、深い感謝を申し上げたい。

　本書が、全国のフェアトレードに関心ある方々に、少しでもお役に立つ参考書となることを願って。

　2023年 4 月

長坂 寿久

著者紹介 （執筆順＊は編著者）

＊長坂寿久 （ながさか　としひさ）（まえがき、第1章、第5章、第14章、あとがき）

（一財）国際貿易投資研究所客員研究員、逗子フェアトレードタウンの会（共同代表）。日本フェアトレード・フォーラム認定委員会委員。明治大学卒業後、現日本貿易振興機構（ジェトロ）入構。シドニー、ニューヨーク、アムステルダム駐在。1999年拓殖大学 国際学部教授（国際関係論/NGO・NPO論）、2014年退任。映画評論家、蘭日賞受賞（2009年）。
〔主な著書〕『新市民革命入門』（2016年）、『日本のフェアトレード――世界を変える希望の貿易』（編著2008年）、『世界と日本のフェアトレード市場』（編著、2009年）、『NGO発、「市民社会力」――新しい世界モデルへ』（2007年）『NGO・NPOと「企業協働力」――CSR経営論の本質』（2011年）、『映画で読む21世紀』（いずれも明石書店）等多数。

小林尚朗 （こばやし　なおあき）（第2章）

明治大学商学部教授。日本国際経済学会理事。NPO法人フェアトレード学生ネットワーク（FTSN）関東理事。日本フェアトレード・フォーラム認定委員会 委員。専門は、世界経済論、貿易政策論、アジア経済論。
〔主な著書〕『アジア経済論』（共編、文眞堂、2022年）、『図説、企業の論点』（共著、旬報社、2021年）、『地域経済入門』（共著、法律文化社、2021年）、『21世紀の経済と社会』（共著、西田書店、2015年）など。

古沢広祐 （ふるさわ　こうゆう）（第3章）

國學院大學研究開発推進機構 客員教授。NPO「環境・持続社会」研究センター（JACSES）代表理事など。専門は、持続可能社会論、環境社会経済学、総合人間学。
〔主な著書〕単著に『食・農・環境とSDGs ――持続可能な社会のトータルビジョン』（農山漁村文化協会、2020年）、『みんな幸せってどんな世界――共存学のすすめ』（ほんの木、2018年）、『食べるってどんなこと？』（平凡社、2017年）、『地球文明ビジョン』（NHKブックス、1995年）、『共生社会の論理』（学陽書房、1988年）、共著に『共存学1～4』（弘文堂、2012～2017年）、『共生社会Ⅰ、Ⅱ』（農林統計出版、2016年）、『持続可能な生き方をデザインしよう』（明石書店、2017年）、『SDGs時代のグローバル開発協力論』（明石書店、2019年）など。

佐藤　寛（さとう　かん）（第4章）

アジア経済研究所 上席主任調査研究員。専門は開発社会学、イエメン地域研究。
〔主な著書〕『開発社会学を学ぶための60冊』（編著、明石書店、2015年）、『フェアト
レードを学ぶ人のために』（編著、日本評論社、2011年）、『開発援助と人類学』（編著、
明石書店、2011年）、『開発援助の社会学』（世界思想社、2005年）など。

中島佳織（なかじま　かおり）（第6章）

特定非営利活動法人フェアトレード・ラベル・ジャパンシニアディレクター。1997年
茨城大学卒業後、化学原料メーカー勤務を経て、国際協力NGOでアフリカ難民支援
やフェアトレード事業に携わる。タイ・チェンマイにて、タイ北部山岳少数民族コーヒー
生産者支援プロジェクトの立上げと運営に従事。その後、日系自動車メーカーのケニ
ア法人勤務を経て、2007年より現職。世界から貧困がなくなり、生産者が持続可能な
生活を実現し、自ら未来を切り開いていける世界をビジョンに掲げ、国内における国
際フェアトレード認証ラベルの普及推進に取り組んでいる。グリーン購入ネットワー
ク理事。
〔主な著書〕『ソーシャル・プロダクト・マーケティング』（共著、産業能率大学出版部、
2014年）など。

山本純一（やまもと　じゅんいち）（第7章）

慶應義塾大学名誉教授。フリースクール「大地の大学」代表。専門はメキシコ地域研究、
連帯経済論（とくにフェアトレード）。
〔主な著書〕（フェアトレード関連）「共生経済としてのフェアトレード——グローバリ
ゼーションへの対抗運動の可能性と課題」笠井賢紀・工藤保則編著『共生の思想と作
法——共によりよく生き続けるために』（法律文化社、2020年）、「メキシコの連帯経
済——『共通善』としてのコーヒーのフェアトレードを中心にして」幡谷則子編著『ラ
テンアメリカの連帯経済——コモン・グッドの再生をめざして』（上智大学出版、2019
年）、「貧困のない世界をめざして——エコノミストからアクティビストへ」清水透・
横山和加子・大久保教宏編著『ラテンアメリカ——出会いのかたち』（慶應義塾大学出
版会、2010年）、『メキシコから世界が見える』（集英社新書、2003年）など。

箕曲在弘 （みのお　ありひろ）（第8章）

東洋大学社会学部准教授。（特活）APLA 理事。専門は文化人類学、開発人類学。
〔主な著書〕『フェアトレードの人類学――ラオス南部ボーラヴェーン高原におけるコーヒー栽培農村の生活と協同組合』（めこん、2014 年・第 42 回澁澤賞など授賞）がある。主な論文に "Why Do Farmers Not Choose Fair Trade Cooperatives?: A Consideration Based on the Livelihood Strategy of Coffee Farmers in Lao PDR", *Human Organization*, Vol.76, No. 2（2017 年）、「農業協同組合幹部の「つながり」から生起する公共性――ラオス人民民主共和国のコーヒー農業協同組合の事例から」『文化人類学』79 巻 3 号（2014 年）など。

牧田りえ （まきた　りえ）（第9章）

学習院大学教授（国際社会科学部）。専門は人文地理学、開発研究。
〔主な著書〕 *Fair Trade and Organic Initiatives in Asian Agriculture: The Hidden Realities* (Routledge、2017 年)、*Livelihood Diversification and Landlessness in Rural Bangladesh*（The University Press Ltd、2007 年、第 12 回国際開発研究大来賞受賞）など

土屋春代 （つちや　はるよ）（第 10 章　第 1 節）

NPO 法人ベルダレルネーヨ共同代表／有限会社ネパリ・バザーロ会長
1990 年、ネパールの子どもたちの厳しい状況を知り教育支援活動を始めたが、深刻な貧困問題に直面。仕事の機会創出も必要と感じ、1992 年フェアトレード会社ネパリ・バザーロを起業。2011 年 3 月以降、東北被災各地で支援を続け、その土地にある素材を活かした製品、椿油、コスメ、ワインなどを開発し、復興と観光による交流人口増加を目指す。2015 年 4 月のネパール大地震の復興支援では、ネパール現地との長年に亘り培った信頼関係、情報収集力を駆使し着実な支援を展開中。さらに、国内では福島と沖縄を軸にした活動を展開している。

井上禮子 （いのうえ　れいこ）（第 10 章　第 2 節）

特定非営利活動法人パルシック 代表理事（執筆当時）。
1980 年からアドボカシーと調査研究などを行う NGO、アジア太平洋資料センター（PARC）に参加。1999 年、インドネシア軍と民兵による暴虐に襲われた東ティモールに駆けつけ、2002 年、同国の独立を支えるためにコーヒー農民支援を開始し、生産されたコーヒーのフェアトレードに取り組む。2008 年、民際協力とフェアトレードを主とする団体としてのパルシックを設立。東日本大震災被災者支援、スリランカ、パレスチナ、シリア難民支援などの事業に取り組む。
〔主な著書〕『徹底解剖 100 円ショップ？　日常化するグローバリゼーション』（コモンズ、2004 年）、『世界の新しい支配者たち』（翻訳、岩波書店、ジョン・ピルジャー著、2004 年）など

平澤志保（ひらさわ　しほ）（第10章　第3節）

元（特活）シャプラニール＝市民による海外協力の会 専従職員。2017-2018年 日本フェアトレード・フォーラム認定委員。現在ニカラグア（マナグア）在住。
大学卒業後に青年海外協力隊員として南米ボリビアで2年間活動。シャプラニールではフェアトレード部門「クラフトリンク」の商品開発担当およびチーフ（統括）として現地生産者と日本の消費者をつなぐ活動を続ける。

渡辺龍也（わたなべ　たつや）（第11章）

東京経済大学教授。（一社）日本フェアトレード・フォーラム認定委員、（一社）日本エシカル推進協議会理事。専門はフェアトレード、国際協力、NGO／NPO活動。
〔主な著書〕『フェアトレード学』（新評論、2010年、日本NPO学会優秀賞授賞）、『フェアトレードタウン―― "誰も置き去りにしない" 公正と共生のまちづくり』（新評論、2018年）、『考えよう、やってみよう！フェアトレード（3巻シリーズ）』（彩流社 、2015年）、『南からの国際協力――バングラデシュグラミンバンクの挑戦』（岩波ブックレット、1997年）など。

増田耕太郎（ますだ　こうたろう）（第12章）

（一財）国際貿易投資研究所 客員研究員。
〔主な論文〕「カンボジアのアパレル縫製業と輸出産業の多様化―― "タイ+1"、"チャイナ+1" の機会を生かせるか」（『国際貿易と投資』103号、2016年）、「事例からみた日本企業の対アフリカ投資の特徴――『支援』から『投資』対象の時代に」（『国際貿易と投資』98号、2014年）、「日本のフェアトレード市場の調査報告（その1）」（『国際貿易と投資』76号、2009年）など。

森田　恵（もりた　めぐみ）（第13章）

湘南工科大学工学部特任講師。鶴見大学短期大学部非常勤講師など。逗子フェアトレードタウンの会理事。神奈川県ボランタリー活動推進基金幹事。元（特活）シャプラニール＝市民による海外協力の会職員・理事。専門はフェアトレード、市民活動。

フェアトレードビジネスモデルの新たな展開【第2版】
SDGs 時代に向けて

2018 年 5 月 15 日　初版第 1 刷発行
2023 年 4 月 25 日　第 2 版第 1 刷発行

編著者　　長　坂　寿　久
発行者　　大　江　道　雅
発行所　　株式会社　明石書店
　　　　　〒 101-0021　東京都千代田区外神田 6-9-5
　　　　　電　話　03（5818）1171
　　　　　FAX　03（5818）1174
　　　　　振　替　00100-7-24505
　　　　　http://www.akashi.co.jp

装　　丁　　明石書店デザイン室
印刷／製本　　モリモト印刷株式会社